전북지역 문예연구와 소설

전북지역 문예연구와 소설

황태묵

문예연구

| 서문 |

 이 책은 그간 필자가 발표했던 논문들 가운데 일부를 정리한 것이다. 시기적으로는 대부분 2010년대 이후 쓰여진 것이지만, 내용적으로는 논의의 배경과 범주, 수준이 고르지 않고 편차가 크다. 더불어 발표 형식과 의도가 서로 다른 경우도 있다. 그러다 보니 마치 어울리지 않는 글을 억지로 한데 모아 놓은 것 같다. 지나간 원고들을 다시 정리하면서 하나의 제목으로 포섭되지 않는 들쭉날쭉한 책을 내는 데 많은 주저와 부끄러움이 있었다. 그럼에도 돌이킬 수 없는 후회를 무릅쓰고 책을 내게 된 것은, 부끄럽지만 내가 해온 공부를 겸허히 돌아보고 새롭게 출발하기 위해서이다.
 이 책은 크게 두 부분으로 이루어져 있다. 제1부의 글들은 지역학 연구를 과제로 삼아 전북·군산 지역의 문학과 영화사를 되짚어보고 앞으로 지역학과 지역문예 연구가 어떤 방향으로 나아가야 할 것인가를 고민해 본 것들이다. 제1부에 수록한 글 중에서 전주지역 동인지에 대한 논문은 2인 공동으로 쓴 것이지만, 학제간 연구 과정을 보여준다는 의미에서 함께 실었다. 한편 제2부에서는 개별적인 작가나 소설 작품에 관한 논문들을 한데 묶었다. 제2부에 수록한 글 중에서의 이호철의 발굴소설에 대한 논문은 박사학위 논문에 실리지 않은 글들이기에 의미가 있다는 생각에서 함께 엮어 보았다. 읽으면서 짐작할 수 있겠지

만, 한 권의 책이라고 하기에는 여러모로 완결된 모습을 갖추지 못한 면이 있다. 최근에 진행 중인 지역문학 연구와 근대 작가의 소설 작품들에 대한 연구가 완료되면 나름대로의 일관성을 갖게 될 것이라는 말로 모자람과 미숙함을 변명해 본다.

  변변찮은 공부를 하는 동안에 많은 분들의 도움이 있었다. 학부 시절부터 대학원에 이르기까지 미욱한 제자를 학문의 길로 이끌어주시고, 연구자의 자세가 무엇인지를 몸소 보여주셨던 송하춘 선생님, 공종구 선생님, 류보신 선생님, 김만수 선생님, 윤여탁 선생님을 비롯하여 함께 공부한 여러 선후배와 동학들께 진심으로 감사의 인사를 드리고 싶다. 논문 네 편의 학술 연구비를 지원해 준 한국연구재단에도 감사를 전한다. 무엇보다도 고단한 연구자로서의 삶을 묵묵히 바라보고 지지해 주신 부모님과 가족에게 마음 속 깊이 감사드린다. 부모님과 가족들의 격려와 도움이 없었다면 연구자로서의 삶을 이어나가는 일이 더 고단했을 것이다. 이 책으로라도 감사와 사랑의 마음을 꼭 전해 드리고 싶다. 여러모로 이익도 없는 이 책을 흔쾌히 맡아 주신 신아출판사 서정환 회장님과 이종호 상무님께 감사의 말씀을 전한다.

2023년 5월
황태묵

| 목차 |

서문 - 4

1. 근현대 전북지역 문예연구

군산학 연구의 동향과 과제 - 10

일제하 군산 지역의 문학적 형상화 양상 - 50

해방기 군산 지역 영화사 - 84

한국전쟁기와 1950년대 군산 지역 문학사회의 형성과 양상 - 112

1950년대 전반기 전주 지역 동인지 양상 - 144

2. 근현대 작가론 / 작품론

이해조 산정 판소리계 소설의 당대적 가치 - 180

채만식의 고전 읽기와 그 의미 - 208

김유정 소설에 나타난 '돈' - 246

반공의 규율과 소설의 개작 - 278

발굴 소설, 이호철의 「비틀비틀 族」에 대하여 - 304

발굴 소설, 이호철의 「상해임시정부」에 대하여 - 332

참고문헌 - 356

1 근현대 전북지역 문예연구

| 군산학 연구의 동향과 과제
| 일제하 군산 지역의 문학적 형상화 양상
| 해방기 군산 지역 영화사
| 한국전쟁기와 1950년대 군산 지역 문학사회의 형성과 양상
| 1950년대 전반기 전주 지역 동인지 양상

군산학 연구의 동향과 과제

군산학 연구의 동향과 과제

I. 들어가는 글

주지하다시피 국내에서 지역 혹은 지역사회에 대한 관심과 연구가 본격적으로 진행되기 시작한 것은 1990년대 이후의 일이다. 이런 객관적 배경으로는 지방자치제의 도입과 세계화의 진전을 들 수 있다. 1987년 6월 항쟁의 성과이기도 한 지방자치제가 1991년부터 부분적으로나마 시행되면서 지방에서는 지역의 정체성을 정립하고 지역 나름의 발전 가능성을 모색하려는 시도들이 다양하게 전개되었다. 이 과정에서 지역과 지역사회에 대한 지역민의 관심과 인식이 크게 제고되었고, 학문적인 차원에서는 지역학이 활성화되는 계기가 되었던 것이다. 또 하나의 이유로는 1990년대 세계화라는 흐름 속에서 지역이 중앙의 집중화에서 벗어나 독립적인 삶의 장으로 부상하게 된 점이다. 이 과정에서 각 지역마다 자기 정체성에 대한 분명한 인식이 요청되었고, 이는 지자체의 발전 전략과 맞물리면서 지역학에 대한 관심과 욕구를 촉발시키는 요인이 되었던 것이다.

이러한 지역학에 관해선 그동안 여러 측면에서 연구가 진행되어왔고, 근래에는 지역 단위에서 지역학이 활발하게 전개되고 있다.[1] 실제로 최근의 지역학은 서울학을 비롯해 인천학, 부산학, 전북학, 제주학, 충북학, 강원학, 춘천학, 아산학, 전주학, 수원학, 울산학, 천안학, 안양학 등 지역을 연구 단위로 하는 학문이 성행을 이루고 있다.[2] 이러한 현상은 지역학의 필요성에 대한 공감대가 전국적으로 확산되고 있으며, 독자적 학문 영역으로서 지역학의 가능성에 대한 기대도 그만큼 높아지고 있음

---

1) 국내에서 지역 연구가 가장 오래된 지역은 제주이다. 제주에 대한 연구는 〈제주도연구회〉가 설립된 1978년도까지 거슬러 올라간다. 그러나 지역학으로서 지역 단위에 학(學)을 사용하기 시작한 것은 서울학이 그 시초라 할 것이다. 서울학은 1993년 7월 28일 서울시립대학 내 '서울학연구소'가 설립됨으로써 활성화의 계기를 마련한 것으로 평가받고 있다. 국내 지역학 연구에 대해 보다 상세한 것은 김대래, 「지역학 연구의 동향과 부산학의 과제」, 『2001분과별 활동보고서 부산학분과』, 부산광역시, 2001. 참조.

2) 지금까지 파악된 국내 지역학 연구 현황 및 기관을 간추리면 다음과 같다.
서울학연구소(1993, 서울시립대) http://campus.uos.ac.kr/iss/ 〈서울학〉
인천학연구원(2002, 인천대) http://www.isi.or.kr/study/main/index.php 〈인천학〉
부산학연구센터(2002, 신라대) http://brc.cafe24.com/ 〈부산학〉
울산학연구센터(2006) http://ulsanhak.udi.re.kr/index.php 〈울산학〉
경남학연구센터(2006) http://home.changwon.ac.kr/cgs/index.htm 〈경남학〉
안양학연구소(2000, 성결대) http://sky.sungkyul.edu/anyang/ 〈안양학〉
수원학연구소(2004, 수원문화원) http://www.suwonsarang.com/2006/ 〈수원학〉
(재)충북개발연구원(1999) http://cblab.cbdi.re.kr/sub01_01.html 〈충북학〉
(재)충남역사문화연구원(2007) http://www.cihc.or.kr/index.jsp 〈충청학〉
전주역사박물관 http://www.jeonjumuseum.org/ 〈전주학〉
용인발전연구센터(2004, 강남대-용인시) 〈용인학〉
메지연구소(1998, 연세대 원주캠퍼스) 〈원주학〉
제주학회(1978), http://www.jejustudies.or.kr/ 〈제주학〉
강원발전연구원(1994) http://kdri.re.kr/main/index.php 〈강원학〉
전라문화연구소(1983) http://culture.cbnu.edu/ 〈전북학〉
호남학연구원(1963, 전남대) http://www.homun.or.kr/ 〈호남학〉
영남문화연구원(2000, 경북대) http://www.ynculture.or.kr/index.aspx 〈영남학〉
대덕학연구소(2001, 한남대) 〈대덕학〉
천안발전연구원(2008) http://www.cheonanhak.org 〈천안학〉

을 반증하고 있다.

군산 지역에 관한 연구 역시 다른 지역학 연구의 흐름과 궤를 같이 하고 있다. 군산에서는 1990년대부터 지역에 대한 학문적 관심이 대두하였고, 이후 군산에 대한 관심과 연구가 증가하기 시작하였다. 그러나 군산이라는 지역을 대상으로 한 학문적 연구가 본격적으로 전개되기 시작한 것은 개항 100주년인 1999년을 전후로 해서이다. 특히 2000년대에 들어 군산대학 내 연구소와 연구자를 중심으로 지역의 정체성에 대한 많은 연구와 세미나들이 진행되었고, 이러한 노력들의 결과로 군산에 관한 다양한 연구와 자료의 축적이 본격적으로 전개되었다. 또한 군산시의 경우에도 위탁기관인 군산대학교와 함께 일반 시민 대상의 〈군산학 강좌〉를 2011년부터 운영하면서 나름대로의 연구 성과를 도출해왔다.

그럼에도 불구하고 이러한 시도들은 군산학이라는 하나의 학문으로 정립할 수 있는 수준에까지는 아직 나아가지 못한 것으로 보인다. 이것은 기왕의 연구 결과들이 종합적으로 결합되지 못하고 개별화된 모습으로 나타났기 때문이다. 즉 연구 초점이나 연구 주체 등이 분산된 나머지 군산학을 위한 다각적이고 학제적인 연구 활동이 제대로 전개되지 못한 것이다.[3] 이런 관점에서 기왕의 군산 관련 연구 동향을 점검하는 일은 향후 올바른 군산학 연구를 위해 매우 중요한 작업이 될 것이다. 이에 본고에서는 지금까지의 군산 관련 연구의 전반적인 동향을 간략히 살펴보고, 그에 따른 과제와 전망을 제시해보고자 한다. 이러한 작업은 그간의 연구 주제와 연구 현황의 추이를 파악해보고, 연구 분야의 불균등 현상도 검토해보는 좋은 계기가 될 것이다.

---

3) 지역학으로서 군산학의 추진경과와 발전방향을 종합적으로 살펴 본 최근 연구로는 김민영, 「항구도시의 지역학 발전과 '군산학'의 활성화 방향」, 『한국도서연구』 28집, 한국도서학회, 2016이 있다.

II. 분석 대상 논문과 분석 기준

1. 분석 대상 논문

　군산 관련 연구 동향을 검토하기 위해서는 우선적으로 지역학으로서 군산학의 개념 정립이 선행되어야 한다. 주지하듯 국내적인 지형 안에서 지역학의 연구는 많이 논의되어 왔지만 지역학에 대한 구체적인 내용은 지역마다 다소 편차를 보이고 있다. 그렇지만 이러한 차이에도 불구하고 그간의 지역학 연구는 대체로 다음과 같은 인식을 공유하고 있다. 첫째, 특정 지역의 형성 과정을 시·공간의 틀 속에서 총체적으로 파악하고 그 지역의 정체성(특수성과 보편성)을 찾고자 함 둘째, 그 기반 위에서 지역의 과제를 해결하려는 실천적 문제의식을 공유함이 그것이다.[4]

　본고는 이러한 연구 성과를 준거로 삼아 군산학을 일단 군산이라는 지리적·공간적 경계 내에서 파생된 지역의 역사와 전통, 인문·사회·자연·환경 등의 문화유산을 총체적으로 연구하고 지역(민)과 지역사회의 정체성을 찾아내고자 하는 연구로 정의하고자 한다. 부연설명하자면 군산학은 군산지역과 지역사회를 대상으로 한 지역연구라 할 수 있으며, 연구 주체는 제한이 없다. 본 연구의 분석 대상 논문과 관련해서는 한국교

---

[4] 지역학의 개념 논의에 대해서는 김대래, 「지역학 연구의 동향과 부산학의 과제」, 『2001분과별 활동보고서 부산학분과』, 부산광역시 도시혁신위원회, 2001 ; 문원식, 「안양학의 동향과 과제」, 『강원학의 개념과 정립방향』 세미나자료집, 강원개발연구원, 1999 ; 안두순 편, 『서울학연구 서설』, 서울학연구소, 1994 ; 오영교, 「원주학 연구의 현황과 과제」, 『강릉학보』, 강릉학회, 2004 ; 장정룡, 「강원 문화 연구의 과제와 전망」, 『강원학의 개념과 정립방향』 세미나자료집, 강원개발연구원, 1999 ; 조성윤, 「제주학 연구의 성과와 과제」, 『강원학의 개념과 정립방향』 세미나자료집, 강원개발연구원, 1999 참조.

육학술정보원의 학술연구정보서비스(www.riss.kr)와 국회도서관의 데이터베이스(www.nanet.go.kr)를 활용하였으며, 조사 범위는 1970년부터 2015년까지 발표된 학술지 게재 논문(KCI급)과 석·박사 학위논문을 대상으로 하였다.5)

논문 선정과 관련해서는 전자저널에서 검색된 학술지 게재논문과 석사·박사 학위논문 가운데 군산과 고군산군도, 옥구와 임피, 진포(군산의 옛 이름)를 주제어로 검색하여 수집된 관련 논문들을 분석 대상으로 삼았다.6) 이 과정에서 한국교육학술정보원과 국회전자도서관에서 확인된 자료를 비교하여 중복되는 연구물은 제외하고 주제어와 목차를 중심으로 군산지역 연구와 직접적인 연관이 없다고 확인된 자료는 배제의 과정을 거쳤다. 또한 연구 제목만으로 판단하기 어려운 경우에는 논문을 읽고 본 연구 주제와의 관련 여부를 파악하여 해당하지 않는 내용(예; 군산복합체, 〈군산월애원가〉, 금강유역, 새만금호, 새만금사업)은 모두 제외하였다. 이어 연구 제목에 주제어가 표기된 경우와 군산과 연관된 역사(예; 군산도, 개항장, 옥구농민항쟁), 인물(예; 최호, 채만식, 장금도), 문화교육(예; 극장문화, 유곽문화, 영명학교), 산업경제(예; 군산항, 군산국가산업단지, 원도심 개발), 문화유산(예; 진포대첩 재현, 철길마을 재생, 구불길 조성) 등이 나온 경우만을 다시 분류하여 정리해 보았다. 그

---

5) 한국교육학술정보원과 국회전자도서관의 자료를 분석 대상으로 삼은 이유는 일차적으로 동일한 자료를 구하기 위함이고, 이차적으로 논의의 편의를 도모하기 위함이다. 물론 국립중앙도서관을 비롯해 다른 기관 DB와도 큰 차이를 보이고 있지 않은 점도 고려하였음을 밝힌다.
6) 군산 관련 연구 주제를 검색한 결과 한국교육학술정보원에서 학술지 논문이 1939편, 석사·박사 학위논문이 829편이 검색되었고, 국회전자도서관에서 학술지 논문이 2910편, 석사·박사 학위논문이 4080편이 검색되었다.

결과 소논문은 434편, 학위논문은 251편이 분석 대상으로 분류되었다. 검색 과정에서 칼럼, 특집 기사, 이슈 진단, 기관 보고, 연구 보고서 등과 부수적 연구로 이루어진 논문이나 학술대회 발표문 등은 제외하였다.

2. 분석 기준

본 연구에서는 군산 관련 소논문과 석·박사 학위논문을 대상으로 연도·시기별, 학문 영역별, 주제 영역별, 연구자별로 구분하여 통계 분석한다.

구체적으로 연도·시기별 분석 기준은 연도 단위 및 10년 단위로 구분하여 학술지에 게재된 논문과 석·박사 학위논문들을 분석하였으며, 학문 영역별 분류 기준은 인문과학, 사회과학, 자연과학, 공학, 해양과학, 문화예술, 농업과학, 기타 등 총 8개의 학문 분야로 분류하여 분석을 실시하였다. 주제별 분석과 관련해서는 특정 분야에 대한 보다 정확한 분석을 위하여 인문과학 분야 중에서도 어문학 관련 분야만을 분석 단위로 설정하였다.[7] 이를 학문 주제별로 모두 다루기에는 지면 제약 등 여러 가지 제한이 따르는 만큼 본 연구의 실정에 맞게 분석 단위를 재설정하게 되었다. 특정 분야로 분석 범위를 좁히는 것이 연구 결과의 기여도를 높일 수 있다는 점도 고려하였다. 연구자별 분류 기준 역시 동일한 기준에

---

[7] 전 분야로 연구 범위가 확대되는 경우에는 연구 수행과 관련된 여러 가지 어려움이 뒤따를 수밖에 없다. 이런 점을 고려하여 여기서는 서론에서 밝혔듯이, 군산 관련 연구의 전반적인 동향을 살피는데 1차 목적을 두고 논의를 전개할 것이다.

따라 어문학 관련 분야 연구자 수와 지역 분포, 연구자 신분과 연령을 분석 단위로 설정하였다. 다만, 석·박사 학위논문의 경우에는 연구자별 분류 기준 대신 학위수여 대학과 논문편수를 분석 단위로 설정하여 분석에 활용하였음을 밝힌다.

III. 군산 관련 학문 연구 동향

1. 소논문 연구 현황

1) 연대별 분석

위에서 밝힌 대로 군산 관련 소논문 자료로는 434편이 검색되었다. 〈표1〉은 분석 대상 논문 434편을 연대별로 정리한 결과이다.

〈표 1〉 연대별 논문 발표 현황

	1970	1980	1990	2000	2010	합계
인문과학	4	2	7	22	26	61편
사회과학	5	17	21	51	16	110편
자연과학	2	2	2	14	5	25편
공학	1	1	12	34	21	69편
해양과학	11	14	37	14	5	81편
문화예술	1	1	2	3	7	14편
농업과학			4	3	3	10편
기타	7	12	12	15	18	64편
총계	31	49	98	155	101	434편

〈표 1〉을 보면 군산 관련 소논문의 연대별 증가추이를 잘 볼 수 있다. 시기별로 살펴보면 1970년대는 31편(7.1%), 1980년대는 49편(11.3%), 1990년대는 98편(22.6%), 2000년대는 155편(35.7%), 2010년대 이후는 101편(23.3%)으로 지속적으로 증가하는 추세를 나타내고 있다. 내용을 분석해보면 1970년대부터 1990년대 중반까지는 소폭으로 증감하다가 1990년대 후반 이후 특히 2000년대로 오면 양적으로 급증하고 있음을 알 수 있다. 이것은 본고의 서론에서 언급한 것처럼 군산 개항 100주년에 따른 학문적 관심이 늘어나면서 군산 관련 연구의 수요가 증가한 까닭으로 풀이된다. 또한 해양과 농업 분야를 제외하고는 학문 분야별로 소논문이 증가하였음을 보여주는데, 이는 군산지역을 연구 대상으로 삼는 해당 분야의 연구자들이 상당 부분 증가한 것과도 비례한다.

〈그림 1〉은 군산 관련 소논문이 연대별로 증가하는 추이를 쉽게 이해하기 위해 그래프로 나타낸 것이다.

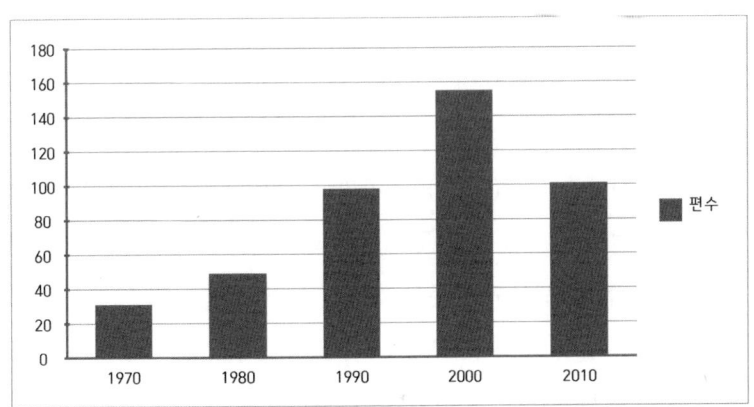

2) 학문 영역별 분석

다음으로 연구 대상 소논문들을 8개의 학문 영역별로 살펴보았다. 하나의 논문에 두 개 이상의 학문 영역이 포함된 경우 주된 학문 영역이라고 판단되는 것에 연구 대상 소논문을 포함하였으며, 영역 분류 기준에 포함되지 않는 학문 분야(예컨대, 보건·의료·종교) 등은 기타로 분류하였다. 연구 대상 소논문의 학문 영역별 분포를 분석한 결과는 다음 〈표 2〉와 같다.

〈표 2〉 학문 영역별 발표 현황

	인문	사회	자연	공학	해양	문예	농업	기타	전체
편 수	61	110	25	69	81	14	10	64	434
비 율	14.1%	25.3%	5.8%	15.9%	18.7%	3.2%	2.3%	14.7%	100%

〈표 2〉와 같이, 사회과학 영역이 110편(25.3%)으로 가장 많은 연구가 이루어진 분야로 나타났으며, 그 다음으로 해양과학이 81편(18.7%), 공학 69편(15.9%), 기타 64편(14.7%), 인문과학 61편(14.1%), 자연과학 25편(5.8%), 문화예술 14편(3.2%), 농업과학 10편(2.3%) 순으로 나타났다. 이러한 분석 결과에서 알 수 있듯이, 군산 관련 연구 성과는 다양한 연구 영역에서 균등하게 생산되지 못하고 특정 연구 영역에 집중되고 있는 것을 볼 수 있다. 실제로 연구가 집중된 학문 영역과 소외된 학문 영역간의 차이는 약 10배 이상으로 나타나고 있다. 특히 사회과학 분야의 연구는 해양, 공학, 기타를 제외한 나머지 분야의 연구를 모두 합친 비율과 비슷한 수치를 나타내고 있다. 이처럼 군산 관련 연구에서 특정 주제의

편중이 두드러지고 있는 점은 향후 개선의 필요성이 요구되는 부분이다.
〈그림 2〉는 분석 대상 논문의 학문 영역별 변화의 추이를 알기 쉽게 그래프로 나타낸 것이다.

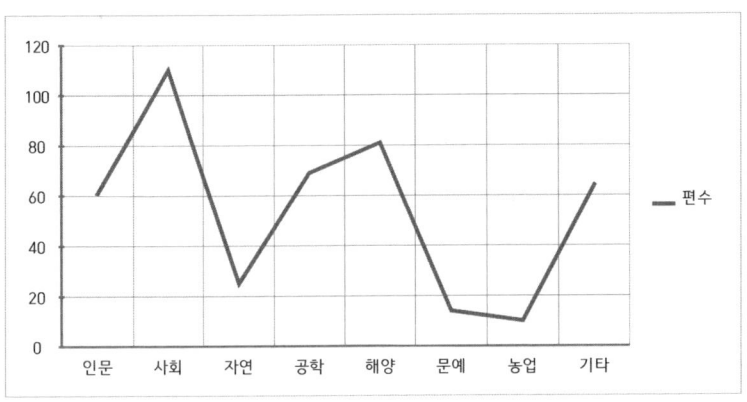

(1) 인문과학 분야

앞서 언급한 대로 인문과학 분야의 소논문은 모두 61편이 검색되었다. 전체 편수를 10년 단위로 살펴보면 1970년대 4편(6.6%), 1980년대 2편(3.3%), 1990년대 7편(11.5%), 2000년대 22편(36%), 2010년대 26편(42.6%)의 연구가 진행된 것으로 나타났다. 내용을 분석해보면 1970년부터 1980년까지는 연간 2-4편씩 발표되다가 1990년대를 기점으로 2000년대부터 뚜렷한 증가 추세를 보이고 2010년대로 오면 급증하는 것을 볼 수 있다. 그 요인으로는 기본적으로 군산지역을 연구 대상으로 삼는 신진 연구자들이 증가한 것을 들 수 있으며 연구자 유형도 전문 학자들이 주축을 이루는 양상을 보이고 있다. 연구 논문을 주제별로 보면, 역사 관련 연구가 30편(49.2%), 어문학·민속 관련 논문이 31편(50.8%)으로 나타났다. 반면 철학 관련 연구는 한편도 없다.

역사 관련 논문 편수는 연대별로 증가하면서 2000년대로 오면 급격히 많아지는 추세를 보이고 있다. 역사 논문의 주제를 두 가지로 분류해보면, 하나는 고고학 영역이고 다른 하나는 역사(인물) 연구로 나눌 수 있다. 고고학 관련 논문은 군산 지역의 유적(물) 발굴과 관련한 대학박물관의 학술 활동과 전문 학자의 연구가 거의 대부분을 차지하고 있다. 이것은 최근 들어 군산 일원에 신석기시대까지 포괄하는 많은 유적이 발견되고 있기 때문에 아무래도 이에 대한 발굴 논문이 많이 발표된 때문이라 생각된다. 실제로 고고학 관련 연구는 2010년대 들어 상대적으로 활발하게 진행된 것으로 나타난다. 2010년 이후 고고학 연구의 급격한 증가는 이 분야 연구가 어느 정도 궤도에 올랐음을 보여준다.

군산역사 관련 연구 또한 2000년대 이후로 꾸준한 증가 추세를 보이고 있다. 하지만 연구경향을 살펴보면 고대부터 현대까지 폭넓게 연구되지 못하고 대체로 일제강점기라는 근대사에 편중된 것으로 나타난다. 옥구를 포함한 군산지역에 대한 역사를 구명하는 작업이 일제강점기에 집중되고 있는 경향은 고대사나 중세사에 대한 자료가 거의 없는 현실에서 나타난 현상이라 할 것이다. 이는 군산의 역사적 성격을 선명하게 보여주는 한 단면이기도 하다. 그러나 일제강점기 위주의 연구가 많은 것에 비해 고대~조선 시대 연구가 상대적으로 침체되어 있음은 앞으로 제고되어야 할 숙제가 아닌가 한다.

(2) 사회과학 분야

사회과학 분야의 소논문은 모두 110편이 검색되었다. 발표 논문 현황을 시기별로 분석해보면, 1970년대 5편(4.5%), 1980년대 17편(15.5%),

1990년대 21편(19.1%), 2000년대 51편(46.4%), 2010년대 16편(14.5%)이 발표되었다. 연구 추이를 보면 인문과학 분야와 달리 1980년대부터 뚜렷한 증가 추세를 보이고 있다. 그리고 이 증가 추세가 1990년대까지 지속되다가 2000년대로 오면서 급격한 증가 현상을 보이고 있다. 이는 이 시기가 새만금 개발에 상당한 관심이 집중되고 있는 시기였던 까닭에 지역경제, 산업, 물류의 활성화를 위한 정책적인 연구가 활발하게 전개되었기 때문으로 보인다. 물론 이러한 현상은 1990년 이후 군산대학에 교수로 충원된 신진 교수들의 활발한 연구 활동과 대학 내 연구소들의 적극적인 관심도가 반영된 결과라 할 것이다.[8]

게재된 논문을 연구 영역별로 살펴보면 군산항(만) 개발 관련 논문이 29편(26.4%)으로 가장 많으며, 다음으로 지역개발 23편(20.1%), 산업·경제 14편(12.7%), 물류 12편(10.1%), 무역 10편(9.1%), 복지 8편(7.3%), 자치 행정 6편(5.5%), 관광 6편(5.5%) 순으로 나타난다. 이를 기준으로 연구 주제의 경향성을 살펴보면, 1980년대와 1990년대에는 군산지역의 기업 정책과 산업·경제의 발전 관련 연구가 활발했고 2000년 이후에는 군산항 개발과 물류 운송 관련 연구가 활발하게 진행된 것으로 나타난다. 그러나 2010년대로 오면 거의 모든 분야의 연구가 절반 이하로 줄어드는 결과를 보여준다. 이는 새만금방조제 준공(2010) 이후 내부 개발이 지지부진한 상황에 대한 연구자들의 실망이 연구 감소에도 영향을 미친 것으로 판단된다.

---

8) 일례로 군산대학교 새만금종합개발연구원(전신: 환황해연구원)은 설립 초기 지역의 사회 경제 관련 이슈를 선정하여 그 결과물을 모아 매년 『환황해새만금연구총서』로 묶어내고, 군산시·새만금개발청·인문과학연구소 등과 공동 학술심포지엄을 개최하는 등 지역 내 군산학 연구를 고무한 측면이 컸다.

(3) 자연과학

자연과학 분야의 소논문은 모두 25편이 검색되었다. 발표 논문 현황을 시기별로 분석해보면, 1970년대 2편(8%), 1980년대 2편(8%), 1990년대 2편(8%), 2000년대 14편(56%), 2010년대 5편(20%)이 발표되었다. 연구 논문의 게재 추이를 분석해보면 1970년부터 1990년까지는 연간 2편씩 발표되다가 2000년 이후 급증하는 추세를 보이고 2010년대로 오면 다시 감소하는 것을 볼 수 있다. 반면 게재된 논문을 연구 주제별로 살펴보면 군산 지역의 식물·생태 관련 논문이 9편(36%)으로 가장 많으며, 다음으로 지질 환경 6편(24%), 기상 5편(20%), 영양학 5편(20%) 순으로 나타난다. 자연과학 분야 연구가 2000년대에 급증하는 것은 이 시기 새만금개발에 따른 지질 변화와 식생 변화 그리고 증대된 기후 변화에 관한 연구자의 관심이 관련 논문 증가로 이어졌다고 추정된다.

(4) 공학

공학 분야의 소논문은 모두 69편이 검색되었다. 발표 논문 현황을 시기별로 분석해보면, 1970년대 1편(1.4%), 1980년대 1편(1.4%), 1990년대 12편(17.4%), 2000년대 34편(49.3%), 2010년대 21편(30.4%)이 발표되었다. 연구 논문의 게재 추이를 분석해보면 1970년부터 1980년까지는 연대별로 1편씩 발표되다가 1990년대부터 뚜렷한 증가 추세를 보이고 2000년대로 오면 급증하는 것을 볼 수 있다. 2000년 이후 게재 논문 수가 증가하는 요인으로는 기본적으로 신진 학자들의 비율이 증가한 것을 들 수 있다. 이것은 1990년대 이후 군산 대학에 자리 잡은 신진 학자들의 적극적인 연구 활동이 상당 정도 반영된 결과라고 하겠다.

게재 논문을 연구 주제별로 살펴보면, 군산의 도시개발과 건축물 활용 관련 논문이 28편(40.6%)으로 가장 많으며, 환경 공학 17편(24.6%), 지반 공학 11편(15.9%), 응용 공학 9편(13%) 순으로 나타난다. 군산 관련 공학 연구는 대체로 2000년 이후 학문적으로 안정화되고 발전하였다고 볼 수 있다. 특히 군산의 원도심 재생과 근대건축물 복원, 지역의 공간 활용 분야는 2010년대 들어서 논문 증가 폭이 더 큰 것으로 나타났다. 그런데 이 분야의 연구가 2010년대에 급증한 것은 군산시의 도시정비계획과 도시재생사업에 따른 사회적 수요가 크게 늘면서 관련 논문 수도 함께 증가한 결과로 판단된다. 이와 관련하여 최근 들어 실용적인 측면을 대상으로 한 연구 주제들이 계속 늘어난다는 점은 눈여겨 볼 대목이다.

(5) 해양과학

해양과학 분야의 소논문은 모두 81편이 검색되었다. 발표 논문 현황을 시기별로 분석해보면, 1970년대 11편(13.6%), 1980년대 14편(17.3%), 1990년대 37편(45.7%), 2000년대 14편(17.3%), 2010년대 5편(6.1%)이 발표되었다. 이를 통해서 보듯, 해양 관련 연구는 초창기인 1970년대부터 약 20년 동안 군산학 연구의 중심으로서 양적으로나 질적으로 매우 큰 부분을 차지했음을 알 수 있다. 그러나 2000년대에는 오히려 연구자 수도 줄고 논문 편수도 전반적으로 줄어드는 경향을 보이고 2010년대로 오면 관련 연구가 정체되는 현상을 보여주고 있다. 이것은 연대별 발표 논문의 추이를 통해서도 쉽게 알 수 있다.

군산학 분야에서 해양 관련 연구가 초창기부터 활발했던 것은 매우 흥미로운 현상이라 할 수 있다. 이는 군산수산대학에 소속된 연구자들의 활발한 연구 활동과 직접적인 관련이 있다고 판단된다. 한편 2000년 이후의 발표 논문을 주제별로 살펴보면 상당한 변화가 있음을 볼 수 있다. 즉

10년간 발표된 논문 중 수산, 갯벌, 해양을 주제로 한 연구가 두드러지게 감소하고 있음을 볼 수 있다. 이는 새만금사업이 초래한 수질 오염과 갯벌 파괴 등 연구 환경의 변화와 진로 문제에 따른 연구자의 감소가 일정한 영향을 미친 것으로 파악된다.

(6) 문화예술

문화예술 분야의 소논문은 모두 14편이 검색되었다. 발표 논문 현황을 시기별로 분석해보면, 1970년대 1편(7.1%), 1980년대 1편(7.1%), 1990년대 2편(14.3%), 2000년대 3편(21.4%), 2010년대 7편(50%)의 연구가 진행된 것으로 파악되었다. 연구 추이를 살펴보면 1970년대부터 1990년대까지는 연대별로 1-2편씩 발표되다가 2000년대에 완만한 증가세를 보였으며 2010년 이후 그 세가 급증하는 흐름을 보여주고 있다. 이는 지역 문화예술에 관심이 집중되고 있는 현재의 사회적 수요를 반영한 결과로 풀이된다.

한편 연구 주제별 연구 경향을 보면, 일제강점기 유곽문화·극장문화·불교문화 관련 3편(21.4%), 영화 2편(14.3%), 무용 2편(14.3%), 새만금과 군산·고군산군도의 문화콘텐츠 2편(14.3%), 고군산의 인문콘텐츠 1편(7.1%), 미술사 1편(7.1%), 문화 일반 3편(21.4%) 순으로 나타난다. 그런데 그 동안의 연구 경향을 살펴보면 특정 주제, 예컨대 지역의 문화유산과 영화와 관련된 연구 경향이 최근 들어 주목받고 있음을 알 수 있다. 이러한 연구 경향은 지역의 인문자산과 문화콘텐츠에 대한 지역 연구자의 관심 증가로 풀이되며 이와 더불어 그 비중도 점점 증대할 것임을 짐작케 한다.

(7) 기타

기타 분야의 소논문은 모두 64편이 검색되었다. 발표 논문 현황을 시기별로 분석해보면, 1970년대 7편(10.9%), 1980년대 12편(18.8%), 1990년대 12편(18.8%), 2000년대 15편(23.4%), 2010년대 18편(28.1%)의 연구가 진행된 것으로 파악되었다. 기타 영역에서는 종교 · 의료 · 보건 분야의 연구가 두드러지며, 그 비율 역시 점차 증가하고 있다는 특성이 있다. 이 중에서 종교 분야는 교회(사) 연구가 주류를 이루고 있는데, 이것은 개항과 더불어 폭넓게 활성화된 군산 지역의 개신교 역사를 좀 더 심층적으로 연구하기 위한 작업으로 보인다.

3) 어문학 영역의 주제 분석

지난 45년간 발표된 어문학 분야 총 논문 수는 31편으로 인문학 61편 및 전체 논문 편수 434편과 대비하면 각각 50.8%, 7.14%에 해당한다. 어문학 분야의 연구 편수와 비율을 세부적으로 살펴보면 문학 관련이 16편(51.6%), 어학 관련이 7편(22.6%), 구비 문학 · 민속이 5편(16.1%), 글쓰기(교육) 관련 연구가 3편(9.7%)으로 나타났다. 연대별 논문 발표 현황을 살피면, 문학 영역은 1980년대 2편, 1999년대 3편, 2000년대 7편, 2010년대 4편, 국어학 영역은 1970년대 1편, 1980년대 1편, 1990년대 3편, 2000년대 2편, 구비 · 민속 영역은 1970년대 2편, 1980년대 1편, 2000년대 1편, 2010년대 1편, 글쓰기(교육) 분야는 2000년대 1편, 2010년대 2편의 연구가 진행된 것으로 파악되었다. 〈그림 3〉은 어문학 분야의 시기별 연구 편수의 추이를 알기 쉽게 그래프로 나타낸 것이다.

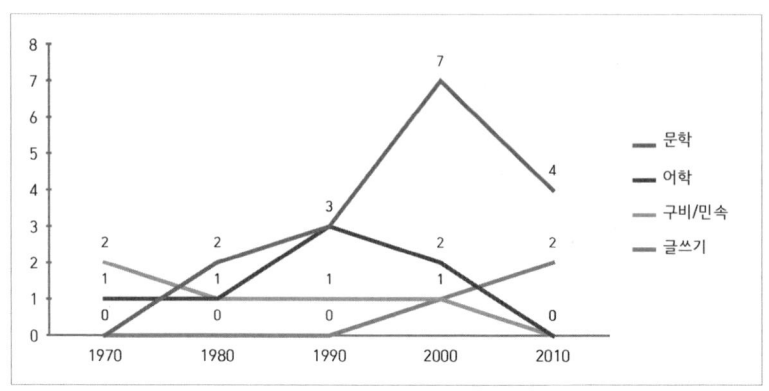

　시대별로 보면 1990년대까지는 특정 분야에 치우친 경향이 있으나 2000년대 들어서는 연구주제가 비교적 다양하게 분포된 결과를 보여준다. 구비 민속 분야의 연구 논문은 간헐적이지만 꾸준히 발표되었으나 어학, 문학, 글쓰기의 경우 연구시기에 따라 논문 수가 점점 증감하는 경향성을 가졌다. 2000년을 기준으로 어학 연구는 1990년에 비해 30%의 감소를 보이고 2010년 이후에는 한 편의 논문도 없었다. 이에 비해 문학과 글쓰기(교육) 관련 영역은 2000년 이후 논문 수가 증가하는 현상을 볼 수 있다. 이를 통해 2000년 이후 군산 관련 어문학 관련 연구는 문학과 글쓰기에 집중되어 있음을 확인할 수 있었다. 그런데 이러한 학문 연구동향의 변화는 어문학 연구수요의 전국적인 흐름과 맥을 같이 하며, 이는 기본적으로 관련 학문 분야 연구자들의 증감 문제나 연구 환경과 연관되어 있다고 본다.
　문학 분야 논문 편수는 16편으로 어문학 31편 및 인문학 전체 61편과 대비하면 각각 51.6%, 26.2%에 해당한다. 세부 영역으로 들어가면, 현대소설 9편(56.2%), 현대시 3편(18.8%), 문학 일반 4편(25%)으로 나타났다. 연대별 문학 연구의 추이를 살피면 다음과 같다.

〈표 3〉 문학 분야 논문 게재 현황

	1970	1980	1990	2000	2010
현대소설		1	1	4	3
현대시		1		2	
문학일반			2	1	1

　이를 보면 연구 주제가 시간의 흐름과 더불어 뚜렷하게 변모되어 왔음을 알게 된다. 초창기에는 현대소설과 현대시 등 두 가지 주제만이 다루어져 왔으나 1990년대 이후에는 문학 일반에 관한 주제들도 등장하기 시작하는 것이다. 그러나 군산 관련 문학 연구가 세 가지 주제에 의해서만 이루어져 온 것을 감안할 때 연구 주제가 극도로 한정되어 있었음은 자명하다 하겠다. 이 가운데 현대소설 연구는 임피 출신인 채만식과 일제강점기 군산지역을 배경으로 창작된 『탁류』 관련 논문이 압도적 다수를 점하고 있다. 그 중에서도 『탁류』에 나타난 군산의 식민지 근대성이나 장소(성)에 관한 주제가 상대적으로 많이 연구되었다. 『탁류』의 토포스, 지오크리티시즘의 관점에서 본 『탁류』, 『탁류』의 크로노토프, 『탁류』에 나타난 식민지 근대성, 『탁류』의 도시공간과 '장소(場所)'에 관한 논문 등이 이에 해당된다. 특별히 공간과 장소의 문제에 천착한 『탁류』 관련 논문은 연대별로 꾸준하게 발표되고 있으며, 그 비율 역시 지속되는 특성이 있다. 이러한 조사 결과는 군산지역 관련 소설 연구가 주로 채만식의 『탁류』를 중심으로 이루어져 왔음을 말해준다.

　현대시의 연구는 지역 문학(혹은 지역성)의 관점에서 군산 출신 시인들의 시세계를 규명하는 논문들이 발표되었다. 이병훈 시에 나타난 향토의식 연구, 고은 시와 한국 현대시에 나타난 군산지역 형상화 의미 논문 등이 여기에 해당된다. 이어서 문학 일반 연구로는 채만식의 산문 연구와 탁류 속의 인간기념물, 『탁류』속의 도시경관과 군산지역 문학공간에 관한 논문 등이 각각 발표되었다. 그런데 문학 일반의 경우도 마찬가지지만, 현대소설과 현대시 연구에서도 특정 작가나 시인을 대상으로 논문이 쏠리는 연구의 편중 현상이 발견된다. 즉 연구자들의 관심이 대체로 한국 문학사에서 주목되는 채만식과 고은의 작품에 모아지고 있음을 알 수 있다. 그런 결과로 지역 문단에서 활동하는 향토 작가나 시인들에 대한 연구 논문이 한 편 밖에 없는 점은 아쉬운 부분이다. 연구 분야의 확대를 위해서라도 앞으로 지역 문인에 대한 적극적인 관심이 필요하다고 판단된다.

언어 분야 논문 편수는 7편으로 어문학 31편 및 인문학 61편과 대비하면 각각 22.6%, 11.5%에 해당한다. 언어 분야의 연구 편수와 비율을 살펴보면, 방언 4편(57.1%), 음운론 1편(14.3%), 문법 1편(14.3%), 일본어 교육 1편(14.3%)이다. 세부 주제로는 옥구지역의 방언 2편(28.5%), 고군산군도 방언 2편(28.5%), 군산·옥구 지역어의 음운 연구 1편(14.3%), 군산지역 경어법 연구 1편(14.3%), 군산지역 일본어 교육 연구 1편(14.3%)으로 나타났다. 언어 관련 연구 논문의 게재 추이를 살피면 다음과 같다.

〈표 4〉 언어 분야 논문 게재 현황

	1970	1980	1990	2000
옥구 방언		1		1
고군산군도 방언			2	
군산·옥구 지역어 음운	1			

군산지역 경어법			1	
군산지역 일본어 교육				1

위에서 볼 수 있듯이, 언어 관련 주제로는 중세 국어의 모습을 탐색할 수 있는 대상으로 음운, 문법, 어휘 등은 물론 지역의 일본어 교육이 연구되었다. 이 중 언어 연구는 국어학 분야 중에서도 방언 연구가 주류를 이루었음을 알 수 있다. 구체적인 지역과 대상을 바탕으로 한 방언 연구는 국어학의 귀중한 자료라는 점에서 의미가 있다. 이러한 방언 연구는 전국적으로 1970~1980년대 이후에 와서야 활성화되는데, 군산지역 방언 연구도 이와 같은 시대적 흐름과 맥을 같이 하고 있음을 확인할 수 있다. 이후로 1990년대와 2000년대 들어와 군산지역 경어법 논문과 군산지역 일본어 교육 논문이 한 편씩 발표되었다. 이러한 연구 경향에서 나타나듯이, 군산지역 언어 연구는 2000년대 주춤하다가 2010년 이후에는 한 편의 논문도 발표되지 못하는 경향성을 보여준다. 이처럼 언어 분야의 연구 성과가 전반적으로 줄어드는 현상은 연구 인력의 감소와 비례하며, 이는 취업 등 진로의 문제와 연관되어 있다고 본다. 이것은 비단 군산 관련 언어 연구의 문제만이 아니라 한국 언어학 연구의 문제와 궤를 같이하는 것이기도 하다.

구비문학·민속 분야의 논문 편수는 5편으로 어문학 31편 및 인문학 61편과 대비하면 각각 16.1%, 8.2%에 해당한다. 구비문학·민속 분야의 연구 편수와 비율을 살펴보면, 군산지방의 민속 1편(20%), 군산지방의 무가와 무속 1편(20%), 고군산군도(도서지역) 민속 신앙 2편(40%), 군산 옥구지방 전래지명 연구 1편(20%)으로 나타났다. 구비문학·민속 연구 논문의 게재 추이를 살피면 다음과 같다.

〈표 5〉 구비문학·민속 분야 논문 게재 현황

	1970	1980	1990	2000
군산지방 민속	1			
군산지방 무가와 무속		1		
고군산군도 민속 신앙	1			1
군산옥구지방 전래지명			1	

위에서 보듯, 구비문학·민속 관련 연구는 연대별로 1~2편의 논문이 간헐적으로 발표되었음을 확인할 수 있다. 군산지방의 양산동제와 민요, 무속과 무구에 관한 연구 논문은 1970년대와 1980년대 각각 한 편씩 발표되었지만 1990년 이후에는 전무하였다. 선유도를 비롯한 도서지역의 민속과 민간 신앙을 다룬 논문 등은 1970년대와 2000년대 각각 한 편이 발표되었고 군산·옥구지방의 전래지명을 연구한 논문은 1990년대 한 편이 제출되었다. 군산 관련 구비문학·민속 연구는 다른 분야에 비해 논문 수가 적은 편이나 군산지역의 민속, 민요, 무속신화, 민간 신앙, 전래 지명에 대한 이해를 넓혔다는 점에서 그 의의는 적지 않다고 할 수 있다. 허나 시간의 흐름과 더불어 연구자의 수도 줄고 논문의 편수도 현저히 줄어들고 있는 사정을 고려할 때 앞으로 연구 인력에 대한 보완과 지원이 이루어질 필요가 있다고 생각한다.

글쓰기 분야 논문 편수는 3편으로 어문학 31편 및 인문학 61편과 대비하면 각각 9.7%, 4.9%에 해당한다. 글쓰기 분야의 연구 편수와 비율을 살펴보면, 군산대학교 이공계열 글쓰기 교육 연구 1편, 군산대학교 철학과 글쓰기 교육 사례 연구 1편, 군산대학교 학생을 대상으로 한 첨삭지도 연구 1편으로 나타났다. 글쓰기 연구 논문의 게재 추이를 살피면 다음과 같다.

〈표 6〉 글쓰기 분야 논문 게재 현황

	2000	2010
군산대학교 이공계열 글쓰기 교육		1
군산대학교 철학과 글쓰기 교육 사례	1	
군산대학교 학생들의 첨삭지도 연구		1

 위에서 보듯, 군산 관련 글쓰기 논문은 2000년 이후에 들어서야 학문적으로 연구가 진행되었다고 볼 수 있다. 2000년 이전에 글쓰기 관련 분야의 논문이 발표되지 못한 것은 당시 많은 대학에서 맞춤형 글쓰기의 중요성이 인식되지 못했고, 따라서 글쓰기 교육에 대한 학문적 접근이 쉽지 않았던 것과 관련이 있을 것이다. 그러나 2000년에 들어 의사소통과 자기표현 교육의 일환으로 글쓰기 교육의 중요성이 강조됨에 따라 많은 대학들이 이를 교양 필수화했고, 이에 부응하여 학문적 체계를 마련하는 연구도 꾸준히 증가하고 있는 추세이다. 군산 관련 글쓰기 논문 역시 이러한 최근 연구 경향을 반영한 성과물들이리고 볼 수 있다.

4) 어문학 논문 연구자별 분석

(1) 연구자 수와 지역별 분포
 먼저, 군산지역 어문학 관련 논문에 참여한 연구자 수에 대해 살펴보고자 한다. 분석 대상 논문 31편을 발표한 연구자는 총 33명이며, 이 중 2편씩 논문을 발표한 연구자는 4명이다. 연구 형태를 살펴보면 단독 연구가 29편(93.5%), 공동 연구가 2편(6.5%)로 단독 연구가 절대 다수의 높은 비율을 나타내고 있다. 공동 연구에 있어서는 2인 공동 연구가 2편으로 나타났다. 이로 보아 현재까지는 단독 연구가 가장 활발하게 이루어지고 있으며, 2인 이상의 공동 연구는 많이 이루어지고 있지 않는 것으로 확인된다.

한편 연구자의 지역별 분포를 높은 비율 순으로 살펴보면, 전북(74.2%)〉충남(9.7%)〉서울·경기(9.7%)〉전남(3.2%)〉강원(3.2%) 등으로 나타났다. 이 분포에서 보면 전북권 대학에 소속된 연구자들의 비율이 전체의 2/3 이상으로 상당수를 차지하고 있는데, 이는 그동안 군산 관련 어문학 연구가 특정 지역에서 활동한 연구자들을 중심으로 이루어졌음을 말해준다. 그러나 군산학 분야의 발전을 위해서는 앞으로 다른 지역 연구자들의 관심을 이끌면서 논문 게재를 유도할 수 있는 연구 환경을 조속히 마련할 필요가 있다고 생각한다.

(2) 연구자 신분과 연령

여기서는 연구 대상 논문에 수록된 연구자 신분을 교수, 강사, 연구원, 대학원생으로 구분하여 살피기로 한다. 이와 관련해서 강사의 경우 연구교수, 겸임 교수, 객원 교수를 포함하고 있으며, 대학원생에는 박사 과정을 포함하고 있다. 우선 연구자의 신분을 조사한 결과는 다음과 같다.

〈표 7〉 연구자 신분 현황

	빈도	비율
교수	17	51.5%
강사	13	39.4%
연구원	1	3.0%
대학원생	2	6.1%
합계	33	100%

위 표에서 알 수 있듯이 교수가 17명으로 전체 연구자의 51.5%를 차지하고 있으며, 강사 13명(39.4%), 대학원생 2명(6.1%), 연구원 1명(3.0%) 등의 순으로 나타났다. 상대적으로 교수의 비율이 높은 것으로 나타났으며 박사급 강사의 비율도 적지 않음을 나타내고 있다. 반면 연구원과 대학원생이 차지하는 비율은 각각 3.0%와 6.1%로 나타나 이 분야에 대한 학문적 관심이 상대적으로 낮았음을 보여준다.

연구자 연령도 주목되는 관심사 중 하나이다. 논문을 발표할 시점을 기준으로 연령대를 분류해 보면 다음과 같다.

〈표 8〉 연구자별 연령대 현황[9]

	1970	1980	1990	2000	2010	전체
30대	3	1	5	9	3	21
40대		1	2	1	1	5
50대		2		1	1	4
60대		1	1		1	3
합계	3	5	8	11	6	33
비율	9.1%	15.2%	24.2%	33.3%	18.2%	100%

위 표를 보면 30대와 40대 소장 학자들이 전체 저자의 2/3 이상을 넘기고 있음을 확인할 수 있다. 그리고 50대와 60대의 중진 학자들의 비율도 적지 않은 모습을 보이고 있다. 전체적으로 시간의 흐름과 더불어 소장 학자들의 논문 발표 비율이 확대되고 있으며, 2010년 이후로는 연구자별 연령대도 고른 분포를 나타내고 있다. 그러나 군산 관련 어문학 연구가 더 발전하기 위해서는 앞으로 연구자의 폭을 보다 넓힐 필요가 있

---

[9] 31편의 논문 중 연령대가 확인되지 않는 1편을 제외한 나머지 30편을 대상으로 분류를 시도하였다.

다. 새로운 연구자가 유입되지 않는 한 논문의 질적·양적 편협성은 피하기 어려우며, 그만큼 전망도 밝지 않다고 할 수 있다. 향후 관련 연구에 새로운 활력을 불어넣을 수 있는 20대의 신진 연구자들의 육성 및 참여 독려를 적극 모색할 필요가 있다.

2. 학위논문 연구 현황

1) 연대별 분석

다음에 살펴볼 군산 관련 석·박사 학위논문 자료는 251편이 검색되었다. 〈표 9〉는 분석 대상 논문 251편을 연대별·영역별로 정리한 결과이다.

〈표 9〉 연대별 학위논문 연구 현황

	1970	1980	1990	2000	2010
인문과학		1	5	8	4
사회과학		7	17	25	15
자연과학	2	2	3	22	9
공학	1	4	4	13	18
해양과학		3	9	13	2
문화예술				3	5
농업과학	1		3	2	
교육학			1	9	2
기타		7	3	19	9
총계	4	24	45	114	64

〈표 9〉에 나타난 학위논문의 연구 추이를 보면 군산 관련 소논문 추

이와 비슷한 경향성을 발견할 수 있다. 전체 연구 경향을 시기별로 살피면 1970년대 4편(1.6%), 1980년대 24편(9.6%), 1990년대 45편(17.9%), 2000년대 114편(45.4%), 2010년대 64편(25.5%)의 분포를 보이며, 2000년대로 오면 전 시기에 비해 배가 증가함을 알 수 있다. 사회과학과 공학, 자연과학 분야를 비롯하여 연구자들의 관심이 상대적으로 낮은 인문과학과 문화예술 분야에서도 2000년 이후 논문 수가 큰 폭으로 증가하고 있다. 기타 분야는 1990년대에 일시적으로 감소하였지만 2000년을 기점으로 많은 연구가 이루어짐을 알 수 있다. 군산에 관한 학위논문이 2000년대 급격히 증가한 이유는 앞에서 밝혔듯이 이때가 군산 개항 100주년 및 새만금 방조제와 군산항 개발 사업이 본격화되는 시기로 이에 대한 학문적 관심이 학위논문의 증가로 이어졌음을 확인할 수 있었다.

아래의 〈그림 4〉는 군산 관련 학위논문의 연대별 증가 추이를 살펴본 것이며, 〈그림 5〉는 소논문과 학위논문의 연대별 변화의 추이를 비교하기 쉽게 그래프로 나타낸 것이다.

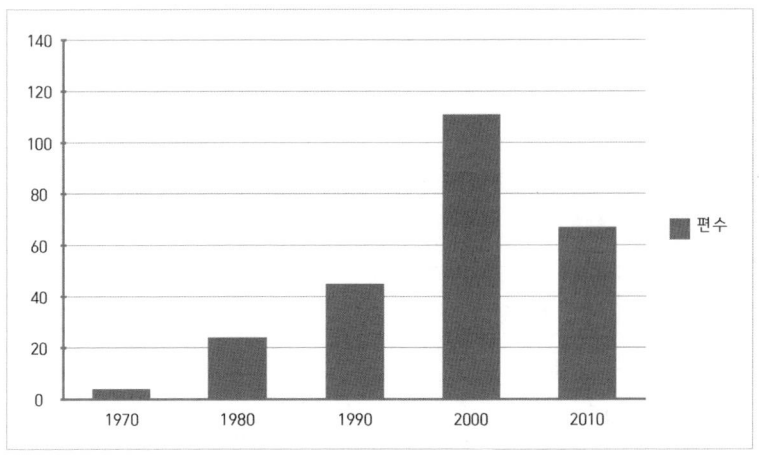

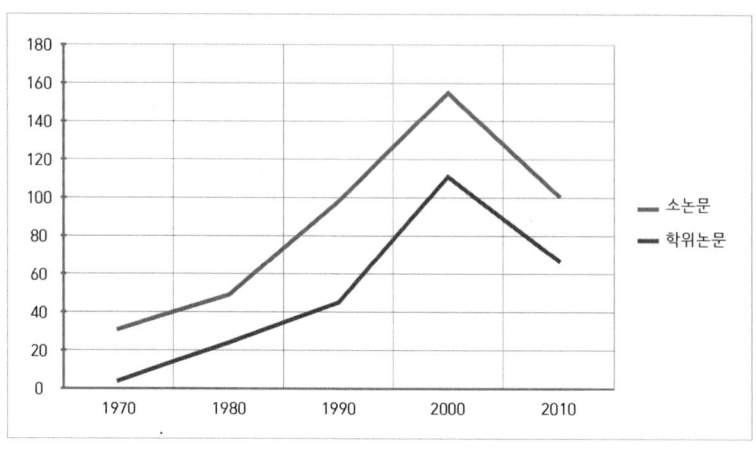

2) 영역별 분석

다음으로 분석 대상 학위논문들을 9개의 학문 영역별로 살펴보았다. 하나의 논문에 두 개 이상의 학문 영역이 포함된 경우 주된 학문 영역이라고 판단되는 것에 연구 대상 학위논문을 포함하였으며, 영역 분류 기준에 포함되지 않는 학문 분야(예컨대, 보건 · 의료 · 종교) 등은 기타로 분류하였다. 연구 대상 학위논문의 학문 영역별 분포를 분석한 결과는 〈표 10〉과 같다.

〈표 10〉 영역별 학위논문 발표 현황

	인문	사회	자연	공학	해양	문예	농업	교육	기타	전체
편수	18	64	38	40	27	8	6	12	38	251
비율	7.2%	25.5%	15.1%	15.9%	10.7%	3.2%	2.4%	4.8%	15.2%	100%

〈표 10〉에서 볼 수 있듯이, 전체 논문 편수에서 가장 높은 비율을 차지하는 분야는 사회과학 64편(25.5%)〉공학 40편(15.9%)〉기타 38편

(15.2%)〉자연과학 38편(15.1%)〉해양과학 27편(10.7%)〉인문과학 18편(7.2%)〉교육학 12편(4.8%)〉문화예술 8편(3.2%)〉농업과학 6편(2.4%)의 순으로 나타났다. 앞에서 언급한 소논문의 영역별 논문 편수와 비춰볼 때 사회과학 분야와 공학 분야의 비중이 여전히 높게 나타난 것은 차이가 없지만 자연과학 분야의 논문 수가 증가하고 해양과학 분야와 인문과학 분야의 논문 수가 상대적으로 감소했다는 점은 차이를 보인다. 소논문에 비해 영역별 연구의 편중성이 다소 줄어든 점 역시 대조를 이루고 있다.

한편 군산 관련 학위논문과 소논문의 연구 분야를 비교해보았을 때 전체적으로 유사한 주제 영역을 다루고 있는 것으로 나타났다. 구체적으로 사회과학 분야의 학위논문은 군산항 개발, 지역사회, 산업경제, 물류, 무역, 정책 개발, 복지, 서비스, 행정 분야에 관한 연구가 많았으며, 공학 분야에서는 도시재생과 도시경관, 건축, 도시공간 활용, 환경, 공해 등에 많은 연구가 이루어졌다. 자연과학 분야는 군산의 지층, 식물과 식생, 수질, 영양, 복식 등에 연구가 수행되었고, 해양과학 분야는 해양 생태, 수산, 어종, 조류에 관한 연구가 집중되었다. 그 외 문화 예술 분야는 지역의 문화콘텐츠와 문화유산, 문화예술의 특성과 활용에 관한 연구가 수행되었고, 기타 분야는 교회사 중에서도 의료와 교육 선교 연구가 주류를 이루고 있다. 이것은 개항 100주년과 더불어 지역학 연구에 상당한 관심이 집중되고 있는 최근 군산학 연구의 전반적인 분위기를 대변하는 것으로 이해된다.

한편 인문과학 분야의 학위논문은 모두 18편이 검색되었는데, 이 중 역사와 고고학 관련 연구가 12편(66.7%), 어문학・구비 민속 관련 논문이 4편(22.2%), 문화인류학 관련 논문 2편(11.1%) 으로 나타났다. 역사와 고고학 연구 주제로는 '군산・옥구 지역의 항일운동, 1920년대 군산・옥구

지역에 대한 일본 토지수탈, 조선은행 군산지점의 역사와 활용, 고군산진 역사문화자원의 활용 방안, 식민시대 군산시의 흔적, 1920년대 군산지역의 청년 운동, 일제강점기 군산 공립보통학교와 군산사회, 군산 비응도 해저출토 고려자색 연구, 군산 노래섬 유적의 신석기시대 토기 연구, 일제하 옥구 수리조합과 농촌지주제, 일제하 일본인지주의 농장경영에 관한 연구' 등이 제출되었다. 반면 어문학 · 구비 민속 논문으로는 '채만식 소설의 비공식어 연구, 채만식『탁류』의 인물과 공간 연구, 『탁류』의 미두장 연구, 군산 · 옥구지방 설화의 연구'가, 문화인류학 논문으로는 '군산지역의 제과점을 통해 본 근대의 맛과 공간의 탄생, 새만금지역 생활사 아카이브 구축과 인류학' 등이 제출되었다.

〈그림 6〉은 군산 관련 학위논문과 소논문의 영역별 변화의 추이를 그래프로 나타낸 것이다.

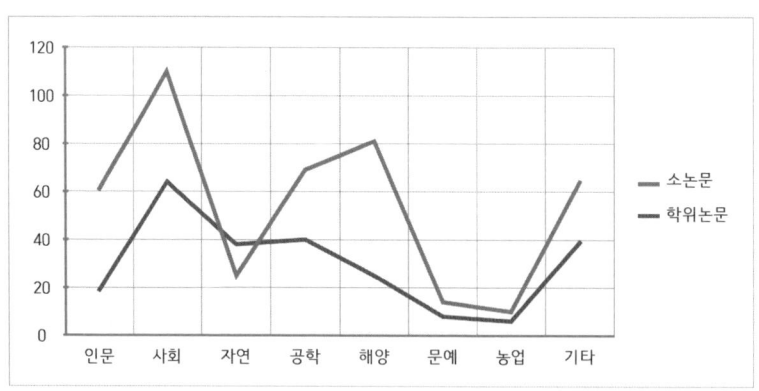

3) 학위종류별 발표현황

전체 251편의 논문 중에서 석사학위 논문은 232편으로서 전체의 92.4%에 이르는 반면, 박사학위 논문은 19편으로서 전체의 7.6%에 불과하다. 다시 말해 지금까지 발표된 군산 관련 연구는 거의 대부분 석사학위 수준에서 이뤄졌고, 아직까지 박사학위 과정은 연구의 시작점에 서 있다고 볼 수 있다. 〈표 11〉은 석사학위와 박사학위 논문의 발표된 현황을 살펴본 것이다.

〈표 11〉 학위종류별 발표 현황

구 분		70~79	80~89	90~99	00~09	10~15	계(%)
석사	총 편수	4	22	41	104	61	232(92.4)
	연평균 논문 수	0.4	2.2	4.1	10.4	10.2	5.9
박사	총 편수		2	4	10	3	19(7.6)
	연평균 논문 수		0.2	0.4	1.0	0.5	0.6
계	총 편수	4	24	45	114	64	251(100)
	연평균 논문 수	0.4	2.4	4.5	11.4	10.7	6.5

위 표를 보면, 석·박사학위 논문 모두 1990년대 뚜렷한 증가세를 보이고 2000년대에 급격한 증가 현상을 보여주고 있는데 특히 2010년대 이후 증가 현상이 두드러진다. 석사학위 논문은 총 232편으로 평균 1년에 5편씩 제출되었다고 할 수 있다. 석사학위 논문의 연대별 증가 추이는 2010년대(10.2)〉2000년대(10.4)〉1990년대(4.1)〉1980년대(2.2)〉1970년대(0.4)의 순이다. 석사학위 논문의 연대별 발표 빈도는 시간의 흐름에 따라 배가 증가한 것으로 나타나고 있다. 특히 2010년대 들어서는 연간 10편 이상의 논문이 발표되어 이러한 증가 추세가 지속될 것임을 예측케 하고 있다. 한편 박사학위 논문은 총 19편으로 평균 1년에 0.6편씩

발표되었다. 박사학위 논문의 연대별 증가 추이를 높은 비율대로 살피면, 2010년대(0.5)〉2000년대(1.0)〉1990년대(0.4)〉1980년대(0.2)의 순으로 나타났다. 박사학위 논문 역시 시간의 흐름과 더불어 계속 증가하는 추세를 보이고 있어 석사학위 논문의 증가 추이와 비슷한 경향성을 보여주고 있다.

〈그림 7〉은 석사학위 논문과 박사학위 논문의 연대별 증가 추이를 그래프로 나타낸 것이다.

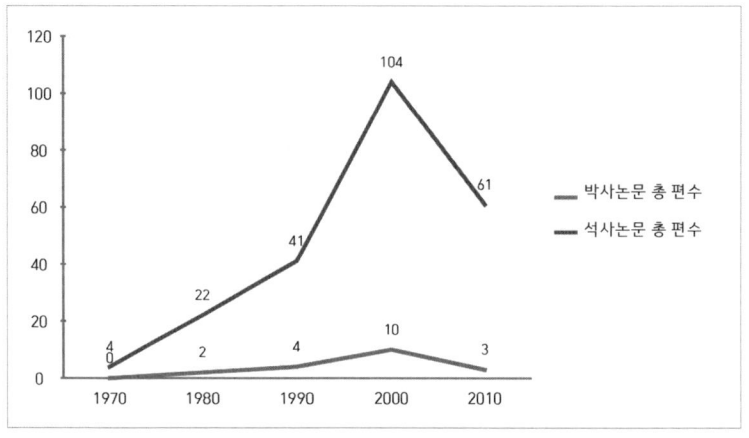

4) 학위수여 대학별 현황

전체 학위논문의 편수만으로 본다면 지금까지의 군산 관련 연구는 활발했었다고 할 수 있을 것이다. 그러나 학위수여 대학에 따른 논문 편수를 살펴보면 지역별 분포에서 뚜렷한 차이를 보이고 있다. 군산 관련 석·박사 학위논문을 2편 이상 수여한 대학별 현황은 〈표 12〉와 같다.

〈표 12〉 학위수여 대학 논문 편수 현황

구 분	석사논문	박사논문	계	비율
군산대학교	73	5	78	31.1%
원광대학교	44	2	46	18.3%
전북대학교	38	1	39	15.5%
서울대학교	10	1	11	4.4%
조선대학교	5		5	2.0%
한양대학교	3	2	5	2.0%
경희대학교	4		4	1.6%
성균관대학교	4		4	1.6%
전남대학교	3	1	4	1.6%
부경대학교	3		3	1.2%
이화여자대학교	3		3	1.2%
전주대학교	2	1	3	1.2%
중앙대학교	3		3	1.2%
홍익대학교	3		3	1.2%
한국교원대학교	3		3	1.2%
한일장신대학교	3		3	1.2%
고려대학교	2		2	0.8%
단국대학교	2		2	0.8%
연세대학교	1	1	2	0.8%
우석대학교	2		2	0.8%
기 타	21	5	26	10.4%
총 계	232	19	251	100%

학위 수여대학의 지역별 분포를 높은 비율 순으로 살펴보면 전북지역이 압도적이고 서울·경기와 전남권이 그 뒤를 따르고 있다. 이것은 학위 수여대학에 따른 논문 편수만 보아도 쉽게 알 수 있다. 전체 251편의 논문 중에서 군산대·원광대·전북대 등 전북에 소재한 대학의 논문 수는 총 168편으로 전체의 66.9%에 이르는 압도적 다수를 점하고 있다. 특히

최다 논문 편수를 기록한 군산대학교는 전체의 31%를 넘는 비율로서 원광대와 전북대를 제외한 나머지 대학의 논문 편수를 모두 합친 비율과 비슷한 수치를 나타내고 있다. 이를 감안하면 군산 관련 학위논문은 타 지역 대학보다 주로 해당 지역의 대학에서 많이 제출되었음을 알 수 있다.

한편 이 시기에 군산대학교에서 수여한 박사학위 논문은 5편으로 모두 2000년대 이후에 제출되었다. 영역별로 보면 자연과학 1편(2004), 공학 1편(2004), 해양과학 2편(2005), 사회과학 1편(2011)으로 조사되었다. 반면에 군산대학교에서 수여된 석사논문은 총 73편인데, 연구자의 국적은 한국인 70명과 중국인 3명의 분포를 이루고 있다. 연대별 논문 발표 현황을 살피면 1990년대 9편, 2000년대 51편, 2010년대 13편의 연구가 진행된 것으로 파악되었다. 영역별 연구는 인문과학 3편, 사회과학 12편, 자연과학 20편, 공학 12편, 해양과학 12편, 농업과학 1편, 교육학 8편, 기타 5편으로 조사되었다.

한편 지금까지 군산대학교에서 발표된 석사학위 논문은 대부분 특수대학원과 교육대학원 차원에서 이루어졌고, 일반대학원의 석사학위 과정은 전체의 30%에 불과한 실정이다. 물론 군산대의 경우 최근 대학원 석사학위 과정에 '지역문화콘텐츠 전공'이 개설되어 관련 강의가 이루어지고 있으나 아직까지는 연구의 출발점에 서 있다고 볼 수 있다. 군산학의 전반적인 학문적 발전을 위해서는 향후 연구 지원과 저변 확대 등 연구 환경 조성이 수반되어야 할 것으로 생각한다.

Ⅳ. 나가는 글 : 연구의 과제와 전망

지금까지 1970~2015년까지 46년간 발표된 군산지역 관련 소논문 434편, 석·박사 학위논문 251편을 분석하여 연구 동향을 간략하게 검토하였다. 본 연구에서 논의된 군산지역 관련 연구 동향을 요약하면 다음과 같다.

첫째, 연대별 분석결과, 이 기간 동안 소논문 434편과 석·박사 학위논문 251편이 발표되었는데 대체로 1990년대 중반부터 논문의 발표 편수가 증가하기 시작하여 2000년을 기점으로 급격히 증가하는 추세를 보이고 있다. 이는 1999년이 군산 개항 100주년이 되는 시기였던 까닭에 이에 대한 학문적 관심과 조명이 활발하게 진행되었기 때문이라고 볼 수 있다.

둘째, 연구영역별로 볼 때 소논문과 학위논문 모두 가장 연구가 많이 이루어진 분야는 사회과학 분야(110편·64편)로 나타났고, 사회과학 영역과 소외된 학문 영역간의 차이는 약 10배 이상으로 연구 진폭이 큰 것으로 확인되었다. 이는 군산 관련 연구가 특정 연구 영역에 다소 편중된 연구가 이루어지고 있음을 말해준다. 이처럼 분야별 연구 진폭이 큰 것은 사회적 수요의 변화와 관련이 있다고 판단된다.

셋째, 어문학 영역을 주제별로 분석한 결과, 소논문은 문학(16편)〉언어(7편)〉구비·민속(5편)〉글쓰기(3편) 순으로 나타났고, 학위논문은 문학(2편), 언어(2편)으로 조사되었다. 세부 분야를 볼 때에는 현대소설, 특히 채만식과 소설『탁류』에 관한 연구가 전체의 1/3을 차지하고 있다. 이는 지금까지의 문학 연구가 주로 채만식의『탁류』를 중심으로 진행돼왔음을 보여준다.

넷째, 어문학 소논문 중 연구자 수와 지역별 분포, 연구자 신분과 연령을 살펴본 결과, 연구자 수에 있어서는 단독연구가 절대 다수를 차지하는 것으로 나타났으며, 연구자 지역별 분포에 있어서는 전북지역이 2/3 이상을 차지하는 것으로 나타났다. 연구자 신분과 관련해서는 교수의 비율이 가장 높은 것으로 나타났으며, 논문을 발표할 시점의 연구자 연령은 30대가 가장 높은 비율로 나타났다.

다섯째, 석·박사 학위 종류별 발표 현황과 대학별 현황을 보면, 전제 251편의 논문 중에서 석사학위 논문은 232편으로서 전체의 92.4%에 이르는 반면 박사학위 논문은 19편으로서 전체의 7.6%로 조사되었다. 학위 수여대학의 지역별 분포에 있어서는 전북지역 대학이 전체의 1/3을 차지하는 것으로 나타났으며, 대학별 현황에서는 군산대학교가 78편으로 가장 많이 발표한 것으로 나타났다. 이는 군산 관련 학위논문이 다른 지역보다 주로 전북 지역의 대학에서 많이 생산되고 있음을 보여준다.

앞에서도 보았듯이, 군산에 관한 연구는 특별한 경우가 아니고는 개별 연구자의 관심에 따라 분산적으로 이루어져 왔다고 할 수 있다. 그러다 보니 축적된 연구 성과들이 새로운 차원의 연구로 발전하지 못하고 일회적인 것에 그치는 경우가 많았다. 또한 개별 연구자의 전공 영역이나 관심, 문제의식이 상이한 까닭에 연구물이 균등하게 생산되지 못하고 분야별 편중 현상이 극명하게 나타나고 있는 것은 아쉬움이 크다.

이러한 맥락에서 여기서는 군산을 대상으로 한 연구의 활성화를 위한 방안을 몇 가지의 과제로 제시하고자 한다.

첫째, 군산 관련 연구의 기반 구축 및 모색이다. 1970년대 이후로 군산에 관한 연구는 실증적 연구보다 문헌 연구가 더 많이 활용되고 있는 것으로 나타나고 있다. 실증적인 연구가 어려운 데에는 군산에 관한 기초

자료가 온전히 수집·구축되지 못한 것에도 이유가 있다. 그러나 군산을 대상으로 한 연구의 활성화를 위해서는 지금부터라도 기존 자료 구축과 함께 새로운 자료를 발굴, 축적해가는 노력이 반드시 필요하다. 군산 연구의 기초를 이루는 데이터베이스가 구축된다면 신진 연구자뿐만 아니라 학문 후속 세대들에게도 큰 도움을 줄 수 있을 것이다.

둘째, 연구의 균등화가 필요하다. 지난 46년간의 연구 경향에서 군산 관련 연구 성과가 꾸준히 증가를 보인 것은 주목할 만한 일이지만 세부 학문 분야의 연구 성과와 수준에서 불균형성을 보여준다는 점은 극복되어야 할 과제로 보인다. 특히 연구의 불균등화는 학문의 균형적인 발전과 관련되는 중요한 부분이기 때문에 다양한 분야에서 균형 있는 연구가 활발히 이뤄져야 할 것이다. 이를 위해 학계에서도 기획 발표 등 다양한 방법을 통해 지역연구 발전 및 연구의 활성화를 위해 노력할 필요가 있다.

셋째, 연구 주제를 다양화하려는 노력이 필요하다. 어문학 연구에서 보았듯이 특정 연구 주제에는 여러 연구자가 중복하여 연구를 진행하는 한편, 다른 주제는 연구가 극히 드물게 진행되는 것을 볼 수 있다. 연구의 대상이 몇몇 시인과 작가에 집중되는 것도 바람직하지 않다. 이와 관련하여 연구 주제의 다양화를 통해 연구 대상을 확대하려는 노력이 뒤따라야 할 것이다. 이를 위해서는 기존의 학문적 논의와 성과는 계승 발전시키면서, 새로운 자료를 찾아내려는 노력과 기존 연구에서 다루지 못한 지역 작가와 작품을 발굴하려는 노력이 함께 필요하다.

넷째, 연구자의 다변화가 필요하다. 그동안 군산 관련 연구가 특정 지역에서 활동한 연구자들을 중심으로 이루어졌다는 것은 아쉬운 점이 있다. 이는 인위적으로 조정할 수 있는 문제는 아니지만, 새로운 연구자들의 관심을 이끌면서 그들이 지역 연구에 적극 참여할 수 있는 연구 환경을 조성할 필요가 있다고 생각한다. 이와 함께 우수 논문에 대한 포상이나 지원 등으로 연구자의 수가 적정하게 유지, 산포될 수 있는 방안에 대해서도 고민할 필요가 있다.

다섯째, 신진 연구자의 육성과 연구자간 교류 활성화가 필요하다. 지역학 연구에 있어서 신진 연구자의 육성은 무엇보다 중요하다. 새로운 연구자가 유입되지 않는 한 학문 연구의 발전은 기대하기 어렵다. 따라서 세대 간 균등한 연구 인력 배출을 위한 종합적이고 체계적인 대책 마련이 필요하다. 더불어 군산지역 연구가 더욱 깊이 있고 의미 있는 성과를 산출하기 위해서는 연구자간 활발한 인적·학술적 교류를 통해 지역 연구의 동향과 정보를 공유할 수 있는 학제적 연구가 진행되어야 할 것이다. 연구자들이 공동의 작업을 통해서 연구 성과를 공유하고 문제의식을 집단적으로 구현해낸다면 이제까지 생각하지 못했던 많은 문제들이 도출될 수 있을 것이다.

여섯째, 군산 관련 연구의 대중화 작업이 필요하다. 군산과 같이 지방 중소 도시의 시민들은 자신들의 정체성을 찾고자 하고, 자신들이 사는 지역에 자긍심과 애향심을 갖기를 원하며, 주변 시민들과 공동체적 교감을 나누기를 원하고 있다. 그러나 기존의 군산 관련 연구는 연구자 집단의 의견만이 반영되었을 뿐 실제로 군산에서 삶을 살아가는 지역민들의 관점이나 의견을 기초로 한 경우는 거의 없었다고 할 것이다. 이런 점에서 군산에 관한 연구가 성공하려면 무엇보다도 지역민의 생활과 밀착한 연구 성과들이 많이 산출되어야 할 것이다. 또 이러한 연구 성과들을 지역민과 학생들에게 꾸준히 제공함으로써 군산에 대한 이해를 높이는 동시에 시민교육을 강화하여 지역 사회의 발전을 도모해야 한다고 생각한다.

끝으로 본 연구는 군산지역 연구의 전반적인 동향을 살펴보고 그에 따른 과제와 방안을 제언하고자 하는 목적으로 진행되었다. 이 점에서 본 고의 연구 결과는 군산지역 연구의 경향과 추이를 파악하는데 필요한 기초자료로 사용될 수 있을 것으로 판단된다. 그러나 본 연구는 군산 관련 연구 문헌을 수집하고 그 논제를 중심으로 계량서지학적으로 분석하였기 때문에 연구의 내용이나 질에 대한 심층적인 분석을 진행하지 못했다는 한계가 있다. 또한 군산 관련 논문을 분석 대상 전자저널 자료로만 제한했다는 한계를 가지고 있다. 여기에서 다루지 못한 자료도 많이 있을 수 있으나 자료 검색의 통일에 유념했음을 밝혀 둔다.

일제하 군산 지역의 문학적 형상화 양상

일제하 군산 지역의 문학적 형상화 양상
─문학작품의 창작배경을 중심으로

I. 들어가는 글

   한반도 서해안의 옥구반도에 위치한 군산지역은 북으로는 금강, 남으로는 만경강, 동으로는 간척지가 넓게 발달한 호남평야와 논산평야를 배후지로 하고 있다. 이러한 지리적 위치 때문에 군산은 역사적으로 서해안 일대를 방어하는 군사적 요충지였을 뿐만 아니라 금강의 수운으로 세곡을 운반하는 조운(漕運)의 중심지였으며, 배후지의 미곡 집산지로서 중요한 역할을 담당해 왔다. 바로 이러한 이유에서 일본 정부는 인천 개항이 논의되던 1877년부터 군산을 개항장 후보지로 주목해왔고 특히 미곡을 비롯한 농수산자원을 안정적으로 수집 반출하기 위한 목적으로 군산의 개항을 강하게 요구했다. 이러한 일본과 달리 한국 정부는 당시 강경시장과 교역하고 있었던 밀무역선의 감시와 통제를 강화하여 국가의 재

정을 확보하기 위한 목적으로 개항을 서두르게 된다.[1]

군산은 마산, 성진과 더불어 1899년 5월 1일에 개항되었다. 개항과 동시에 군산에는 각국공동거류지가 설정되었고 한국 정부는 군산에 들어온 외국인과의 정치·외교·관세의 업무를 담당할 세관, 경무서, 감리서, 재판소 등을 설치하였다. 그러나 거류지의 대부분을 일본인이 독점하면서 군산의 공동조계는 사실상 일본인 전관거류지로 전락하였다. 일본 정부는 군산으로 유입된 일본 상인들의 보호와 통상무역을 목적으로 목포영사관 군산분관을 설치하고, 부청, 경찰서, 식산은행, 미두장 등 식민 통치를 담당하는 주요 기관을 도심 중앙에 설치하였다. 또 거류지를 경계로 북서부는 일본인이, 동남부는 조선인이 거주하는 형태로 도시 공간을 이원화하는 한편 내륙과 항만을 연결하는 철도와 도로망을 확장·정비하며 식민지 거점 도시의 형태를 갖추어 나갔다. 물론 이 같은 공간 구조는 식민지 도시가 갖는 특유의 이중성을 보여주는데, 이는 군산의 근대화가 식민화와 밀접하게 연결되어 있음을 보여주고 있다.[2]

한편 일제 주도의 전국적인 행정구역 개편에 따라 군산은 1914년에 부(府)로 승격되었다.[3] 이 당시 군산의 규모는 60만평에 불과했으나 1932년 9월과 1940년 11월 두 차례에 걸친 구역 확장을 거치며 총 233만평으로 확대되었다. 또한 개항 초기 588명에 불과하던 군산의 인구도

---

1) 군산시사편찬위원회 편, 『군산시사』, 군산시, 1991, 49-51면·301-303면 참조.
2) 김영정·소순열·이정덕·이성호, 『근대 항구도시 군산의 형성과 변화』, 한울아카데미, 2006, 69-76면 참조.
3) 이 시기에 부로 승격된 지역은 경성, 부산, 인천, 군산, 목포, 대구, 마산, 평양, 진남포, 신의주, 원산, 청진 등 12개 지역이다. 이 중 경성, 대구, 평양 등 전통적 도시들을 제외한 나머지 9개 지역은 모두 일본인의 거류지나 외국인 공동거류지가 있었던 항구라는 공통점을 지닌다.

1944년에는 57,589명으로 무려 57,000명이 증가하는데, 이는 당시 남한의 도시가운데 9위를 차지하는 인구규모였다. 군산의 인구추이를 보면 1899~1920년까지는 일본인의 인구 증가율이 높은 편이나 1920년 이후로는 조선인의 인구 비율이 급격히 증가하고 있다.[4] 이는 군산의 항만 축조와 철도 공사를 위해 유입된 노동자에 더해 일제의 식민지 지배 정책으로 몰락한 주변의 농민들이 군산에 집중된 결과라고 볼 수 있다.

이렇게 군산은 개항 이후 일제의 개발과 수탈로 인한 식민지 도시화의 특성을 전형적으로 드러내 보인다는 점에서 한국근대사의 중요한 지점에 놓여 있는 곳이다. 그런 때문인지 일제강점기 군산지역은 한국근대문학에서 주요한 배경으로 다뤄지곤 했다. 그 중심에 채만식의 문학이 있다. 1902년 군산 임피면에서 태어난 채만식(1902-1950)은 고향인 임피에서 성장기를 보내며 식민 근대 도시로 압축 성장한 군산을 경험하였다. 그리고 후일 군산을 배경으로 하는 소설을 쓰면서 식민지시대 조선인의 삶을 사실적으로 담아내고자 하였다. 채만식이 주요한 소설적 공간으로 군산 일대를 주목한 데는 고향과 연관된 개인의 체험에 있을 터인데, 남

---

4) 군산의 인구변화 현황(1899-1944)

	한국인	일본인	외국인	계
1899	511	77		588
1904	2,113	1,262	73	3,448
1909	5,466	3,220	96	8,782
1914	5,238	4,742	84	10,064
1919	6,581	6,809	214	13,604
1924	14,217	7,118	298	21,633
1929	16,636	8,534	549	25,719
1934	27,144	9,408	407	36,959
1944	48,974	8,261	354	57,589

자료는 군산부, 『군산부사』, 1935, 18~19면과 손정목, 『일제강점기 도시화과정 연구』, 일지사, 1996, 258~259면을 참고하여 재구성.

다른 작가적 식견과 현실 인식도 한 원인이 되었다고 평가할 수 있다. 군산은 일제의 토지점탈과 농업수탈의 기지로 기획된 항구도시이면서 일제강점기 대표적인 식민도시이기도 했기 때문이다.

개항 이후 군산에 대해서는 그동안 도시경제학, 역사지리학, 문화사회학 분야를 중심으로 통시적인 연구가 왕왕 있었다.[5] 하지만 문학에서는 채만식의 장편소설 『탁류』에 대한 논의만이 주로 진행되어 오고 있다.[6] 따라서 이 글은 기존 논의에서 언급되지 않은 작품들을 대상으로 하여 한국근대소설에 묘사된 군산의 문학적 표상과 그 문학적 변모의 양상을 전반적으로 고찰해보고자 한다. 특별히 일제하 군산을 배경으로 창작된 작품의 양상을 통시적으로 고찰하면, 식민지 도시화의 과정뿐만 아니라 식민지 근대성의 특징적 국면을 읽어내는 데도 많은 도움이 될 것이다.

---

5) 김태웅, 「일제하 군산부에서 주민의 이동사정과 계층분화의 양상」, 『한국민족문화』 35권, 부산대학교 한국민족문화연구소, 2009 ; 윤정숙, 「개항장과 근대도시 형성에 관한 역사지리적 연구-군산항을 중심으로」, 『지리학』 20권 2호, 대한지리학회, 1985 ; 위경혜, 「식민지 개항도시 극장의 장소성-군산지역을 중심으로」, 『대동문화연구』 72권, 성균관대학교 대동문화연구원, 2010 ; 이준식, 「일제강점기 군산에서의 유력자집단의 추이와 활동」, 『동방학지』 제131호, 연세대학교 국학연구원, 2005 등이 대표적이다.

6) 김만수, 「탁류 속의 인간 기념물 -채만식의 〈탁류〉를 찾아」, 『민족문학사연구』 12권 0호, 민족문학사학회·민족문학사연구소, 1998 ; 변화영, 「소설 〈탁류〉에 나타난 군산의 식민지 근대성」, 『지방사와 지방문화』 7권 1호, 역사문화학회, 2004 ; 이대규, 「채만식 소설 〈탁류〉에 나타난 식민지 근대성」, 『한국사상과 문화』 21권, 한국사상문화학회, 2003 ; 이은숙, 「문학작품 속에서의 도시경관-채만식의 탁류를 중심으로」, 『사회과학연구』 5호, 상명대학교 사회과학연구소, 1993.

II. 개항 전후 군산의 표지

한국의 개항 도시들이 문학의 배경으로 등장하기 시작한 것은 개화기에 발표된 소설부터라고 할 수 있다.『한국근대문학풍속사전』에 따르면 1905년부터 1919년에 걸쳐 발표된 소설 중에서 인천과 인천항이 등장하고 있는 작품 수는 17편이고, 부산과 원산의 시내와 항구를 배경으로 한 소설도 각각 14편과 13편에 이르는 것으로 조사되었다. 반면 군산은『강상기우』(1912)와『쌍옥루』(1912) 등 2편의 작품에서 그 모습을 보이고 있다.[7] 민준호 저작의『강상기우』는 남녀이합형 공식을 충실히 따른 연애소설로서 같은 시기에 발간된 애정소설『옥호기연』의 자매편으로 알려져 있고, 조중환의『쌍옥루』는 일본의 기쿠치 유호(菊池幽芳)가 쓴『오노가쓰미(己か罪)』(1900)를 번안한 소설로 청춘 남녀 사이의 연애와 사랑을 비극적으로 그린 작품이다. 이들 작품에서 군산은 다음과 같이 표현되어 있다.

> "'텬하에 무엇이 어려오냐ᄒ면 뎡한업시 사롭의 소식 기다리기가 다른사름늘의게는 돗아오는ᄒᄂᆫ 반갑기가 한이업고 넘어가는ᄒᄂᆫ 앗갑기가 한이업셔 돗ᄂᆫ째는 누가 발도듬을 ᄒ면셔라도 치밀어주엇스면 됴흘쯧ᄒ고 넘어갈쌔는 누가 손으로 꽉쌧잡아 그 자리에잇게 ᄒ얏스면 됴흘쯧ᄒ 그히도 봉경이의게 당ᄒ여셔는 돗ᄂᆫ것도귀치안코 넘어가는것도 앗갑지아니ᄒ야셔 어셔 편지ᄒ쟝만 와도 혹 졍씨의게셔 오는것인가 개만 콩콩 지져도 졍씨의 소식이오나 일구월심 이모양으로 지닉다가 울화도나고 갑갑도ᄒ 딕 **군산포**에사는 ᄌ긔슘촌의

---

[7] 이경훈의『한국근대문학풍속사전』에는 군산(항)이 배경으로 등장하는 작품으로『쌍옥루』하편만이 언급되고 있다. 이에 대해서는 이경훈,『한국근대문학풍속사전』, 태학사, 2006 참조.

집에나 둔녀올츠로 부모의게 말슴을 고ᄒ고 써나가ᄂᆞᆫ듸 아모리 슈로에 경겁을ᄒᆞ얏지마는 동리셔 군산포를 가랴면 륙디로ᄂᆞᆫ 경샹도혼편 전나 도반쪽을 다밟아야 갈터이오 수로로 가랴면 죠곰도 험ᄒᆞᆫ곳업시 익슉ᄒᆞᆫ곳에 얼마동안 아니면 갈터이라. ᄉᆞ셰부득이 비를타고가니"[8] (강조·밑줄-인용자)

"정욱조ᄂᆞᆫ 일변으로 하인을불너 뒤일을부탁ᄒᆞ고 급급히힝장을슈습ᄒᆞ여 정욱죠리경 ᄌᆞ유모셰사름은 목포에셔 오후오시에 츌범ᄒᆞᄂᆞᆫ 륜션을타고 군산을향ᄒᆞ여가니라. 그 잇흔날오전에 **군산항**에도착ᄒᆞ야 소증긔션을잡아타고 마산(馬山)을향ᄒᆞ여 다시 틱젼(太田)까지ᄀᆞᄂᆞᆫ 긔션을타고"[9] (강조·밑줄-인용자)

위의 인용을 보면 두 소설 속에서 군산이 거론되고 있는 모습을 어렵지 않게 확인할 수 있다. 『강상기우』에서는 군산포로, 『쌍옥루 하편』에서는 군산항이라는 표지로 등장하고 있는 것이다. 그런데 두 소설에서 군산이 군산포와 군산항으로 다르게 표기되고 있다는 것은 시사하는 바가 있다. 군산포에서 군산항으로 지명이 바뀌는 분기점에 군산 개항(1899)이 놓여 있기 때문이다.[10] 따라서 두 작품에 표기된 군산의 표지는 양상을 구분하여 해석해야 할 필요가 있다.

---

8) 민준호, 『강샹긔우』, 동양서원, 1912, 53면.

9) 조중환, 『쌍옥루 하편』, 보급서관, 1913, 142면.

10) 조선시대부터 군산포는 옥구현 북쪽(현 군산 원도심 일대)을 포함한 명칭이었으며 진포(鎭浦)·군산창(群山倉)이라는 별칭으로도 사용되었다. 개항 이후에는 주로 수덕산 일대의 일본인 조계지를 군산항이라 불렀다. 군산포라는 지명에 관하여 『군산시사』는 다음과 같이 서술하고 있다. "沃溝縣 북쪽 22리에 위치하였던 群山浦(동국여지승람 沃溝縣條)는 月明山 등의 서부구릉지와 土城山 등의 동부구릉지 사이의 충적평야와 간석지로 이루어져 있었으며 海岸과 河口低地는 갈대밭이었고 취락은 구릉지에 위치하였다." 군산시사편찬위원회 편, 『군산시사』, 앞의 책, 52면.

『강상기우』는 국권 상실 이후인 1912년에 발표되었지만 "그쩍는 갑오경장 ᄒᆞ던 처음이라"[11] 고 표현된 바와 같이 갑오경장이 추진되었던 1894년을 시간적 배경으로 하고 있다. 따라서 실제 작품이 발표된 시간과 작품 내 존재하는 시간 사이에는 대략 15~6년의 정도의 차이가 존재한다고 볼 수 있다. 이 소설이 구한말 봉건적 풍토 속에서 몰락한 양반 자제 정흥국을 초점 인물로 한 점, 부패 관료의 학정이나 이에 대한 민중들의 항거를 부각하고 있는 점 등은 갑오경장 이후의 정치·사회적 변화를 반영하기 위한 나름의 의도로 볼 수 있다. 이러한 작품은 우연한 계기에 인연을 맺게 된 두 남녀의 만남과 이별과 재회에 서사의 초점이 맞추어져 있으며, 은인을 찾아 헤매는 여로형 구조를 기본 서사로 한다. 이 소설이 군산과 관계를 맺는 것은 여주인공 한경봉의 삼촌 때문인데, 그는 군산포에 살고 있는 인물로 설정되어 있다. 그리고 이러한 설정은 경봉의 군산포행과 경봉과 흥국이 수로에서 재회하는 개연성의 근거를 마련하고 있다. 물론 이때의 군산포는 지명 이외의 배경적 의미는 크게 찾기 어렵다. 이것은 갑오경장 당시의 군산 지명이 군산포로 불렸다는 사실 확인과 더불어 시대적 배경의 근거를 마련하기 위한 전략으로 볼 수 있다.

한편 『쌍옥루』는 "닉디쇼셜계의 뎨일유명ᄒᆞᆫ 긔의죄(己か罪)ᄅᆞ ᄒᆞᄂᆞᆫ 소셜을 번역ᄒᆞ야 조선풍속에 뎍당ᄒᆞ도록 만든 것"[12] 이라는 연재 예고에서 보이듯 1900년에 발표된 일본의 원작소설을 당대 조선의 사정에 맞게 번안한 작품이다. 이것은 제목뿐만 아니라 인명과 지명 등이 당시 조선의 실정에 맞게 바뀌어 있는 것에서 확인할 수 있다. 실제로 이 소설은 원작의 무대가 되고 있는 일본을 조선으로 옮기고 소설의 배경 또한 목포, 마

---

11) 민준호, 앞의 책, 30면.

12) 「演藝界」, 『매일신보』, 1912.7.17, 3면.

산, 군산 등 개항 도시로 바꾸어 남녀 주인공의 비극적인 연애와 사랑에 초점을 맞춰 번안하였다. 이 소설 속에 등장하는 군산은 군산항, 화륜선, 증기선 등과의 연관성 속에 놓여 있다. 즉 목포에서 화륜선으로 군산항으로 와서 다시 소증기선을 타고 마산을 경유하여 태전(대전의 옛 이름)으로 가는 이동 경로 속에 군산이 등장하고 있는 것이다. 그런 점에서 소설 속에 묘사된 군산은 근대 문명을 표상하는 화륜선과 증기선이 드나드는 근대적인 항구의 모습으로 표현되고 있다.[13] 이것은 군산이 개항 도시라는 사실 확인과 더불어 화륜선과 증기선을 이용한 독자층의 흥미유발을 유도하기 위한 전략으로 볼 수 있다.

1912년에 발표된 『강상기우』와 『쌍옥루 하편』은 군산을 소설의 배경으로 하고 있다는 공통점이 있다. 군산이 최초로 등장하는 두 소설에서 확인할 수 있는 것은 지명 표기의 변화(군산포와 군산항)이다. 이러한 표기 차이는 두 소설의 작중시간이 대체로 15~6년의 거리가 존재하는 것과 관련되며, 이는 텍스트의 내적 개연성을 획득하려는 의식에서 기인한 것으로 해석할 수 있다. 그러나 두 소설 속의 군산은 항(포)구가 있고 인물들의 이동 경로와 연결된 지리적 공간이기에 등장하는 것일 뿐 그 이상의 의미는 없다. 즉 이들 작품에 나오는 군산은 단순한 지명으로 등장하고 있는 것이다. 이러한 원인은 일차적으로 이들 소설 자체의 특성과 한계 때문일 터인데, 근대 이전 군산이라는 공간이 문학의 소재가 될 만큼

---

13) 『인천항사』를 보면 호리 리키타로(堀力太郎)가 설립한 호리 상회(堀商會)가 1897년 8월 기선 명양환(明洋丸)을 구입하여 경보호(慶寶號)라고 개칭하고 평양-만경대-진남포-인천-군산 간을 운항하였다는 기록을 찾아볼 수 있다. 인천대학교 인천학연구원 편, 『인천항사』, 인천·인천항만공사, 2008, 794-795면 참조. 한편 1900년 8월에는 오사카-군산선(월 2회 부정기적 운항)이 개설되고 1901년에는 군산을 경유하는 고베 항로가 개통되었다. 1894년 미국 남장로교 선교사들이 호남 선교 기지를 찾기 위해 인천에서 군산까지 여객선을 이용했다는 자료로 미루어보아 인천과 군산의 여객선 운항은 더 일찍 시작된 것으로 추정되나 이 기록은 찾을 수 없다.

전통적 위상이 높지 못했다는 것에도 한 원인이 있었을 것으로 보인다.

III. 식민지 시기 군산의 모습

1) 과도기적 공간

군산이 지명이 아닌, 한국문학의 주요한 배경으로 등장한 것은 1920년대 이후 채만식의 작품을 통해서이다. 채만식 소설에는 군산 또는 군산 근처가 고향이거나 외부에서 군산으로 이주해온 사람들의 이야기가 반복 변주되고 있는데, 「과도기」는 바로 이 계열의 원형이 되는 소설이라고 할 수 있다. 「과도기」는 전근대와 근대가 교차하는 현실에서 연애와 결혼 문제 때문에 번민하는 당시 지식인 유학생들의 욕망과 사랑을 다루고 있는 작품이다.[14] 본래 이 소설은 일제 당국의 검열에 의해 출판되지 못한 채 미발표 유고로 전해지다가 1973년 『문학사상』 11·12월호를 통해 처음 공개되었다.[15] 그러나 작품의 시대 배경이나 작가 자신의 술회[16]에 비추

---

14) 「과도기」의 문제적 성격에 대해서는 류보선, 「근대의 멜랑콜리와 남근주의적 근대」, 『문예운동』 130호, 문예운동사, 2016 참고.

15) 「과도기」의 출판 검열 양상에 대해서는 방민호, 「채만식 소설과 일제하 검열 문제 - 처녀작 「과도기」 원본을 중심으로」, 『어문학 논총』 23, 국민대 어문학연구소, 2004.2. 참고

16) "동경서 공부를 하다가 방학에 돌아와서 그대로 중(中)판을 에고, 그러면 할 수 없으니 이제는 혼자라도 문학에 전심을 해야 하겠다고 그 성능 시험으로 장편소설을 하나 써보았다. 결과 만족했다. 만족했다는 것은 좋은 작품을 쓸 줄 알고서 만족한 것이 아니라, 아무려나 장편소설을 하나 썼다는 단지 그것에 만족했던 것이다. 내용은 다 잊었고 타이틀은 「과도기(過渡期)」라는 어마어마한 것이었다. 지금으로부터 15,6년 전이니까 한창 과도기란 신숙어가 유행할 때요, 그래 그때의 시사적인 사상(事象)을 캐치해서 그러한 제호를 택했던 모양이다. 쓴 장편소설 「과도기」를 소중히 짊

어 보아「과도기」는 1923년, 채만식이 22세에 탈고한 처녀작으로 추정되고 있다. 이때는 조혼을 하고 일본에 유학중이던 채만식이 관동대지진으로 귀국하여 고향에 머물던 때인데, 이 작품에는 당시 작가와 비슷한 상황의 유학생인 봉우, 형식, 정수 등이 주요 초점 인물로 등장하고 있다.

이러한「과도기」는 모두 18개의 장으로 이루어져 있으며, 이는 공간적 배경에 따라 다시 두 부분으로 나눌 수 있다. 봉우의 고향 임피에서 일어난 일을 다루고 있는 전반부와 일본에서 공부하는 유학생들의 연애를 다루고 있는 후반부가 그것이다. 이 소설은 일본에서 일어나는 사건들이 상당한 서술을 차지하기에 시공간상 동경 중심의 소설이라고 할 수 있다. 하지만 전반부 봉우의 서사를 놓고 본다면 임피[17]를 공간적 배경으로 한 소설이라고 할 수 있다. 소설에서 임피는 조혼으로 상징되는 전통적인 인습과 규범이 문제시 되는 공간으로 표상되는데, 이것만으로도 채만식이 당대 조선의 구습과 가족제도에 대한 비판의식을 가지고 작품을 창작하였다는 것을 알 수 있다.

작품의 처음은 방학 때 고향 임피에 돌아온 봉우가 구식 아내와 어떻게 이혼할 것인지 생각하는 장면으로부터 시작한다. 그리고 어머니에게 자신의 아내와 이혼하도록 해줄 것을 요구하는 봉우의 모습이며 자신의 처지를 비관한 봉우의 처가 자살하는 상황, 일본으로 되돌아가기까지 봉

어지고 그 다음에는 당당 문학에 입과를 할 겸, 또 직업도 얻을 겸, 향제(鄕第)로부터 경사(京師)로 올라갔더니라." 채만식,「잃어버린 십 년」,『채만식 전집 9』, 창작과비평사, 1987, 511면 참조.

[17] "R(임피:인용자)이라는 고을은 교통이 매우 불편한 곳이다. (그래서 연전 부군 폐합(府郡廢合) 때에 이웃에 있는 O(옥구:인용자)군으로 합군이 되고 지금은 다만 R면일 따름이요 군청도 빼앗겨버렸다.)"「화물자동차」,『채만식 전집 7』, 18면. 소설에 제시된 당시의 임피는 1914년 3월 1일 옥구군에 병합됐지만 1995년 1월 1일 옥구군이 군산시에 통합되면서 지금은 군산시 임피면으로 편입되었다.

우의 생활과 의식 등이 여러 장에 걸쳐 꽤 구체적으로 드러나고 있다. 이 부분에서 작가가 집중적으로 그려내고 있는 것은 고향에서 발현되는 봉우의 의식으로, 그것은 봉건적 가치와 근대적 욕망사이의 충돌을 통해 드러나고 있다.

> 뜻밖에 놀라던 일…… 진저리가 나게 무서운 자기 안해의 그 형상…… 그러나 인젠 그만하면 이혼을 할 수 가 있다는 생각……이혼을 한 뒤에 자기가 자나깨나 속맘으로 상상하던 그 아리따운 안해에게 다시 장가를 들 일……학교를 마치고 나서 돈을 어쨌든지 많이 좀 모을 일……삼층 양옥……피아노, 별장, 서서(瑞西)나 이태리로의 여행, 사회사업, 동포 구제, 사회에서 자기의 높은 명예……[18]

인용문에서 보는 것처럼 봉우의 사고는 '이혼/자유연애'라는 의식상의 선명한 이분법을 보여주고 있다. 이러한 이분법은 근대화된 도시와 서구화된 생활을 동경하는 봉우의 일면을 보여주는 동시에 조혼의 폐습과 봉건적 속박으로부터 벗어나고자 하는 그의 욕망을 반영한다고 할 수 있다. 이와 같은 봉우의 근대 지향 의식은 구식 아내와의 이혼, 신여성과의 자유연애로 구체화되며 이 과정에서 임피와 동경은 각각 봉건과 근대를 상징하는 공간으로 표상되어 있다. 즉 임피는 새로운 삶에 대한 욕망을 억압하는 공간으로, 동경은 새로운 삶에 대한 욕망의 공간으로 표상되고 있는 것이다. 일본에서 조선으로, 조선에서 일본으로 오는 과정에 봉우의 관심사가 이혼과 자유연애이었다는 것 또한 이런 맥락에서 이

---

18) 「과도기」, 『채만식 전집 5』, 창작과비평사, 1987, 178면. 이하 「과도기」 작품 인용은 본문에서 인용 면수를 밝히는 것으로 대체한다.

해할 수 있다.

흥미로운 점은 임피에서 동경으로 이어지는 봉우의 이동 경로에 군산이 두 공간을 잇는 관문이자 연결 통로로 활용되고 있다는 점이다. 작품에서 제시되는 군산은 아내의 자살로 원하던 자유를 얻은 봉우가 군산으로 건너와서는 새로운 생활을 경험하고 동경으로 되돌아가는 동안의 몇 개월에 불과하지만 그 공간적 배경은 작중 공간구조상 상당히 중요한 의미를 갖고 있다.

> 금년 봄에 봉우 안해가 죽은 지 얼마 아니 되어 봉우의 집안에서는 군산으로 이사를 하였다. …(중략)… 이사를 한 것은 별다른 목적은 없었으나 첫째 어린아이들을 학교에 보내고(봉우가 살던 촌에는 보통학교 하나도 없었다), 둘째는 도회지에 나와서 약간 장사도 하여보려 함이 있었다. 그러나 그 내용을 알고 보면 봉우의 안해가 죽은 데 대하여 미신적으로 그 집에서 살기를 꺼려하고 또 시골 사람으로서 도회지 생활을 동경한 것이 은연중 그 원인이 되었다. 봉우는 군산으로 이사하는 모든 준비를 자기가 통 맡아 하여야 되겠으므로 학기초에 동경을 가지 못하는 것을 적지 아니하게 불평히 여겼다. 그러나 자기 외에는 마땅히 그 일을 할 사람이 없고 더구나 군산으로 이사하기를 자기가 들어서 주장한 터이므로 하는 수 없이 얼마 동안 학교를 결석하고 집안일을 보게 되었었다. 봉우는 먼저 영정(榮町) 복판에다 큼직한 묵은집 한 채를 사가지고 그것을 모조리 헐어버렸다. 그리고 그 터에다 새 재목을 들여 안채와 바깥채를 덩시렇게 지어가지고 바깥채에다가는(바로 길거리였으므로) 그리 작지 아니한 포목전 하나를 벌여놓고 자기가 살던 촌에서 착실한 노인 하나를 얻어 전방 일을 보게 하였다.(187면)

인용문은 봉우의 집안이 영정(榮町)으로 상징되는 군산의 도회지에 편입되는 장면을 그리고 있다. 소설의 무대가 된 영정은 지금은 영동으로 불리는 구역인데 일제강점기 군산 최고의 번화가 가운데 하나였다. 일본인들은 이 거리를 행정구역상 영정이라는 표현의 일본식 발음으로 '사까에마찌'라 불렀지만, 조선인들은 송방거리 혹은 송방골목이라고 불렀다. 그 이유는 당시 이곳에서 상가를 운영하는 사람들 중에 개성상인이 다수 있었기 때문이었다. 식민시기 송방골목에는 조선인 포목상인 80여 명과 왕서방이라 불리던 중국인 포목상 40여 명이 활동하였는데, 이곳에 조선인 상권이 형성될 수 있었던 데는 조계지의 일본인들이 주로 본정통과 전주통 그리고 명치정을 중심으로 활동한 때문이라고 할 수 있다.[19] 봉우가 새 집을 지어 포목전 장사를 벌인 영동 거리는 이러한 역사적 사실과 맞닿아 있다.

이와 같은 군산은 작품 속에서 근대화, 자본주의화가 이루어지고 있는 공간으로 표상되고 있다. 이주, 도시 생활, 영정 풍경, 근대교육제도(보통학교·여학교), 중매점 일 등은 모두 군산의 근대적인 생활상을 보여주는 보편적 현상으로 볼 수 있다. 이것은 전통적 생활 관습에서 벗어나 근대적 문화를 경험한 이후의 생활관습들이라는 점에서 군산의 근대화는 이미 1910년대 이후 확고하게 자리 잡은 것으로 보인다. 물론 오병묵 가정의 전통적인 생활 모습 등은 여전히 전근대적인 습속의 지배를 받고 있는 현실의 일면을 반영한다 할 것이다. 그런 의미에서 소설 속 군산은 전통과 근대적 가치관이 공존하는 과도기적 성격을 지닌 도시로 표상되고 있다.

이것은 봉우의 행로를 통해서도 확인할 수 있다. 작중 공간의 이동은 '(동경)→임피→군산→동경'으로 이루어지는데, 이는 봉우의 여로와 맞물

---

19) 김중규, 『군산역사이야기』, 나인, 2001, 145-147면 참조.

려 있다. 이러한 공간 구성은 시골 출신의 주인공이 동경에 유학하게 되면서 도시의 근대성에 대한 동경(憧憬)을 품게 되고, 군산을 매개로 다시 동경으로 건너간다는 의미를 내포하고 있다. 이 과정에서 군산은 '시골-임피'와 '도시-동경'이라는 대립적인 공간의 경계선이자 연결통로로 작품 속에서 활용된다. 즉 군산이라는 공간은 과도기의 공간 양상을 드러내는 소설적 장치가 되고 있는 것이다. 이러한 점에서 볼 때 봉우의 군산행은 봉건의 세계에서 근대적 세계로 이행하는 과도기의 여로를 나타내고 있다. 이러한 설정은 당대 조선사회의 변화를 사실적으로 묘사하기 위한 작가의 의도로 해석된다. 그러나 「과도기」에서 군산은 식민도시로서의 의미는 퇴색되고 근대화, 자본주의화 되어가는 도시의 모습이 강조되었다고 볼 수 있는데, 이것은 이 작품이 기본적으로 조선사회의 과도기적 성격을 묘파하려는 목적으로 씌어진 것과 관련이 있을 것이다.

2) 선교거점의 공간

앞서 말했듯이, 「과도기」는 동경 유학생들의 연애이야기가 작품 내 중요한 서사로 자리잡고 있다. 이와 같은 서사는 봉우와 형식과 정수 등이 신여성 혹은 일본인 여성과 연애를 하면서 겪게 되는 갈등과 그 과정에서 정수가 귀향을 결행하는 과정이 주된 내용으로 되어 있다. 봉우의 경우에는 신여성 영순과의 연애문제로 마음고생을 하는 중인데, 봉우가 영순을 욕망의 대상으로 바라보게 된 것은 군산에서부터라고 할 수 있다. 군산에 거주하는 영순 부모와 교류하면서 자연스럽게 일본에 유학중인 영순에게 관심을 갖게 되기 때문이다. 그런 의미에서 소설 속 군산은 봉우와 영순과의 실재적 만남을 가능케 하는 상징적 시공간이 되고 있다. 여기서 눈여겨 볼 것은 영순의 과거에 대한 서술을 통해서 드러나는 군산 개신교의 근대 교육이다.

> 영순이는 아주 기독교를 독실히 믿었으나 그의 가정에서는 거의 아무 종교도 없고 도리어 영순의 신앙까지도 반대를 하였다. 오병묵은 이번에 영순이가 '그처럼 한 일도 예배당을 다니더니, 고년이 너무 되바라져서 그 지경이 된 것이라'고 얄밉게 말을 하였다. 그러나 영순이가 공부를 하려고 하는 것을 막지는 아니하였다. 영순이가 군산서 보통학교를 마친 뒤에 서울로라도 보내어 좀더 공부를 시키려고는 하였으나 가세가 허락치를 아니하므로 하는 수 없이 군산서 오리쯤 되는 곳에 있는 미국 사람 교회에서 세운 여학교에 입학을 시켜 그나마 좀더 공부를 하게 하였다. 그러면서도 영순이가 예수교를 믿는 것은 매우 반대를 하였다. (189면)

작품에서 영순은 학생 시절부터 신앙이 독실한 열성적인 기독교 신자로 묘사되고 있다. 이것은 그녀가 부모의 반대에도 불구하고 기독교 신앙을 포기하지 않는다는 사실, 일본 유학 시절 '봉우에게 예배당에 착실히 다녀서 세례를 받으란 말'(270면)을 답장으로 보낸 사실 등에서 알 수 있다. 그런데 이러한 묘사 장면은 군산지역의 기독교 확산에 주목한 채만식의 생각이 일정 부분 반영된 것으로, 이는 역사적 사실로도 뒷받침된다. 작품이 창작될 당시 군산에는 미국 남장로교 선교사들의 순회 전도에 의해 구암교회, 개복교회, 지경교회(1900), 서포교회(1901) 등이 설립되어 활발한 포교 활동을 하고 있었다는 사실이 이를 증명한다.[20]

---

20) 군산에서 어느 교회가 최초로 설립되었는가에 대하여는 견해를 달리하는 두 의견이 존재한다. 군산 내항 부근에 있던 군산교회(선교부)가 개정면 구암리로 이전하면서 구암교회로 성장했다는 입장과 초기의 군산교회가 구암교회와 개복교회로 나뉘어 발전했다는 견해가 그것이다. 군산의 최초 교회 설립에 관하여『군산시사』는 다음과 같이 서술하고 있다. "군산 station(군산선교지)이 구암리로 이사가기 전까지 즉 1894년 3월을 기준하면 1899년까지 6년이고 1895년 3월을 기준으로 하면 5년이란 기간 동안에 군산에는 교회가 분명히 있었다. 혹자는 군산교회라고 하나 보명 地

한국 기독교 초기 역사에서 군산은 미국 남장로교의 기독교를 수용한 곳으로 호남의 복음을 전파한 통로였다. 1892년 한국선교를 시작한 미국 남장로교 한국 선교부는 호남 선교를 위해 군산, 전주, 광주, 목포, 순천 등 5개 도시에 스테이션(station, 선교거점)을 설치하였다. 군산스테이션은 1895년 미국 남장로교 윌리엄 전킨(William M. Junkin) 목사와 알렉산더 드루(Alexander D. Drew) 의사에 의해 그 기반이 형성되었다. 그들은 남장로교 한국 선교부의 방침, 즉 하나의 스테이션에 교회와 학교와 병원을 모두 갖추어 선교 효과를 극대화한다는 선교 전략에 따라 군산 내항 부근에 초가집 두 채를 매입하여 진료소와 예배처로 사용하면서 본격적인 선교를 시작하였다. 그리고 1899년에는 현 구암동으로 선교 기지를 이전하여 궁멀교회와 구암예수병원 그리고 영명학교(1902, 현 군산제일중고)와 멜볼딘여학교(1903, 현 군산영광여고)를 설치·운영하였다.[21]

위 인용문에서 영순은 미국인 선교사가 설립한 기독교 계통의 여학교에서 공부한 것으로 나오는데, 이것은 군산 멜볼딘여학교를 묘사한 것으

名을 따라서 교회명을 명명했던 예를 따른다면 당시 행정명이 군산창 또는 군산포라고 했으니 군산창교회 또는 군산항교회라고 했을 것으로 사료된다. 선교사들은 군산 station이라고 했으니 군산교회라고 불렸음직하다. 1899년 12월에 선교사들이 구암리로 선교지를 옮기게 됨에 따라 군산창교회는 폐쇄되었다." 군산시사편찬위원회 편, 『군산시사』, 앞의 책, 1991, 1700면.

21 당시 군산스테이션에서는 전킨과 드루, 불(William F. Bull), 알렉산더(John Alexander), 다니엘(Thomas H. Daniel), 오긍선, 패터슨(Jacob B. Patterson), 브랜드(Louis C. Brand), 해리슨(William B. Harrison), 홀리스터(William Holister) 등이 교육과 의료 선교 사역을 담당했고, 그들의 부인들과 여성 선교사인 데이비스(Selina F. Davis), 스트래퍼(Frederica E. Straffer), 케슬러(Esther Kestler), 쉐핑(Elizabath J. Shepping), 래쓰롭(Lillie O. Lathrop), 그리어(Anna L. Greer) 등도 함께 활동했다. 송현강, 「한말, 일제강점기 군산 영명학교, 멜볼딘여학교의 설립과 발전」, 『역사학연구』58권 0호, 호남사학회, 2015, 133-167면 참조.

로 추정된다. 멜볼딘여학교(The Mary Bladwin School for Girls)[22]는 전킨 부인의 여자반을 기초로 1903년 스트래퍼에 의해 주간학교 체제로 시작되었다. 그 후 1906년 4년제 초등과정 학제를 유지하고 1912년 2년제 고등과가 설치되면서 1913년 총독부인가 정규 학교가 되었다. 1916년의 경우 멜볼딘에는 보통과 42명과 고등과 20명 등 모두 62명이 재학 중이었는데 고등과 학생 수는 1918년 40명, 1920년 93명(4년제로 개편)으로 증가하게 된다.[23] 이러한 기록들은 여성에 대한 교육 기회가 극도로 제한되었던 일제강점기 군산지역 여성들의 신교육에 대한 관심이 얼마나 높았는지를 잘 보여주고 있다.

채만식은 이처럼 당시 군산 근대교육의 본거지였던 이 기독사립학교를 영순과 결부시키는 방법으로 소설에 도입하고 있다. 그로 인해 군산은 소설 속에서 신앙을 통해 새로운 삶을 개척해나갈 수 있는 기회의 장소이자 학교를 통해 교육과 복음을 전했던 초기 선교사들의 사역의 공간으로 묘사되고 있다. 그런데 당시 군산에서 기독교가 빠른 속도로 성장할 수 있었던 데는 지역민들의 마음을 얻기 위한 의료 사업 즉 진료와 복음을 병행한 의료 선교가 활발하게 이뤄졌기 때문이라고 할 수 있다.[24] 다시 말해 병원을 통한 의료 사역이 군산 개신교 성장의 촉매제가 되었던 것이

---

[22] 멜볼딘이라는 이름은 1903년 이후 학교 설립과 운영에 깊숙이 관여한 전킨 부인과 볼 부인의 모교인 메리볼드원여자신학교(Mary Boldwin Female Seminary)의 학생회에서 지원금이 답지한 것을 기념하기 위해 붙여진 명칭이다.

[23] 송현강, 앞의 논문, 142면-156면 참조.

[24] 일례로 군산예수병원의 연간 진료 추이를 보면 1907년 8,996건에서 1910년 16,174건, 1915년에는 18,340건에 달했으며 특히 병원의 외형이 확장된 1920년에는 25,527건을 기록할 정도로 환자가 많았다. 송현강, 「미국 남장로교의 전북지역 의료선교(1896-1940)」, 『한국기독교와 역사』 제35호, 한국기독교역사연구소, 2011, 58-59면 참조.

다. 당시 군산예수병원에서는 진료를 기다리는 환자에게 개인 전도를 수행하는 한편, 진료가 끝난 환자에게는 쪽복음을 나눠주는 전도를 병행했다. 그로 인해 군산 선교는 가속도가 붙었고, 병원과 의사들의 명성과 평판도 지역 전체로 빠르게 퍼져 나갔다. 환자들 가운데는 200마일을 걸어온 19세의 남자부터 4세의 아들을 데리고 온 한의사, 부유한 일본인들도 있었다.[25] 그러면 당시 군산으로 몰려들었던 환자들에게 군산은 어떻게 보여지고, 인식되었을까.

1933년 11월 『신동아』(3권 11호)에 발표되었던 장편 『혈루록』은 이러한 모습을 담고 있는 작품이란 점에서 주목할 필요가 있다. 『혈루록』은 한국 최초의 한센병 소설이자 초기 나문학의 대표작으로 꼽히는 작품으로, 무명생(無名生)이라는 필명으로 연재되었다. 편집자는 작품 서두에서 저자를 21세의 나병환자라고 소개하고 있는데[26], 후대의 연구자는 그 무명생이 『애생금』의 저자 심숭(본명 이은상)과 동일 인물임을 밝히고 있다.[27] 이 연구에 따르면, 심숭의 한센병 발병과 그가 생활했던 광주 나병원(애양원)의 경험에 기초하여 형성된 소설이 바로 『혈루록』이다. 이 소설은 전도가 양양하던 한 청년이 나병에 걸려 희망을 잃고 고난을 겪는 내용을 다루고 있는데, 이 과정에 만주의 봉천에서 경성과 남부 해안에 있는 선

---

25) 송현강, 위의 논문, 60면 참조.

26) "이 長篇小說 『血淚錄』의 作者 無名生은 今年 二十一歲의 靑年으로 不治의 病인 癩病患者입니다. 게다가 한다리를 잘려 버린 不具者입니다. 高普까지 마치고 前途洋洋하던 秀才가 그 몹쓸 病魔에게 征服을 當하야 지금 癩病患者 收容所에서 하음없는 눈물을 흘리며 그날 그날을 보내고 잇습니다. 이 小說은 그의 自敍傳的 小說로써 그야말로 눈물겨운 作品입니다." 「編輯者로써 한마대」, 『신동아』, 1933.11, 166면.

27) 정근식, 「사회적 타자의 자전문학과 몸 : 심숭의 '나문학'을 중심으로」, 『현대문학이론연구』23, 현대문학이론학회, 2004, 325-353면 참조.

교사의 수용 시설을 거쳐 고향으로 돌아가는 주인공 '나'의 여로가 그려져 있다. 그런데 여기서 흥미로운 것은 수용시설이 만원이어서 입원하지 못한 주인공이 입원을 희망하며 찾아가는 장소가 다름 아닌 군산의 선교사가 운영하는 병원이라는 것이다.

  ㉠ "군산을 찾어가면 서양 목사에게 입원표를 받을 수 있대요."[28]

  ㉡ "예 말슴을 들이지요. 다른것이 아니옵고 저이 두사람은 악질에 걸려서 라병에걸렸단 말슴이지오-그래서 이와같이 고생을받고 다닙니다. 서양의사가 경영하는 라병원을 찾아갔으나 입원거절을 당하고 이런 악질을 가지고 고향에는 도라갈수없고 해서 그래서 그저 정처없이 거리로 방황하고 다니는데 어떤사람이 말하기를 포·목사님을 찾아뵈오면 은혜를 받을수있다고해서 이렇게 목사님을 찾어뵈옵게 된것이올시다."(8회, 226면)

  ㉢ "두분 불상 하지만은 하는수가없소. 전에 여러사람 그라병원에 드려보내주엇소 만은 지금은 돈문제로 더하지 못하오. 그냥 그병원에 찾어가서 도와달라고 해보시오. 힘써빌어보시오……참 당신들 불상하오. 내 마음 답답하오. 그러나 할수없소." (8회, 227면)

인용문 ㉠은 나병 환자인 박춘수가 '나'에게 군산의 선교사에 관한 소문을 전하는 부분이고 ㉡은 춘수와 함께 군산에 온 '나'가 포목사[29] 를 만

---

28) 무명생, 「혈루록 6회」, 『신동아』, 1934.4, 170면. 이하 『혈루록』 작품 인용은 본문에서 연재 횟수와 인용 면수를 밝히는 것으로 대체한다.

29) 당시 군산에서 활동한 선교사 가운데 작품 속 포목사와 비슷한 이름의 인물은 찾을 수 없었다. 다만 1904년 9월부터 1906년 봄까지 전주에서 의료 선교를 담당한 포사이드(William H. Forsythe, 포의사)가 비슷한 이름을 가진 선교사로 짐작되지만 사역한 장소와 시기에 편차가 있어서 동일 인물이라 단언하기는 어렵다.

나서 자신의 심경과 처지를 토로하는 부분이며 ㉢은 포목사가 '나'와 춘수에게 도와줄 수 없음을 전하며 안타까워하는 장면이다. 위 인용문에서 보듯, 소설 속 군산은 나병으로 입원을 소망하는 많은 환자들이 희망을 품고 찾아오는 공간으로 언급되어 있다. 이는 나병이 발병한 이후에 군산의 선교사가 운영하는 병원을 염두에 두고 있던 작가의 관심이 직간접적으로 드러난 것으로 해석된다. 이러한 설정은 심숭이 기독교 가정출신이라는 사실과 함께 당시 군산지역이 의료 선교가 활발한 대표적인 지역이었기 때문으로 생각할 수 있다. 소설 속의 '나' 역시 그러한 소문을 듣고 군산에 찾아오지만 입원표를 더 이상 줄 수 없다는 포목사의 말에 자포자기한 상태로 고향에서 홀로 이별을 고한다.

이와 같이 『혈루록』은 의료 선교사들의 사역을 제시하는 방법으로 군산이라는 공간을 소설에 도입하고 있다. 그런 의미에서 『혈루록』에 그려진 군산은 많은 환자들이 희망을 품고 찾아오는 공간이면서도 더 많은 환자들이 곤란을 당하고 절망을 체험해야 하는 공간으로 묘사되고 있다. 특별히 돈이 없어 도와줄 수 없다는 포목사의 발언은 당시 남장로교 한국선교부가 부딪힌 난관을 그대로 반영하고 있다는 점에서 주목할 만하다.[30]

3) 식민성의 확산 공간

1929년 시작된 세계대공황으로 초유의 경기불황을 겪게 된 일제는 식민지 지배체제의 안정화를 도모하고 수탈의 극대화를 꾀하기 위한 목적

---

30) 1930년대 대공황기를 맞은 미국 남장로교 선교본부는 경제 위기에 따른 선교비 감소로 어려움을 겪게 되자 군산병원의 의료선교사 추가 파견을 불허하였다. 이에 한국 선교사들이 특별위원회를 조직하여 군산에 의사를 파견해 줄 것을 강력히 요청하자 결국 선교본부는 목포의 홀리스터 선교사를 군산으로 보내고 목포프렌치병원의 문을 닫기로 결정한다. 송현강, 「미국 남장로교의 전북지역 의료선교(1896-1940)」, 앞의 논문, 66면 참조.

으로 조선에 궁민구제토목사업을 시행한다.[31] 1931년부터 5개년에 걸쳐 추진된 궁민구제토목사업은 도로의 80%를 구축하고 12개의 하천을 개수하며 11개의 항만을 건설하는 대규모의 식민지 지역개발 사업이었다. 당시 조선총독부는 이 정책의 명분을 국토 균형 발전과 궁민 구제에 있다고 선전했지만 궁민 구제의 실효는 애초부터 달성될 수 없는 것이었다. 궁민구제 사업이라고는 하나 미쓰이(三井), 미쓰비시(三菱) 등 일본 재벌들의 조선 진출을 통해서 군수 산업 기반을 확충하고자 하는 성격이 강했기 때문이다. 게다가 사업에 동원된 노동자에게 지불된 임금은 1일 생활비에도 못 미치는 것이었으며 이마저도 청부업자의 농간, 중간관리자의 횡포, 전표제에 따른 고리대 착취, 강제 저축과 같은 공사를 둘러싼 구조적인 문제 속에서 궁민들의 생활은 더욱 나빠질 수밖에 없었다. 더욱이 일제는 지방자치라는 명분을 앞세워서 각종 사업을 지방단체로 하여금 추진케 함으로써 필연적으로 지방재정의 식민지적 종속을 심화시켰던 것이다.[32]

그런 점에서 궁민구제토목사업은 식민지적 종속의 심화와 더불어 수탈의 극대화라는 식민시기를 설명하는 한 현상으로 주목할 수 있는데,

---

31) 조선총독부가 발표한 사업의 내용은 다음과 같다. "조선 총 인구의 약8할은 농민이고, 그중의 8할이 농업노동자인 소작농에 속한다. 이들 농민은 재계의 불황과 계속된 한수해의 영향으로 경제상의 압박을 받은 바가 극심하며 적극적으로 그 응급대책을 확립할 필요성을 인정, 1931년 이래 3개년에 걸쳐 地方費, 기타 공공단체의 사업으로 총 공비예산 57,726,200원, 1934년도에는 제2차궁민제토목사업으로서 동 1,330만원, 1935년도에는 제3차궁민제토목사업으로서 동 800만원을 투하하여 도로·하천·어항·상수도 및 하수도의 토목사업을 시행토록 하고 국고로부터 그 사업비에 대해 평균 약 6.2할의 보조를 주어 노임을 살포 궁민구제의 목적을 달성토록 하였다." 이종범, 「1930년대 초의 '궁민구제토목사업'의 성격」, 『역사학연구』2권 0호, 호남사학회, 1988, 129-130면에서 재인용.
32) 고태우, 「1930년대 조선총독부의 궁민구제토목사업과 지역개발」, 『역사와 현실』제86호, 한국역사연구회, 2012, 249-250면과 이종범, 위의 논문, 131-140면과 참조.

채만식의 「화물자동차」는 바로 이러한 모습을 담고 있다. 이 작품은 1931년 11월 『혜성』지에 발표된 짧은 단편으로, 궁민구제 목적으로 시작된 도로공사가 오히려 조선 농민의 삶과 그 터전을 몰락시키는 현실을 그리고 있다.

> K항구에서 R를 거쳐 K에 이르는 삼등도로를 신설한다는 것은 전에 말길이 있기는 하였으나 아무도 그것이 실현되리라고는 생각지 아니하였다. 그러던 것이 이번에 궁민 구제의 토목사업의 하나로서 아주 뜻밖에 실현이 되게 되었다. 경비는 도(道)의 지방비라고 한다는데 청부업자의 아들의 아들대(代) 사람이 R-K 사이만 사만 원에 도가를 맡았다고 한다. 그러니까 그 윗대는 그 윗대에서 얼마에 맞았는지도 모르고 또 정작 청부업자는 얼마에 낙찰을 하였는지 알 수가 없다. …(중략)… 공사는 시작이 되었다. 노동자는 면에서 만들어 준 '궁민증서'를 가지고라야만 일할 자격을 가지게 된다. 닭이 울 때에 일어나 밥을 먹는 체하고 십 리나 되는 일터에 와서 점심때 잠깐 쉬고 해가 저문 뒤에야 그들에게는 돈표가 들어온다. 장정은 삼십 전이나 삼십오 전이요, 노인과 어린 사람은 이십 전이나 이십오 전이라고 쓴 도장 찍힌 돈표다. 이것을 가지고 그들은 '무라까미 상'이라는 가가 보는 일본 사람에게서 일할을 떼이고 돈으로 바꾸어야 그날 집에 돌아가서 입에 풀(糊)기를 하게 된다.[33]

인용문에 제시되고 있는 궁민구제토목사업은 구체적으로 R-K를 연결하는 3등 도로와 관련이 있다. 여기서 "조선에서 쌀이 많이 나기로 인천과 겨루는 K항구"(17면)는 작품에 제시된 여러 가지 정황으로 보아 군산항을 암시하며, R은 군산항의 배후지인 임피를 암시한다고 할 것이다.

---

[33] 『화물자동차』, 『채만식 전집 5』, 창작과비평사, 1987, 19-20면. 이하 『화물자동차』 작품 인용은 본문에서 인용 면수를 밝히는 것으로 대체한다.

이러한 점은 1929년 1월 15일자 『동아일보』에 실린 '이재민을 구제하기 위해 임피-군산 간 도로 건설을 계획 중'이라는 신문 기사의 문맥과도 정확히 일치한다.[34] 내륙과 항만을 연결하는 임피-군산 간 신작로의 경우 60,000원의 도지방비가 투하되었으며 공사 2개월간(1931년 4-6월) 동원된 노동자가 연인원 만 명, 2개월 평균 노동 일수를 55일로 가정하면 하루 평균 182여 명이 동원되었다. 이때의 노동자의 공식 임금은 80전 남짓이었으나 실제 임금 지급액은 이에 미치지 못하였다.[35]

인용문을 보면 삼등도로 공사장의 '장정은 삼십 전이나 삼십 오전, 노인과 어린 사람은 이십 전이나 이십 오전'의 임금을 받는 것으로 나타나고 있다. 이러한 묘사 장면은 당시 노동자의 평균 임금이 삼십 전 수준에서 지급되었던 상황을 사실적으로 그려낸 것이라고 볼 수 있다. 최저임금 40전 보장 및 8시간 노동을 주장하고 파업한 1932년 6월 함남 차호사

---

34) "全羅北道 土木課에서는 昨年 早害로 生活困難한 罹災民을 救濟코저 臨陂로부터 群山府까지 三等道路를 開通코저 設計中이라는데 經費 六萬圓의 豫算으로 罹災民을 救濟하는 同時에 道路도 수?'코저 한다더라." 「罹災民 救濟코저 臨陂 群山間 道路改修計劃, 全北道 土木課에서」, 『동아일보』, 1929년 1월 15일, 4면.

35) 1928년 土木工事場 막일꾼 1日勞費

勞賃額	人員	勞賃額	人員	勞賃額	人員	勞賃額	人員
60전	1명	75전	13명	90전	18명	110전	1명
65전	7명	80전	11명	95전	1명	120전	2명
70전	21명	85전	22명	100전	7명	계	104명

자료는 강만길, 『일제시대 빈민생활사 연구』, 창작사, 1987, 308면 〈표4-5〉에서 재인용. 강만길은 이 표에 나타난 노동자의 1일 평균 노임은 81전 5리로 계산되지만 실제로 총독부 노임통계와 작업현장에서의 그것과는 상당한 차이가 있었음을 지적하고 있다. 한편 小林拓矢는 제1차 궁민구제토목사업(1931년 4월 1일-12월 31일)에 참여한 조선인의 1일 평균 임금을 계산해 보면 52전이 되는데 이는 1928년 조사된 노동자들의 1일 평균 생활비보다 훨씬 적은 임금이라고 주장한다. 小林拓矢, 「일제하 도로 사업과 노동력 동원」, 『한국사론』 56권 0호, 서울대학교 국사학과, 2010, 341-343면 참조.

방공사장(遮湖砂防工事場) 노동자들의 사례가 그것을 말해주고 있다.[36] 전술한 인용문은 토목청부업자의 농간과 일본인 전표상의 고리대 착취 등으로 하루의 절반을 노동으로 채우고도 낮은 노임을 받을 수밖에 없는 노동자들의 열악한 현장실정을 명확하게 짚어내고 있다는 점에서 주목할 만하다. 한편 소설 속에서 R-K간 삼등도로의 개통은 지역 간 식민지적 종속을 심화시키는 결과를 낳는데, 이는 화물자동차의 등장으로 전통적 운송 수단인 구루마가 사라지는 모습으로 제시되고 있다.

> 이 새로 난 길로 가장 재미있게 달리는 게 S자동차회사의 자동차다. 찻삯도 전에 G역을 거치어 다닐 때보다는 삼십 전이나 헐해서 차마다 만원이 되었다. 그러나 그것보다도 한 끔찍한 일이 생겼으니 S자동차부의 집체 같은 화물자동차가 가마니를 마흔 덩이씩이나 싣고 바로 K를 뒤집어 엎을 듯이 요란스럽게 드나들게 된 것이다.…(중략)…화물자동차가 구루마의 짐을 집어삼키기는 가마니뿐만이 물론 아니다. 벼나 쌀이나 그 밖에 들뭇들뭇한 것은 다 집어삼켜 버린다. 이러고 보니 구루마꾼들은 그야말로 일조에 밥그릇을 빼앗겼다. 그리하여 화물자동차에 대한 원한을 머금고 새 길을 무너뜨린 사람도 있었으나 길은 곧 고치고 그 사람만 붙잡혀 가서 욕을 보았다.(21-22면)

삼등도로가 나기 전 R(임피)에서 G(개정)를 거쳐 K(군산)에 이르는 옛길로 R의 산물을 운반하는 전통적인 운송 수단은 소 구루마였다. 이 덕에 R은 구루마 영업이 번창하였다. 그러나 기존 40리에 비해서 25리밖

---

36) 함경남도 遮湖砂防工事場 노동자 130여명이 파업자 대회를 개회하고 8시간 노동제 최저임금(40錢) 보장 등 4개항을 요구한 기사를 볼 때 당시 노동자의 임금이 40전을 훨씬 밑도는 수준에서 지급되고 있음을 알 수 있다. 『동아일보』, 1932년 6월 16일.

에 안 되는 새 길이 개통되면서 문제가 발생하였다. "새 길은 고개가 있기 때문에 구루마로는 그 고개를 넘지 못"(21면)하였기 때문이다. 몇 사람이 생존권 차원의 시도를 하였으나 성공한 사람은 전혀 없었다. 반면 K항에서 "불경기가 무엇인지도 모르고 번창을 하"(17면)는 S자동차회사는 이 삼등도로의 가장 큰 수혜자가 된다. 일본인 자본으로 설립된 S자동차회사는 새로운 선로에 화물자동차를 들여놓고 구루마보다 낮은 가격에 화물 운송을 독점함으로써 막대한 이익을 보게 되었던 것이다.[37] 마지막 4절은 '구루마꾼들이 결국 K항구의 짐꾼으로 전락했다는'(22면) 내용으로 마무리되는데, 이는 궁민구제 사업이 오히려 농민의 궁핍화와 농민들의 이주현상을 초래한 저간의 사정을 반영한 것이라고 볼 수 있다.

「화물자동차」에 묘사된 군산은 S자동차회사로 상징되는 일본인 자본의 지배력과 영향력이 두드러진 장소인 동시에 일제의 궁민구제토목사업으로 몰락한 농민들이 일자리를 찾아 모여드는 공간으로 표상되고 있다. 이 과정에서 임피의 전통적 경제구조는 와해되고 개항 이후 중심지로 성장한 군산의 식민지적 경제구조에 종속되는 결과를 낳는데, 이것은 일제의 식민성이 군산을 거점으로 궁벽한 농촌에까지 확산되어 가는 과정을 잘 보여주고 있다. 그런데 이 부분에서 주목해야 할 것은 식민지 근대화에 대한 채만식의 인식 변화이다. 이 작품에서 채만식은 전통적 공간을 몰락시키는 식민지 도시의 근대성을 문제 삼으로써 「과도기」에서보

---

37) 『군산시사』에 따르면 1934년 군산에는 3개의 자동차회사가 있었는데 군산다구시 자동차회사는 시내버스와 택시를 三南自動車會社는 전주-군산 간을 1일 2회, 군산-함열 간을 1일 2회 버스운행을 했고, 金萬自動車會社는 김제-만경 간을 운행했다. 군산시사간행위원회 편, 『군산시사』, 앞의 책, 1294면 참조. 한편 1932년에 전라북도에서 조사한 바에 의하면 전주-군산 간 도로는 1년 동안 연인원 46만 명, 마차 · 자동차 9만 5,000대가 이용했으며 군산-임피 간 도로는 연인원 83만 명, 마차 · 자동차 8만 4,000대가 이용했다. 김영정 · 소순열 · 이정덕 · 이성호, 『근대 항구도시 군산의 형성과 변화』, 앞의 책, 77면 참조.

다 한 단계 발전된 문제의식을 보여주고 있기 때문이다. 물론 이것은 「과도기」 이후 채만식의 관심이 실직한 지식인과 농촌의 피폐화, 가난을 야기하는 역사적 현실 문제로 나타나고 있다는 점과도 무관하지 않다.[38] 요컨대 이런 작가적 관심이 필연적으로 군산을 한국근대문학사의 문제적인 장소로 만들었다고 할 것인데, 「화물자동차」는 바로 이런 작품이란 점에서 주목할 필요가 있다.

Ⅳ. 군산, 식민지 근대의 디스토피아 - 나가는 글을 대신하여

개항 이후 군산이 일제의 식민지적 침탈의 기지로서 급성장하는 동안 그 배후지에 놓인 인근의 농촌 지역은 군산에 종속되어 미곡 수탈지로 전락하는 굴절을 겪었다. 반면 이와 맞물려 진행된 일제의 식민지 지배정책의 결과로 몰락한 외지의 조선인들이 군산으로 새로운 삶을 찾아 몰려들면서 군산의 인구는 급속도로 불어난다. 그러나 외지로부터 이주해온 조선인들은 군산에서 생활할만한 조건에 있지 못했다. 따라서 이들은 대부분 일일 노동자나 잡역부, 지게꾼, 하바꾼 등이 될 수밖에 없었는데, 시

---

[38] "할 수 업시 고향으로 굴너 내려가서 3년 동안 어려운 아버지의 밥을 어더 먹엇다. 나에게는 이 3년 동안이 일생의 운명을 결정하는 가장 크고도 결정적인 시기였었다. 무엇보다도 나는 그 동안에 만흔 독서를 하였다. 처음에는 크로포도킨을 탐독하다가 맑스로 옴겻다. 이 동안이 아직 반생을 두고 양이나 질에 잇서서 가장 만흔 독서를 한 시절이다. 한 가지 사회의……그 중에도 농촌의 객관적 정세를 보앗고 보는 법을 알엇다." 浩然堂人, 「속임업는 告白 나의 懺悔—雜誌記者懺悔」, 『별건곤』, 1931.1, 98면. 이 글은 채만식이 개벽사의 기자 시절 '호연당인'(浩然堂人)이라는 필명으로 개제한 글로, 그의 프롤레타리아적 계급의식이 사회주의 서적 탐독에서 기인하고 있음을 보여주고 있다.

가지 주변부에 밀집하여 정주공간을 형성하면서 도시빈민촌이 만들어졌다.[39] 군산이 「화물자동차」의 구루마꾼이나 『탁류』의 정주사와 같이 자신의 거주지로부터 이탈당한 인근 지역민들을 흡수하는 수요는 미곡과 미

---

39) 1940년 各府의 土幕 및 不良住宅 戶數

부 명	호수			인구수		
	토막	불량주택	계	토막	부량주택	계
서울	2,775	4,737	7,512	11,204	23,943	35,147
인천	477	1,867	2,344	2,802	6,387	9,189
군산	112	3,995	4,107	420	15,470	15,890
대구	159	1,343	1,502	493	4,496	4,989
평양	185	3,922	4,107	766	18,301	19,067

자료는 강만길, 『일제시대 빈민생활사 연구』, 앞의 책, 253면 〈표3-6〉에서 재구성. 이 표를 보면 당시 군산의 빈민 수가 서울 다음으로 가장 높은 비율을 차지하고 있는데, 실제로 개항 이후 1940년까지 군산의 인구는 해마다 4,000명 씩 증가하는 것을 볼 수 있다. 한편 채만식은 『탁류』에서 군산의 빈민촌을 다음과 같이 묘사하고 있다. "예서부터가 조선 사람들이 모여 사는 곳이다. 지금은 개복동과 연접된 구복동(九福洞)을 한데 버무려 가지고, 산상정(山上町)이니 개운정(開運町)이니 하는 하이칼라 이름을 지었지만, 예나 시방이나 동네의 모양다리는 그냥 그 대중이고 조금도 개운(開運)은 되질 않았다. 그저 복판에 포도장치(鋪道粧置)도 안 한 십오 간짜리 토막길이 있고, 길 좌우로 연달아 평지가 있는 둥 마는 둥하다가 그대로 사뭇 언덕비탈이다. 그러나 언덕비탈의 언덕은 눈으로는 보이지를 않는다. 급하게 경사진 언덕비탈에 게딱지 같은 초가집이며 낡은 생철집 오막살이들이, 손바닥만한 빈틈도 남기지 않고 콩나물 길듯 다닥다닥 주어 박혀, 언덕이거니 짐작이나 할 뿐인 것이다. 그 집들이 콩나물 길 듯 주어 박힌 동네 모양새에서 생긴 이름인지, 이 개복동서 그 너머 둔뱀이(屯栗里)로 넘어가는 고개를 콩나물고개라고 하는데, 실없이 제격에 맞는 이름이다. 개복동, 구복동, 둔뱀이 그리고 이편으로 뚝 떨어져 정거장 뒤에 있는 '스래(京浦里)', 이러한 몇 곳이 군산의 인구 칠만 명 가운데 육만도 넘는 조선 사람들의 거의 대부분이 어깨를 비비면서 옴닥옴닥 모여 사는 곳이다. 면적으로 치면 군산부의 몇십분지 일도 못 되는 땅이다. 그뿐 아니라 정리된 시구(市區)라든지, 근대식 건물로든지, 사회시설이나 위생시설로든지, 제법 문화도시의 모습을 차리고 있는 본정통이나, 전주통이나, 공원 밑 일대나, 또 넌지시 월명산(月明山) 아래로 자리를 잡고 있는 주택지대나, 이런 데다가 빗대면 개복동이니 둔뱀이니 하는 곳은 한 세기나 뒤떨어져 보인다. 한 세기라니, 인제 한 세기가 지난 뒤라도 이 사람들이 제법 고만큼이나 문화다운 살림을 하게 되리라 싶질 않다." 『탁류』, 『채만식 전집 2』, 앞의 책, 20-21면.

두(米豆)⁴⁰⁾ 그리고 유흥업소의 번성에서 창출되었다.

박태원이 1935년에 발표한 단편 「길은 어둡고」에서 군산은 카페를 중심으로 한 향락 관련 산업이 발달한 공간으로 그려지고 있다. 이 작품은 사랑 없는 동거 생활로 괴로워하던 경성의 카페 여급(香伊)이 우연히 만난 사내의 권유에 따라 군산에 있는 카페로 일자리를 옮기기 위해 집을 나섰다가 남자에 대한 사랑을 깨닫고 다시 돌아온다는 내용을 다루고 있다.

> 그 사나이는 그 사나이의 말에 의하면 군산에서 目下 그 중 큰 카페를 경영하고 있다 한다. 그리고 이번에 점포를 『一新』『개축』『대확장』하는 것을 기회로 京城에서 『미인 여급』을 『특별우대』로 『초빙』할여고 바로 그 목적으로 상경한 것이로라고 말하였다. 그는 또 어느 틈에 어떠한 방법으로 조사하였는지 『하나꼬』가 이곳 주인에게 75원의 빗이 있음을 알고 있었고 자기는 물론 그것을 깨끝이 청산하여 줄 것이요. 그밖에 따로 의상 기타의 준비로 50환의 돈을 돌려주겟노라고 덧붙이여 말하였다.⁴¹⁾

---

40) 당시의 미두는 대부분 현물 거래 대신 쌀표를 사고파는 청산거래의 형태로 이루어졌는데, 이는 매매 대상의 실체도 없이 거래를 하는 제도이다. 하지만 이 거래를 통하여 실질적인 이윤이 창출하기 때문에 많은 조선인들은 전답을 팔아 미두에 손댔다가 파멸의 길에 접어들게 된다. 당시 미두장 중매점 주인들은 대부분 일본인들이었으며 미두의 시세 또한 일본에서 정해지는 것이어서 정주사와 같은 주변부에 속한 조선인들이 부를 축적하는 것은 거의 불가능에 가까운 일이었다. 그런 점에서 군산에 설치된 미두장(米豆場, 미곡취인소)은 일제가 만들어 놓은 대표적인 조선 수탈의 장소라 할 수 있다. 채만식은 이러한 미두장의 메커니즘을 『탁류』에서 다음과 같이 묘사하고 있다. "미두장은 군산의 심장이요. 전주통(全州通)이니 본정통(本町通)이니 해안통(海岸通)이니 하는 폭넓은 길들은 대동맥이다. 이 대동맥 군데군데는 심장 가까이, 여러 은행들이 서로 호응하듯 옹위하고 있고, 심장 바로 전후좌우에는 수만은 중매점(仲買店)들이 전화줄로 거미줄을 쳐놓고 앉아있다." 위의 책, 9면.

41) 박태원, 「길은 어둡고」, 『개벽』 4호, 1935.3, 43-44면.

식민시기 군산의 인구 증가와 유동 인구의 증대는 유곽, 요릿집, 카페 등 유흥접객업소의 번성과 함께 수많은 여성들을 군산으로 불러 모으는 계기를 마련했다.[42] 1930년 일본 유람사에서 간행한 『전국유곽안내』조선 편에 따르면, 군산의 신흥동 유곽지역에는 일본인 유곽 8곳에 61명의 일본 여성이, 조선인 유곽 3곳에 26명의 조선 여성이 종사하고 있다고 기록하고 있다.[43] 또한 신흥동 유곽지역에서 벗어난 일본인 거류지역엔 화월(花月), 다이요시(大よし), 신월(新月) 등의 고급요정이, 조선인 거류지역인 개복동 인근에는 동해루(東海樓), 명월관(明月館), 소화권번(昭和券番) 등이 있었는데, 이곳에는 각각 일본 여성 40명과 조선 여성 30명 정도가 있었던 것으로 보고되고 있다.[44] 실제로 군산의 유흥업은 1930년대 세계 공황으로 경기 침체가 가속화되는 국면에서도 카페가 15곳으로 증가하는 등 호경기를 누리며 번창해갔다. 군산의 유흥업 번창에 관한 기사들을 끊임없이 보도하고 있는 당시의 신문 자료가 그것을 말해주고 있다.[45]

---

42) 1909년 군산부 직업별 인구 분포를 보여주는 조선총독부 통계에 따르면, 당시 군산의 여성 경제활동 인구 456명 가운데 藝娼妓酌婦가 208명(63.9%)를 차지하고 있을 정도로 군산의 유흥업은 일찍부터 번창하였음을 알 수 있다. 이는 같은 시기 목포(177명)와 대구(1198명)에 비해 많은 수였다. 김태웅, 「일제하 군산부에서의 주민의 이동사정과 계층분화의 양상」, 앞의 논문, 29-20면 참조.

43) 『全國遊廓案內』, 日本遊覽社, 1930, 468면. 이정욱, 「제국 일본의 식민지 도시 건설과 전통 사회의 변화 - 유곽형성과 군산의 유곽문화 정착」, 『일본연구』24권 0호, 고려대학교 글로벌일본연구원, 2010, 381면에서 재인용. 한편 이정욱은 1933년 1월 1일 군산일보가 독자에게 부록으로 제공한 『군산부 구역확장지도』에는 신흥동의 유곽지역에 16곳의 유곽이 표기되어 있으며 도로의 건너편에는 1930년대 초반부터 생겨나기 시작한 카페의 모습도 확인할 수 있다고 부연 설명한다.

44) 군산부, 『군산부사』, 앞의 책, 308면과 이정욱, 위의 논문, 182면 참조.

45) 『매일신보』1932년 6월 16일자 기사는 1930년대 초반 군산의 빈곤화가 심화되는 가운데 유흥업이 번성하는 상황을 다음과 같이 보고했다. "근일 군산부 내에는 5곳에

문제는 이러한 유곽이나 카페 등이 호황을 누릴수록 돈과 여성에 얽힌 사건 사고들이 발생할 수 있는 잠재적 위험도 함께 증가한다는 것이다. 그런 의미에서 군산 화류계의 번성은 인용문에서 제시되고 있는 바처럼 빚에 허덕이는 여성들을 꾀어 술집으로 팔아넘기는 인신매매범의 등장을 가져왔다고 볼 수 있다. '일신', '개축', '대확장', '미인여급', '특별우대', '초빙' 이라는 인용문의 언급은 생계를 도모하고자 하는 여성들을 유인하여 불행의 길로 빠져들게 만들었던 당시 군산 화류계의 어두운 이면을 상징적으로 제시하고 있다. 작품에는 군산으로 내려가는 것을 주저하는 여급에게 "群山이라는 곳은 京城보다도 훨신 더 크고 훨신 더 좋은 곳"(44면) 이라고 말하는 사내의 모습이 제시되어 있는데, 이 사내야말로 식민지 군산의 타락상을 극명하게 드러내는 인물이라 할 것이다. 이처럼 이 작품은 유흥업이 호황을 이루는 향락 도시라는 설정으로 군산이라는 공간을 소설에 도입하고 있다. 즉 여기서의 군산은 고향에서 떠밀려 들어온 사람들이 혼탁한 현실 속에서 부정을 저지르고 향락의 길로 빠져드는 공간으로 표상되고 있다.

한편 일제의 식민 통치 강화는 식민지 내부의 갈등과 분열을 초래하였고 이것은 정서적 공동체의 파괴와 더불어 일제의 수탈 속에서 빈곤에 허덕이던 민중들의 정신적, 사회적인 황폐의 원인이 되고 말았다. 특히 1930년대 후반은 이러한 부정적인 현상이 농촌에까지 급격히 확산되었

불과하던 카페가 우후죽순처럼 생겨나 15곳에 이르며 카페들 사이에 영업 경쟁도 치열해지고 있다고 함." 김태웅, 『군산근현대기사색인집 I (1898-1945)』, 군산대 인문과학연구소, 2004, 245면. 한편 『동아일보』 1933년 2월 14일자에는 이러한 기사가 보도되었다. "년래로 계속되는 불경기의 군산에 잇서서도 유흥계를 살펴보면 불경기를 모를만큼 풍성하든 당지에 잇는 소화권번(昭和券番) 23명 예기에 대한 시간비를 보면 작년 1월 1일 이후 12월까지에 1만1천9백83원이라고 한다." 「花代 萬如圓, 군산소화권번」, 『동아일보』, 1933.2.14, 3면.

는데, 채만식의 「황금원(黃金怨)」⁴⁶⁾ 은 바로 이런 모습을 담고 있는 작품이라는 점에서 주목을 요한다. 이 소설은 1956년 『현대문학』을 통해 유작으로 발표되었으며 1930년대 후반 임피를 시대적 배경으로 하고 있다. 이러한 점은 "금년 무인년이의다"와 같이 1938년을 작중시간으로 하고 있다는 점과 대동농촌사(大同農村社)라는 조직 그리고 부래산(浮來山)·K역·한산(漢山)이라는 지명에 의해 명백히 뒷받침되고 있다.⁴⁷⁾

작품은 'C'가 고향에 내려와서 겪은 일을 다루고 있다. 즉 3·1운동 실패 후 신념을 상실한 채 시세에 편승하여 친일의 길을 걸어가던 S가 친구인 P와 기생을 두고 싸우다 결국 비참한 최후를 맞게 된다는 내용이 그것이다. 흥미로운 것은 이러한 물리적인 폭력이 발생하는 장소가 바로 요릿집이라는 것이다. 작품에는 이 요릿집을 알 수 있는 단서가 제시되어 있지는 않지 않다. 하지만 식사와 술 그리고 기생들의 소리를 들을 수 있는 장소로 본다면 일제강점기 돈 많은 조선인이 드나들던 대표적인 요릿집

---

46) "이 原稿는 故蔡萬植氏의 다른 遺稿와 함께 그의 遺家族으로부터 本誌에 付託된 것이다. 이 作品은 故人이 中學卒業時에 執筆한 것으로서 그의 事實上의 處女作에 屬한다. 그러니만치 이 作品은 習作의 範圍를 벗어난 것은 못된다. 故人이 이 作品을 活字化하지 않았던 것만 보더라도 이 作品이 作家自身에게 있어서도 發表할만한 것이 아니었음을 알 수 있다. 이러한 故人의 作品을 지금 發表하는 것은 이러한 이 作品이 故蔡萬植氏를 追憶 및 硏究하는데 하나의 도움이 될지도 모른다는 單純한 생각에서이다. 本誌가 保管中인 그의 다른 遺稿도 機會있는대로 本誌에 發表해갈 豫定에 있다." 채만식, 「黃金怨」, 『현대문학』4호, 현대문학사, 1956, 141쪽.

47) 편집자는 이 작품을 소개하면서 채만식이 중학 졸업 시 그러니까 1922년(22세)에 집필한 것으로 서술하고 있으나 이것은 역사적 사실과 맞지 않다. 작품에 묘사된 대동농촌사는 이종만이 자작농 육성과 이상적 농촌 건설을 목적으로 1937년 6월 17일 설립한 회사라는 점에서 작중 시간은 적어도 1937년 이후로 추정할 수 있다. 한편 채만식 전집 연보에는 이 작품이 1937년 작으로 되어 있는데, 무인년(戊寅年) 즉 1938년을 작중시간으로 하고 있다는 점에서 정확한 사실 확인이 앞으로 필요해 보인다. 이밖에 부래산(浮來山)은 군산 나포면에 있는 공주산(公主山)의 예전 이름으로, 공주에서 떠내려 왔다는 전설이 있어 부래산이라는 명칭으로도 불렸다.

의 하나였던 군산의 명월관이나 근화각으로 추정할 수 있다.[48]

    ㉠ 참 천하의 영웅입죠. 아침이면 일본인의 내외나 아이들이나 심지어 개까지라도 웬만치 편찮은 동정은 어느 곁에 내를 맡고 첫새벽마다 문안의 분주하신 것, 또 청결날 그 외 한번 떨어지지 않고 서장과 같이 순시 다니는 것, 다음에는 집과 토지중개로 치부술에 능란한 것, 또 다음에는 음식점 주인의 ××를 훔친 대가(代價)로 음식점 영업청부업 등 참 유명합죠 호호호[49]

    ㉡ 한때는 민중의 지도자로 철의 인이요, 투쟁의 인이라는 수많은 민중의 추앙을 받던 그가 오늘날에는 그들의 〈가롯유다〉로서 나타나다니-. 언제는 나를 백색인레리라고 공격했겠다. 또 지방의 금융조합감사(監事)나 도회의원(道會議員)의 명예부스러기를 주워가지고 경제무대니 정치무대니 하는 코큰 소리를 하는 것도 우스우려니와 옛날에 신세를 지던 친구를 콩크리트로 머리가 되어 먹은 사람이라 하겠다. 그리고 수신제가 치국평천하란 말을 하였겠다. 또 K가 교육계 인물을 투서로서 공격했다는 것노 우스운 일이다.(152면)

인용문 ㉠은 요릿집의 기생이 '천하의 영웅'이라 표현하는 S의 행태를 비꼬아 말하는 장면이며 ㉡은 서술자인 'C'가 피투성이가 된 S의 시체를 보며 혼탁한 세태에 모든 것이(고향도, 동무도) 변해버린 현실에 절망적 인식을 내보이는 장면이다. '한때는 민중의 지도자로 추앙을 받던' S는 현재에 와서 금광 소개, 토지 소개, 집장사의 브로커를 자임하며 온갖 부

---

48) 김중규, 앞의 책, 252면 참조.
49) 채만식,「黃金怨」,『현대문학』4호, 현대문학사, 1956, 151면. 이하「黃金怨」작품 인용은 본문에서 인용 면수를 밝히는 것으로 대체한다.

정을 저지르고 도박하며 향락을 즐기는 인물로 제시되고 있는데, 이러한 S는 일제의 식민 통치 하에서 희망의 끈을 놓아버린 당대 민중의 표본을 상징한다고 하겠다. 이러한 면은 S와 매음부를 두고 신경전을 벌이는 R이나 주색에 취해 기생을 두고 으르렁거리는 P의 행태에서도 잘 드러나고 있다. 결국 S는 돈과 여자와 명예에 대한 탐욕으로 몰락하거니와 이러한 S를 오염시키는 것은 다름 아닌 일제의 식민 통치였다고 할 수 있다.

이처럼 작품은 식민지에서의 생존이란 일제에 영합한 삶을 살거나 혼탁한 세태에 편승하여 점차 타락해가거나 "六십평생에 명일을 속아 사는 사람들"(144면)처럼 서서히 전락해가는 과정임을 드러내고 있다. 이런 의미에서 군산을 배경으로 한 이 작품은 식민지 조선사회의 분열상과 어두운 면모를 압축적으로 보여주는 등신대가 되고 있다. 『탁류』는 이러한 군산의 식민지 근대체제에 대한 문제의식이 보다 중층적으로 제시되고 있다는 점에서 새롭게 논의될 필요가 있다. 이것이 우리가 앞으로 이 작품을 주목해야 하는 이유이기도 하다.

해방기
군산 지역
영화사

해방기 군산 지역 영화사

Ⅰ. 연구사 검토 및 문제제기

    1950년대 후반기는 한국영화사에 있어 소위 '중흥기'로 일컬어지는 시기이다.[1] 1954년 3월 31일 시행된 한국영화 면세조치와 1955년 1월 이규환 감독의 〈춘향전〉 흥행 성공은 1950년대 후반 한국영화 제작이 본격적으로 활성화되는 계기가 되었다. 이러한 흐름 속에서 당시 전라북도 전주는 '한국의 할리우드'라는 표현을 들을 정도로 지역 영화인들에 의해 영화제작이 활발하게 진행되었다. 한미합동 제작 영화인 〈아리랑〉(1954, 이강천)을 시발점으로 하여, 반공영화의 대표작인 〈피아골〉(1955, 이강천)과 최초의 16밀리 컬러 영화인 〈선화공주〉(1957, 최성관) 그리고 〈애

---

1) 이영일은 「재평가와 새로운 비전」(『월간 영화』 8월호, 영화진흥공사, 1975, 35쪽)에서 1950년대의 한국영화를 동란기(1950-54년)와 중흥기(1955-59년)로 구분한다. 한편 영화진흥공사 편 『한국영화자료편람』은 1950년대를 동란기(1950-53년)와 성장기(1954-57년)와 중흥기(1958-59년)로 구분한다.

수의 남행열차〉, 〈붉은 깃발을 들어라〉 등 당대 흥행작들이 전주에서 잇따라 제작되며 전주 지역은 1950년대 후반기 한국영화사의 중심으로 자리 잡는다. 특히 〈아리랑〉과 〈피아골〉을 연출한 이강천 감독은 당시의 전북영화 제작을 실질적으로 주도하며 전북영화의 르네상스를 이끈다. 그런 의미에서 오늘날 전북의 영화 제작 활동은 1950년대 한국 영화 중흥의 계기를 마련한 고무적인 일로 평가받고 있다.

이와 관련하여 군산지역이 전북 영화의 탄생지라는 것은 주목을 요한다. 사실 전북에서의 영화제작은 해방기 군산에서 먼저 꽃을 피운다. 1948년에 전북 최초의 극영화인 이만흥 감독의 〈끊어진 항로〉와 1949년 한국 최초의 반공 영화인 〈성벽을 뚫고〉가 군산 지역의 영화사에 의해 제작된 것이 이를 증명한다. 물론 한국전쟁으로 영화제작이 중단되면서 군산지역의 영화인들도 뿔뿔이 흩어지게 되지만 일부는 전쟁 이후에도 전북지역에서 꾸준한 활동을 이어나간다. 예컨대 1953년과 1954년에 제작된 이만흥 감독의 〈애정산맥〉, 〈탁류〉는 영화 제작의 공백기에 놓여 있던 전북영화계에 새로운 전환점을 제공한다. 주목할 점은 이 영화들을 통해 지역의 향토영화인들이 영화 제작에 대거 참여하게 된다는 사실이다. 특히 〈애정산맥〉을 통해 등장한 김종환, 유춘, 탁광, 서복남 등은 당시 젊은 영화 인력으로 활약하며, 1950-60년대 전북영화발전을 이끄는 주역으로 성장한다. 그런 점에서 해방기부터 이어져 온 군산지역 영화인들의 활동은 전북영화의 성장을 앞당기는 밑바탕이 되었다고 생각한다.

그런데 전북영화사가 전주가 아닌 군산에서 비롯되었다는 사실은 그동안 별다른 주목을 받지 못했다. 물론 지역영화사에 관심을 둔 소수의 연구자나 이 당시 전북지역에서 영화인으로 활동했던 일부 인사들의 증언이나 글을 통해 소략하게나마 언급된 바가 없지 않다.[2] 그러나 이들의 글이나 증언들은 지나치게 단편적이며, 그나마도 역사적 사실부터 오류가 나타나고 있다. 사정이 그렇다 보니 군산은 전북영화사 나아가 한국 영화사에서 별다른 위치를 찾지 못하고 있는 실정이다. 그러나 전북 최초의 전문 영화제작사가 군산에 설립되었다는 점, 이로 인해 전북영화사의 기원을 마련하였다는 사실만으로도 군산영화사에 대한 연구의 필요성은 충분하다.

최근 들어 군산지역 영화사에 대한 관심이 제고되고 있기는 하지만 아직까지는 관련 연구가 전무한 실정이다. 해방기 군산영화사에 대한 연구가 미흡한 데에는 1차 자료인 영화의 필름이 보존되어 있지 않다는 것과 문헌 자료가 부족하다는 것에도 이유가 있다. 관련 자료가 소멸·부족한 상황에서 해방기 지역영화사의 존재와 그 궤적을 제대로 살펴본다는 것은 사실 쉽지 않은 작업이기 때문이다. 하지만 지금부터라도 부분적이나마 흩어진 자료들을 발굴, 축적해가는 노력이 반드시 필요하다. 군산지역 영화사가 복원되어야 전북과 한국의 영화사도 온전히 복원될 수 있을 것이기 때문이다.

그런 의미에서 이 글은 당시 군산에서 발간된 신문 자료와 기록, 영화인들의 구술자료 등을 토대로 해방기 군산지역 영화사들이 주도한 영화제작의 활동에 대해 기술하고자 한다. 특히 군산지역을 중심으로 영화제작의 시대적 상황을 살펴봄으로써 전북영화사에서 거의 빈틈으로 남아있는 부분을 부분적이나마 보완하고자 한다. 이를 위해 2장에서는 해방 전후 군산지역의 사회문화적 환경과 문화예술의 동향에 대해 간략히

---

2) 김건·김용, 「1950-60년대 전북영화사: 한국영화, 그 고향을 찾아서」, 『전북사학』 43호, 전북사학회, 2013 ; 김건·문신·신귀백, 『전북의 재발견 : 영화』, 전라북도, 2011 ; 조시돈·김건·이미경·김광희, 『전북영화사』, 신아출판사, 2006.

살펴보고 3장에서는 해방기 군산지역에서 전개된 영화제작사의 활동에 대해 규명하고자 한다. 그리고 4장에서는 이를 바탕으로 영화사적 의의와 남은 과제에 대하여 기술할 것이다. 이러한 작업은 향후 지역 예술문화 활동의 역동성을 드러내고, 한국영화사 연구에 풍성함을 더하는 계기가 될 것이다.

II. 해방 전후 사회문화적 환경과 문예 동향

1899년 개항 이후 군산은 만경평야와 호남평야에서 생산되는 쌀의 집산과 수탈항으로 기능하였기 때문에 여느 도시보다 경기가 활발하였다. 당시 군산은 정미업과 양조업이 성황을 이루었고 이에 수반하여 쌀을 밀무역하려는 일본 상인들의 활동이 활발하였다. 시장이 번성한 항구도시이다 보니 자연스럽게 군산으로 많은 일본인이 몰려들었고, 이들과 함께 이동식 영사기를 갖춘 이동 극장 등 근대적인 대중오락이 들어왔다.[3] 1910년대에 군산에는 전북 최초의 공연장인 군산좌(群山座)와 명치좌(明治座)가 문을 열었고[4] 1920년대에는 관객 정원 700명 규모의 상설 영화

---

3) 개항 당시 77명에 불과하던 군산 거류 일본인은 1906년에 2050명으로 늘어나고 군산부로 승격된 1924년에 이르면 4,742명으로 증가하며 군산 인구의 절반을 차지하게 된다. 참고로 개항 당시 군산 거주 조선인은 511명이며, 1906년에는 2,835명, 1914년에는 5,238명이었다. 군산시사편찬위원회, 『군산시사』, 군산시, 1975 참조.

4) 명치좌(明治座)와 군산좌(群山座) 등의 극장이 군산 지역에 등장한 연도는 분명하지 않다. 1914년 조선총독부 철도국이 발행한『호남선 선로안내』에 따르면, 명치좌(明治座)와 군산좌(群山座)가 1906년에서 1914년 사이에 개관한 것으로 추정되나, 자세한 기록은 발견되지 않는다. 군산좌는 1930년대 조선관(朝鮮館), 군산극장으로 개명되었다가 해방 이후 동명으로 운영되었으나 현재는 폐관된 상태이다. 군산의 극장에 관한 선행 연구로는 위경혜, 『호남의 극장문화』, 다할미디어, 2012 참조.

관 희소관(喜笑館)⁵⁾이 개관하였다. 현재 군산좌와 희소관에 대한 공식적인 기록이 남아 있지 않아 설립자를 정확히 알 수 없지만, 애초부터 일본인에 의해 건립되었을 것으로 추정된다. 실제로 당시의 신문 기사를 보면 일본인에 의해 극장 경영권이 매매되고 있음을 확인할 수 있다.

"군산부민의 오락기관인 군산 극장좌는 古建築일 뿐아니라 불완전한 설비인 까닭에 시대에 ＊延한 감이 不無하야 개선의 聲이 고조에 달하든 바 최근에 至하야 群山座主 島田氏 外 數人의 발기로 新＊式의 大劇場을 건설하기로 독하 ＊＊준비 중 신축후보지는 府의 중앙인 明治町 ＊東拓分工場의 敷地를 선정하엿다 하며 신축비 총액은 약 오만원 예산이라더라."⁶⁾

"오래동안 일반 유지들이 기다리든 조선인측(朝鮮人側) 상설관이 금번 군산극장을 경영하는 송미인평(松尾仁平)씨가 인수하야 휴관(休館)치 아니하고 상설하기로 하였다한다."⁷⁾

위의 기사로 짐작할 수 있듯이 1926년 군산좌의 주인은 시마다(島田)였으나 1932년에는 마쓰오 진페이(松尾仁平)이라는 일본인이 경영권을 인수한다. 희소관 역시 1927년 10월 1일 현재 활동사진 개관 현황을 통해 일본인 가와카미(河上好藏)⁸⁾가 경영하는 극장으로 소개되고 있다. 이

---

5) 희소관(喜笑館)은 전라북도 최초의 상설영화관으로 1920년대 초반 군산시 개복동에서 개관하였다. 희소관은 일본 마키노영화사 작품을 상영하였는데, 마키노영화사는 1930년대 초반 일본 최초 발성영화를 제작한 영화사이다. 희소관은 해방 이후 남도극장을 거쳐 국도극장으로 개명하고 운영되었으나 현재는 폐관된 상태이다.

6) 「群山에 劇場新築, 五萬圓 豫算으로」, 『동아일보』, 1926.12.19. 4면.

7) 「群山劇場에서 朝鮮相設官 兼營」, 『중앙일보』, 1932.11.20. 3면.

8) 한국영상자료원 편, 『1910 식민지시대의 영화검열 1934』, 한국영상자료원, 2009, 283면.

러한 사실로 미루어 보건대 군산좌와 희소관은 개관 이래 줄곧 일본인에 의해 운영되었을 가능성이 크다.

1920년대의 군산좌의 모습   1930년대 희소관의 모습

죽성동에 세워졌던 군산좌는 처음에 일본인을 위한 노래와 춤, 전통극인 가부키 등이 공연되었으나 이후 변사가 연행하는 신파극과 국극, 창극 이외에 영화 상영의 기능도 담당하였다. 이에 비해 현재의 국도극장 자리에 들어섰던 희소관은 주로 일본인을 주요 관객층으로 설정하여 오후 1시와 저녁 8시 하루 2회 영화를 상영하였다.[9] 하지만 이 시기 군산지역 극장에 대한 신문기사를 보면 당시 극장에서는 활동사진 상영이나 무대 공연 이외에 독창회, 무용발표회를 비롯하여 강연회, 음악회, 시민대회 등 다양한 문화행사를 개최한 것으로 되어 있다.[10] 즉 당시의 극장은

---

9) 위경혜, 앞의 책, 268-274면 참조.

10) 해방 이전 군산 지역 극장의 역할을 살펴볼 수 있는 신문기사 제목을 정리하면 다음과 같다.
「동경재학생으로 조직된 친목금우회(親睦錦友會) 소인극단을 조직하여 군산좌에서 흥행」,『동아일보』, 1922.7.7. /「土月會 群山서 興行, 本報支局 後援으로 三日間」,『동아일보』, 1925.12.14. /「妓生 演奏 盛況, 群山座에서 上演」,『동아일보』, 1926.2.4. /「군산부민대회 8일 군산좌에서」,『조선일보』, 1926.8.8. /「裵龜子 일행 군산서 공연, 각자 후원으로 대성황 일우워」,『조선일보』, 1926.12.16. /「운송합동반대 群山시민대

영화 상영과 무대 공연, 오락장, 기념행사 등 다목적 문화 예술 공간으로 기능하였음을 알 수 있다.[11] 이는 문화공간이 전무한 시절 극장의 역할을 보여주는 대목인데 해방 이전 군산지역의 대중문화는 극장산업이 주도하는 모습을 띠고 있다.

한편 해방 이후 한국 사회는 극심한 인구이동을 초래하였는데 군산도 예외는 아니었다. 해방과 미군정을 거치는 동안 약 2만 명 이상의 일본인이 군산을 떠났고,[12] 약 3만 명에 달하는 귀환 동포들이 군산으로 대거 몰려들었다. 그 결과 군산지역의 인구는 해방 직전인 1944년에 57,589명이었던 것이 1946년에는 66,715명으로 9,126명이 증가하였다.[13] 이러

회, 群山座에서 개최」, 『동아일보』, 1928.2.22. / 「군산研藝會 新舊獨唱大會 참가자 다수」, 『조선일보』, 1928.4.9. / 「차재일씨 독창대회 군산 일경이 고대하던 중, 금야 희소관서」, 『중외일보』, 1928.7.27. / 「시민위안 映寫大會」, 『조선일보』, 1928.11.19. / 「白鳥會 試演」, 『조선일보』, 1930.3.12. / 「群友會 주최 群山시민대회, 제이보교 기부금과 기성위원 책임문제로 來 십이일 군산극장에서」, 『중외일보』, 1930.4.6. / 「영신유원에서 음악회 개최, 본보지국 후원」, 『중앙일보』, 1932.11.10. / 「군산지국 주최 김훈군 독창회 이십이일 군산 희소관서」, 『조선일보』, 1936.8.19.

11) 식민지 군산에 등장한 극장은 다기능 공연장으로서 역할을 수행하였지만 사실 조선인을 위한 근대 문화 도시 제도와는 거리가 멀었다. 경제력이 취약했던 대다수의 조선인에게 영화 관람은 요원한 것이었으며, 경제적으로 여유로운 일부 조선인도 제한적으로나마 극장 출입의 혜택을 누릴 수 있었다. 1930년대 초'조선상설관'으로 이름을 바꾼 군산좌가 극장 운영을 위해 경제적으로 여유가 있는 일본인 관객을 입장시킬 수밖에 없는 상황에 봉착한 사실이 이를 잘 보여준다. 군산 극장의 장소성에 관해서는 위경혜, 「식민지 개항도시 극장의 장소성-군산 지역을 중심으로」, 『대동문화연구』72호, 성균관대학교 대동문화연구원, 2010, 66-71면 참조.

12) 해방 직전 군산 시내에는 적산가옥 3,000호에 약 12,009명의 일본인이 살았으며, 옥구군 내 불이농촌(不二農村)에도 약 1만여 명의 일본인이 모여 있었다. 이에 대해서는 「敵産의 基本調査 槪要」, 『군산신문』73호, 1948.2.14. / 「群山地方 敵産拂下 申請數는?」, 『군산신문』228호, 1948.5.8. / 「沃構郡 內 日産(歸屬財産) 4,000여건 중 拂下 申請은 90여건에 未達」, 『군산신문』281호, 1948.7.13일자 기사 참조.

13) 〈표 1〉 해방 전후 군산시 인구증가율

한 흐름 속에서, 일본인 소유의 군산 극장과 희소관은 미군정에 의한 적산처리가 이뤄지고, 김봉희에 운영되던 양 극장은 전쟁 이후 여러 주인을 거치게 된다. 해방 후 최초로 제작된 다큐멘터리 영화 〈해방 뉴우스〉는 해방을 맞이한 시민의 모습과 함께 당시 도망가는 일본인, 귀환하는 조선인의 모습을 생생히 담고 있다.

해방이 된 후 군산지역은 일간지가 잇따라 창간되고, 이들 신문이 지역문화를 이끄는 역할을 하게 된다.[14) 여기에 각지에서 활동하던 문화예술인들이 연고를 찾아 군산에 정착하면서 지역문단과 지역문화의 활성화를 가져온다. 문단에서는 채만식, 화단에선 하반영 등이 고향에 머무른다. 이에 부응하여 김호연, 이병권, 박희선, 권오동, 장윤철, 이병훈 등 지역의 청년들이 중심이 되어 1948년 군산문학인협회를 결성하고, 문인의 밤, 시화전, 백일장 공모 등의 다양한 활동을 선보인다. 한편 이 무렵

	1944	1946	증가수	증가율(%)
전 국	17,041,000	19,369,270	2,328,270	14
군 산	57,589	66,715	9,126	16

위 표에서 보듯 해방 이후 군산의 인구증가율은 16%대로 전국 평균 14%보다 높은 비율을 점하고 있다. 이러한 인구 격증이 일본인의 이주와 귀환동포로 인해 파생된 결과라는 것은 두 말할 나위가 없다. 해방 후 약 2만 명 정도의 군산 거주 일본인들이 철수한 사실을 감안하다면 군산의 인구 증가는 3만 명을 헤아리고 인구증가율도 50%대로 증가하게 된다. 또 귀환동포의 경우 많은 인원이 한꺼번에 이동해 왔기 때문에 상당수가 당시의 인구조사에 포함되지 않았을 가능성이 있다. 이렇게 본다면 군산의 인구증가율은 〈표1〉의 수치보다는 더 높았을 것으로 사료된다. 이에 대해서는 朝鮮銀行調査部, 『朝鮮經濟年報』, 1948, Ⅰ-19~20면 ; 朝鮮經濟通信社, 『朝鮮經濟統計要覽』, 1949, 9면 ; 朝鮮銀行調査部, 『經濟年鑑』, 1949, 22~23면 참조.

14) 해방 이후 군산에서 처음 발행된 신문은 1945년 9월 20일 김판술이 창간한 『신광일보』이고 비슷한 시기에 차균향이 『남선일보』를 발간한다. 이어 1946년 5월 1일 육복술이 『군산민보』를 창간하며, 서울 한성일보 사장이었던 김종량이 1947년 11월 15일 『군산신문』을 창간하게 된다.

군산 비행장의 미군부대를 통해 16mm필름이 극장에 흘러나오고,[15] 일본에서 영화, 그림을 공부한 예술인들이 군산에 들어오면서 전북 영화계는 새로운 전기를 맞이하게 된다. 이와 관련『전북영화사』는 당시의 상황을 다음과 같이 전하고 있다.

"1948년 군산에 당시 일본에서 영화를 공부한 사람들이 들어옵니다. 여덟 분 중 한 분인 이만흥이라는 분이 오시면서 바로 영화가 만들어져요. 그 분이 만든 영화가『끊어진 항로』라는 영화인데 이게 전라북도에서 제일 처음 만들어진 영화예요. 이게 군산에서 만들어지는데, 그 의미는 전주에서 활동한 중요한 분들이 군산에서 오신 분들이 많다는 거예요. 40년대 중반 이후 60년대까지 군산 분들이 많아요. 문화, 예술, 연극, 체육인 등등"[16]

위 인용문에 나와 있듯, 해방기 전북에서는 처음으로 군산에서 영화가 제작됨을 알 수 있다. 그런데 이 책은 이인철의 구술을 바탕으로 이만흥이 군산에 들어온 해를 1948년이라고 밝히고 있다. 하지만 이것은 별도의 검증이 필요한 진술이다. 이만흥이 1947년 11월 15일부터 12월 15일

---

15) 군산 출신의 원로영화인 최석규는 해방 이후 군산 지역 극장에서 상영된 영화에 대해서 다음과 같이 구술한다.
"그렇지, 일본영화는 해방 이후에 못 보게 하는 거지. 미국영화는 미군 위안 상영을 하는 거야. 병영에서 지금도 밤에 하고 있을 거야. 그런데 그때는 더 많이 했어. 그 병영에서. 군산에는 비행장이 있으니까. 비행장에 미군이 많이 주둔을 했거든. 그러면 거기서 이제 빼오는 거야. 그 돈 주고 사오는 게 아니라 빼와서 그걸 필름을 빼와서 그것을 훔쳐서 돌리는 거야. 우리도 그렇지만 공군한테 보급이 굉장히 좋다고. 그래서 영화도 많이 와요. 거기는 필름도 좋은 것들이 많이 오고 직수입해서 바로 본토에서 그런 것들이 많이 왔어요."한국영상자료원 편,『한국영화를 말한다: 1950년대 한국영화』, 이채, 2004, 279면.
16) 조시돈 · 김건 · 이미경 · 김광희 공저,『전북영화사』, 신아출판사, 2006, 201면.

까지 한 달 간 『군산신문』의 기자로 활동한 실제 사실과도 부합하지 않으며,[17] 1946년 5월 창간한 『군산민보』와 1947년 11월 창간한 『군산신문』 기자를 역임했다는 당대 문헌과도 차이가 있기 때문이다.[18] 이 같은 기록들을 통해 살펴보면 이만흥이 군산에 들어온 시점은 적어도 1948년 이전이었음을 짐작할 수 있다. 어쨌든 당시의 군산이 전북영화사의 출발지가 될 수 있었던 것은 일본에서 건너 온 이만흥과 같은 전문영화인들이 군산에 머물며 영화작업을 하였기에 가능한 일이었다.

이 가운데 이만흥은 전북 최초의 영화 〈끊어진 항로〉를 시발로 〈성벽을 뚫고〉, 〈애정산맥〉, 〈탁류〉 등의 제작 활동에 참여하며 전북영화산업의 중추적인 역할을 담당한다. 군산에서 이만흥과 함께 활동했던 이들로는 극장에서 영화간판을 그리던 이강천, 신문기자였던 이정선, 시나리오를 썼던 김영수, 제작자이자 재력가였던 김금철과 김보철, 익산 함열 출신으로 당대 최고 인기를 구가했던 배우 이집길 등이 있었다. 이들은 해빙기와 1950년대 어려운 제작 한경 속에서도 여러 편의 영화를 서울이 아닌 전북에서 촬영하며 지역의 영상문화를 선도하는 주역으로 활동하게 된다. 군산에서의 영화 제작은 이러한 분위기 속에서 꽃을 피울 수 있었다. 덕분에 군산영화계는 해방기 전북영화산업의 중심으로 자리 잡는다.

---

17) 『군산신문』 1947년 11월 21일자와 1947년 12월 17일자 본사사령 참조.
18) 염보화, 『대한민국인사록』, 내외홍보사, 1950년 2월, 130면.

III. 해방기 군산지역 영화사의 활동 과정

한국 영화 제작은 해방 이듬해인 1946년부터 다시 재개되었다. 이후 영화 제작 상황은 1946년 4편, 1947년 13편, 1948년 22편, 1949년 20편으로 점차 활성화된다. 이 시기 군산지역에서 제작된 영화는 1948년 〈끊어진 항로〉와 1949년 〈성벽을 뚫고〉 2편이다. 당시에 부산이 3편, 대구가 2편 제작에 그친 것에 비해 군산지역 영화제작사의 작품이 2편이라는 것은 해방기 한국영화사에서 군산이 차지하는 중요성을 잘 보여준다.[19] 군산지역 영화사가 제작한 필름들은 현재 소실되어 아쉽게도 확인이 불가한 상태이다. 따라서 이에 관한 정보를 얻기 위해 당시 군산에서 발간된 신문의 기사, 인사정보, 광고 등을 살펴보며 영화사의 정보를 확인하는 작업을 시도하였다.

1947년 말까지 군산에서는 최소한 4종의 일간신문이 발행되었다. 이 가운데 『신광일보』, 『삼남일보』, 『군산민보』는 자료가 부재하여 찾아볼 수가 없었고, 『군산신문』은 군산대 도서관에 소장되어 있는 마이크로필름을 활용했다. 그 밖의 신문들은 한국영상자료원 한국영화데이터베이스, 국사편찬위원회 한국사데이터베이스 등을 활용하였다. 신문자료 외에도 지역 관공서에서 발행한 시사(市史) 자료 등도 참고하였다. 조사 결과에 따르면, 해당 기간 동안(1947~1949년 사이)에 군산에는 총 4개의 영화제작사가 있었던 것으로 판단된다. 연구자가 정리한 해방기 군산지역 영화사는 아래의 표〈2〉에 정리하였다. 여기서는 〈표2〉에 언급한 영화사를

---

19) 정종화, 「대구 지역 영화사」, 『영상예술연구』 1호, 영상예술학회, 2001, 210-212면과 정봉석, 『부산영화사』, 『항도부산』 14호, 부산광역시 시사편찬위원회, 1997, 331-333면 참조.

중심으로 해방기 군산지역 영화제작사의 활동 과정을 기술하고자 한다.

〈표2〉 군산지역 영화사(1947.11.15.~1949.6.29.)

영화제작사명	사장/제작자	활동기간(추정)	특기사항
동양영화사	김석활	1947-1948	
R.X.K프로덕션	국한일	1948	〈끊어진 항로〉제작
보성영화사	김금철	1948-1949	
김보철프로덕션	김보철	1949	〈성벽을 뚫고〉제작

1. 동양영화사

군산지역 영화제작사의 시초는 1947년 12월 초순 이전에 설립된 것으로 추정되는 동양영화사이다. 『군산신문』을 참조하면, 다음과 같이 동양영화사가 설립돼 활동에 들어간 사실이 확인된다.

> 映畵俳優硏究生募集
> 一. 募集人數 約 五十名
> 一. 志願資格
>   가. 中等學校 二年 以上 修業者로서 一八歲 以上 二三歲의 男女
>   나. 中等學校 二年 以上의 學力을 有하고 一年 以上의 經驗者
> 一. 提出書類
>   가. 履歷書 二枚와 三個月 內로 撮影한 寫眞一枚
>   나. 出身學校의 修業證明書
> 一. 願書磨勘

> 西紀 一九四七年 十二月二十五日까지
> 願書提出場所
> 群山府 藏米洞 三八番地
> 東洋映畫社事業部 白(前 杉原合資會社)[20]

> 조선 映畫계에 새로운 指向을 가르치며 탄생한 東洋映畵社는 今般 그 陣容을 강화하기에 理事진을 採備하고 十二人의 理事中 左의 八명을 決定하였다하며 第一回 작품〈怨히는 조선〉은 下에의 撮影中이라 한다. 理事장 장俊植 副리事장 김鳳히 리事 陸福술 김숙현 김진택 朴남奎 장得祚 김택남 社장 김석활 支配人 李完 등[21]

위 두 기사를 통해 동양영화사가 사무실을 장미동 38번지(현재 군산근대역사박물관 앞)에 두고 1947년 12월 초에 영화배우연구생을 모집했음이 확인된다. 또한 1948년 1월 하순에는 새로운 이사진의 발족과 함께 제1회 작품〈怨히는 조선〉을 촬영 중이라는 기록도 보인다. 이로 보아 동양영화사는 1947년 12월 초순 이전에 창립돼 활동에 들어간 사실을 알 수 있다. 이 영화사는 1947년 군산상공회의소 부회장으로 있던 장준식이 이사장을 맡고, 군산에 거주하던 극장주, 언론사 사장, 상공인 등 지역 유지들이 이사로 합류하였다. 이사진 가운데 부이사장을 맡은 김봉희는 해방 이후 군산극장과 희소관의 사장 겸 군산영극(映劇)주식회사 사장 겸 군산체육회 회장 등 다방면에 걸쳐 활동한 인사이다.[22] 그런가 하

---

20) 『군산신문』, 1947.12.5, 1면.

21) "동양영화사 진용강화", 『군산신문』, 1948.1.27, 2면.

22) 해방 이후 군산극장과 희소관을 운영하였던 김봉희는 반공테러단체인 '협력대'를 조직한 인사이었다. 그러나 한국전쟁 중에는 이 전력이 문제가 되어 인민군에게 고초를 겪었으며, 1951년 1월 5일 째보선창에서 가족과 함께 피난길에 올랐다가 풍랑으

면 육복술은 1946년 12월 5일 창간한 『군산민보』의 발행인과 우익반공단체인 대동청년단(大同靑年團) 단장으로 활동한 후 1955년 군산극장 사장이 된 자이었다.[23]

이러한 이사진 구성과 이들의 정치적 성향으로 판단해 보면 동양영화사가 제1회 작품으로 기획한 〈恕히는 조선〉은 우익의 시각에서 반공이념을 강조한 계몽영화로 추정할 수 있다. 당시의 신문 지면에는 이 영화의 촬영을 예고하고 있지만 그 이후 촬영 여부나 개봉된 기록은 드러나지 않는다. 영화사 활동에 대한 기록도 없는 것으로 미루어 중도에 해체된 것으로 보인다. 비록 실제 영화가 제작되지는 못했으나 신인배우를 50명이나 모집한 것만 보더라도 당시 영화사의 규모가 상당했음을 짐작할 수 있다. 해방기 군산에서의 영화제작 열기를 엿볼 수 있는 좋은 대목이다. 아쉽게도 동양영화사는 단명으로 끝났지만 영화배우 공모 등으로 지역 영화인들을 발굴하고자 했다는 점에서, 지역 인력들이 주축이 된 영화 제작을 처음으로 시도 했다는 점에서는 그 의미가 매우 크다고 할 수 있다.

2. R.X.K프로덕션

R.X.K프로덕션은 전북 최초의 영화 〈끊어진 항로〉를 만든 군산지역의 영화제작사이다. 현재 R.X.K프로덕션에 대한 공식적인 기록이 남아 있지 않아 설립연대를 정확히 알 수 없지만, 관련 문헌을 찾아보면 1948

로 배가 침몰하면서 사고로 죽고 만다. 그 후 군산극장은 김봉희의 동생 김봉원이 운영하다 김원전, 육복술, 대한상이군인회, 백정흠, 박주일 등으로, 희소관은 백남준, 김삼만, 김성오, 박주일 등으로 이어지며 여러 주인을 거치게 된다.

23) 육복술은 군산 근대사의 대표적인 무용가의 한 사람인 육정림의 오빠이기도 하다.

년 초에 설립되었을 것으로 추정된다.[24] R.X.K프로덕션의 설립 과정에 대해 향토 영화인 탁광은 다음과 같이 언급하고 있다.

> 그(이강천-연구자 주)는 1920년 12월 생으로 일본에서 미술 공부를 하다가 해방과 더불어 귀국하여 군산에 잠깐 머물렀다. 군산에서 미술하는 동료들과 군산중학 미술제에 작품을 출품한 것이 계기가 되어 아주 정착하게 되었다. 그 때 신문기자를 하던 李貞善 씨와 친분을 갖게 되었고 시나리오를 쓰던 그의 소개로 영화에 뜻을 두고 있던 李萬興(감독)과 李集吉(배우)을 알게 되었다. 우연하게도 李씨들만 모이게 된 이들은 'R.X.K' 프로덕숀'이라는 영화사를 만들어 李萬興 감독이 직접 시나리오를 썼던 '끊어진 항로'라는 16mm 작품을 만들기에 이르렀다.[25]

위의 기록에 따르면, R.X.K프로덕션은 신문기자를 하던 이정선을 매개로 영화에 관심이 있던 군산지역의 영화인들이 모여 만든 단체임을 알 수 있다. 이 영화사에는 『군산신문』의 기자로 활동했던 이만흥을 비롯하여 시나리오를 쓰던 이정선, 일본에서 미술 공부를 하다 군산에 정착한 이강천, 익산 출신 배우 이집길 등이 참여하였다. 〈끊어진 항로〉는 이들이 중심이 되어 제작하였다. 제작자 국한일[26]과 재력가 김금철 등이 150

---

24) 이만흥이 기자로 활동했던 『군산신문』 1947년 12월 17일자에는 '記者 李萬興 依願解任 12월 15일부'란 본사사령이 기록돼 있다. 이로 보아 이만흥이 영화 제작 활동에 적극적으로 참가한 것은 1947년 12월 15일 이후일 가능성이 크며, 이를 고려할 때 R.X.K 프로덕션은 1948년 초에 창립되었을 것으로 추정된다.

25) 탁광, 『전북영화이면사』, 한국영화인협회전북지부, 1995, 162면.

26) 국한일은 R.X.K프로덕션의 제작자를 맡았다는 것만 알려져 있을 뿐 그의 생애나 활동에 관한 구체적인 내용은 알려져 있지 않다. 현재로서는 그의 실체를 언급하고 있는 자료는 찾아볼 수 없는 형편이다. 당시 군산지역에서 발행된 신문 기사나 광고 등 단편적인 자료에도 기록이 발견되지 않는 것으로 보아 군산에서 활동했던 유력 인사는 아니었던 것으로 보이며, 타 지역 인사이거나 전주(錢主) 역할을 한 지역의 영화 애호가로 추정된다.

만 원을 들여 만든 이 작품은 주로 군산 내항을 비롯하여 군산 일대에서 로케이션 촬영이 이루어졌다. 16㎜ 무성영화로는 마지막 검열을 통과한 작품으로 알려져 있으나 아쉽게도 필름은 현재 남아 있지 않다. 감독과 각본, 편집은 이만흥이 맡고, 미술은 이강천, 촬영은 황한조가 담당했으며, 이집길을 비롯하여 유계선, 이강천, 김영희 등이 배우로 출연하였다. 기타 인물들은 영화에 관심이 많은 지역 청년들이 출연했다고 한다.

영화는 밀수로 일확천금을 노리는 단짝 친구(이집길 分)를 주인공(이강천 分)이 우정으로 설득하여 끝내 밀수 선적을 포기하고 자수하게 만든다는 내용이다. 이러한 줄거리로 보아 이 영화는 밀수근절을 위해 정책적으로 제작된 계몽영화임을 알 수 있다. 당시 사회문제가 되었던 밀수단을 소재로 한 영화는 1947년 〈바다의 열정〉(감독 서정규)을 비롯하여 1948년에는 〈밤의 태양〉(감독 박기채), 〈수우〉(감독 안종화), 〈끊어진 항로〉, 〈여명〉(감독 안종화) 등 4편이나 제작된다. 그 중에서 〈바다의 열정〉은 해양 경비대 후원으로, 〈밤의 태양〉은 수도관구 경찰청 후원으로, 〈수우〉는 제1관구 경찰청 후원으로, 〈여명〉은 제7관구 경찰청 후원으로 영화가 제작된 것에 비해 〈끊어진 항로〉는 경찰청의 후원 없이 영화사 자체 제작으로 완성된다.[27] 즉 기자재와 기술부족, 연기자 부족, 재정적 궁핍 등의 어려움 속에서 수공업적인 제작 형태로 영화가 만들어진다.

1948년 여름 전주극장에서 〈끊어진 항로〉가 개봉되지만 흥행에는 실패한 것으로 알려져 있다. 극장에 16mm 영사기가 없는 관계로 미군부대에서 24mm 영사기를 빌려 상영하였는데, 1시간 20분 영화가 불과 50분에 끝나버리는 바람에 결국 흥행 면에서나 영화적 완성도에서 실패하

---

27) 한국영화진흥조합, 『한국영화총서』, 1972, 264-276면 ; 김화, 『새로 쓴 한국영화전사』, 다인미디어, 2003, 103-107면 참조.

였다고 한다.[28] 아무튼 이 한 작품으로 이강천은 배우의 길을 단념하게 되고, R.X.K프로덕션은 첫 번째 작품을 제작하고는 재정난 등의 이유로 1948년 8월 전에 끝내 해산되고 만다. 그러나 R.X.K프로덕션의 해체는 군산지역에 또 다른 영화제작사가 만들어지는 기반이 되었다.

3. 보성영화사

R.X.K프로덕션의 해산 이후 군산에서는 보성영화사(寶星映畫社)가 활동을 개시한다. 『경향신문』 1948년 10월 26일자 신문 기사에 따르면, 다음과 같이 보성영화사가 군산에 설립된 사실이 확인된다.

> △미국공보원 영화부(을지로 1가 반도호텔 越便) △고려교육영화사(충무로 5가 52) △영화과학연구소(을지로 2가) △대광영화사(돈암동 247) △향토영화사(신당동 52) △고려영화협회(남대문로 2가 15) △조선영화사(소공동 112) △국보영화사(부산부 대청동 1가 38) △산림국 영화부(중앙청농림부내) △합동영화사(을지로 3가 349) △세기영화사(소격동 77) △예술영화사(부산) △대륙영화사(북창동 93의36) △신성영화사(충무로 2가 2의1) △도민영화사(인사동 120) △태양영화사(창신동 687) △조선16미리영화공사(창신동 687) △은영사(서대문로 2가 16) △남일영화사(을지로 2가 우동입구) △고려영화사(종로 2가 덕영백화점 2층) △**보성영화사(군산부 세미동 16)** △유생사(종로 2가 용궁다방 우편) △서울영화사(송현동 60) △보국문화흥업주식회사(회현동 2가 10의2) △현대일보 영화부(관훈동 130) △계몽문화협회(을지로 2가 99의17) △동부영화사(회

---

28) 탁광, 앞의 책, 162면 참조.

현동 1가 92) △조선문화협회(장충동 2가 64) △무명영화공사(충무로 2가 11) △조선영화공사(종로 2가 22) △국보영화사(인천부 중앙동 1의4) △아세아영화사(남대문로 4가 貯銀橫便) △동광영화사(남대문로 1가 1의 5) △반달영화사(명동 1가 10) △동방영화주식회사(우동 2가 73의4) △중앙영화사(남대문로 4가) △건설영화사(인천부 송학동) △한국문화영화연구소(충무로 1가 18) △향린원영화사(남산동 2가 50)[29] (강조-연구자)

위 기록을 통해 당시 군산에 보성영화사가 존재하였음을 알 수 있다. 그런데 위 기사에서 보성영화사 위치를 군산부 세미동 16번지로 기록하고 있는 것은 잘못된 것이다. 세미동은 애초부터 군산에 존재하지 않는 지명이기 때문이다. 더욱이『군산신문』1948년 8월 20일자 정부수립 축하 광고에는 보성영화사의 주소가 군산부 장미동(현재 군산시 농수산물 홍보갤러리)으로 기록되어 있다. 이로 보아 세미동은 장미동을 오기한 것으로 판단된다. 현재 보성영화사의 정확한 설립일자는 알 수 없으나 앞서『군산신문』의 광고 일자로 추측컨대 1948년 8월 하순 이전에 설립돼 활동했을 가능성이 높다. 이 영화사는 당시 군산의 재력가였던 김금철이 사장에 취임하고, 군산에 거주하던 김동진, 김탁남, 김영운 등과 R.X.K 프로덕션에서 활동했던 이만흥, 이강천으로 구성되었다.

1950년 2월 출간된『대한민국인사록』을 보면, 보성영화사의 사장은 김금철(金今哲)이나 설립자는 김동진(金東眞)으로 나타나 있다. 이에 따르면, 김동진[30]은 보성영화사 설립자이면서 현재 영화 제작을 지원하는 비

---

29)「해방 후 설립된 영화회사 현황」,『경향신문』, 1948년 10월 26일자.
30) 1901년 충청남도 서산 출신으로 1949년 현재 나이가 49세이고, 현 거주지는 전라북도 군산부 중앙로 3가 124로 되어 있다. 해방 전 신간회 활동을 하고 체육회 체육부장을 역임한 것으로 되어 있다. 염보화,『대한민국인사록』, 앞의 책, 26면 참조.

서 겸 총무과장을 맡고 있으며, 김금철[31]은 일본 동보영화사(東寶映畫社) 직계상설관 감독기사와 파라마운트 영화사 동경지점 조수기사를 역임하고 현재 보성영화사 사장 겸 제작자로 되어 있다. 김탁남(金鐸南)[32]은 일본의 산전촬영학연구소를 졸업하고 미국 코댁사와 중국 광동 미리데드싸비스픽초스 현상기사로 영화계에 입문해서 현재는 보성영화사 부사장 겸 기술부 담당으로 활동하고 있으며, 일본대학 문과를 중퇴한 김영운(金嶺雲)[33]은 연출 감독으로 소개하고 있다. 마지막으로 이만흥[34]과 이강천[35]은 보성영화사에서 각각 연출 감독과 미술감독을 맡은 것으로

---

31) 1922년 전라북도 김제군 출신으로 현재 나이는 28세, 현거주지는 전라북도 군산부 죽성동 24로 되어 있다. 학력으로는 일본 조도전대학 전기연구과를 졸업한 기록이 있으며, 1949년 현재는 전남도자기공업사 전무이사 겸 보성영화사 사장 겸 보성원자화학연구소 소장, 기타 요직으로 8·15 이과학연구소 소장, 전북석유조합 이사 등 다방면에 걸쳐 활동하는 인사로 소개하고 있다. 염보화, 위의 책, 26면 참조.

32) 1919년 전라북도 김제군 출신으로 현재 나이는 31세, 현거주지는 충청남도 장항읍으로 되어 있다. 학력으로는 대전중학교와 일본의 산전촬영학연구소를 졸업한 기록이 있다. 해방 전 경력으로는 미국 코댁사와 중국 광동 미리데드싸비스픽초스 현상기사, 태국 반곡역사기록반 등을 역임하였으며 현재는 보성영화사 부사장 겸 기술부 담당, 보성화학연구소 주간으로 나타나 있다. 위의 책, 26면 참조.

33) 1918년 전라북도 전주부 출신으로 현재 나이는 32세, 현거주지는 전라북도 군산부 평화동으로 나와 있다. 학력으로는 일본대학 문과 중퇴 기록이 있으며, 경력 및 활동사항에서는 다년간 음악과 연극 등을 연구한 것으로 되어 있다. 현재는 보성영화사 연출 감독으로 소개하고 있다. 위의 책, 30면 참조.

34) 1924년 함경북도 청진 출신으로 현재 나이는 26세, 현거주지는 전라북도 군산부 중앙로3가 124로 나타나고 있다. 학력으로는 일본대학 예술과와 영화과를 졸업했다는 기록이 있다. 해방 전 경력으로는 일본 동보영화회사, 동경제일촬영소 연출조수, 동 기획과 문예부원, 일본동맹 통신기자로 활동하였으며, 해방 후에는 예술협회 문학동맹 위원장과 『군산민보』 정리부장, 『군산신문』 사회부장 등을 역임한 것으로 되어 있다. 현재는 보성영화사의 연출 감독이라고 소개하고 있다. 위의 책, 130면 참조.

35) 1922년 충청남도 서천 출신으로 현재 나이는 28세, 현거주지는 전라북도 군산부 영화동 3가로 되어 있다. 학력으로는 일본 동경미술학교 양화과를 졸업한 기록이 있으며, 경력 및 활동사항으로는 1938년 조선미술전람회 출품 입선, 1939년 동 전람

기록되어 있다.

한편 이만흥과 이강천이 김금철의 보성영화사에 참여하게 된 계기는 두 가지로 판단된다. 첫째는 영화제작 활동을 해왔던 R.X.K프로덕션이 해체하면서 자연스럽게 합류했을 가능성이다. R.X.K프로덕션의 해산 시점과 보성영화사의 설립 시점이 거의 같은 시기라는 사실이 이를 뒷받침한다. 둘째는 김금철이 친분 있는 이만흥을 영입했을 가능성이다. 그 중 한 가지 특기할 만한 것은 해방 전 김금철이 그랬듯 이만흥도 일본 동보(도호)영화사에서 연출 조수로 재직한 사실이다. 즉 일본 동보영화사는 두 사람이 영화계 생활을 한 곳이기에 일본에서부터 친분을 유지했던 것으로 짐작된다. 실제로 이만흥이 군산에서 영화감독으로 활동할 당시 김금철은 〈끊어진 항로〉의 제작을 지원하였고, R.X.K프로덕션이 해체된 후에는 이만흥을 보성영화사로 끌어들여 새로운 제작 기회를 제공하기도 하였다. 이만흥의 영화 제작과 활동에 김금철의 영향 혹은 도움이 있었음을 쉽게 짐작할 수 있는 대목이다. 이유가 어떠하든 간에 타지출신이었던 이만흥이 군산에 정착하여 영화제작을 하게 된 과정에는 김금철과의 친분이 일정 부분 작용하였던 것으로 판단된다.

그러나 보성영화사는 무슨 연유에서인지는 몰라도 별다른 활동을 보여주지 못하다 1948년 10월 하순 이후 해산된 것으로 보인다. 특히 설립 이듬해 『군산신문』에 신년 축하 광고가 실리지 않은 것으로 미루어 1949년 이전에 해체된 것으로 추정된다. 흥미로운 사실은 보성영화사의 활

회 출품 입선, 1943년 동 전람회 출품 입선, 동년 조선결전미술전 출품 입선, 1947년 일지회(一地會) 주최 미술전람회 심사역을 역임한 것으로 되어 있다. 현재는 미술가이자 보성영화사 미술감독, 일지미술협회 총무, 이육회(二六會)동문 회장 등으로 기록하고 있다. 위의 책, 130면 참조.

동이 소강상태로 접어들던 시점에 제작자 김보철의 이름을 딴 김보철프로덕션이 제작을 모색하게 된다는 것이다. 이러한 흐름 속에서 군산에선 다시 한 번 영화제작이 이루어지고, 군산영화계는 이전보다 활기를 띠게 된다.

4. 김보철프로덕션

보성영화사가 해체 된 뒤 군산에서는 김보철프로덕션의 주도로 여순사건을 소재로 한 35㎜ 반공극영화 〈성벽을 뚫고〉의 촬영이 개시된다. 이 영화는 군산을 포함한 전북 일원에서 촬영이 진행되었고 1949년 10월 4일 서울 국제극장에서 개봉하여 상업적으로도 성공을 거둔 것으로 당시의 기록은 전하고 있다.[36] 또 한국전쟁 중에는 국민의 반공이데올로기를 고취하고 원호 자금을 조성할 목적으로 같은 내용의 영화가 1952년 8월 25일 대구 자유극장에서 재상영되기도 하였다.

---

36) "한형모 감독의 이 작품은 진정한 자유의 민주적 주제의식이 대중의 공감을 크게 샀고 종래와 다른 기술적 우수성을 보여주어 영화다운 영화로 인정되었던 것이다. 우수한 녹음, 선명한 화면을 보인 카메라 워크, 미묘한 편집기술들이 결과적으로 〈자유만세〉 이후 36mm 스탠다드 흑백 영화로서의 품격을 잘 갖춘 것이었다. 관객이 밀려들고 호평을 받았다."(국제영화사 편, 『영화연예연감』, 국제영화사, 1969, 189면.) 한편 한국영상자료원 데이터베이스(KDMb)에는 개봉 당시 관람 인원이 100,000만 명으로 기록되어 있다.

〈성벽을 뚫고〉광고 (『조선일보』, 1949.9.3.) 〈성벽을 뚫고〉광고 (『영남일보』, 1952.9.27)

위 영화 광고에서 볼 수 있듯이, 〈성벽을 뚫고〉는 전쟁 전후에 계속 상영된 것으로 보아 영화적 볼거리가 많은 작품이었음을 짐작할 수 있다. 오늘날 〈자유만세〉(감독 최인규, 1946), 〈마음의 고향〉(감독 윤용규, 1947)과 더불어 이 영화가 해방 이후 한국영화 베스트3에 선정될 만큼 수작으로 회자되고 있음이 이를 증명하고 있다. 그러나 유감스럽게도 영화의 필름이 소실되어 현재로서는 그 영상을 찾아볼 수 없는 형편이다. 하지만 남아 있는 일부 사진 자료를 보면 군산 지역이 주요 촬영지 중 하나였음을 알 수 있다. 영화는 여순사건을 배경으로 처남매부지간의 두 친구가 이데올로기적 대립 속에서 서로 총을 겨누는 비극을 다루고 있다. 제작은 김보철, 감독은 한형모가 맡았으며, 각본 김영수, 조명 고해진, 촬영 박경원, 미술 김정향, 편집·녹음은 양주남이 담당했다. 배우로는 이집길, 복혜숙, 서월영, 박경석, 황해, 현인 등이 출연하였다.

〈성벽을 뚫고〉는 이 시기에 제작된 〈전우〉, 〈나라를 위하여〉 등의 반공영화와 달리 민간 영화제작사가 자체 비용(500만원)을 들여 만든 작품이라고 알려져 있다. 그런데 당시 영화 광고에는 제작자가 군산과 익산에서 창설된 보병 5사단 3연대로 나와 있다. 그렇지만 관련 문헌에서 볼 수 있듯이 〈성벽을 뚫고〉의 제작 주체는 김보철프로덕션으로 보는 것이 더 타당할 것이다. 당시의 광고는 제작사 측이 군의 협조를 쉽게 얻고자 군 당국의 자체 선전을 받아들인 결과라고 짐작된다.[37] 안타까운 점은 김보철프로덕션이 정확히 언제 어디에 설립되었는지가 현재로서는 분명치 않다는 것이다. 당시의 신문 지면과 한국영상자료원 데이터베이스(KMDb)를 통해서는 이에 관한 기록을 찾을 수가 없었다. 다만, 보성영화사 감독이었던 이만흥이 김보철프로덕션의 첫 작품 〈성벽을 뚫고〉의 기획자로 되어 있는 점과 한형모, 고해진, 양주남, 복혜숙, 황남 등 〈성벽을 뚫고〉에 스텝과 배우로 참여했던 이들의 전작 영화 〈여명〉이 1948년 10월 9일 서울 중앙극장에서 개봉되었음을 고려한다면, 김보철프로덕션은 1948년 말~1949년 초에 설립되었음을 짐작할 수 있게 한다.

한편 제작자 김보철은 그동안 영화계에서 사라진 인물로 알려져 왔다.[38] 하지만 필자가 확인한 바에 따르면, 그는 1949년부터 1961년까지 9편의 영화를 제작하였고 전시에는 부산의 국방부 정훈국에서 활동하며 한형모 감독의 〈정의의 진격〉1부 촬영에 가담하기도 하였다.[39] 이로 보

---

37) "그 때만 해도 시국이 시국이라 멜로드라마를 만들어 봤자 별 재미도 못보고 제작하는 사람들도 관이나 군의 협조없이는 제작비가 많이 들어 엄두도 낼 수 없는 때였다. 거기에다 경찰이나 군에서는 제작자에 편승하여 자기선전을 하려고 하던 때라 쉽게 경찰이나 군 당국에서 협조를 얻을 수 있었다. 그래서 만들어진 영화가 〈애정산맥〉, 〈성벽을 뚫고〉 등이다." 탁광, 앞의 책, 72면.
38) 탁광, 위의 책, 174면과 "전북영화 수준 과시한 전쟁영화", 『전북일보』, 1999.2.10. 일자 기사 참조.
39) 김보철이 제작자로 참여한 영화 목록은 다음과 같다.

아 기왕의 정리는 잘못된 것임을 알 수 있다. 그런데 이보다 흥미로운 사실은 김보철의 등장과 함께 보성영화사 사장이었던 김금철이 한국영화계에서 자취를 감춘다는 점이다. 비슷한 시기에 같은 지역에서 영화를 제작한 사실이나 두 사람 모두 이만흥과 관계되어 있는 것으로 미루어 동일인일 가능성이 제기되는 대목이다. 다시 말해 1949년 이후 한국영화사에서 김금철의 흔적이 사라진 것은 그가 김보철이라는 가명(혹은 개명)으로 활동을 한 때문으로 추정이 된다. 본인 이름을 바꾸면서 제작사 이름도 바뀐 것이 아닌가 싶다.40) 어쨌든 김보철프로덕션은 〈성벽을 뚫고〉를 제작, 흥행에도 성공을 거두었지만 이후의 영화제작 활동이 중단되면서 자연스럽게 해체된 것으로 추정된다.

지역의 영화제작사에 대한 이영일의 기록을 통해 보면 군산 지역의 영화제작사들도 그때그때 영화의 제작을 위해 만든 영화사라는 것을 알 수 있다.41) 이러한 사실은 당시 대부분의 영화인들이 제작 자본을 따라서 그

〈성벽을 뚫고〉(1949, 김보철프로덕션) / 〈북위 41도〉(1954, 고려영화사) / 〈막난이비사〉(1955, 고려영화사) / 〈배뱅이굿〉(1957, 고려영화사) / 〈공처가〉(1958, 고려영화사) / 〈애상〉(1959, 화심영화사) / 〈스타탄생〉(1960, 아카데미영화사) / 〈무지개〉(1960, 화심영화사) / 〈일편단심〉(1961, 화심영화사)

40) 유감스러운 일은 김보철의 과거 행적 특히 1949년 이전에 대한 기록이 전무하다는 사실이다. 기존의 한국영화사 저작이나 한국영상자료원 데이터베이스에는 〈성벽을 뚫고〉 이후의 활동 사항만이 언급되어 있고, 1950년 2월 출간된 『대한민국인사록』에서는 기록을 찾을 수 없었다. 아쉽게도 현존 자료로 파악할 수 있는 상황은 여기까지이다. 가장 분명한 확증 방법은 역시 이러한 추론을 뒷받침할 수 있는 정확한 근거를 찾아내는 일일 것이다. 추후의 조사가 요구되는 지점이다.

41) "영화제작은 물론 서울이 어디까지나 총집산지였다. 그러나 특수한 사정에 따라서는 지방에서도 영화가 제작되었음을 볼 수 있다. 이것은 두 가지로 나눠서 볼 수 있다. (1) 어느 정도 항구적 시설을 갖추고 있는 지방제작소 (2) 수시로 지방 출자자의 형편에 따라서 제작하는 경우. 이 중에서 대부분은 (2)의 경우이었다. 즉 지방 출자자가 나타나면 스탭, 캐스트를 지방에 불러 내려서 한 작품을 하면 곧 해산했다." 이영일, 『한국영화전사』, 한국영화인협회, 1969, 118면.

때그때 이동했다는 것을 단적으로 말해주고 있다. 어쨌든 군산에서의 영화제작 작업은 전쟁과 함께 중단되었다가 휴전 후인 1954년 이만흥 감독의 〈탁류〉를 끝으로 그 맥이 끊어지고 만다. 비록 군산지역 영화사의 활동은 아쉽게도 중단되지만 군산지역 영화인들은 그 이후 영화계 각 분야에서 꾸준한 활동을 이어나간다. 예컨대 〈끊어진 항로〉에서 감독으로 데뷔한 이만흥은 1960년 〈인정부두〉에 이르기까지 12편의 영화감독으로 활동하였고, 〈성벽을 뚫고〉의 제작자인 김보철은 1961년까지 고려영화사, 화심영화사의 사장을 역임하며 9편의 영화 제작에 참여하게 된다.

IV. 결론 및 남은 과제

지금까지 살펴본 바와 같이 1950년대에 전북 영화의 중흥기가 도래하기 전까지 군산에는 지역의 영화사가 존재하고 있었다. 특히 해방기는 군산 지역의 영화사가 전북 영화사의 중심이 되는 시기였다. 해방기 군산에 4개의 영화제작사가 활동했다는 기록은 당시 군산에서의 영화 제작 열기를 짐작해 볼 수 있는 좋은 대목이다.

이 글은 부분적이나마 해방기 군산지역에서 활동했던 영화사들의 존재를 확인할 수 있었다는 점에서 그 의의를 찾을 수 있다. 당시 자료들에 대한 고찰을 통해 영화 제작에 참여한 인사의 실체를 파악하고, 지역의 영화제작사가 벌인 영화화 기획과 신인배우 공모, 극영화 제작·상영 등 주목할 만한 활동을 밝힐 수 있었다. 특히 해방기 군산에서 발행된 신문 자료를 통해서는 지금까지 알려진 바가 없던 동양영화사와 보성영화사의 실체를 발굴함으로써 군산영화사의 저변과 토대를 확대하는 계기를 마련하였다. 실제로 두 영화사에 대한 기록은 기존의 한국영화사 저작에서 찾아볼 수 없었다. 그동안 이들에 대한 기록이 드러나지 않은 것은 서울 중심의 영화사 연구에 비해 지역의 영화사 연구가 활성화되지 못했기 때문이라고 판단된다. 이러한 지역의 영화사 자료들은 앞으로 한국영화사의 빈틈을 메우고 한국영화사 연구의 미비점을 보완하기 위한 정보로 활용되어야 할 것이라고 생각한다.

군산지역 영화제작사의 또 다른 의의는 1950년대 전주와 전라북도에 걸쳐 영화제작 붐이 일어날 수 있는 환경을 조성하고 실제로 많은 영향력을 미친 데서도 찾을 수 있다. 비록 군산지역 영화제작사들이 단명으로 끝나긴 했으나 전북영화의 중흥기를 열어간 영화인들을 다수 발굴하고 훈련시켰다는 점에서, 그들로 하여금 전북영화의 자생력을 갖추게 하였다는 점에서는 그 의미가 매우 크다고 할 수 있다. 군산에서 제작된 영화들을 바탕으로 훗날 한국 영화계의 기둥이 된 이만흥, 한형모, 이강천, 항해, 최무룡, 김보철 등이 배우와 연출자·제작자로서의 기량을 쌓았으며, 이집길이 당대 스타로 발돋움한 사실 역시 영화사적으로 의의를 지니는 일이 될 것이다. 군산에서의 영화제작을 계기로 전북 지역이 본격적인 극영화 제작 시대에 접어든다는 것도 주목할 만하다. 이러한 역사적 사실로 비추어 볼 때, 해방기 군산에서 이어져 온 영화제작 활동들은 전북영화의 기점으로 재조명되어야 한다고 생각한다.

한편 이 글이 해방기 군산 지역 영화사를 고찰함에 있어서 1차 자료인 필름을 직접 확인할 수 없었다는 점은 안타까운 일이 아닐 수 없다. 이 글에서 군산 지역 영화사들의 존재가 제한적이나마 입증된 것은 나름대로의 성과라 하겠으나 관련 자료가 충분치 않아 입체적이고 역동적인 연구가 되지 못했다는 점은 아쉬움을 남긴다. 더불어 당시의 군산영화계를 실질적으로 이끈 영화인들 특히 이만흥, 김금철, 김보철의 존재와 이들의 활동 궤적을 보다 구체적으로 추적하지 못했다는 점도 아쉬운 대목이다. 이들의 존재와 활동 궤적에 대한 영화사적 탐색은 후속 연구를 통해 계속되어야 할 것으로 판단된다. 기존 영화사에 포함되지 못했던 이들의 활동을 살펴보는 것은 서울 중심의 영화사 서술에서 배제된 영화인들의 활동 양상을 가늠해보는 데에 유용한 시각을 제공할 것이기 때문이다.

한국전쟁기와
1950년대 군산 지역
문학사회의 형성과 양상

한국전쟁기와 1950년대
군산 지역 문학사회의 형성과 양상
― 〈토요동인회〉를 중심으로

1. 들어가는 글

근래 들어 한국전쟁기 피난문단의 형성과 연관된 지역문학의 존재와 활동을 규명하려는 연구가 활발히 진행되고 있다.[1] 이러한 일련의 연구 경향은 전쟁기 피난문단이 지역 문학사회에 미친 영향과 특성을 규명함

---

1) 김동윤, 「한국전쟁기 제주문학」, 『지역문학연구』6집, 경남지역문학회, 2000 ; 김현정, 「1950년대 전반 대전문학 연구」, 『비평문학』54집, 비평문학회, 2014 ; 남기택, 「한국전쟁기와 강원문학 : 지역문학장의 양상을 중심으로」, 『한국문학논총』55집, 한국문학회, 2010 ; 박태일, 「1950년대 전쟁기문학과 제주의 지역성」, 『한국언어문학』71집, 한국언어문학회, 2009 ; 이동순, 「한국전쟁기의 순문예지 〈신문학〉 연구 ― 시를 중심으로」, 『현대문학이론연구』43집, 현대문학이론학회, 2010 ; 이순욱, 「한국전쟁기 부산 지역 시문학 연구」, 『현대문학이론연구』27집, 현대문학이론학회, 2006 ; 최명표, 「한국전쟁기 전북 지역 매체와 문학―〈전북일보〉를 중심으로」, 『영주어문』19집, 영주어문학회, 2010 ; 한정호, 「한국전쟁기 마산의 문학매체와 〈낙타〉」, 『인문논총』29집, 경남대학교 인문과학연구소, 2012. ; 황태묵·하채현, 「1950년대 전반기 전주 지역 동인지 연구」, 『국어문학』67집, 국어문학회, 2018.

으로써 지역문학의 다양성을 확인하고, 지역문학 연구의 활성화를 도모하기 위한 시도로 볼 수 있다. 사실 그동안의 전쟁기 문학연구는 문학사적으로 잘 알려진 단체나 종군 작가들의 작품 연구에 집중되어 온 측면이 없지 않다. 그러나 문총구국대로 압축되는 종군작가단이나 피난문인들의 문학 활동이 전쟁기 문학의 성격을 모두 대변한다고는 말할 수 없다. 전쟁과 피난문단에서 촉발된 지역문학 역시 전쟁기 문학을 형성하는 핵심기반에 해당하기 때문이다. 따라서 전쟁기 각 지역의 문학 활동을 좀 더 구체적으로 고찰하는 일은 지역문학의 양상에 대한 탐색뿐 아니라 1950년대 문학을 재인식하는 데도 기여하는 계기가 될 것이라는 점에서 반드시 필요하다.

그런 의미에서 이 글은 전쟁기와 1950년대 군산에서 활동한 토요동인회에 초점을 맞추어 군산 지역문학의 전개 양상을 밝혀보고자 한다. 1953년 6월에 발족한 토요동인회는 군산을 시작으로 전주, 익산, 광주 등지에서 순회시화전을 여는 한편으로 가람 이병기, 신석정, 김수영 등 전국의 문인들과 문화적인 교류를 이어가면서 전쟁기와 1950년대 전북문학의 성장에 일조한 바 있다. 그러나 이제껏 토요동인회의 전모에 대해서는 제대로 알려진 바 없다. 물론 향토문학에 관심을 둔 일부 인사의 글을 통해 간략하게나마 언급된 바가 없지 않다. 그러나 이들의 글이나 증언들은 구체적이지가 않고, 그나마도 실증적 확인을 거치지 않았던 까닭에 잘못된 정보가 지속적으로 반복 재생산되어 왔다.[2]

---

[2] 군산문화원 편 『문학-군산문화예술지Ⅰ』과 한국문인협회 전북지회 편 『전북문단 70년사』에는 토요동인회가 1951년 6월부터 1955년까지 활동한 것으로 기록되어 있으나 이것은 별도의 검증이 필요한 대목이다. 토요동인회 창립 3주년 기념 시화집과 마지막 시화집이 1956년 6월과 1958년 9월에 발간된 실제 사실과도 부합하지 않으며, 실증적 자료를 바탕으로 토요동인회 시절을 정리한 최영의 자료와도 차이가 있기 때문이다. 이 같은 기록을 통해 살펴보면 토요동인회의 결성과 해산 시점은 1953년 6월부

이와 관련하여 1950년대 군산문단과 토요동인회의 활동을 새롭게 조명한 시인 최영의 노력은 주목할 만하다. 특히 지역 신문에 연재한 '군산문학의 원류를 찾아서'와 '최영 시인의 군산풍물기'는 단편적으로 언급되어온 1950년대 군산문학사와 지역 예술가의 삶과 문학을 복원하고자 했다는 점에서 그 의미가 매우 크다고 할 것이다. 그럼에도 이 글은 시대적 배경을 바탕으로 군산에서 활동했던 문인들의 인간관계를 기술한 일종의 기사문이라는 점에서 본격적인 연구라고 하기는 어려운 실정이며, 현재는 이마저도 작업이 중단된 상태이다. 그런 점에서 1950년대 군산문단과 토요동인회에 관한 연구는 연구사적으로 보아도 이제 출발에 불과한 실정이다.

지금까지 이와 관련된 연구가 이루어지지 못한 데는 무엇보다도 1차 자료인 동인지를 확인하지 못한 것이 가장 큰 이유라 할 수 있다. 그동안은 동인회의 명칭만이 논의되었을 뿐 그 매체를 발견할 수가 없었는데, 이번에 토요동인회 시화전 시집이 발굴됨에 따라 일부나마 그 전모를 확인할 수 있게 되었다.[3] 이에 여기서는 토요동인회 창립 3주년 기념 『시화집』과 당시 토요동인으로 활동했던 인사들의 증언이나 기존 자료를 바탕으로 전쟁기와 1950년대 군산 지역 문학사회의 전개 양상에 대해 실증적으로 살펴보고자 한다. 이를 위해 2장에서는 전쟁 전후 사회문화적 환경과 지역 문학사회의 흐름에 대해 간략히 살펴보고 3장에서는 토요동인회의

터 1958년 10월까지가 정확한 것으로 판단된다. 동인회의 활동과 시화집의 출판 환경을 후술하면 그런 점은 바로 잡힐 수 있을 것이다. 이에 대해서는 군산문화원 편, 『문학-군산문화예술지 I』, 군산문화원, 1991, 24-27면과 안도·한국문인협회 전북지회 편, 『전북문단 70년사』, 신아출판사, 2016, 332-334면 참조.

3) 최근에 서상진 잡지수집가를 통해 1956년에 발간된 토요동인회 제6회 사화집 자료를 확보할 수 있었다. 귀한 자료를 제공해 주신 서상진 선생님께 다시 한 번 감사드린다.

문단 활동과 작품 양상에 대해 면밀히 분석하고자 한다. 그리고 4장에서는 이를 바탕으로 문학사적 의의와 남은 과제에 대하여 서술할 것이다. 이러한 작업은 전쟁기와 1950년대 군산 지역문학의 지형도를 드러내고, 전북문학사와 한국문학사 연구의 외연을 확장하는 계기가 될 것이다.

II. 전쟁 전후 군산 지역 문학사회의 동향

일찍이 개항장으로서 일본 문물과의 접촉이 활발했던 군산은 해방 전 전라북도에서 근대 매체가 맨 처음 발행된 곳이었다.[4] 이에 따라 문예 활동도 가장 빨리 일어난 편이었는데, 문예운동에 가담한 청년들을 중심으로 각종 문예단체의 출범과 잡지발간이 이어졌다. 그 중의 한 사례로, 1923년 군산의 문우회(文友會)는 기관지『효광(曉光)』을 발간하고 군산지역에 문예 운동의 바람을 일으켰다.[5] 이러한 흐름 속에서 군산 지역은 타 지역보다 청년 · 소년 문사들의 문예 활동이 활발하게 전개되었다. 당시

---

4) 전북 최초의 근대 신문은 1902년에 발행한 일문판 주간신문『群山新報』이며 최초의 잡지는 1919년 5월에 일본인 牛尾正一이 창간한 일문 월간 잡지『實業之朝鮮』이다.『群山新報』는 1908년 4월 15일 제호를『群山日報』로 변경하고 일간으로 전환하였는데, 군산 거주 일본인이 늘어나면서 독자층이 넓어졌기 때문으로 보인다. 현재『群山新報』·『群山日報』와『實業之朝鮮』은 그 일부가 전하는 상태이다. 이들 신문잡지 자료는 일제강점기 군산과 전북지역 연구에 중요한 자료이므로 지속적인 발굴이 요청된다. 이에 대해서는 군산시사편찬위원회 편,『군산시사 하』, 군산시, 2000, 1085면 참조.

5)「曉光 雜誌發行決定, 群山文友會의 기관지로」,『동아일보』, 1923.1.30, 4면.
"群山文友會에서는 去十六日에 幹部會를 開하고 同會 機關雜誌『曉光』을 發行하기로 하얏스며 實行任員은 如左하더라. 編輯部幹事 鄭壽榮 · 崔東吉 · 李泰元 研究部幹事 金瑞集 · 車在權 · 李昌馥 · 吳永泰 社交部幹事 吳夢根 · 李昌馥 · 朴尙玉 · 鄭信道 財務部幹事 車周相 · 崔東吉"

군산에서 활동했던 문예 단체가 10여 곳을 웃돌았다는 점은 해방 전 군산지역의 문학적 분위기를 잘 대변해준다.[6]

이런 속에서 해방의 감격은 지역문단의 성립을 앞당기는 계기가 되었다. 해방 후 전북에 최초로 출범한 문예단체는 1945년 8월 27일 김해강, 김영창, 서정주, 이평권, 백양촌(신근), 김구진 등의 발기로 결성된 문화동우회(文化同友會)였다.[7] 그리고 이듬해 2월에는 백양촌, 김영만, 김목량, 김표 등을 중심으로 전북아동교육연구회(全北兒童敎育硏究會)가 발

---

6) 해방 전 군산지역 문예 단체의 형성 과정을 나열하면 다음과 같다. '① 1921년 최우락, 서병주, 김홍두, 최수현, 조평구, 석경도 등이 사회단체 '진남구락부(鎭南俱樂部)'를 조직하고 문예부 설치 운영 ② 1922년 군산 출신의 동경 유학생 친목단체인 '금우회(錦友會)'가 소인예술극단 '문예단'을 마들어 7월 28-29일 군산좌에서 연극 '형광'과 '태양'을 상연 ③ 1923년 1월 14일 군산정미조합에서 출범한 '문우회'가 기관지 『효광(曉光)』을 창간 ④ 1923년 11월 군산유학생학우회를 창립한 김용완이 잡지 『성애(性愛)』를 창간 ⑤ 1923년 12월 군산유학생학우회 회장 정수영이 잡지 『애(愛)』를 창간 ⑥ 1926년 1월 14일 '백주회(白洲會)'가 창립되고 동년 군산의 연극단체 '샛별회'는 철필문예지를 발간하기로 결의 ⑦ 1926년 군산에서 창립된 생활연구사는 생활 관련 잡지 『생활연구』를 발간 ⑧ 1926년 군산의 문예동호인 단체 '신인회'가 출범하여 다양한 문학 활동을 선보임 ⑨ 1927년 3월 창립된 '우리예술협회'는 문예부, 음악부, 흥행부 등을 조직, 등사판 회지를 월간으로 발행 결의 ⑩ 1927년 10월 24일 '우리예술협회'와 음악연구단체 '연악회'가 통합하여 '연예회' 발족 ⑪ 1929년 11월 '백조회'가 창립되고 제1회 공연작을 상연 ⑫ 1930년 군산의 소년문사 차칠선이 '새빛사'를 만들고 문예동인지 『신광(新光)』 발간 ⑬ 1932년 군산 언론사 지국에 근무하던 김준권, 김황, 김영기 등이 종합지 『군산춘추』 발간 결정 ⑭ 1936년 군산 문학청년 20여 명이 '문예회극단(文藝會劇團)'을 조직하고 군산극장에서 제1회 공연 진행.' 이에 대해서는 최명표, 『전북 지역 근대문예단체 연구』, 『국어문학』63호, 국어문학회, 2016, 323-327면과 최명표, 『전북 지역 근대 잡지의 사적 고찰』, 『영주어문』30호, 2015, 130-133면 참고.

7) 전주 경원동의 금융조합연합회에 간판을 걸고 향토예술 발전을 위해 결성된 범문화단체로서 6개 분야로 구성되었다. 문학 백양촌, 미술 김영창, 연극 김구진·서정조·유춘, 음악 이준석, 무용 김미화, 언론 이평권 등이 발기인 대표로 참여하였다. 회에서는 기관지 발간을 비롯하여 시낭독회, 작품 발표회, 문학 강연 등을 구상했으나 실제 활동을 보여주지는 못한 것으로 알려져 있다. 최명표, 「전북 문단의 형성과정」, 『전북문단70년사』, (사)한국문인협회 전북지회, 2016, 46면 참조.

족되었고[8] 1947년 2월에는 채만식을 대표로 이병기, 김창술, 김해강, 정우상, 백양촌 등이 참여한 전북문화인연맹(全北文化人聯盟)이 조직되었다. 전북문화인연맹도 문화동우회와 마찬가지로 미술, 연극, 문학 등 예술 분야를 포괄하는 문화단체였는데, 문화동우회보다는 대중적인 문화운동을 전개하고자 시도하였다. 이러한 문화예술계의 흐름은 군산 지역도 예외가 아니었다.

해방 후 군산에는 신문이 연달아 창간되고, 이들 일간지가 지역문화 담론을 주도하는 역할을 하게 된다.[9] 여기에 각지에서 활동하던 문화예술인들이 군산에 모여들면서 지역 문화계는 새로운 전기를 맞게 된다. 그 안에는 전주, 서울 등지에 연고를 갖고 있는 문인들뿐만 아니라 일본에서 영화와 그림을 공부한 예술인들도 있어 활기를 더 했다.[10] 당시 문단에서는 채만식, 이근영, 차칠선 화단에서는 하반영, 홍건직 등이 군산에 머무른다. 이에 부응하여 옥구 출신의 시인 박상철은 '군산문화협회'를 만들고 뒤이어 김호연, 이병훈, 이병귀, 박희선, 장윤철, 권오동 등 젊은 문학도들이 주축이 되어 1948년 군산문학인협회를 결성한다. 이 단체는

---

8) 전북아동교육연구회의 기관지 『파랑새』는 해방기 전북 최초로 발행된 아동잡지로서, 전주 대양인쇄소에서 발간된 것으로 알려져 있다. 잡지 발간을 주도한 김영만에 따르면, 3호까지 내고 종간된 듯 보이나 『전주시사』와 『한국잡지백년』3에는 4호까지 발행되었다는 기록이 있다. 그러나 현재 실물이 발견되지 않은 상태여서 확인이 불가한 상황이다. 『파랑새』의 정보에 대해서는 김영만, 「아쉬웠던 〈現代〉의 자진폐간」, 『잡지뉴스』, 한국잡지협회, 1996.4, 34-38면과 『전주시사』, 전주시사편찬위원회, 1986, 1201면과 최덕교 편, 『한국잡지백년』3, 현암사, 2005, 466-468면 참조.

9) 해방기 군산지역은 1945년 9월 20일 김판술이 창간한 『신광일보』를 시작으로 차균향의 『남선일보』, 1946년 5월 1일 육복술의 『군산민보』, 1947년 11월 15일 김종량의 『군산신문』이 차례로 창간을 하게 된다.

10) 이에 대해서는 황태묵, 「해방기 군산지역 영화사 연구」, 『우리어문연구』 제48집, 우리문학회, 2015.10, 427-451면 참조.

당시 군산에서 발행하던 일간지『군산민보』를 중심으로 작품을 발표하고 시화전, 백일장 공모 등의 활동을 선보이며 지역 문단의 저변 확대에 노력했다. 1930년대부터 작품 활동을 했던 차칠선도 군산문학인협회에 가세하여 지역 문예운동에 힘을 보탰다.

그 무렵 이근영은 고향 인근의 함라 지역에 잠시 머무르다가 서울로 올라갔지만 채만식은 지역에 남아서 후진의 지도와 격려를 아끼지 않았다. 채만식이 전북문단에 적극적으로 합세하여 전북문화인연맹을 이끈 것도 이즈음의 일이다. 특히『군산신문』의 전무로 활동할 당시에는 같은 신문에「병인양요」를 연재하면서 문학후속세대의 발굴에도 적극 관여한 바 있다.[11] 이와 관련 채만식은 현상문예작품 심사평을 다음과 같이 적고 있다.

> 片으론그리 많지는 못하였으나 생각하였던바 以上의 좋은 作品들이 들어와서 때안이 질거웠다. 詩「龍馬里」「고향사람들끼리」隨筆「自畵像」같은 것은 이미 成人의 境地에 到達한 感이 없지못한 當當한 作品들이었다. 學歷으로 中學 四五年年輪으로 十七八歲의 아직 少年少女들의 솜씨거니 하면 一種의 驚愚를 느끼기까지하였다. 오히려 그 너무어룬스럽고 어린 맛이없는 것이 차라리 섭섭할 지경이었다. 小說은「失運記」를 入選으로 하였다. 小說「失運記」의 文學的 水準은 같은 入選인 詩「龍馬里」「고향사람들끼리」의 水準에 比한다면 若子손色이 있음을 免키가 어려웠다. 그러나 한편으로는 中學六學年옛사람들에게서 詩도 아니요 散文文學「失運記」가 나와졌다는 것은 詩「龍馬里」「고향사람들끼리」의 出現보다도 오히

---

11) 이제껏 공개된 적이 없는 이들 자료는 채만식의 행적 특히 1948년 이후의 활동 사항이 언급되어 있다는 점에서 채만식의 후반기 연보를 부분적이나마 보완할 수 있는 중요한 자료가 될 것이다. 물론 이는 현재 확인된 것만 정리한 것일 뿐 이외에도 여타의 활동들이 더 있을 것으로 추정된다. 추후의 조사와 연구가 요구되는 지점이다. 채만식의 인사 보도 자료는『군산신문』, 1948년 12월 5일자 본사 사령과『한말역화, 병인양요』는『군산신문』, 1949년 1월 4일부터 1월 9일자 2면 참조.

려 기특한일이라고 할수가 있을것이다. 詩와 달리 散文 文學은 作者인사
람 그 自体의 어느程度의 成熟 즉 老鍊이라는 것이 必要하기 때문이다.
…(중략)… 「失運記」 外에 「고향 눈」, 「이생」의 두篇이 있었으나 두篇이 다
아직은 文學은 되기에 이르지못하였다. 群師의 張中式君 東大의 金良奎
君 쓰는 工夫나 發表에 性급하기보다는 압날이 蒼蒼하다고 自信하거던
우선 남의 作品을 많이 읽는 工夫부터 새出發을하기를勸한다.[12]

위의 인용을 통해, 지역에서 문학의 가치를 지켜나가는 신인과 학생 문사들에 대한 채만식의 남다른 관심과 애정을 확인할 수 있다. 해방기 군산 지역 문학사회의 형성과 성장에 채만식의 영향 혹은 도움이 있었을 것으로 추정되는 대목이다. 이 점에서 해방기 군산 문학사회는 군산문학인협회의 문예창작활동이 중심이 되었고, 채만식은 지역의 작가와 소년소녀 문사들의 문학적 구심체가 되어 주었던 것으로 보인다. 물론 해방기 군산의 문학사회가 활성화될 수 있었던 것은 『군산민보』나 『군산신문』 등이 지역 문인들에게 충분한 지면을 제공하였기에 가능한 일이었다.[13] 그런 점에서 『군산민보』와 『군산신문』은 발생된 시기에 있어서나 여기에 참여한 문인들의 비중에 있어 해방기 군산문학의 중심에 놓인다고 하겠다.

그러나 전쟁은 한국 사회 전반에 급격한 변화를 초래하였는데, 군산 지역의 매체와 문단 지형에도 영향을 끼쳤다. 전쟁으로 신문 발행이 중단되면서 군산문학인협회는 자연 활동이 중단되었고 채만식도 병사하여 문학사에서 사라지게 되었다. 그러나 전황이 누그러짐에 따라 군산에서

---

12) 채만식, 「選後記」, 『군산신문』, 1949.3.13, 2면.
13) 군산문학인협회의 기관지를 표방했던 『군산민보』와 별개로 『군산신문』은 '현상문예모집' 제도를 두어 문학후속세대의 발굴과 문단 진입에 일정하게 기여했다는데 특별히 의미가 있다.

는 차츰 새로운 문학사회가 형성되기 시작했다. 그 배경에는 각지에서 군산으로 피난 온 문인들과 지역 예술인들의 참여와 활동이 자리하고 있었다. 당시 군산항은 전쟁을 피해 피난길에 오른 난민들의 유입 통로가 되었는데 전쟁 기간 동안 약 3만 명에 달하는 피난민들이 군산으로 대거 유입되었다.[14] 피난민 중에는 지리적 이유 때문에 황해도에서 온 사람들이 가장 많았다. 이들은 해망동과 구암초등학교, 중앙초등학교에 마련된 난민 수용소를 비롯하여 일본인들이 놓고 간 유곽과 적산가옥 등에 분산 수용되었다.[15]

이러한 흐름 속에서 다양한 분야의 문화예술인들이 군산에 들어오면서 지역 문학사회는 새로운 전기를 맞이하게 된다. 전쟁 중에 문학동인 단체인 토요동인회가 창립된 것이 대표적인 예라 할 것이다. 당시 토요동인회는 군산 지역에 머물던 문인들뿐만 아니라 서울과 호남의 문인들이 참

---

14) 〈표 1〉 전쟁 전후 군산시 인구증가율

	1949	1955	증가수	증가율(%)
전 국	20,188,641	21,526,374	1,337,733	6.7
군 산	77,447	86,446	8,999	11.6

위 표에서 보듯 전쟁 이후 군산의 인구증가율은 12%대로 전국 평균 7%보다 높은 비율을 보이고 있다. 이러한 인구 격증이 지역민의 희생과 이주, 피난민 유입에 따른 결과라는 것은 두말할 필요가 없다. 전쟁 기간 약 21,000여 명 정도의 군산 지역민들이 전사, 사망, 피난, 월북, 납북, 실종된 사실을 감안한다면 이 당시 인구 증가는 3만 명에 이르고 인구증가율도 39%대로 증가하게 된다. 또한 피난민의 경우 많은 인원이 여러 차례 이동해왔기 때문에 상당수가 인구조사에서 누락되었을 가능성도 있다. 이렇게 본다면 전쟁 이후 군산의 인구증가율은 〈표 1〉의 수치보다 더 높았을 것으로 추정된다. 이에 대해서는 국가통계포털 통계목록 대한민국통계연감 전국 구,시,군 총인구표(1949-1955) 참조.
http://kosis.kr/statisticsList/statisticsListIndex.do?menuId=M_01_04_01&vwcd=MT_CHOSUN_TITLE&parmTabId=M_01_04_01#SelectStatsBoxDiv

15) 김중규,『군산역사이야기』, 나인, 2001, 288-289면 참조.

여함으로써 문단의 큰 관심을 받았고, 문학적으로도 1950년대 시정신과 시적 방법을 구현함으로써 한국 시문단의 형성과 발전을 견인하는 바탕이 되었다. 동인으로 활동했던 사람들 중에 다수가 1950년대 후반에 중앙 문단으로 데뷔한 것도 이와 무관하지 않다. 이런 문학적 분위기 속에서 토요동인회는 가히 군산문학의 르네상스를 이끌 수 있었다.

III. 〈토요동인회〉의 결성과 작품 활동

1. 〈토요동인회〉의 결성과 활동 과정

전쟁기에 들어서면서 피난민들로 들썩이던 군산은 전황이 누그러짐에 따라 미군부대에서 흘러나온 소위 깡통경제를 바탕으로 차츰 안정을 되찾기 시작한다. 이러한 상황에서 피난 문인과 향토 예술인들이 합쳐지면서 군산에는 새로운 문학사회가 형성되었다. 이들은 당시 피난문단의 거점이었던 개복동의 비둘기다방과 시청 앞 전원다방 등에서 예술에 대한 열정을 나누며 문학적 친분을 이어나갔다. 이 가운데는 군산에서 택시회사를 운영하고 있던 동요작곡가 윤극영을 비롯하여 기성 문인과 신인들도 있어 활기를 더 했다. 모이면 으레 군산 문단의 활성화를 이야기했지만 실제 이들의 작품 발표는 전주 쪽에 의존할 수밖에 없었다. 지역 매체들이 전쟁으로 말미암아 모조리 발간을 중단하였기 때문이다. 하지만 이러한 조건 속에서도 군산 지역의 문인들은 전주에서 발행된 신문 매체를 중심으로 작품 활동을 활발하게 전개하였다.

당시 『태백신문』에는 신석정, 『전북일보』에는 백양촌이 '문예담당 편집위원으로 있으면서 지역 문인들에게 발표 지면을 할애하고 있었다. 이 기획 문예란을 통하여 이병훈, 김영협, 정연길, 육구영, 송기원, 고은 등의 작품이 발표됐고 이를 통하여 지역 문학의 담론이 발아한다. 이런 와중에 정윤봉, 조아설, 이행림의 공동시집 『여운(餘韻)』과 정윤봉의 개인 시집 『봄피리』가 잇따라 발행되면서 군산 지역은 전북 여류문학의 탄생지로 자리 잡는다.[16] 그 배후에는 신석정의 지도가 따르기도 했지만, 이 모두는 군산의 호남고무회사 사장 부인이었던 정윤봉이 있어서 가능한 일이었다. 정윤봉은 전란 중에 여류 공동시집과 단독시집을 출간했을 뿐만 아니라 문학 동인을 창립하기도 했고, 동인 모임이 열릴 때마다 자신의 사택을 내어주는 등 그야말로 군산문학을 꽃피우기 위해 열성을 다했다. 이처럼 정윤봉의 다양한 활동들은 당시 군산에서의 문학 열기가 어떠했는지를 가늠해 볼 수 있는 좋은 대목이다.

그 무렵 군산에서는 자율적으로 모여 만들어진 하나의 문예집단이 새로운 출발을 알리고 있었다. 전란 중에서도 문학에 대한 열정을 잃지 않았던 송기원과 정윤봉이 만나서 문학동인회를 만들자고 결의하였는데, 그것이 1953년 6월에 토요동인회의 발족으로 이어지게 된 것이다. 당시 회장에 송기원, 부회장에 김순권, 총무에 정윤봉이 이름을 올렸고, 고헌, 김영협, 차칠선, 강중희, 원형갑, 고은, 이병훈, 정연길 등은 회원으로, 신석정은 명예 회장 자격으로 참석하여 함께 활동했던 것으로 보인다.[17]

---

[16] 그럼에도 불구하고 정윤봉, 조아설, 이행림 등에 대한 연구는 아직까지 전무한 실정이다. 그러나 전북 최초의 여류 시집을 발간하였다는 점, 이로 인해 전북 여류 문학사의 기원을 마련하였다는 사실만으로도 이들에 대한 연구의 필요성은 충분하다고 하겠다. 이들이 발표한 시집에 대한 고찰은 후속 연구를 통해 진행하기로 한다.

[17] 토요동인회에서 활동한 회원을 소개하면 다음과 같다. 고원, 김규동 이월광, 임현, 김해강, 신석정, 백양촌, 최승범, 전재보, 김민성, 이철균, 박운암, 장순하, 홍석영, 조두현, 박병순, 최학규, 황촌인, 박흡, 이동주, 허연, 이해동, 박종국, 송기원, 차칠

어찌보면 해방기 '군산문학인협회'의 맥을 이어갈 수 있는 새로운 문학사회의 진용이 전쟁 상황 덕분에 마련된 경우라 하겠다. 이러한 토요동인회의 설립과 활동 과정에 대해 원형갑은 다음과 같이 술회하고 있다.

> 50년 전후의 군산문화계에서 잊을 수 없는 것은 문학그룹인 토요동인회의 발족이다. 그 첫 번째 모임은 정윤봉의 집에서였다. 그 당시 정윤봉은 목가시인 신석정의 시에 끌린 나머지 가정마저 버리고 혼자 살 때인데 그녀의 발상과 제의로 그녀의 집에서 군산 최초의 문학그룹이 태어난 것이다. 그때 자리를 같이한 사람은 연극 출신의 송기원과 나 그리고 서울에서 온 한사람이 있었으나 그는 신문인이었고 문학에 뜻을 둔 사람은 아니었다. 그러니까 토요동인회의 발족은 정윤봉과 송기원 그리고 나 원형갑이 되는 셈이다. 토요라는 이름은 몇번의 모임을 통해서 내가 제시한 것이었다. 지금도 기억이 생생한데 마랄르메의 세계에 매료됐던 나는 마랄르메의 화요회를 생각하면서 토요라는 이름을 착상한 것이었다. 그후 토요동인회는 급속도로 발전했다. 명예회장격이었던 신석정은 월에 한번꼴로 내군하여 그 고고한 시론을 펼쳤으며 일찍이 김기림의 시풍에 젖었던 경상도 출신의 정연길 그리고 파릿한 미남자이자 때때로 탈속적인 이미지를 창출했던 김동빈을 물론 짙은 토속의 언어로 우리의 일좌를 놀라게 했던 이병훈과 서울에서 김장호 고원과 더불어「라포에지」를 내고 있었던 원용봉이 가세했고 그리고 오늘의 민중민학으로 변신한 고은이 그의 본명인 고은태로「山寺에서」를 갖고 입회한 것도 그 무렵이다. 전주와 이리, 서울 등 타자역과 교류도 활발했다.[18]

동인회의 명칭과 관련해서는 그동안 토요일에 정기 모임을 가진 때문

선, 고은, 고헌, 김순권, 권오동, 김신웅, 김동빈, 이병훈, 김기경, 김영협, 원형갑, 원용봉, 정윤봉, 조아설, 강중희, 정연길, 이주완, 홍건직, 이덕, 나병재, 육정림, 이호을 등이 활동했다.
18) 원형갑,「추억의 개복동시대」,『문학—군산문화예술지 I』, 군산문화원, 1991, 37-38면.

으로 알려져 왔다.[19] 하지만 동인으로 참여하였던 원형갑은 동인회의 이름이 프랑스 상징파 시인이었던 말라르메의 화요회에서 착안되어졌다고 밝히고 있다. 어쨌든 이에 따르면, 토요동인회는 전주와 이리, 서울 등 타 지역 문인들과 교류하며 시화전과 시비평회, 문학의 밤과 같은 행사를 지속적으로 개최한 것으로 보인다. 실제로 결성 직후인 6월에는 개복동 비둘기 다방에서 신석정, 백양촌, 최승열, 홍석영, 조두현, 이동주, 박흡 등과 함께 창립 시화전을 열었고, 1954년 3월에는 전주, 이리, 광주에서 순회시화전을 개최하기도 하였다.[20]

한편 1955년 1월에는 이병기와 신석정, 서울의 김수영 등을 초청, 시내 중앙로 YMCA 2층 강당에서 5일 동안 시문학 강연회를 가졌다. 이 행사에서 이병기는 고전의 가치관과 민요 시조에 대하여, 신석정은 시작의 기본과 서정시에 대하여, 김수영은 현대시의 성격과 참여시의 필요성이란 주제로 강연을 했다. 그날 강연장에는 문학에 목말라했던 문학 지망생과 고등학생 그리고 많은 시민들이 경청하며 강의를 들었고, 강연은 매회 마다 성황리에 끝이 났다. 이와 관련 가람일기는 당시의 상황을 다음과 같이 적고 있다.

---

19) 회원 대부분이 생활인이어서 토요일에 만나다보니 토요동인회라 이름을 정했다거나(『군산시사』), 송기원과 정윤봉이 만난 날이 토요일이었던 것을 상기하여 모임 명칭을 토요동인회로 정했다는(최영) 기술이 그것이다. 이에 대해서는 군산시사편찬위원회 편, 『군산시사 하』, 군산시, 2000, 991면과 최영, 「최영 시인의 군산풍물기-114」, 『군산뉴스』, 2011.2.12, 참조.

20) 고은에 따르면, 토요동인회는 해마다 두 번씩 시화전을 개최하고 거기에 내놓은 시편들은 사화집으로 묶어 등사본 책자를 발간했다고 한다. 이를 고려하면 창립 시화전의 작품들을 등사본 책자로 묶어 발간한 것으로 보이나 아직까지 관련 자료를 볼 수 없어서 어떤 내용이 담겼는지 현재로선 확인이 불가능하다. 그러나 이 자료는 전쟁기 군산문학의 흐름을 파악하는데 매우 중요한 자료이므로 적극적으로 발굴할 필요가 있다. 고은, 『나, 고은』2, 민음사, 1993, 19면 참조.

1955년 1월 13일 목요일 – 군산 토요동인회 송기원 회장, 김순근 부회장과 동인 3인을 석정이 대리고 와서 이달 26일에서 30일까지 5일 동안 군산서 시문학강좌를 열겠다고 내게는 민요, 시조, 국문학사를 강의 해 달라고 청한다.

1955년 1월 26일 수요일 – 오전 열시 석정夕汀, 승범勝範군과 함께 지프차로 군산을 갔다. 오후 7시 YMCA에서 시문학 개강, 나는 먼저 50분간 민요, 시조를 주로 하여 국문학 강연했다.[21]

이러한 기록을 통해 당시 군산에 시문학강연회가 있었음을 알 수 있다. 그리고 이런 사실은 당시의 시문학강연회 기념사진을 통하여 다시금 확인할 수 있다. 아래의 사진 속에는 김수영, 이병기, 신석정, 최승범(앞줄 좌측부터)과 함께 고은, 원형갑, 송기원(뒷줄 우측부터)의 모습도 확인된다.

〈군산 시문학강연회 기념사진〉

---

21) 이병기, 『가람일기 2』, 신구출판사, 1976, 675면.

또한 1955년 7월 26일부터 1956년 7월 3일에 걸쳐 토요동인회 시화전 (3회-6회)을 전원 다방과 비둘기 다방 등에서 개최하는 동시에 출품한 시편들은 사화집으로 묶어 등사본 책자를 발간하였다. 이때 시화전을 열고 동인지를 발간하는 데는 정윤봉, 송기원과 함께 비둘기 다방을 경영한 이덕의 도움이 컸고, 시화전 그림에는 화가 나병재와 홍건직의 도움이 있었다. 하지만 모임의 주역이었던 회원 일부가 타지로 거처를 옮기거나 중앙문단으로 떠나면서 토요동인회는 결국 1958년 9월 11일자 사화집[22] 을 마지막으로 해산하고 만다.

이상에서 살펴본 토요동인회는 결성부터 해산까지 시화전 7회, 비평회 30회, 문학강연 1회를 펼치며 활발하게 활동하였고, 전국 문인들이 참여하는 과정을 통해 지역 문학의 지평을 전국으로 확장한 것은 소중한 의미라 할 수 있다. 아울러 동인으로 활동했던 신인들 가운데 원형갑, 고은, 이병훈, 김신웅, 김동빈, 김영협 등이 뒷날 중앙문단에 등단한 것도 이 단체의 위상과 관련하여 주목할 대목이다. 이 점에서 토요동인회의 결성과 활동은 1950년대 군산의 문화예술의 위상과 문학후속세대의 성장에 지대한 영향을 미쳤다고 하겠다.

---

22) 최영에 따르면, 필진으로 고은, 권오동, 김동빈, 김신웅, 김해강, 임현, 박운암, 백양촌, 백초, 신석정, 원용봉, 원형갑, 이동주, 이병훈, 이주완, 이철균, 장순하, 정윤봉, 조두현, 차칠선, 최승범, 최학규, 홍석영, 황촌인 등이 참여했고 나병재, 김우범, 홍건직 등이 그림을 그렸다. 그러나 아쉽게도 실물이 전하지 않는 상태에서 현재 확인이 불가능하다. 이에 대해서는 최영, 「최영 시인의 군산풍물기-125」, 『군산뉴스』, 2011. 4. 29.

2. 발표 작품의 양상과 특징

앞서 언급한 바처럼, 토요동인회는 1953년 6월 결성과 함께 창립 시화전을 열고 회원들의 작품을 책자로 엮어 낸 것으로 보인다. 하지만 아직까지 실증적 자료를 확보하지 못한 상황에서 현재 어떤 내용을 담았는지 확인하기는 어려운 상황이다. 이에 대해서는 최근 발굴된 창립 3주년 기념 시집의 머리글을 통해 당시 토요동인회의 결성 취지와 성격을 짐작해 볼 수 있을 듯하다.

> 자갈밭에 드문 잔디떼를 볼 양이면 부르짖던 綠化의 口號가 반기고 그러면 잔디는 멀리 떨치는 기쁨을 갖곤 한다. 의욕이 있으면서 호리병에 담긴 것마냥 밖의 공기에 접할 기회를 갖지 않는다면 모처럼의 의욕은 사라질 것이다. 이에 같은 호흡과 같은 노래와 같은 염불에 즐기던 錫杖들이 시름겨운 골짜기와 시끄러운 벌판을 돌아서 한자리에 절로 모였던 것이 어느덧 세돐, 그래서 돌간치 평에 있어 더 먼 세계의 노래와 염불도 들을 수가 있게 되어서 좁은 소견이 구름을 탄 재간으로 은하수를 마시려는 의욕도 가져본다. 이것 저것 잔치를 주어 모으니 여섯 번째라는 숫자가 나온다. 새파랗고 낡고 간에 첫 번 모였던 석장은 주름이 없을 귀한 풀을 찾아 뿔뿔이 헤어지고난 후 추잡한 청직이 홀로 문패를 지키려니 외롭고 고단한 넋두리도 있었다. 그러나 역시 차일을 치면 모여들어 한자리를 하매 같이 있었던 것보다 정이 더 솟고 또한 바람 찬 얼굴들이 씩씩하여 이웃에 자랑이 되고 보니 아니 마실손가 다 차일을 칠 때마다 지방 여러 어른들의 아껴주는 고마움과 홍건직, 나병재 양 화백과 이덕형의 도움에 깊이 감격하며 앞으로 더 넓은 차일아래 후련한 향연을 차리기로 다시금 허리띠를 졸라매면서 석장을 휘두려는 바이다.[23]

---

[23] 김순권, 「머리글」, 『創立 三周年 記念 詩畵殿 詩集』, 군산토요동인회, 1956, 1면. 이하 토요동인회 사화집 작품 인용은 본문에서 제목과 인용 면수를 밝히는 것으로 대체한다.

위 머리말에는 "시름겨운 골짜기와 시끄러운 벌판"에서 "같은 호흡과 같은 노래와 같은 염불을 즐기던 석장(문학인)"들이 세 해전 문학을 위해 의기투합하였다는 것, 그리고 이러한 잔치가 여섯 번째라는 것을 강조하고 있다. 이 글을 보면 지역 문학의 발전을 위하는 동인들의 문학적 열의 뿐만 아니라 지역 문단의 지평을 확장시켜 나간 것에 대한 자부심도 매우 컸음을 알 수 있다. 이 점에서 토요동인회 제6회 시화전과 창립 3주년 기념 시화집 발간은 회원들에게도 의미있는 일이었다. 필진의 범위가 군산, 전주, 이리, 광주를 기반으로 멀리 서울까지를 포괄하고 있었다는 것이 그것을 뒷받침한다. 총 64쪽 분량의 등사본 시화집에는 31인의 시작품 31편이 발표되어 있다.[24] 여기에 실린 작품들을 주제별로 묶는다면 전쟁 체험과 상실의식, 도시적 감수성과 세태 풍자, 서정과 자연의 세계 등으로 분류할 수 있다. 이 자리에서는 이들 작품의 공통점을 바탕으로 그 특성을 간략히 살펴보고자 한다.

1) 전쟁 체험과 상실의식

먼저 전쟁과 죽음으로 얼룩진 폐허의 현실과 그로 인한 시대적 상실감과 애상의 심정을 토로한 시편들이 눈에 띈다. 고은의 「연기」, 권오동의 「밤」, 김신웅의 「평행선의 단층」, 박종국의 「창문을 열고……」, 이병훈의

---

24) (서울) 고원의 「激流」, 김규동의 「裸体를 뚫고가는 無數한 嘔吐」, 이월광의 「나무」 (전주) 김민성의 「茶房点描」, 김준일의 「진달래의 哀傷」, 김해강의 「MYSTERY」, 백양촌의 「希願」, 백초의 「鐘」, 유림일, 「芍藥 앞에서」, 정구하의 「赤城江 上流」, 최승범의 「狂女」 (광주) 김평옥의 「찢어진 季節」, 박종국의 「窓門을 열고…」, 박흡의 「園藝村」, 이경인의 「두멧골」, 이해동의 「그 때문입니다」, 허연의 「향나무」 (이리) 구름재의 「어머니」, 최학규의 「移秧記」, 홍석영의 「窓」 (군산) 고은의 「연기」, 권오동의 「밤」, 김동빈의 「Y의 콧노래」, 김순권의 「浪漫의 밤」, 김신웅의 「平行線의 斷層」, 김영협의 「잠안오는 밤의 天井」, 송목원의 「双頭蛇 이야기」, 원일청의 「水平時代의 抒情」, 이병훈의 「車窓」, 정연길의 「落葉」, 정윤봉의 「화문」.

「차창」 등의 시를 통해 동인 시인들의 정신적 폐허를 엿볼 수 있다. 고은 [25]의 「연기」를 보기로 한다.

> 방안에는 연기가 자욱하오./ 적은 그릇에도 담긴채 그저 공중에도 떠 있기도하여 그들은 움직일줄 모르고 전혀 한결같으오./ 나는 늦잠에서 눈물흐린 눈으로 그들을 유심히 드려다 보오./ 나의 벼개가 그대로 나의 꿈을 昨夜를 견디어 낸것은 운명이라오./ 몹쓸 천진함과같이 잊을길없이 형제들의 얼굴이 뚝 뚝 떠러져 내가슴으로 쏟아지는 것이오./ 나도 이대로 저 힘없이 잠겨버린 연기와 함께 형제들의 무덤길로 사라져가고 싶으오./ 웬일인지 이것을 그리움이라고 용서라고 생각지않고 모래톱에 자욱진 발자취옆으로 무수한 은팔찌가 떠러져있던 그날을 지워버리는 그렇게 黑潮에게 나는 산산이 까물아져 버리는것이오./ 오래된 시체모양으로 내가 놓여있어도 은사에게 힐책당하지 않는다오./ 이대로 방에서 어두운 창구멍을 제쳐보기전에는 연기는 나와 언제까지도 고요히 하직할수없오.
> ―고은,「연기」 전문(4–5면)

위 시의 배경이 되는 공간은 밀폐됨으로써 자신을 감출 수 있는 어두운 방이다. 그리고 이러한 어둡고 밀폐된 방은 화자가 위치한 공간에 팽배한 소멸감을 전달하고 있다. 이와 같은 공간에서 시적 화자가 떠올리는 것은 죽어간 형제들의 얼굴, 바로 죽음의 이미지이다. 여기서 화자는 타인의 죽음을 마치 자신의 상황처럼 동일시한다. 즉 폐허의 현실에서 형제는 죽고 자신만 살아남았다는 자책감과 자괴감에 빠져서 끊임없이 죽

---

25) 고은(高銀, 1933–현재)은 전북 군산 출신으로 본명은 고은태(高銀泰)이다. 군산중학교 중퇴 후 1951년 군산북중학교 교사를 하면서 알게 된 송기원의 권유로 토요동인으로 활동했으며 1962년 환속할 때까지 10년간 전국에서 출가 생활을 했다. 1958년 『현대시』에 시 「폐결핵」이 추천되어 문단에 데뷔했으며 이후 지금까지 120여 권의 저서를 발간했다.

음의식에 시달리는 것이다. 그래서 화자는 "나도 이대로 저 힘없이 잠겨 버린 연기와 함께 형제들의 무덤길로 사라져가고 싶으오"라는 심정을 토로하며 극단적인 죽음을 생각하게 된다. 이러한 시적 화자의 심정은 '시체모양', '하직'이라는 직접적인 시어로도 잘 나타난다. 이 시의 핵심 소재인 '연기' 또한 정서적인 측면에서 상실감과 애상을 드러내는 시적 대상인 동시에 전후의 현실에 적응하지 못하는 시적 화자의 정신적 방황을 시각적으로 형상화한 것이라 할 수 있다.

이처럼 「연기」는 삶에 대한 의지나 집착보다는 늘 죽음의 그림자가 드리워져 있는 시적 화자의 모습을 통해 생에 대한 허무와 절망을 노래하고 있다. 이러한 시는 앞으로 펼쳐질 고은의 시적 방향을 보여주고 있다는 점에서도 의미가 있다고 할 수 있다. 초기 고은의 시는 죽음과 좌절 혹은 소멸과 허무의 부정적 상상력이 지배적인데[26] 「연기」의 경우에도 이러한 허무와 상실의 정서가 주류적 경향으로 나타나고 있음이 주목된다. 고은이 시를 쓰기 시작한 1950년대는 분단과 전란의 암운이 드리웠던 고통과 암흑의 비극적 시대였고, 이런 의미에서 그의 전후시는 시인의 전쟁 체험[27]에 대한 시적 형상화라고 할 수 있다. 특히 「연기」를 보면 허무

---

[26] 고은 초기 시의 주류적 경향에 대해서는 오수연, 「고은 시의 낭만성 연구 – 초기기와 중기시를 중심으로」, 「비교한국학」17권 2호, 국제비교한국학회, 2009 참조.

[27] 고은은 자신의 전쟁 체험을 다음과 같이 기술하고 있다. "내가 10대 후반이었는데 너무 많은 죽음을 봤어요.(…중략…)군인들이 와서 시체를 파내서 옮기라고 했는데, 그 작업을 하고 나면 보름 동안 씻고 또 씻어도 시체 냄새가 몸에서 없어지지 않았어요. 살아남아 기쁜 게 아니라 죽음이 내게 늘어붙어 있었지요.(…중략…)같이 뛰놀던 친구들의 웃음소리가 어느 날 갑자기 없어지고, 세상의 의미 있는 것들이 전부 의미를 잃는 것, 거기에 시인의 꿈같은 게 차지할 자리가 있을 리 없었어요. 곧이어 정신착란이 왔고, 집을 뛰쳐나갔다가 잡혀오고 또 떠나고 그랬어요. 그러는 중에 자실을 시도하기도 했지요." 고은, 「나의 파도소리」, 나남출판, 1987, 5-6면.

주의와 죽음의식이 주조를 이루고 있음을 알 수 있는데, 이것은 그의 시의 출발과 도정이 한국전쟁 체험으로부터 결코 자유로울 수 없었음을 상징적으로 보여주는 대목이다. 즉 「연기」는 이러한 죽음과 허무의 정서가 근본적으로 전쟁기의 폭력적 현실에 적응할 수 없었던 시인의 상실과 우울에서 비롯한다는 것을 보여주고 있다.

전후의 참담한 현실과 절망적 상황에 대한 슬픔과 상실의 정서는 다른 토요동인의 시를 통해서도 엿볼 수 있다.

① 여기는 亞細亞- / 南北으로 갈리운 韓半島의 서울 / 가난과 無知와 悲慘만이 / 江물 모양 도도히 흐르는 特殊地域 // 허구많은 歲月이 흘러갈수록 / 歎息과 孤獨이 茂盛해 오는 / 우리들의 生活 위에 / 덧 없이 싸여오는 季節의 속사김이여 // 도무지 愛着이 가지 않는 肉體와 精神 / 한 마리 짐승처럼 늙어만 가는 / 나의 全身을 돌아다 보며 / 새삼스러히 / 까뮤의 이야기를 알아서가 아니건만 / 문득 서글픈 嘔吐를 느껴보는 하루가 있는 것이다
　　　　－김규동, 「裸体속을 뚫고가는 無數한 嘔吐」가운데서(8-9면)[28]

② 아버지는 아버지대로의 童話가 있다 / 未亡人과 實存과 理性의 아리빠이 / 아버지는 病없이 잘 지내고 있다 / 少年은 왜 어머니가 죽었느냐고 물었지만 / 그것은 그렇게 죽기마련이라고 이르고난 / 아버지는 괴

---

28) 토요동인 시화집에 실린 김규동의 시 「나체 속을 뚫고 가는 무수한 구토」에 대해서는 두 가지 점을 밝힐 필요가 있다. 하나는 인쇄 과정에서의 오류이다. 앞뒤로 이어지는 권오동의 시가(「밤」) 김규동의 시로 나와 있는데, 이것은 등사본이어서 필경사가 철필로 글씨를 새기는 과정에서 잘못 표기한 것으로 이해된다. 다른 하나는 초본의 확정이다. 1958년에 출간된 시집 「현대의 신화」에 수록된 것과 비교·대조해보면 인용된 시의 말미 부분만 보더라도 내용과 표기법이 상당 부분 다름을 알 수 있다. 가령, '茂盛해 오는'이 '익어가는'으로, '肉體와 精神'이 '과거와 미래'로, '까뮤의 이야기를 알아서가'는 '오늘의 역설을 믿어서가'로, '하루가 있는 것이다'는 '오후가 있다'로 고쳐 발표된 사실이 그것이다.

로운 慰安을 담배에 찾는다

-김신웅,「평행선의 단층」가운데서(18면)

③ 새야 참새야. 부디 이 나의 閑寂을 깨트리지 말아라 // 우짖는 소리는 노래냐 우름 이냐 / 나에겐 虛愁에 지친 네 靈魂의 悲曲으로만 들리어 또 내 가슴 속에 한 가닥 괴로운 흔적이 이는구나 // 나의 이 閑寂은 머엉한 情念의 게으름은 아니여 / 내 心靈의 본바탕인 虛無와 悲哀와 苦惱를 모다 못일게 防備하는 온갖 情絃의 沈默인 것이다 // 새야 참새야 내 窓門 앞줄 그만 떠나라 / 저 멀리 〈아카시아〉 우거진 잎 그늘로 나와 벗하기엔 너의 그 목소리가 너무나 처량하고·애처롭고 또 슬픔의 餘韻을 지녔구나

-박종국,「창문을 열고……」전문(28-9면)

④ 炭煙처럼 가버린 그 와의 情話는 / 彈片에 이지러진 車窓 밖 / 汽笛소리 뫼아리로 도살이는가 // 늦인 時間의 捕虜와 같이 / 핏대 슨 사람들의 붐빈 자취와 / 내내 窓辺에 이러오는 思索이 고사리로 말린 뒤 // 움직 않은 솜구름을 보면 / 갔던 그의 얼굴은 소스리쳐 / 눈이 켜지는 나

-이병훈,「차창」가운데서(44-45면)

인용한 김규동[29], 김신웅[30], 박종국, 이병훈[31]의 시에는 전쟁으로 황폐

---

29) 김규동(金奎東, 1925-2011)은 함경북도 경성 출신으로 1948년 평양종합대학교를 중퇴하고 월남 후 1951년 부산에서 박인환, 조향, 김경린, 이봉래, 김차영 등과 '후반기' 동인으로 활동했으며 전후에 첫 시집 『나비와 광장』(1955), 시론서 『새로운 시론』(1959)을 출간하였다. 한국민족예술인총연합 고문과 민족문학작가회의 고문을 역임했다.

30) 김신웅(金信雄, 1934-현재)은 전북 군산 출신으로 동국대학교 국문과를 졸업했다. 1950년대 토요동인으로 창작 활동을 시작하여 1958년 개인 첫 사화집 『대합실』을 펴낸 후 『시와 시론』에 작품이 추천되어 문단에 데뷔하였다. 교사와 중앙일보 기자로 일했으며 1991년 미국으로 이주한 후에도 왕성한 작품 활동을 이어가고 있다.

31) 이병훈(李炳勳, 1925-2009)은 전북 군산시 옥산면 출신으로 거의 한평생을 언론계에 종사한 시인이다. 1959년 4월 『자유문학』에 「단층」, 「흰줄기의 길」 등이 추천되어

해진 인간 존재와 전쟁으로 찢긴 조국의 슬픈 현실이 오롯이 녹아 있다. ①에서는 "남북으로 갈리운 한반도의 서울"은 "가난과 무지와 비참만이" "흐르는 특수지역"이라는 탄식을 드러내며 도시나 시골이나 폐허가 된 조국의 안타까운 현실을 노래하고 있다. ②에서는 어머니를 잃은 소년의 슬픈 질문을 통해서 전쟁의 참상과 비정한 현실의 아픔을 제시하고 있다. 소년의 순수함과 상실감을 선명하게 부각시킴으로써 당시의 비극적 상황을 더욱 극적으로 환기시키고 있는 점이 특징적이다. ③은 참새로 비유된 시적 인식 대상을 통해 시인이 겪고 있는 상실감과 비애의식을 담았다. 참새의 우짖는 소리마저 영혼의 비곡으로만 들린다는 비유는 전쟁기 희망을 잃은 인간의 절규처럼 안타까움을 증폭시킨다. 전쟁으로 야기된 씻을 수 없는 상처와 슬픔, 그를 견디려는 아픈 속내를 참새에 전이하여 노래 부른 경우라 하겠다. ④의 시에서도 이러한 슬픔의 정조를 읽을 수 있다. 차창에 슬픔이 어리는 풍경과 솜구름을 죽은 벗의 화신으로 보고 있는 것이 인상적이다. 전후 현실을 슬픔과 그리움의 시선으로 예리하게 포착하여 형상화하고 있는 시라고 할 수 있다.

이처럼 토요동인 3주년 기념 시화집에 실린 여러 작품을 통해 전쟁으로 폐허가 된 황량한 시대 속에서 방황하는 1950년대 젊은 지성의 고뇌와 슬픔을 볼 수 있다. 전쟁의 피해와 전후 현실의 참담함은 이들의 시세계를 더욱 날카롭게 부조하는 밑바탕이 되었음을 알 수 있다.

2) 도시적 감수성과 세태 풍자

전쟁으로 황폐해진 인간 존재와 현대의 문명을 감각적인 언어와 관념

문단에 데뷔한 이래 17권에 이르는 시집을 상재하였고 한국문인협회 전북지부장을 역임했다.

적인 이미지로 표현한 작품들도 눈에 띈다. 전후의 현실과 도시 문명에 대한 불안 표출은 토요동인 시편들에서 확인되는 주류 정서라고 할 수 있다. 이러한 경향을 보여주는 시는 김영협의 「잠 안오는 밤의 天井」과 김평옥[32]의 「찢어진 季節」이다.

① 피여문 담배연기 딸아 / 相似한 天井의 무늬를 數없이 헤여본다 // 波紋처럼 이여가는 自由雰圍氣속에서도 / 연약한 심장이 매여달린 가지에 『몬슨』이 분다 // 나와 나같은 사람들의 아우성은 / 都市의 소음속에 抹殺되고 // 그의 扶養家族들은 郊外에서 머문다 /〈아무도 없다〉
－김영협,「잠 안오는 밤의 천정」가운데서(20-1면)

② 흐스므레한 푸라타나스 그늘은 / 대낮을 삼킨듯 조용하고 / 正午를 지난 輔道엔 / 찢어진 季節이 湖化처럼 흐른다 // 亡命처럼 하염없이 사라지는 時間 / 나 홀로만이 유다가 예수를 背反하듯 / 나는 나의 靑春을 背反하는지 모른다 // 영원토록 彼岸을 잊은 젊음마냥 / 한사코 생의 亂舞를 이어가는 蒼白한 都市여! // 봄은 가고 여름이 와 / 모두들 季節의 主人처럼 날뛰어도 / 나는 그예 / 異邦人의 향수를 지녀야 하는가
－김평옥,「찢어진 계절」가운데서(24-5면)

인용한 시편들에서는 새로운 시어들에 대한 추구와 함께 도시적 감수성이 밑바탕에 스며있음을 알 수 있다. '몬슨', '부양가족', '푸라타나스', '보도', '이방인' 등의 시어는 1950년대의 시단을 주도한 전통서정파들의 시에서는 찾아볼 수 없는 시어들로 도회적 문명 감각을 기반으로 하고 있

---

32) 김평옥(金平玉, 1923-?)은 전라남도 목포 태생으로 광주중을 졸업하고 서울대 철학과 재학 중인 1947년 『몽로(夢露)』라는 시집을 간행하였고 1950년대에는 토요동인으로 활동하였다. 전남대, 광주교대, 한양대, 건국대 강사를 지내고 조선대학교 교수를 역임했다. 시집으로는 『몽로(夢露)』, 『별은 밤마다』 등이 있다.

다. 인용 시 ①의 "나와 나같은 사람들의 아우성은 / 都市의 소음속에 抹殺되고"와 ②에 등장하는 "한사코 생의 亂舞를 이어가는 蒼白한 都市여!"라는 대목은 이 시기 전후 현실과 도시 문명의 불안한 인상을 반영한 것으로 볼 수 있다. 이 같은 시는 문명 현실의 비판적 현상을 감각적인 표현을 통해 드러내고자 했다는 점에서 전후시의 한 경향이었던 모더니즘의 특성을 보여주는 것이라 하겠다. 그러나 이들이 노래하고 있는 도시 문명이 어딘지 구체적이지 못하고 막연한 경우가 적지 않다는 점은 이들 시가 지닌 본질적인 한계로 제시될 수 있다.

한편 토요동인 시 가운데는 전후에 힘겨운 삶을 살아가는 민초들의 모습을 어렵지 않게 볼 수 있다. 김동빈[33]의 「Y의 콧노래」, 김민성[34]의 「茶房點描」, 최승범[35]의 「狂女」 등에서 엿볼 수 있다.

① 皮盧에 시들은 五月을 僞하여 꾸겨진 非常金을 곁에 일고 來日에 피 가도다는 푸르등한 아버지의 豫言이라 하지말자// (중략) // Y의 콧노래에선 수직을 긋고 딩구는 太陽의 고등이 보인다 // 홀쭉한 『콩크리트』 밑

---

33) 김동빈(金東彬, 1933-현재)은 전북 군산 출신으로 본명은 김철화이다. 1950년대 토요동인과 그 후신인 토문동인으로 창작 활동을 시작했고 1960년대 『현대문학』에 작품이 추천되어 문단에 데뷔하였다. 1971년 한국현대 시인협회 초대 감사를 역임했으며 1991년 미국으로 이주한 후에도 왕성한 작품 활동을 이어가고 있다.

34) 김민성(金民星, 1927-2003)은 전북 부안군 출신으로 1952년 동국대 국어국문학과를 졸업하고 토요동인으로 활동했으며 1960년 『자유문학』에 시 「공동묘지에서」, 「고독 속에서」가 추천되어 문단 활동을 시작했다. 부안여중, 부안여고 등 거의 한 평생을 교육계에 종사하였고 석정문학회와 부안문인협회 회장을 역임했다.

35) 최승범(崔勝範, 1931-2023)은 전북 남원 출신으로 전북대학교 국어국문학과와 동대학원 박사과정을 졸업했다. 1950년대 이병기, 신석정 등과 함께 가람동인 회원으로 활동했으며 토요 동인으로도 활동한 바 있다. 1958년 『현대문학』으로 등단하였고 시집으로 『자연의 독백』, 『가랑잎으로 눈 가리고』 등이 있다. 전북대학교 국어국문학과 교수로 정년퇴임하여 명예교수 겸 고하문예관장을 역임했다.

에서 五十圓에 입을 씻고 짙어진 하늘아래 한자루의 초를 사든 사람들 틈에 끼여서 살아간다고했다 // 그女子들의『스미즈』에 빛은 意欲을 보지않어도 電車소리 멀어져가고 별들이 쏟아져 한잔의 술에 입술을 대면 메마른詩가 보인다 // 스-넾앞에서도 除外되고 軍靴끈이 느러져가는 十字길에 다시 서서 한갑의『카라멜』사들고 나와 같이 서글픈 소리로 方向도 이야기 못하고오는 電車를 놓쳐버린다 / 그리고 家族들의 얼굴을 생각하면서 南山쪽으로 걸어야했다

－김동빈,「Y의 콧노래」가운데서(12-3면)

② 까스등이 켜지고 담배끔 슈-샤인 不安 飢餓의 行列이 휙 구석 구석을 저어가면 하나 둘 팍카스의 後孫들도 밀려오는 것이다 // 茶房은 灰色- // 酒酊배기와 挾雜꾼 들은 저의집 밖앗사랑 마냥 왼통 여기 戱謔했었고 쏘다녔고 通行禁止時間이 되어서만 生存의 餘白이 조그마한 값어치를 얻는 것이다

－김민성,「차방점묘」가운데서(14면)

③ 넉마를 걸치고도 태연스리 춤을 춘다 / 부르쓰 曲이 흐른다. 탱고로 변한다. 찰가닥 손발 멈추고 허리 굽혀 절한다 // 갓 서른 넘었을까 말까한 여인인데 /「나무아미 타불! 나무아미 타아불!」// 손모와 눈감고 불러보곤 또한 절을 한다 // 선거전 불을 뿜는 마이크 소리에도 아랑곳 할배없이 덩실덩실 춤을 추다 / 헝클진 머리칼 위여잡곤 나무아미 타아불!(55쪽)

－최승범,「광녀」전문(54-5면)

①은 전쟁으로 황폐해진 도시에서 피로에 시들어가는 소시민 가장의 모습을 담았다. "가족들의 얼굴을 생각하면서" 사람들에 부대끼며 밤거리를 배회하고 있는 시적 화자는 물질적 정신적으로 매우 빈곤하다. "서글픈 소리로 방향도 이야기 못하고 오는 전차를 놓쳐" 걸어가며 애상에

젖는 화자의 모습이 우울함을 더하는 시이다. ②는 전쟁으로 인해 이 땅 민초들의 삶이 "팍카스의 후예'로, "주정배기와 협잡꾼"의 삶으로 전락해 가는 모습이 그려져 있다. 전후의 현실은 통금 시간이 올 때까지 "不安 飢餓의 行列"을 거리에 부르고, 회색 밤거리에 밀려드는 후손들의 삶의 위기의식을 더욱 조장한다. 도시문명의 어둠 속에서 불안한 미래가 어떻게 확대되어가는 지를 잘 보여주는 시이다. ③은 전쟁이라는 극한 상황 속에서 한 여성의 삶이 어떻게 일그러지고 훼손되어 가는지를 보여준다. 인용한 시에서 "갓 서른 넘었을까 말까한 여인"은 "넝마를 걸치고" "선거 전 불을 뿜는 마이크 소리에도 아랑곳 할 배 없이 덩실덩실 춤을 추"다가 "손발 멈추고 허리 굽혀 절"을 하고 있다. 전쟁의 처참함에 실성을 한 그녀의 젊음은 전후의 슬픈 현실을 상징적으로 그려내고 있다.

이상에서 본 바와 같이 토요동인 시화집에는 전쟁이 낳은 궁핍한 현실과 그 현실 속에서 힘겨운 삶을 살아가는 민초들의 모습을 담은 작품들이 여러 편 표상되어 있음을 알 수 있다.

3) 서정과 자연의 세계

전통적인 서정성에 바탕을 두고 고향의 정서, 자연과의 친화적인 모습을 강조한 작품들도 눈에 띈다. 서정에 대한 그리움의 정서 역시 동인 시인들의 공통점으로 나타나고 있다. 이러한 경향을 엿볼 수 있는 시는 구름재[36]의 「어머니」이다.

---

[36] 구름재(1917-2008)는 전북 진안군 부귀면 출신으로 본명은 박병순(朴炳淳)이다. 진안보통학교와 대구사범학교를 거쳐 전북대학교 국문과와 동 대학원을 졸업했다. 1952년 시조 전문지 『신조』를 전주에서 발간하며 토요동인으로도 참여하였다. 1958년 『현대문학』으로 데뷔한 이래 교사와 시조시인으로 활동하며 10권에 이르는 시조집을 남겼으며 한국 시조시인협회 회장을 역임했다.

> 어머니의 / 무릎을 떠나 / 흥분하던 어린 시절(時節) // 벌서 / 금요일(金曜日)이면 / 마음은 들까불려 // 이튼날 / 세 시간(時間) 끝나면 / 불티 닽듯 하였지 // 집에만 / 돌아오면 / 내가 바로 귀공자(貴公子)고 // 일요일(日曜日) / 낮 때 지면 / 귀양길 가는 마음 // 어머닌 / 미리 아시고 / 나를 멈춰 주셨다 // 첫 닭도 / 울기 전에 / 밥을 다 지어 놓고 // 내 아들 / 고달퍼라 / 참아 잠을 못 깨우셔 // 두해째 / 닭이 울고야 / 소리하던 어머니! // 눈이 / 펑펑 / 쏟아지는 / 삼십리(三十里) 새벽길을 // 그렇게 / 뿌리쳐도 싸주신 / 묵직하던 그 보따리 // 호젓이 / 걸으면서야 / 어머니 맘을 보았다
>
> ─구름재, 「어머니」 전문(6-7면)

인용 시가 그리고 있는 세계는 순수와 추억의 세계이고, 그것은 어머니에 대한 그리움으로 나타난다. 이러한 시에는 "눈이 펑펑 쏟아지는" 겨울 회상에 젖어 고향의 "삼십리 새벽길"을 생각하고 '뿌리쳐도 묵직하던 보따리를 싸주시던' 고향의 어머니를 그리워하는 시적 화자의 모습이 잘 나타나 있다. 여기서 화자는 생전에 어머니와의 추억을 되새기며 돌아가신 어머니에 대한 그리움을 드러내고 있는데, 이것은 과거와 현재적 시선으로 나누어 읽을 수 있다. 먼저 이 시는 시인이 16세의 나이 즈음에 고향을 떠나 다구사범학교에 입학한 당시의 심상을 드러내고 있다. "어머니의 무릎을 떠나" 대구라는 타향에서 공부하는 화자는 힘든 학업 속에서도 보고 싶은 얼굴, 어머니의 모습에서 위안을 찾고자 한다. 그래서 화자는 집으로 가는 토요일이 오기를 간절히 기다리고 있다. 그러나 "일요일(日曜日) / 낮 때 지면 / 귀양길"이라는 표현에서 보이듯 어린 화자는 현실 세계로 돌아가는 것에 대한 치유할 길 없는 상실감과 서글픔을 드러낸다. 이러한 자식을 위해 어머니는 "첫 닭도 / 울기 전에 / 밥을 다 지어

놓고"도 차마 자식의 잠을 깨우지 못하여 두 번째 닭이 울 때까지 기다리고 있는 모습을 보이고 있다.

한편 현재적 시선에서 "내 아들 고달퍼라"와 "어머니의 맘을 보았다"라는 구절은 어머님의 부재 혹은 상실의식으로서 어머니를 잃은 서글픔과 서러움을 상기시킨다. 이제 어머니는 꿈속에서나 뵙는 어머니이지만 그래도 화자는 잊을 수 없는 어머니의 모습과 목소리에서 위안을 찾고자 한다. 화자의 마음속에서 어머니는 항상 환하게 떠오른 얼굴이며, 미리 아시고 자신을 기다리는 분이기 때문이다. 이런 모습에서 우리는 시인이 자신의 현재적 삶 속에 잠재되어 있는 순수의 세계 즉, 서정에 대한 그리움의 정서를 잊지 않고 있음을 알 수 있다.

이 외에 박흡[37]의 「원예촌」과 최학규의 「이앙기」를 통해서도 자연친화적인 서정의 세계를 발견할 수 있다.

① 산등성이 부리밭 누럭 누럭 익어 가고 / 어디선지 병들듯 진한 찔레 향기 // 모가지를 비틀린 주먹파들은 / 분에 못 이긴듯 따리가 터지고 // 파랑 잎사귀 열두겹 속에 / 少女의 젖꼭지마냥 수집은 열매

—박흡, 「원예촌」 가운데서(30면)

② 地球 한 모퉁이를 / 거미줄 느리듯 세로 가로 줄을 띠어 놓고 / 햇볕도 푸른 六月 하늘 아래 / 모내기를 하는 것이다 // 목화 송이구름 피어 오

---

37) 박흡(朴洽, 1912-1962)은 전남 장성 출신으로 본명은 박증구(朴曾求)이다. 이리농림학교 재학 중 독서회장으로 항일운동을 한 혐의로 퇴학을 당하였으며 일본에 유학 후 해방기 숙명여전강사를 지냈다. 전쟁 발발로 광주에 내려와 광주서중학교를 시작으로 광주고등학교 교사와 광주중앙여중고 서무과장으로 근무하다 자살로 생을 마감했다. 1947년 5월 8일자 『경향신문』에 「젊은 講師」를 발표하면서부터 문단에 이름을 알렸고, 전쟁기와 1950년대 목포와 광주에서 창립한 『갈매기』, 『신문학』, 『시정신』, 「시와 산문」의 창립 동인으로 활동했다.

르는 山을 넘어 / 白鷺가 날아간 뒤 / 자즈라지게 뻐꾸기 우는 소리 / 農天歌와 뒤섞인다 // 픱저 쑥내 풍기는 / 모깃불 타오르는 속에 / 소같이 쓸어지는 농부와 / 솜씨가 재빠르다는 少女는 / 거마리 물린 자죽을 달랜다
―최학규, 「이앙기」 전문(56-7면)

　인용 시 ①은 '보리가 누렇게 익어가는' 늦봄의 아름다운 시골 풍경을 노래한 시이고, ②는 모내기로 분주한 6월의 농촌 풍경을 노래한 시이다. 모두가 전쟁, 문명, 도시라는 현실과는 동떨어진 모습이다. 이들 시가 자연의 섭리와 시골의 아름다움을 미적으로 형상화한 것은 전쟁의 참화를 잊기 위한, 다시 말해 우리 민족의 보편적인 정서 속에 살아 있는 그리운 고향(농촌)의 세계로 돌아가고자 하는 회귀의식을 반영한 것이라 할 수 있다. 그런 점에서 이들의 시가 그리는 자연친화적 삶에 대한 원초적 그리움은 전후 현실의 참상을 시적으로 극복하기 위한 치유의 의미를 내포하고 있다고 하겠다.
　이상에서 본 바와 같이 토요동인 시화집에는 전통적인 서정성에 바탕을 두고 자연과 인간의 삶의 조화를 지향한 작품들이 여러 편 수록되어 있음을 확인할 수 있다.

Ⅳ. 나가는 글

　지금까지 토요동인회의 형성 과정과 작품 활동을 바탕으로 한국전쟁기와 1950년대 군산지역 문학의 흐름과 특징에 대하여 살펴보았다. 그 내용을 간단히 정리하면 다음과 같다.

첫째, 토요동인회와 시화집의 구성과 내용을 일부 나마 구체적으로 확인할 수 있게 되었다. 이 시화집이 발견되기 전까지 의견이 분분했던 토요동인회의 결성 시기와 활동 양상에 대해서도 확정지을 수 있었다. 그리고 당시 자료들에 대한 고찰을 통해 토요동인회에 참여한 문인들의 실체를 파악하고, 창간 3주년 기념 시화집에 실린 시 작품 31편의 내용을 구체적으로 볼 수 있었다.

둘째, 한국전쟁기와 1950년대 군산지역 문학의 형성과정을 확인할 수 있게 되었다. 토요동인 시화집의 발간배경과 참여한 필진들의 작품들을 살펴봄으로써 이 시기 군산의 문학장에 대해 부분적이나마 파악할 수 있게 되었다. 송기원과 정윤봉을 비롯하여 원형갑, 김영협, 이병훈, 고은, 김순권 등이 중심이 되어 토요동인회를 이끌었다는 점과 고은, 이병훈, 김민성, 김신웅 등의 등단 이전 작품을 확인할 수 있었다. 이 시편들은 기존의 시집에서 누락된 미수록 작품이라는 점에서 그들의 습작기 작품 세계를 살피는 데 많은 도움이 될 것으로 판단된다.

셋째, 한국전쟁기와 1950년대 군산과 호남문학의 정체성을 일정 부분 확인할 수 있게 되었다. 당시 토요동인회 회원들은 군산뿐 아니라 호남지역의 주요 문인들이었으며, 이들이 3주년 기념 시화집에 발표한 작품들은 당시 군산문학과 호남문학의 표지를 보여주는 것이라 할 수 있다. 이병훈, 권오동, 정윤봉, 정연길, 김동빈, 김신웅 등의 현실 지향적이고 서정적인 작품 세계를 통해 해방기 군산문학인협회와 1950년대 후반 토문동인회로 이어지는 당시 군산문학의 실체를 어느 정도 확인할 수 있었다.

이러한 토요동인회의 활동은 두 가지 의의를 지닌다. 첫째, 지역 문인들의 수평적 연대와 문화적 교류의 활성화를 바탕으로 전쟁기와 1950년대 군산과 호남 문학의 전개와 발전 과정에 디딤돌 역할을 했다는 점이다. 둘째, 전쟁기와 1950년대 지역문인들의 발굴 및 문학적 다양성의 확보라는 차원에서도 그 의의를 찾을 수 있다.

아직 발견되지 않고 있는 토요동인회 시화집 창간호는 해방기 군산문학인협회의 계보를 어떻게 잇고 있는지, 그리고 전쟁기와 1950년대 군산 근대문학의 맹아가 어떻게 뿌리내리는 지를 자세하게 살필 수 있는 중요한 자료라고 할 수 있다. 이 점에서 이 잡지에 대한 발굴과 구명은 후속 연구를 통해 계속되어야 할 것으로 판단된다.

1950년대 전반기
전주 지역
동인지 양상

1950년대 전반기 전주 지역 동인지 양상
— 『남풍』, 『연비』, 『풍토』, 『풍토예술』을 중심으로

I. 들어가는 글

　1950년대 특히 한국전쟁기는 후방의 피난지를 중심으로 문단 재편과 문학사회의 지역 재편이 이루어진 시기이다. 이 시기 한국문학은 주요 피난지인 부산과 대구, 목포와 제주 지역 등을 중심으로 활성화되었는데, 전주 지역도 예외는 아니었다. 한국전쟁기 전주에서는 신석정, 김해강, 신근(백양촌) 등이 지역 문인들과 교류를 이어갔으며, 이병기, 서정주 등도 전주에 머무르며 지역의 문학 열기를 북돋우는 활동을 전개하였다. 또

---

* 이 글의 1장과 2장은 저자, 3장과 4장은 우석대학교 하채현 교수의 글임을 밝힌다. 이 책에 공동 연구 논문이 실릴 수 있도록 허락해 준 하채현 교수에게 감사의 인사를 드린다.

한 이들은 전란 중에서도 신문, 잡지, 동인지 매체의 문학 활동을 주도함으로써 지역문단의 재편뿐 아니라 문학 후속세대의 성장과 발전에도 큰 영향을 미쳤다. 이러한 흐름 속에서 전주 지역은 타 지역보다 청년 문사들의 동인회 활동이 활발하게 전개되었다. 당시 전주에서 발행된 문학동인지 매체가 10종을 훨씬 웃돌았다는 점은 1950년대 전주지역의 문학적 분위기를 잘 대변해준다.[1] 특히 이들의 지속적인 문학 활동은 전주 지역 문학의 성장토대로 작용하였으며 지역문학의 활성화를 가져오는 결정적인 계기가 되었다. 그런 의미에서 1950년대 전주문단은 문학동인지 시대였다고 해도 과언이 아니다.

그렇지만 이제껏 지역문학 차원에서 1950년대 전주 지역의 동인지 활동은 별다른 주목을 받지 못했다. 여러 자료에 실린 단편적 기록이나 내용들로 미루어 동인지 문단의 면모를 짐작할 뿐이었다. 최근 들어 한국전쟁기 전주 지역문학에 대한 관심이 제고되고 있기는 하지만 그나마도 신문 매체를 중심으로 이루어졌다는 점에서 아쉬움이 남는다.[2] 1950년대 전주 지역 동인지 문학에 대한 연구가 이루어지지 못한 데는 1차 자료

---

1) 『전주시사』에 기록된 전주 지역 문학단체 및 동인회는 '문총 전북지부, 남풍동인회, 신문화동인회, 태백신문 토요시단, 전북일보 화요문예, 국어국문학회, 전주문인회, 문인의집, 연비(燕飛)동인회, 청도(靑濤)동인회, 풍토(風土)예술동인회, 밀원(密苑)동인회, 백탑(白塔)동인회, 맥랑(麥浪)시대동인회, 신영토(新領土)동인회, 원시림(原始林)동인회, 노변동인회, 지하촌동인회, 지심초동인회' 등이며, 『전북현대문학 상』에 언급된 전북문단 단체와 동인회는 '문총 전북지부, 남풍, 신문화, 태백신문 토요시단, 전북일보 화요문예, 가람동인회, 신조동인회, 군산 토요동인회, 백탑동인회, 연비동인회, 밀원동인회, 이리 호남문학회, 남원 청년예술과, 전주문학회, 문인의 집, 청수동인회, 신영토동인회, 로변동인회, 전주고등학생문학회, 해빙동인회, 맥랑시대동인회' 등이다. 이에 대해서는 『전주시사』, 전주시사편찬위원회, 1986, 1104-1109면과 오하근, 『전북현대문학 상』, 2010, 신아출판사, 34-35면을 참고.

2) 최명표, 「한국전쟁기 전북 지역 매체와 문학-〈전북일보〉를 중심으로」, 『영주어문』 19집, 영주어문학회, 2010.

인 동인지 매체를 발견하지 못한 것이 가장 큰 원인이라 할 수 있다. 그동안은 동인지별로 이름만이 거론되었을 뿐 그 실체를 확인할 수가 없었던 탓이다. 그러던 중 최근에 전북 지역 잡지에 관심을 갖고 있던 한 잡지수집가를 방문하여 1950년대 전주에서 발간된 문학동인지 일부를 확인할 수 있게 되었다.[3]

이에 여기서는 1950년대 전반기 전주 지역에서 발간된 문학동인지의 현황과 성격을 실증적으로 고찰하고자 한다. 연구대상 동인지는 『남풍』, 『연비』, 『풍토』, 『풍토예술』이다. 이들은 1951년 11월부터 1954년 11월 사이에 발간된 것으로 한국전쟁기와 정전체제 이후 전주의 문단 상황과 문학 양상을 엿볼 수 있는 중요한 자료라 할 수 있다. 그런 점에서 본고는 이들 자료를 바탕으로 1950년대 전반기 전주에서 활동했던 신인과 기성 문인들의 동인 활동에 대해 살펴보고, 당시 전주지역 문학의 양상과 특징을 밝혀보고자 한다. 이를 통해 한국전쟁기 동인지 매체가 갖는 특성을 규명하고, 이들이 1950년대 전주 지역문학의 형성과 전개에 미친 영향을 고찰할 수 있을 것이다. 이러한 작업은 1950년대 전반기 전주문학의 지형도를 드러내고, 향후 전주 지역 동인지 문학사 서술에 초석을 다지는 계기가 될 것으로 기대한다.

---

3) 자료 조사 과정에서 각종 열람, 촬영 등 여러 면에서 도움을 주신 서상진 선생님께 진심으로 감사드린다. 서상진 선생님의 후의가 없었다면 이 논문은 애초부터 불가능했을 것이다.

II. 전쟁기 전주 지역 문학사회의 동향과 동인지 현황

1. 전쟁기 전주의 매체와 지역 문학사회의 동향

전쟁기 전주 지역의 매체 환경을 검토하기 위해서는 전쟁 이전 전라북도의 매체 환경을 먼저 살펴볼 필요가 있다. 해방기 전북 지역에서는 적지 않은 신문잡지 매체가 발간되었다. 신문의 경우에는 전주에서 발간하는 『전라신보』[4], 『전주일보』, 『전북신문』과 군산, 이리에서 발간하는 『신광일보』, 『남선일보』, 『군산민보』, 『군산신문』, 『삼남일보』 등이 있었다.[5] 잡지 매체로는 『파랑새』[6], 『전북공론』(『삼남공론』으로 개제), 『경찰공보』, 『원광』, 『전북농민신문』(월 3회) 등이 발간되었고, 동인지 매체로는 『죽

---

4) 해방 이후 전주 지역 신문 계보는 『建國時報』(1945.8.18.)-『全北新報』(1945.9.12.)-『全羅民報』(1945.10.01.)-『南鮮民報』(1945.11.01.)-『全羅民報』(1946.1.03.)-『全羅新報』(1946.3)-『全北時報』(1950.2)로 제호가 이어지며, 1950년 7월 『전주일보』, 『전라신보』, 『선북신문』을 통합한 『진주시보』는 1950년 10월 10일 『전북일보』로 제호를 다시 바꾸었다. 윤덕영, 「해방 직후 신문자료 현황」, 『역사와 현실』 16권, 한국역사연구회, 1995.6, 371-372면 참조.

5) 해방기 군산에서 처음 발행된 신문은 1945년 9월 20일 김판술이 창간한 『신광일보』이고 비슷한 시기에 차균향이 『남선일보』를 발간한다. 이어 1946년 5월 1일 육복술이 『군산민보』를 창간하며 서울 한성일보 사장이었던 김종량이 1947년 11월 15일 『군산신문』을 창간하게 된다.

6) 1946년 2월에 김영만, 백양촌, 김목량, 김표 등이 조직한 '전북아동교육연구회'(후에 아동문학회로 개칭)의 아동잡지로 4호까지 전주 대양인쇄소에서 발간된 것으로 알려져 있다. 창간호는 국판 32면으로 한글 가로쓰기 편집에 동요, 동화, 역사 등 다채로운 내용을 수록하였으며, 도내 소년 소녀들의 절대적인 호응으로 도내 초등학교, 중학교에 인기리에 배포되었다고 한다. 잡지 발간을 주도한 김영만의 회고에 의하면, 자금난으로 3호까지 내고 나서 종간된 것으로 보이나 〈전주시사〉에는 4호까지 발행되었다는 기록이 있다. 아직까진 실물이 전하지 않은 상태여서 현재로선 확인이 불가능하다. 그러나 이 자료는 해방기 전북지역 아동문학 연구에 매우 중요한 자료이므로 지속적으로 발굴해야 할 것이다. 김영만, 「아쉬웠던 〈現代〉의 자진폐간」, 『잡지뉴스』, 한국잡지협회, 1996.4, 34-38면과 『전주시사』, 앞의 책, 1201면 참조.

순』[7]『태양』[8]『비색』[9]『거울』[10] 등이 전주와 이리에서 발간되었다.

한편 해방기 출판물의 경우에는 군산기독청년회, 군산민보사, 군산천주교회, 남원공립국민학교, 낭주문화사, 시조연구회, 원불교원광사, 전북공론사, 전북중학교, 전주전매국, 전주해방사, 협동문화사 등에서 다양한 문화 서적들이 간행되기도 했다.[11]

---

7) 전주 북공립중학교 문예부 학생들의 시, 소설, 수필, 평문 들을 묶은 비정기 문학회람지이다. 현재 그 실물을 확인할 수 있는 것은 4호, 5호, 6호, 10호이다. 4호는 1947년 6월 1일, 5호는 1947년 7월 1일, 6호는 1947년 11월 1일, 10호는 1948년 12월 10일에 발간되었다. 그 가운데 타블로이드판 신문으로 인쇄된 6호를 보면 지도교사 박로선의 글 '페스타로찌'를 비롯하여 원고모집이라는 제목 아래 작문, 시, 산문수필, 평론, 연구논문, 소품, 기행문, 문예일기, 콩트, 유머, 단편소설 등의 투고를 환영한다는 광고가 실려 있다. 이 문예지의 발간은 이후 한국전쟁기와 1950년대 전주의 대표적 학생 문예지인 『傳統』과 『全高』로 이어졌다.

8) 전주사범학교 문예부 학생들의 문학 작품을 수록한 학생 문예지로 보인다. 1946년 4월 1일 등사본으로 발행되었고 편집 겸 발행인은 金亨培이다. 오영식 편 근대서지총서에 간단한 소개만 제시되어 있을 뿐, 아직까지 그 실체가 공개된 적이 없어 자세한 내용을 알 수 없다. 『태양』의 서지사항에 대해서는 오영식 편, 『해방기 간행도서 총목록 1945-1950』, 소명출판, 2009, 640면 참조.

9) 『전주시사』에는 장윤철, 정영복, 엄유섭, 최낙인, 박준홍 등의 청년들이 1946년 이리 지역에서 발간한 문학동인지로 나와 있다. 해방기 이리 지역 문학사회의 동향을 엿볼 수 있는 동인지 매체로 보이나 그 실물이 공개된 적이 없어 비색동인회의 활동에 대해서는 현재 확인이 불가능하다. 『전주시사』, 앞의 책, 1101면 참조.

10) 전북공립여자중학교 문예부 학생들의 동요, 산문 들을 묶은 학생 문예지이다. 현재 1949년 7월 10일 평화프린트사에서 발행한 3호만 전한다.

11) 〈표 1〉 해방기 전북지역 출판 단체별 목록 현황

출판단체명	대표자	소재지	도서명	편저자	출판일자	인쇄소/대표성명
群山基督靑年會	박창목		어린이찬송	군산기독청년회 편	1948.12.25	完一프린트
群山民報社		군산부 금동 10번지	전북인명록	육복술	1947.11.1	김용만
群山天主敎會	박문도		카톨릭성가집	강승히	1948.11.10	군산천주교회청년
남원공립국민학교	이기홍		南原誌	조성교 편	1950.5.10	해성(전주)

또한 전주를 비롯하여 군산·이리·부안·남원에서 독자적인 문학 활동이 전개되었던 것을 고려해 보면[12] 각 지역에서 꽤나 많은 문학 매체들이 발간되었을 것으로 추정된다. 어쨌든 해방기 전북의 지역문단과 지역문화가 활성화될 수 있던 것은 이와 같은 언론매체와 출판사들이 지역의 문화예술인들에게 많은 지면을 제공하였기에 가능한 일이었다. 이런 분위기에 힘입어 전주를 구심점으로 전북근대문단이 탄생하게 된다.[13]

浪州文化社	부안읍 동중리	슬픈 牧歌	신석정	1947.7.25	
時調硏究會	전주시 남계동 99	雅樂譜	石菴 鄭坰兌	1950.2	한림사
원불교원광사	익산군 북일면 신룡리	잡지 원광	李共珠 편집발행		和成堂 인쇄소
전북공론사	전주부 본정2 정목 64	잡지 전북공론 1-4호	金光彌 편집발행	1946.7.1.- 1946.10.10	동양인쇄사
전북중학교		신편중등 한문독본	조룡승	1947.7.5	동양인쇄사
전주專賣局		朝鮮種煙草耕作法		전주전매국	
전주해방사		동양사		전북교육협회	1946
協同文化社		전주	잡지 파랑새	김영만	

자료는 오영식 편, 『해방기 간행도서 총목록 1945-1950』, 앞의 책, 36-276면·582-648면에서 재구성.

12) 해방기 전북 문인단체의 형성 과정을 간략히 정리하면 다음과 같다. '① 1945년 8월 27일 김해강, 서정주, 이평권, 김영창, 김구진, 백양촌, 유춘 등의 발기로 '문화동우회' 결성, 이후 유엽, 김창술 가세 ② 신석정의 '부안문화연구회', 박상철의 '군산문화협회', 이리의 문화 동호인들과 연계하여 다양한 활동 전개 ③ 1946년 2월 백양촌, 김영만, 김목랑, 김표 등이 '전북아동교육연구회' 결성 ④ 1946년 장윤철, 정영복, 엄유섭, 최낙인, 박준홍 등이 '비색' 문학동인회 결성 ⑤ 1946년 5월 전북 최초의 월간 종합잡지『전북공론』창간 ⑥ 1947년 2월 채만식, 이병기, 신석정, 김해강, 김창술, 유엽, 김야인, 백양촌, 정우상 등의 주도로 범 지방문인단체 '전북문화인연맹' 조직 ⑦ 1948년 김호연, 이병권, 박희선, 권오동, 장윤철, 이병훈 등의 주도로 '군산문학인협회' 결성' 이에 대해서는『군산시사 하』, 군산시사편찬위원회, 2000, 900면과 『전주시사』, 앞의 책, 1100-1101면과 오하근, 앞의 책, 31-32면 참고.

13) 전북 근대문단의 출발점은 해방 이후로 보는 것이 일반적인 견해이다. 이 시기 전북 문단에서 작품 활동한 문인들을 열거하면 다음과 같다. (시·수필) 김해강, 신석정, 김창술, 김목랑, 장영창, 이철수, 장윤철, 김세웅, 박희선, 정영복, 허빈, 김영만, 장

그러나 전쟁은 이러한 전북 지역의 매체와 문단 지형에 현저한 변모를 가져왔다. 전쟁기에 들어서면서 전북 지역은 『전북시보』를 개제한 『전북일보』와 『태백신문』과 『전북어린이신문』[14] 외에 잡지 『단청』[15] 『신문화』[16] 『병사월보』[17] 정도만이 전주에서 발행되고 있었다.[18] 또 전쟁을 전후하여 채만식, 김창술, 김목랑, 김세웅, 정우상 등의 문인이 작고하여 문학사에서 자취를 감추게 되었다. 하지만 이런 조건 속에서도 전북의 문인

천아, 최학귀, 박목천, 엄유섭, 백양촌, 최봉규, 이병훈, 김호연, 이병권, 권오동, 신연식 등 (소설·희곡) 채만식, 김해강, 박상남, 이일민, 최낙인, 김인녕, 정파, 정병호, 채규심 등 (평론) 백양촌, 김영만, 장윤철, 신연식, 최낙인, 김인녕 등이다. 이에 대해서는 백양촌, 『전북문단의 개관』, 『백양촌수필전집』, 대광문화사, 1989, 285면과 『전주시사』, 위의 책, 1101-1103면 참고.

14) 1953년 아동교육 문학가인 김완동의 주재로 창간된 주간 신문이다. 편집에는 백양촌·김영만, 집필에는 최일남·최승열·백양촌·김완동 등으로 진용을 구성하였다. 전북일보사의 재정적 후원으로 1년여를 발간하였다. 『전주시사』, 위의 책, 1106면 참고.

15) 1952년 2월 전주에서 이향이 주간을 맡아 간행한 월간종합지로, 전주 문인들이 주로 집필자로 참여하였다. 전쟁기 전북 지역의 첫 잡지라는 점에서 자못 기대가 컸으나 자금난으로 4호까지 발간하고 종간되었다는 기록이 있다. 국판 50면으로 발행되었다고 전하나 아직까지 실물이 전하지 않는 상태이다. 위의 책, 1202면 참고.

16) 향토문화의 새로운 전환을 목표로 1953년 10월 전주에서 발간된 문예 잡지이다. 주간은 황호만, 편집은 김영만이 맡았으며 박병순, 최승열, 박상남, 이병기, 김해강, 유엽 등이 집필에 참여하였다. 4×6배판 60면으로 창간호가 발행되었으나 여러 사정으로 2호를 못내고 종간된 것으로 알려져 있다. 아직까지 실물이 전하지 않는 상태이기 때문에 내용에 대해서는 현재 알 수 없다. 이에 대해서는 백양촌, 앞의 책, 266면과 위의 책, 1202면 참고.

17) 1951년 전북병사사금부에서 창간한 기관지로, 엄태섭과 김준일이 편집을 담당하여 15호까지 발간한 것으로 알려져 있다. 매호마다 문인들의 작품이 게재하였다는 기록이 있으나 실물이 전하지 않는 상태이어서 현재 확인이 불가능하다. 〈전주시사〉, 위의 책, 1202면 참고.

18) 위 신문잡지 목록은 현재까지 확인 가능한 것만 정리한 것일 뿐 누락된 언론잡지들이 더 있을 것으로 추정된다.

들은 이들 매체를 중심으로 문예창작활동을 활발하게 전개하였다. 당시 『전북일보』에는 백양촌, 『태백신문』에는 신석정이 문예담당 편집위원으로 활동하며 지역 작가들에게 일정하게 지면을 할애하고 있었다. 두 문예란에 작품을 게재한 작가 대부분이 전주와 군산의 신인들이었다는 점을 보더라도 『전북일보』와 『태백신문』이 지역 문인을 양성하는 매체로서 기능했음은 분명한 사실이다.[19] 이와 관련 백양촌은 전북문단을 개관하는 자리에서 "오늘날 중앙문단에 진출한 문인들의 대부분이 이 欄을 거쳤다고 해도 과언이 아니다"[20]라고 적고 있다. 이러한 기록으로 미루어 보건대, 이들 매체의 발간은 전쟁기 지역 작가들의 문학 활동과 문학후속세대의 성장에 지대한 영향을 미쳤던 것으로 판단된다.

학생동인회의 매체 발간이 두드러진 것도 주목할 점이다. 학생동인지 매체의 발간은 당시 청년문사들의 문학적 열망을 추동하면서 전주 지역 문학의 형성과 전개에 중요한 역할을 수행하였다. 그런 점에서 전술한 신문잡지와 동인지 매체의 발간은 이 시기 전주 지역문학을 성장시키는 결정적인 계기로 작용하였다. 한편 피난문인들의 환도 이후 지역 문학사회가 일시적인 공백 상태에 빠져든 부산과 대구와 달리[21], 전주는 정전 체제 이후 오히려 지역 문단이 활성화되는 양상을 보여준다는 것도 특징적인 현상이라 할 만하다. 이는 무엇보다도 해방기부터 지역 문단을 지켜

---

19) 김해성, 홍석영, 이병훈, 정열, 김영협, 전재보, 최일남, 최승열, 최승범, 정구하, 강석근, 정연길, 이범욱, 허소라, 이기반, 김민성, 황길현, 유임일, 전영래, 육구영, 이상백, 송기원, 고은 등이 주로 작품을 발표했다.

20) 백양촌, 앞의 책, 286면.

21) 이순욱, 「정전 체제의 형성과 부산 지역 문학사회의 동향」, 『지역과 역사』32호, 부경역사연구소, 2014.4, 37-66면 참조.

오던 문학인들의 적극적인 활동과 함께 이병기와 서정주의 문단 참여가 중요한 배경이 되었던 것으로 보인다. 그 점에서 전쟁기 전주문학은 기성과 신인, 지역 간 연대와 교류를 바탕으로 지역 문학의 성장 동력을 확보할 수 있었다고 판단된다. 이제부터는 이를 중심으로 전주 지역 문학사회의 동향과 성격을 간단하게 살펴보고자 한다.

첫째, 선배 문인들의 헌신적인 문학 활동을 들 수 있다. 특히 김해강, 신석정, 서정주, 이병기 등의 헌신적인 노력이 뚜렷하다. 이들은 전쟁기 전주 지역에서 활동하며 후진에게 시를 가르쳤고, 지역의 문학도들과 함께 동인지 등을 편찬하면서 지역 문학사회의 활성화에 기여했다는 공통점이 있다. 이들 가운데 김해강은 한국전쟁기 전주사범학교와 전주고등학교에 재직하며 학생들의 문예지에 작품을 발표하는 등 학생들의 창작활동을 적극적으로 지원하였으며, 신석정은 『태백신문』의 '토요시단'을 주재하면서 전쟁기 지역문단과 지역문학의 활성화를 이끌었다. 한편 문총구국대 전북지부장으로 내려온 서정주는 지역 후배 시인인 이철균, 하희주 등과 함께 詩誌 『남풍』을 발간하며 문단의 빈자리를 채우는 한편 1951년에는 문필가들을 규합하여 '문화예술인총연합회 전북지부' 조직을 결성하기도 했다.[22] 이병기가 지역문단에 적극적으로 합세하여 '국어문학연구회'를 이끈 것도 이즈음의 일이다. 이처럼 전쟁기 전주 문학사회는 김해강, 신석정, 서정주, 이병기 등의 문학 활동이 중심이 되었고 이들이 후학들을 지도하여 문학인으로 성장하게 하는 분위기가 지배적이었다.

---

22) 1951년 전주에 처음으로 결성된 문학 관련 단체는 '문화예술인총연합회 전북지부'이었고, 그 지부장은 서정주였다. 당시 전주에 거주하고 있던 김해강은 서정주가 전주에서 활발한 종군 활동을 한 것으로 술회하나 관련 자료가 없는 점을 고려하면 전북문총지부는 명목뿐인 단체로만 존재했을 가능성도 높다. 김해강의 회고에 대해서는 최명표 편, 『김해강시전집』, 국학자료원, 2006, 801-802면 참조.

당시 동인지를 통해 활동했던 사람들 중에서 다수가 뒷날 중앙문단에 등단한 것도 이와 무관하지 않다. 이 점에서 선배 문인들의 문단 활동은 전쟁기 전주 지역문학의 중요한 토대를 이루었다고 할 수 있다.

둘째, 대학교육이 본격적으로 시작되었다는 것도 주목할 점이다. 1948년 8월에 인가를 받은 전주 명륜학원은 1950년 4월 명륜대학으로 승격된 후 1951년 전북대학교로 개편되었고, 1951년 9월에 인가된 원광초급대학은 1953년 1월 4년제 원광대학으로 개편되었다. 전북대학교는 1952년에 첫 졸업생을 배출하고, 원광대학은 1956년부터 졸업생을 배출하기 시작했는데, 개교 당시부터 국문학과가 개설되었다는 사실은 전북 문학의 저변확대라는 면에서 매우 중요하다. 전쟁으로 잠시 전주에 머무르던 서정주는 떠나갔지만 이병기는 전북대학교 문리대학장으로 재임하면서 지방문단에 적극 참여했고, 1952년에는 문리과대학의 연구회잡지인『국어문학』[23]을 주재하기도 했다. 이어서 1953년에는 전주문학회[24]가 이병

---

[23] 전북대학교 문리과대학 중심의 연구회잡지로, 현재 1952년 8월 1일 발행된 창간호가 전한다. 편집 겸 발행인은 국어문학연구회이며, 전주 明文社에서 인쇄하여 펴냈다. 서두에는 전북대학교 총장 김두헌의 격동사와 최승범의 창간사를 실었고, 본문에는 이병기 · 정인승 · 최승범 · 문선규의 연구논문을 비롯하여 김해강 · 신석정 · 구름재 · 최승범 · 고임순의 시작품 각 1편씩과 조병선의 수필 1편을 함께 실었다. 또한 가람의 시창작지도 특설과 회칙, 본회기사, 편집후기가 뒤에 실려 있다.『국어문학』편집부의 이름으로 낸 '투고 환영' 광고를 살펴보면 제2호(9월호) 발간을 준비한다는 내용이 있으나 제2호가 발행되었는지는 현재 알 수 없다.

[24] 1953년 겨울 '역사적 현단계에 있어서 문학인에게 부하된 역사적 과업을 자각한 문학인들이 결속하여 민족문학 수립을 자부하고 지방에 있어서 문학활동을 전개함으로써 조국의 통일과 자유와 평화에 기여할 것을 목적으로 한다'는 슬로건을 내걸고 발족한 문학단체이다. 회장은 이병기, 상임이사는 백양촌 이철균, 회원은 김해강, 신석정, 이철수, 박영순, 서정태, 박상남, 김영만, 최일남, 엄유섭, 하희주, 최승열, 황호만 등 15명으로 제한하였고, 당면사업으로 월간 동인지『맥』의 발간과 시화전, 예술제 개최 등을 결의하였으나 여러 가지 부작용이 파생되어 이후 해산 선언도 없이 자연 해체되었다.『전주시사』, 앞의 책, 1106면 참조.

기를 중심으로 조직되기도 하였다. 이 무렵 전주에 머무르고 있던 신석정도 전북대학 국문학과에 출강하기도 하였는데, 문리과대학생들의 동인지인 『연비』, 『청도』, 『밀원』, 『신영토』 등이 그런 와중에 출간되었다.

셋째, 학생문단의 형성과 활발한 활동이다. 초·중·고등학생 동인지 『희망』, 『옥잠화』, 『전통』25)전주사범대학교 학생들의 『백탑』이 그러한 예에 속한다. 일종의 습작문단시대 또는 동인지문단시대라 하겠다. 이 무렵에 각급 학교 문예부 지도교사들이 적극적으로 참여하여 문예 활동을 지원하는 분위기가 조성되었다. 이러한 분위기는 전주 지역 학생 문사들의 창작 의욕을 부추기면서 전주 지역 학생문단이 자연스럽게 형성되는 형태로 발전하게 되었다. 이들 동인지의 면면을 보면 대체로 단명에 그치며 작품 역시 아마추어리즘을 벗어나지 못하는 것이 사실이다. 그러나 그럼에도 불구하고 전쟁기 지역 내부에서 자생적으로 형성되었던 학생동인 활동이라는 분명한 의의를 지닌다. 특기할 것은 이러한 매체 발간의 전통이 전후에도 지속적으로 이어진다는 것이다. 즉 이러한 분위기에 힘입어 뒷날 『연화』, 『청맥지대』, 『맥랑시대』, 『원시림』, 『전고』, 『기린봉』이 탄생하게 된다.

넷째, 지역 문인들의 수평적인 연대와 문화적 교류의 활성화이다. 기성 문인과 신인 문인이 결합한 동인지 『남풍』, 『새벽』, 『신조』가 그러한 예

---

25) 『희망』은 전주사범부속국민학교 문예부의 학생 문예지로, 전주 신한프린트사에서 1951년 5월 25일 창간호를 펴냈다. 『옥잠화』는 전주성심여자중학교에서 발간한 학생 문예지로, 시·기행·소품·수필·방문기·창작들을 수록하였다. 발행주기에 연간으로 표기되어 있는 것으로 보아 이 문예지는 한국전쟁 전에 창간호를 발간한 듯하나, 현재 실물로 남아 있는 8호는 1956년 12월 25일 발간된 것이다. 『전통』은 전주고등학교 문예부의 학생 문예지로, 1951년 12월 23일 창간호가 발행되었다. 서정주와 이철균이 『전통』 창간호에 시작품을 발표하여 학생들의 창작 활동을 격려하고 있는 점이 특기하다.

에 해당한다. '가람동인회'가 간행한 사화집 『새벽』에는 이병기를 비롯하여 김해강, 신석정, 박병순(구름재), 장순화, 백양촌 등 전국 단위의 중진과 신인이 필진으로 참여하였고, 시조동인지 『신조』 역시 지역의 신인과 기성문인들을 필진으로 포함시킨 데서 이 동인지의 수평적인 연대 의식을 살필 수 있다. 전쟁기에 열린 시화전이나 문화교류 행사도 주목할 필요가 있다. 전북 지역의 문인들은 1952년 4월 전북 최초의 시화전을 비롯하여 전주, 군산, 이리, 남원을 순회하는 시화전을 열기도 하였고 광주전남 지역의 시인들과 합동 시화전을 개최하기도 하였다.[26] 또한 광주전남 지역의 작가들과 11인 문집[27]을 발행하는 등 문학의 지평을 확장시켜 나가면서 문화적인 교류를 활발히 하였다. 이러한 과정을 통해 전쟁기 전북 문학은 지역 문학의 한계를 뛰어 넘어 호남으로 지역 문단의 지평을 확장할 수 있었다.

---

26) 이동순, 『광주·전남 지역 근현대 시문단 형성사 연구 1』, 『현대문학이론연구』 52집, 현대문학이론학회, 2013, 362-367면 참조.

27) 1953년 10월 5일 목포 항도출판사 발행한 『시와 산문』에는 호남 문인 11인의 작품 39편(시 28편, 산문 11편)이 수록되어 있는데, 전북 문인으로는 이병기, 신석정, 서정주, 김해강, 백양촌 등이 참여하였다. 목차를 제시하면 다음과 같다. '이병기 : 눈(시)/산문(시의 진리), 신석정 : 서정소곡·망향의 노래·발음(시)/빵을 치기(산문), 서정주 : 무등을 보며·꿈(시)/상리과수원(산문), 김현승 : 자화상·화사집(시)/무등산(산문), 김해강 : 청산 호집·백야행·희망의 노래(시)/산 유감(산문), 박흡 : 모래·사막·우렁(시)/나와 화초·하강(산문), 이동주 : 바다·연륜·들국화(시)/가을의 우수(산문), 박정온 : 파아란 하늘이 있다·남쪽에·순이(시)/이사한 뒤(산문), 김악 : 아우에게·함께 가는 길(시), 백양촌 : 연가·4월·희원(시)/목가와 생활(산문), 이석봉 : 파란 꽃 한 송이·국화 꺾으며·가을(시)/귀향기(산문)'

2. 분석 대상 동인지 현황과 특징

다음으로 1950년대 전반기 전주에서 나온 『남풍』, 『연비』, 『풍토』, 『풍토예술』 동인지를 살펴볼 것이다. 현재 확보된 동인지들의 면면을 소개하면 다음과 같다.

『남풍(南風)』 1집은 이철균이 편집과 발행인을 맡아 간행한 동인지로, 1951년 11월 7일 전주의 기산당(杞山堂)에서 인쇄되어 발간되었다. 동인은 이철균[28], 서정주, 은안기, 김교선[29] 하희주[30], 김종빈 등 6명으로 구성되었다. 『남풍』 1집의 작가별 작품 목록을 정리하면 다음과 같다.

---

[28] 이철균(李轍均, 1927~1987)은 전주 출신으로 호는 유인(有人)이다. 전주 북중 일본 와세다대학 제일고등학원을 졸업하고 목포 문태고, 전주고 등에서 교편을 잡았고 전쟁기 『남풍』의 발간을 주도하였다. 1954년 『문예』에 시 「소리」 등이 추천되어 등단했다. 주요 작품으로 「정거장 부근에서」 「낙엽풍경」 「살인자」 「설화」 「무등초」 「종달새」 등이 있고 사후에 유고시집 『신즉물시초』가 간행되었다. 오하근, 『전북현대문학상』, 앞의 책, 35면 참조.

[29] 김교선(金敎善, 1912~2006)은 함경남도 함주군(咸州郡) 상조양면(上朝陽面) 출생으로 함흥고보를 거쳐 1939년 일본 도쿄 호세이대학(法政大學) 법문학부 문학과를 졸업하고 귀국, 1954년까지 고등학교 교사를 지냈다. 전쟁기 『남풍』 동인으로 활약했고, 1962년 2월 평론 「불안문학의 계보와 이상(李箱)」을 『현대문학』에 발표하면서부터 문단 활동을 시작했다. 1974년부터 전북대학교 문리대 교수와 전주대 인문대 교수를 역임했다.

[30] 하희주(河喜珠, 1926~2004)는 전주 출생으로 전주북중을 졸업하고 국어교사 생활을 하면서 수험생의 필독서인 『고문 교실』을 비롯 『국문법 교실』 『바른말 바른글』을 지어 명성을 얻었다. 전쟁기 『남풍』 동인으로 활동했고 1958년 『현대문학』에 「바람의 노래」 등이 서정주의 추천을 받아 등단했다. 주요 작품에 「어부사」 「자화상」 「산무리」 「꽃 소리」 「두루미」 등이 있고 시집으로 『자화상』이 있다. 오하근, 앞의 책, 37면 참조.

<표 2> 『남풍』 작가와 작품 목록

작 가	작품 제목	비 고
서정주	태산목련송 / 소품초	시
은안기	고원풍경 1 국화 / 고원풍경 2 낙엽 / 고원풍경 3 선퇴	
이철균	염원 / 낙과 / 하늘 / 선방	
김교선	새꽃	
하희주	구름 노래에 맞추어 / 산옹	
김종빈	괴-테의 눈	번역

『남풍』 1집에 발표된 작품은 총 13편이다. 이중에서 번역이 1편이므로 시작품은 12편인 셈이다. 작가별 시작품 편수를 일별해 보면 서정주 2편, 은안기 3편, 이철균 4편, 김교선 1편, 하희주는 2편을 발표하고 있다. 이철균이 가장 많은 5편을 발표하였고 그 다음으로 왕년의 시인 은안기가 3편을 발표하였다. 외국 작품도 번역하여 싣고 있는데 김종빈이 번역한 「괴테의 눈」이 실려 있고, 또한 서정주의 「드리는 말씀」과 이철균의 편집 후기를 앞뒤로 실었다. 창간에 참여했던 서정주와 이철균에 의하면 『남풍』은 문학동인지로 출발하였다.

> 詩를 하는 일을 한 生命의 淨化 또는 그 發展的 繼續의 길이라고 생각하고 우리말로 詩를 쓰는 일을 한 練習이라고 생각하는 湖南의 몇몇 글짓기 좋아하는 사람들끼리 모여 이 조그만 冊을 두 달 만에 한 卷씩 내놓기로 하였습니다. 冊題를 『南風』이라 한 것은 그 生長의 便인 薰薰하고 多情하고 知慧로운 느낌을 取하였으며 또 한 쪽으론 이 冊이 主로 湖南 사람들의 일이라는 뜻도 包含시키고저 한 때문입니다.[31]

---

31) 서정주, 「드리는 말씀」, 『남풍』 1집, 기산당, 1951, 1면. 이하 『남풍』 인용은 본문에서 작가와 작품, 인용 면수를 밝히는 것으로 대체한다.

> 同人들끼리나마 모여 「南風」에서 生活을 하게 된 것은 무엇보다도 즐거움이 아닐수 없다. 戰亂의 渦中에 서서 제 각기 느끼는 것들을 모아 보았으나 紙面의 가난과 連絡關係로 單調한 리듬이 오는 것은 어쩔 수 없는 일이다. 廷太兄과 範三兄. 다음 號에는 아담한 모습들을 뵈어줄 줄 압니다. 湖南의 새 詩友에 渴症이 납니다. 자라가는 詩人들의 많은 投稿 바랍니다.(이철균, 「편집후기」, 20면)

서정주의 글을 보면 호남(전북) 지역에서 활동 중이었던 몇몇 문인들이 주축이 되어 시지(詩誌)를 두 달에 한 권씩 발간하기로 합의하였고 호남 문학인들의 활동을 강조하기 위하여 『남풍』으로 명명하게 됐다는 점을 알 수 있다. 이로 보아 『남풍』은 창간 당시부터 지역적인 특성을 담아내려는 의도가 있었음을 알 수 있다. 또한 이철균이 쓴 1집의 편집후기를 보면 전쟁기 지역문학에 대한 고민을 확인할 수 있다. 편집후기에서 확인되듯이 '지면의 가난과 연락관계로' 서정태와 김병삼 등이 함께 하지 못함을 아쉬워하고 있다는 데서 전쟁기 지역문학의 활로와 확장에 대한 고민이 깊었음을 알 수 있다. 그러나 그 뒤 이렇다 할 동인 활동을 보여주지 못한 것으로 볼 때 『남풍』은 창간호를 낸 이후 발간이 중단된 것으로 보인다.[32] 동인지 발간이 중단된 구체적인 이유는 현재 자세하게 알 수 없으나 경제적인 사정과 개개인의 문단활동이 한 이유였을 것으로 추정된다.

『연비동인시집(燕飛同人詩集)』은 이기반[33] 이 편집을 맡고 전영환이 발

---

[32] 1966년 이리에서 최학규, 박항식, 조두현, 이병훈, 이종원, 김인태, 남형우, 이병기, 송하선, 유근조, 정양, 이일미 등이 시문학동인회를 만들고 동인지 『남풍』을 간행하기도 했다. 동일한 제호가 사용되었다는 점에서는 전쟁기 『남풍』을 계승하고자 한 의지로 보이나 참여 동인이나 발간 연대만 보아서는 맥이 다른 동인지라고도 볼 수 있다. 추후 비교 검토가 필요한 부분이다.

[33] 이기반(李基班, 1931~2015)은 전북 완주군 출생으로 호는 월촌(月村)이다. 1950년대 초반 전북대학교 국어국문학과에 입학하여 문학 서클인 연비동인으로 활동하였

행을 맡아 간행한 본격적인 시동인지로, 1952년 12월 5일 전주의 화세(和世)프린트사에서 등사본으로 발간되었다. 동인은 정남수, 천이두[34], 정종진, 하동악, 김병인, 전영환, 이기반, 은영상, 조두현[35], 이승기 등 10명으로 구성되었다. 작가별 시작품 편수를 일별해 보면 다음과 같다.

〈표 3〉『연비』작가와 작품 목록

작 가	작품 제목	비 고
천이두	자학 / 우수 / 밤의 노래 / 자연(紫煙)-자주빛 연기 / 어느 정원	등사본/시
정종진	봄 / 시절	
하동악	패수장 / 바람길 / 성하촌 / 잔명 / 방	
김병인	날개	
전영환	향수 / 벗의 무덤 / 역경 / 고개를 넘으며 / 태양과 더불어 살면 / 농우야	
이기반	석고-우지않는 목줄기 / 눈 / 지월(地月) / 무제 / 기적(汽笛)	
정남수	반계정의 봄 / 무보(춤추는발걸음)	
은영상	미녀	
조두현	장구하일 / 슬픈 여인 / 벌레소리 / 오빠소식 / 청운 / 거리	
이승기	자화상 / 역두에서	

고 1957년 시집 『두 날개』를 발간했다. 1959년 『자유문학』에 시 『설화』, 『말없는 반항』이 추천되어 등단했고 1961년 『삼남일보』 신춘문예에 시조가 당선되기도 하였다. 전주대학교 사범대학 교수를 역임했다.

34) 천이두(千二斗, 1929~2017)는 남원 출생으로 1950년 남원농업중학교 5학년을 수료하고 1955년 전북대학교 국어국문학과를 졸업했다. 대학 재학 중 연비동인으로 활동하였고 1959년 『현대문학』에 『고독과 산문』이 추천되어 문단에 데뷔한 뒤 지속적인 작품 활동을 전개했다. 이리남성고등학교 교사를 거쳐 1978년부터 원광대학교 국어교육과 교수를 역임했다.

35) 조두현(曺斗鉉, 1925~1989)은 완주 출생으로 호는 권정(權丁)이다. 전북대학교 국어국문학과 재학 시 연비동인으로 활동했고, 1958년 『현대문학』에 『한시신역』을 발표하면서 등단했다. 원광대학교 교수로 재직했으며 시집으로 『어느 문 밖에서』, 『증언』, 『책장을 넘기다』 등이 있다. 오하근, 앞의 책, 40면 참조.

『연비』동인시집에 발표된 시는 총 35편이다. 조두현 6편, 전영환 5편, 이기반 5편, 하동악 5편, 천이두 5편, 정종진 2편, 정남수 2편, 이승기 2편, 은영상 1편, 김병인 1편씩을 발표하고 있다. 조두현이 가장 많은 6편을 발표하였고 그 다음으로 전영환과 이기반과 하동악과 천이두가 5편을 발표하였다. 연비동인회는 전북대학교 문리과대학의 아마추어 문사들이 결집한 시문학동인지 매체로 보인다. 편집을 주도했던 이기반이 '이병기와 신석정의 지도를 받았음을 서문에 밝히고 있다는 점'이 주목된다. 창간호를 낸 이후 연비동인회의 활동에 대해서는 현재 확인된 것이 없다.

『풍토(風土)』는 전주고등학교 재학생들의 시동인지로, 현재 1집과 2집이 실물로 남아있다. 1집은 1953년 12월 20일 발간되었는데, 대표저자는 김영채, 편집자는 김해성, 인쇄자로는 최용기가 이름을 올렸다. 1집에 참여한 동인은 김영채, 곽우종, 최규완, 문종설, 채만묵[36], 임영률, 윤균호, 김해성[37] 등 8명으로 구성되었다. 2집은 1954년 11월 25일 전북교육주보사에서 펴냈고, 김해성이 대표저자 겸 편집자로 이름을 올렸다. 2집에는 김해성, 서병용, 이복술, 장성원, 김려수, 신찬균, 김장령, 황병용이 동인으로 참가함으로써 모두 8명으로 구성되었다. 작가별 시작품 편수를 일별해 보면 다음과 같다.

---

36) 채만묵(蔡滿黙, 1935~현재)은 전북 부안 출생으로 전쟁기 전주고를 나와 전북대학교 국어국문학과에 입학했다. 학창 사절 풍토동인, 청도동인으로 활동했으며 대학원 진학 후 전북대학교 사범대학 국어교육과 교수를 역임했다.

37) 김해성(金海星, 1935~현재)은 전남 나주 출생으로 전쟁기 전주고를 나와 전북대학교 국어국문학과에 입학했다. 학창 시절 풍토동인, 풍토예술동인으로 활동했으며 1956년 『자유문학』에 시 『신라금관』, 『발』이 추천되어 등단했다. 대불대학교 인문사회대 문예홍보학과 교수를 역임했다.

〈표 4〉『풍토』1집 · 2집 작가와 작품 목록

작가	1집 작품 제목	2집 작품 제목	비고
김해성	미륵/ 염원 / 낙조	유월 / 우상 / 청산서정	시
김영채	산길 / 오월의 노래 / 슬픈 태양		
곽우종	눈물		
최규완	어린 거지 / 심장 / 생		
문종설	경(거울경) / 후조 / 시드러가는 꽃잎		
채만묵	산유화 / 산골물 / 새벽		
임영률	어메 / 어머님의 보선짝 / 길		
윤균호	무제 / 애사 / 구름저편		
서병용		구원 / 내정이	
이복술		희원 / 황혼	
장성원		노을 / 밤	
김려수		산장 / 허무 / 소녀와 밀림	
신찬균		황혼 / 내일 / 연륜	
김장령		파문 / 풍경 / 추억의 봄	
황병용		해변 / 불상 / 이슬	

『풍토』1집에 발표된 시는 총 22편이다. 김해성 3편, 김영채 3편, 곽우종 1편, 최규완 3편, 문종설 3편, 채만묵 3편, 임영률 3편, 윤균호 3편씩을 발표하고 있고, 신석정의『서문』과 백양촌의『발문』을 함께 실었다.『풍토』2집에 발표된 시는 총 21편이다. 김해성 · 김려수 · 신찬균 · 김장령 · 황병용은 3편씩을 발표하였고, 서병용 · 이복술 · 장성원은 2편씩을 실었다.『풍토』1집과 2집의 편집을 맡았던 김해성은 당시 이미 개인시집『해몽(海夢)』을 발행하기도 하였다. 여기에 실린 시들은 정전 체제 이후 전주 지역의 문학사회 지형과 학생문단 상황을 그대로 노정하고 있다는 점에서 의미가 있다.

『풍토예술(風土藝術)』은 전주사범대학교 학생들로 구성된 시동인지로, 1954년 9월 1일 창간호가 발간되었다. 여기에는 김해성, 이규태[38], 이봉섭[39], 이일남, 소재중, 김병인, 최세훈[40]이 동인으로 참여하였다. 작가별 시작품 편수를 일별해보면 다음과 같다.

〈표 5〉『풍토예술』 작가와 작품 목록

작 가	작품 제목	비 고
이봉섭	여백의 풍속	시
김해성	코스모스	
이일남	꽃잎	
소재중	선인장	
김병인	탈피	
이규태	숲속에서	
최세훈	사바기행	미완

『풍토예술』 창간호에 발표된 시는 총 7편이다. 이봉섭, 김해성, 이일남, 소재중, 김병인, 이규태, 최세훈이 각 1편씩의 시작품을 실었다. 여기에 실린 시들은 대체로 신진 문학도 특유의 실험 정신을 과감하게 보여주고

---

38) 이규태(李圭泰, 1933~2006)는 전북 장수 출생으로 전쟁기 전주사범대학에 입학하여 백탑동인과 풍토예술동인으로 활동했으며 1959년 조선일보에 입사하여 문화부, 사회부, 편집부 기자를 거쳐 논설위원을 역임했다.

39) 이봉섭은 전쟁기 전주사범대학에 입학하여 백탑동인과 풍토예술동인으로 활동했으며 1956년 『전북일보』 신춘문예에 시가 당선되어 문단에 진출하였다. 전북일보 논설위원과 전북예총 회장을 역임했다.

40) 최세훈(崔世勳, 1934~1984)은 전북 김제군 죽산면 출생으로 전쟁기 전주사범대학에 입학하여 풍토예술동인으로 활약하였고 1954년 이리방송국 아나운서로 입사한 뒤에는 언론인으로 꾸준히 활동하였다. 1962년 『자유문학』 추천을 거쳐 시인으로 등단하기도 했다.

있다는 점에서 주목된다. 이 동인들 가운데 이봉섭과 이규태는 이전에 문학 활동을 전개해 나갔던 백탑동인회⁴¹⁾가 해체되면서 풍토예술동인회에 합류하게 되었던 것으로 보인다. 연비동인이었던 김병인과 풍토동인이었던 김해성의 참여 또한 이런 맥락에서 이해할 수 있다. 2호가 발간되었는지는 현재 확인이 불가능하다.

  이상과 같이『남풍』,『연비』,『풍토』,『풍토예술』동인지의 현황과 특징을 살펴보았다. 살펴본 내용을 간단히 정리해보면 다음과 같다.『남풍』과『연비동인시집』은 한국전쟁의 와중에 전주에서 발간한 동인지 매체이고,『풍토』1 · 2집과『풍토예술』은 정전 체제 이후에 발간된 동인지 매체이다. 이 시기 동인지 매체는 두 가지 경향이 존재한다. 기성과 신인이 수평적, 수직적 연대를 추구한『남풍』과 학생들이 수평적으로 결합한『연비』,『풍토』,『풍토예술』이 그것이다. 이들 동인지는 뚜렷한 매체이념을 표방하거나 기존 문단과의 차별화를 시도하지는 않았다. 그러나『남풍』과『풍토』의 서문에서 알 수 있는 바, 지역문학의 활로를 모색하고 새로운 문학을 수립하기 위하여 애쓴 고투의 흔적이 작품에 집약되어 있었다. 이들의 창작 활동은 전쟁기의 지배담론이었던 반공주의 · 애국주의와 일정한 거리를 두고 있다는 점에서 대체로 순문학에 가까웠다고 말할 수 있다. 이것은 당시 전주문단의 구심체가 되어주었던 서정주, 이병기, 신석정, 김해강 등 선배 문인들의 창작 활동이 영향을 미친 결과로 보인다. 1950년대 전반기 전주 지역 학생동인지는 비록 지속적으로 매체를 발간하지는 못했지만 전북문학사에서 문학후속세대들의 등장이라는 의미와 더불어 문

---

41) 전쟁기 전주사범대학 재학생들로 구성된 문학동인회로, 최일남 · 이범욱 · 이봉섭 · 이규태 · 이성우 · 김종준 등이 참여하여 1951년 동인지『백탑』을 발간한 것으로 전해진다.『전주시사』, 앞의 책, 1109면 참조.

학적 다양성의 확보라는 차원에서 의의를 지닌다고 하겠다.

III. 전쟁기 전주 지역 동인지 양상

1. 동인지별 작품의 특징 비교

전쟁기 전주 지역 동인지는 전문 작가 동인지와 학생 문예지로 구분된다. 전문 작가의 동인지는 기성 작가 작가들이 모여 만든 『남풍』이다. 『연비』, 『풍토예술』는 각각 전북대학교 문리과대학 학생 동인지와 전주사범대학교 학생 동인지로 기본적으로 아마추어 문사들이 모여 엮은 시집이다. 『풍토예술』은 국어문학연구회와 연관되어 있고 『연비』는 가람 이병기와 신석정의 도움을 받았음을 밝히고 있다. 『연비』는 '시를 體得하려고 공부하는 우리들이 理論과의 距離를'[42] 좁혀보려고 엮었다고 밝힌 점에서 문학 연구자들이 주요 멤버임을 알 수 있다.

신석정과 백양촌의 사사(師司)를 받은 『풍토』는 전주고등학교 재학생들의 시동인지다. 이미 김해성이 시집 『해몽(海夢)』을 엮어낸 것으로 보아 수준급의 시 창작에 도달해 있었던 것[43]으로 보인다. 백양촌이 동인시집의 제호를 만들어 주면서 시가 배양되는 아름답고 부드러운 풍토를

---

42) 편집자 저, 「서(序)」, 『연비동인시집』, 1952, 1면.

43) 1950년대 초반 지역 문단을 논의하면서 실제 텍스트 분석이 빠질 수 없다. 텍스트의 수준과 성향으로 문단 양상을 제대로 말할 수 있기 때문이다. 이에 대해서는 송기섭, 「해방기 대전충남 지역문학의 형성 양상」, 『한국민족문화』 54, 부산대학교 한국민족문화연구소, 2015 참조.

만들 것을 당부하였다.44) 또한 신석정이 이들에게 거는 기대는 진지함을 넘어 사명감을 불러 일으킬만하다. 여기서 신석정은 시인의 소명, 시의 (새로운) 정의, 시 창작방법을 재기하였는데 시를 정신의 불꽃이라고 한 후 '개화를 위하여 아예 안일한 행복이 거기 있다고 생각하지 말'라고 경고하였다.

> 詩人이 發見한 그리고 發見하면서 있는美는 바로眞理로 通하는길이다
> 眞理를 爲해서 生命을바친 사람이많다 그러나 眞理를 爲해서 사는것은 죽는 것보다 더 聖스럽고 어렵다는것을 잊어서는 안될것이다 그러기에 詩는 모든 藝術의 出發이오 또 歸屬이 아닐수없다
> 그러므로 그대들은 明日의詩를爲해서 太陽보다 大膽하고 억센出發을 敢行하라
>
> 오늘의詩가 어제의 詩의位置를 占領하드시 明日의詩는 오늘의 詩의領土를 占領하는데 그意義가 있으리라 새로운 『風土』의 住民이된 그대들은 詩를 위해서는 殘忍한 帝國主義者가 되어도좋다 그리하여 그대들의 詩의 領土를 擴張하라45)

서문(序文)에서 신석정은 '시를 위하여 잔인한 제국주의자가 되어도 좋다'고 강력히 말한다. 시의 영토를 확장하는 일은 진리를 위하여 사는 성스럽고 어려운 일이지만 태양보다 대범하게 출발하라고 한다. 시의 미학을 밝힌 신석정의 시 정신은 풍토 동인들의 사기를 진작시키기에 충분해 보인다. 신석정과 백양촌이 『풍토』 동인들에게 보인 애정을 확인할 수 있다.

---

44) 백양촌, 「고운 시생명의 원류」, 『풍토』, 1953, 58면 참조.
45) 신석정, 「"풍토"의 머리에」 중에서, 『풍토』 1집, 2면.

『남풍』에는 피난민의 현실과 그 안에서 순수 예술을 지키는 자의 고단함이 들어 있다.

> 물 많은 배 하나만 먹고 싶다고, 그말 한마디 그렇게도 생생히 남겨 놓고 順이는 목 마른 채 눈을 감았읍니다. 順의 엄마는 세 날 세 밤을 통곡하다가 복덕 어매 권에 못 이겨 팟죽물에 목구멍을 추기고 있는데, 이웃집 이뿐 어미 三年前 죽은 딸년 설음에 눈물을 씻고…….
> 울 밑에 봉선화 나날이 붉어 새 꽃 또 하나 더 피었읍니다.(김교선,『새 꽃』전문, 17면)

인용한 시『새 꽃』은 수준 높은 산문시의 경지를 보인다. 새로 피어난 봉선화와 굶주림에 죽은 어린 딸을 연결한 은유는 딸의 안타까운 죽음에 고통 받는 어머니들의 핍진한 묘사를 통하여 구체성을 얻었다.『남풍』은 기성 작가들의 동인지이며 수준급의 비유와 어휘로 피난 문학의 특징[46]을 드러내었다. 분석 대상 동인지 중 유일하게 번역글인『괴-테의 눈』이 포함되어 있다는 점도 주목을 요한다.

신인작가들의 동인지인『풍토예술』은 일곱 시인의 일곱 시편을 담았다. 첫 시 이봉섭의『餘白의 風俗』은 무한과 유한을 넘나드는 생명의식을 표방했다. 이 동인지는 20대의 신인작가 동인지답게 과감한 실험을 시의식과 결합하였다. 이러한 특성은『남풍』의 시편이 가진 안정감을 깨고 새로운 파격 시의 세계를 열기에 적합하다. 특히 여러 지면(21-26면)을 할애하여 실은 최세훈의 시『사바기행』은 눈여겨볼만하다. 이 시는 먼저 날짜를 달아서 일기형식을 빌렸다. '1953년 12월 31일/지금 해오의 눈물로

---

[46] 이철균의『하늘』에는 詩語 '주검'이 등장하여 生과 死의 갈림길 전쟁 시기 문학임을 알게 한다.

볼 적셔야 할 시간…./나는 아직껏 스스로 판 墓穴속에서 어둠을 파먹고 있다'. 이러한 시 표현은 『풍토예술』에 전반적으로 흐르는 감수성이기도 하다. 젊은 작가의 혈기와 시적 실험이 돋보인다.

『연비』는 여러 특징적 면모를 보여준다. 등사본이어서 필경사(筆耕士)[47]의 글씨로 되어 있으며 10명의 시인이 참여하여 시 35편을 실었다. 시의 양이 많아서 다른 동인지에 비해서 비교적 다양한 시세계를 확인할 수 있다.

> 시달리든 歷史이기에
> 아직도 푸르른 내이마에
> 疲勞한 良心이 잔주름을 그었고
>
> 背春당한 사랑과
> 骸骨처럼 말라빠진 眞實이
> 이처럼 터밀에 쑥대밭을 마련했오
>
> ─激憤한 靑春에
>
> 末練을 반추하는 감미한 서정이며
> 여겨웁도록 기달리든 그지없는 所望이
> 부풀었든 血管을 비틀어 짰오[48]

---

47) 문서나 책 등에 글씨를 쓰는 일이 직업인 사람을 筆耕士 혹은 筆耕工이라고 한다. 지금은 없어진 직업으로 이들은 철필을 가지고 글씨를 새겨서 등사했다.

48) 이승기, 「自畵像」, 『燕飛同人詩集』, 69-70면. 시 인용은 수록 당시 동인지 표기를 따른다.

위 시는 말뚝처럼 서 있는 피로하고 말라빠진 청춘을 드러낸다. 강렬한 자기혐오는 '창 앞에 주저 앉았기 여거워 얼굴도 씻지 못한채 이 피둥이 어린이를 사바에 내놓은'⁴⁹⁾ 행위여서 거칠다. 하지만 전쟁기 '선혈의 장마 속'에 갑갑한 현실을 벗어나 '힘찬 심장'⁵⁰⁾을 연 패기가 반갑다. 『연비』는 시로 만난 벗들 중 천이두, 하동악, 전영환, 이기반, 남두현 등이 여러 편의 창작물을 선보였다. 이기반의 시처럼 난해한 측면이 강한 작품이 있고 남두현의 시처럼 어린 여성 화자를 내세운 쉽게 읽을 수 있는 작품들도 있다. 『풍토예술』의 시편처럼 강렬한 실험 시와 평화를 갈구하는 서정적인 시가 섞여 있어 다채롭다.

전쟁 직후 발간된 『풍토』 1집과 2집은 연장선에 있다. 김해성이 두 동인시집에 들어 있다. 그러나 다른 시편은 겹치는 시인이 없다.⁵¹⁾ 시간적 공백 1년을 감안하더라도 보통의 동인지와 다르게 동인 작가가 겹치지 않는 이유에 대한 별도의 논의가 필요하다. 앞에서 살펴본 『연비』와 『풍토예술』이 젊은 신인들의 잔치였다면 『풍토』는 10대였을 학생들의 시 모음집이라는 점이 특징적이다. 고등학교 학생문예지답게 자연을 예찬하는 시와 일종의 실험을 감행한 장시(長詩)가 포함되어 있다. 독자에게 훨씬 매력적인 것은 『풍토』다. 담긴 시편들이 들쑥날쑥하지 않고 수준급이면서 안정적이다. 그러면서도 신선미를 갖추고 있다. 신석정과 백양촌의 시 정신에 대한 갈급이 『풍토』 작가들의 시편에 스며들어 있다.

---

49) 전영환, 「편집후기」, 『연비』, 1952, 74면 참조.

50) 『연비』의 편집자 이기반이 쓴 「序」를 참조하여 인용자가 기술하였다. ' '가 이기반이 사용한 어휘다.

51) 앞에서 밝혔듯이 『풍토』에는 김영채, 정우종, 최규완, 문종설, 채만묵, 임영률, 윤종균, 김해성 8인의 시가, 『풍토 2집』에는 김해성, 서병용, 이복술, 장성원, 김려수, 신찬균, 김장령, 황병용 8인의 시가 묶여 있다. 겹치는 시인은 김해성 단 한 명뿐이다.

이상의 각 동인지에 대한 각각의 특징을 토대로 분석 대상 동인지에 실린 작품들의 공통점을 추려볼 수 있다. 첫째, 순수문학 지향이다. 서정주가 생명의식의 발로를 강력히 드러내었고[52] 신석정이 시의 본질에 대한 탐구를 강조한 것과 관련이 있을 수 있다. 전쟁 시기 현실에 대한 재현이 어느 정도 불가능했을 수 있다. 자연에 대한 탐색과 자연을 닮으려는 시 정신의 추구가 동인 시인들의 공통점으로 거론할 만하다.『남풍』에 담긴 시제(詩題)는 물론이거니와『풍토예술』에서『코스모스』,『꽃잎』등,『풍토』의 여러 시편들이 (비통한) 현실에 눈감고 차라리 자연을 희구하였다.

둘째, 모더니즘 경향이다. 시의 제재에서 향토 정서와 관련된 시편은 전영환의『農牛야』가 유일하다. 그 밖의 시편들이 모두 도회적이다. 기차, 거울, 역, 정원, 지구, 밀림, 해변, 풍경 등 세련된 도시 감각으로 충만하다. 이러한 근대적 문명 감각은 당시 현대시가 지향하는 바였을 것이다. 생활을 벗어나 시인들이 추구하는 희원(希願)의 세계는 추상적, 암시직으로 표현되이 있다. 시를 쓰는 일과 현실의 괴리를 화인할 수 있다.[53]

마지막, 불교적 세계관과 초월 의지다. 시의 정수(精髓)에 다다르고자 분석대상 동인지 시편들이 발견한 세계는 불교인 듯하다. 황병용『불상』, 김해성『미륵』, 최세훈『사바기행』, 이철균『산방』, 서정주『태산목련송』 등이 불교적 세계관에 침윤되어 있다. 불교적 세계관과 관련하여 시어

---

52) 서정주의 시 두 편이 생명의식을 피력했을 뿐 아니라『남풍』의 서문에서 '한 가지 소원이 있다면 이 자잘한 입사귀들이 韓國의 제반 生命 營爲의 基盤에 어긋나지 않고자 하는 점입니다.'라고 하여 생명 영위를 강조하였다.

53) 허정석은 동인지의 끝머리『餘墨』에서 다음과 같이 토로하였다. '『風土藝術』을 꾸며보겠다는 意欲이 생겼읍니다만 現實은 이것 저것 바란스를 잡아야만 하게 만들기만 했습니다.' 예술을 한다는 것이 현실에 매이게 되면 어렵다는 것을 지적한다. 이러한 고뇌는 반복적으로 드러났다. 백양촌도『풍토』1집의 발문에서 시인들이 세속적인 넓은 길을 버리고 '굳이 이땅에선 너무도 푸대접받는 외롭고 조출한 文學의 길'을 택했다고 표현하였다.

'먼지', '구름', '서쪽(녘)' '연(蓮)' 등이 반복되었다. 동인 시편들에서 공통적으로 보이는 전쟁의 폐허와 고통 속에서 불교 세계가 설파하는 '내세'는 유일한 출구였을 수 있다. 전쟁 직후 이성과 합리가 보이지 않을 때 자꾸만 센티멘탈해지는 시 세계에 이들이 붙든 불교적 세계는 예술로 가는 가능성이었다.

2. 주요 작가의 작품 경향 분석

현재까지 발굴된 전쟁기 전주 지역 동인 활동 멤버는 통틀어 35명이다. 이들 중 본고의 분석 작가는 분석 대상 동인지에 겹치는 작가로 김해성과 김병인이다. 이 두 작가는 전쟁기 전주 지역에서 활발한 창작 활동을 했다. 김해성은 『풍토』 발행인으로 『풍토』에 『미륵』, 『염원』, 『낙조』를, 『풍토』 2집에 『유월』, 『우상』, 『청산서정』을, 『풍토예술』에 『코스모스』를 게재했다.54) 김병인은 『연비』에 『날개』를, 『풍토예술』에 『탈피』를 실었다.

김병인의 시 세계는 자기 환멸을 지각하는 데서 시작된다. 환멸을 속속들이 경험해야만 다음이 있다는 깨달음을 전한다.

> 껍질을 벗어……
> 껍질을 벗어……
>
> 辱된 世上에 罪도곤 어려운 고비를
> 살아 가라는 것이었읍니다.

---

54) 김해성이 묶었다는 개인 시집 『海夢』을 읽을 수 있다면 더 적합한 논의가 가능했을 것이다.

오랜 歲月두고 간직한
투박한 모습을 벗어
햇볕을 받아
그렇게도 반가운 햇볕을 받아

혹은
어린 살결을 가다듬으라 했습니다.[55]

  시인의 발은 아둔하고 투박한 모습으로 생사의 뒤안길을 더듬고 있다. 그렇지만 질병과 죽음의 비관 속에서 허우적거리는 것으로 끝나지 않을 까닭이 있다고 강조한다. 별과 햇볕은 시인에게 날개를 달아주고 살결을 가다듬게 한다. 김병인은 궁거운 생으로부터 시를 통해 출구를 찾았음을 기쁘게 전한다. 김병인의 기쁨은 자연스럽다기보다 오히려 처절하다.
  김해성의 시 세계는 영롱한 세레나데다. 시공을 초월하여 연모(戀慕)의 정을 품었다. 미륵 불상, 유월, 코스모스, 노을이 모두 김해성에게 슬픈 사랑 노래를 부르게 한다.

유월은 내마음의 여왕
빛나지 않는 슬픔을 가슴에 품은채

청제비 날개끝에 연분홍 봄날을
버리고 돌아온 思戀……

호박꽃 웃는 울넘어로 넌즈시 띠워나 보련다[56]

---

55) 김병인, 「脫皮」, 전 6연 중 뒤 4연.
56) 김해성, 「유월」, 전 7연 중 뒤 3연.

시인이 유월을 노래하는 이유는 봄날의 연애를 버리고 돌아왔기 때문이다. 하여 사랑 노래를 유월에 다시 띄워 보려고 한다. 연모를 품은 김해성의 시는 청춘이 뿜어내는 감당하기 힘든 에너지를 다독인다.『염원』, 『청산서정』, 『미륵』에서 김해성은 '벅찬 청춘을 노래'하고 '숭고하게 살기'를 다짐한다. 목가적 세계(목동의 피리가락, 목장, 청산)와 불교적 세계(두견새, 부엉이, 미륵불) 안에서 김해성은 우상인 '희'와 아름다운 '順이'를 찬양한다.

김병인과 김해성의 시 세계는 전쟁의 폭력 앞에 놓인 시 정신의 활로를 개척하였다. 두 작가의 천재적 기질을 차치하고라도 당시 전주 지역 시 창작의 열기를 확인할 수 있다. 우리는 정세의 난관 속에서 김병인의 '날개'와 '허물 벗음'이 가지는 의미를 가늠할 수 있거니와 김해성의 '청춘예찬'과 '연모'가 전주 지역 문학예술인 가운데 흐르고 있음을 확인할 수 있다.

두 번째 분석 작가는 본고의 의도에 의한다. 본고는 1950년대 한국 문단의 지형도에서 전주 지역 문학인의 행보를 추적하려는 것이다. 이를 통하여 전쟁 시기 한국 문단의 빈틈을 메우고 전쟁기 문학인들의 활동에 의미를 부여하려 한다. 이와 같은 의도에서 최규완의 시편과 하동악의 시편을 살펴보고자 한다. 두 작가의 시들은 전쟁 시기 전주 지역의 시 세계의 특징을 고스란히 담고 있어서 피난 문단 형성에 기여할 만하다.

최규완의 시 세계는 전쟁의 아픔을 보여준다. 삶과 죽음이 눈앞에 널브러져 있으며 절망적이다.

  億劫도 푸른 물 속 위에
  惡魔의 숨결이 일면

이즈러진 달마저
서럽게 사라지는 밤이었읍니다

거짓과
악함과
추함과
그리고 속됨이
이 밤을 마련하고 있읍니다

누우면 달빛에 젖던
떠얼며 검은 흙탕물에 몸을 맡기는
蓮이파리 풀잎들 사이
힘없이 와 몸을 기대는 毒蛇며, 蝎蟲의 무리들

밤은 깊어

하루사리 生命들은 잠들고
이 밤은 나의 肉身을 녹여 흐릅니다
소리없이 다만
뛰는 心臟이 있을뿐입니다[57]

   달마저 사라진 밤이다. 거짓, 악함, 추함, 속됨, 흙탕물에 몸을 맡기니 독사와 갈충들이 우글거려 시인의 육신을 녹인다. 육신 없는 몸에 뛰는 심장! 최완규의 시 세계는 그믐밤 눈물과 구렁과 우박과 시든 꽃으로 가득하다. 표표망망 혼(魂)마저 갈 곳이 없다는 비유는 전쟁기 존엄을 잃은

---

57) 최완규, 「心臟」 앞부분 절반 분량.

인간의 모습 그대로다. 그러나 뛰는 심장은 어쩔 것인가. 최완규의 절규는 인용한 『심장』처럼 계속된 절규인데 그래서 설득력을 지닌다.

하동악의 시는 죽음의 시학이다. 『패수장』은 뼛가루를 바다에 뿌리는 장면을 연상시킨다. 먼 길을 가는 『바람길』 또한 장례 장면을 연상하게 한다. 『잔명(殘命)』은 벗이 죽고 나만 살아서 겪는 아픔을 담았다.

> 光明도 싫습니다
> 新鮮한 空器도 土壤도…
> 문을 닫고 안으로 고를 걸어 바깥 世相과 결별을 고한 다음 隱花植物처럼 어두운 꿈을 이루며 永遠한 時間을 누워서 사는 것이 좋습니다 天井을 바라보다가 지치면 눈을 감아 버리면 됩니다 窒息이 오는 순간에는 壁이라도 차 넘길 두 발이 있지 않습니까[58]

은화식물이 된 이 시의 자아는 누워서 천정을 보며 죽음을 기다리고 있다. 벽을 차 넘길 두 발은 최완규의 '심장'처럼 안타까움을 증폭시킨다. 주위의 온 사방이 아프고 죽어가고 죽는 현실 앞에 시인이 거둘 수 없는 어린이와 거지와 죽은 친구와 질병과 어둠과 가난과 굶주림은 절박하다. 때문에 광명도 싫다고 말한다. 최완규와 하동악의 절규는 전쟁기 전주 지역 동인 시편에 깔린 주류 정서라고 할 수 있다.

절망과 죽음의 시학인 최완규와 하동악의 노래가 우리에게 선사하는 예지는 '육신 없이 뛰는 심장'과 '벽을 차 넘길 두 발'이 상징하듯이 그럼에도 살아야 한다는 초월에의 의지일 것이다. 절망을 노래하면서 순결을 붙들었고 죽음을 목도하면서 새로운 세계를 그리워했다. 두 신인 작가가 길어 올린 시어들은 초월 의지를 놓이지 않았기에 순수하고 모던

---

58) 하동악, 「房」 전문.

하다. 너덜거리는 현실은 이들의 시 세계를 더욱 예민하게 부조하는 밑바탕이 되었다.

Ⅳ. 나가는 글

지금까지 전주 지역 문학 담론은 신문 매체를 중심으로 논구되어 왔다. 본고는 여기에 전주 지역 잡지 매체를 소개하여 지역 문학 양상을 풍성하게 만들었다. 1950년대 초반 유실된 자료 속에서 그나마 실증이 가능한 몇 자료를 보태어 전쟁기 전주 지역 문학의 양상을 살펴보았다. 따라서 본고는 무엇보다 자료 발굴의 의미가 크다.

동인지를 중심으로 살펴 본 결과 전쟁기 전주 지역에는 전북 태생의 문인들이 전란을 피하여 기거하면서 여러 동인 활동을 펼쳤음을 알 수 있었다. 이들은 문학예술의 가치를 지키고 후학을 양성하면서 인간적인 교류를 이어왔다. 이철균이 발행한 『남풍』은 서정주와 신석정이 활약한 동인지이며 지역 대학교를 중심으로 『연비』와 『풍토예술』의 활동이 돋보였다. 20대를 중심으로 모인 아마추어 신인 작가들은 생명의 시 정신을 내세우며 열정적인 창작을 벌였다. 지속적인 발행물을 확인할 수 없어 아쉽다. 특히 『연비』는 가람 이병기와 신석정의 영향 아래 창작이 이루어진 것으로 확인된다.

전주고등학교 문예지 『풍토』에는 상당한 수준의 작품들이 수록되어 있다. 신석정과 백양촌의 사사를 받은 풍토 동인들은 시적 탐구를 역사적 사명으로 여긴 듯하다. 실제 텍스트 분석을 통하여 확인한 결과 이들은 높은 시 세계의 구축이 개인과 사회의 활로를 개척한 유일한 출구라고 보고 생활을 버리면서까지 시 세계를 구축한 열의를 담고 있었다. 객관적으로 열악한 정세 속에서 이런 정도의 시적 성취를 이룬 것이 특이할 만하다. 전주 지역 전쟁기 문학 활동은 다양한 매체 이외에 동인 활동도 활발하게 진행된 것으로 보인다.

　본고는 동인지 형태로 발간된 잡지 매체를 통하여 전쟁기 전주 지역 문인들의 면모와 실제 창작물을 가늠하였다. 창작물의 대부분이 시 작품으로 고통스런 현실에서 시 세계를 희구함으로써 본래 예술이 목적하는 자기 정화와 사회 구원에 도달하려 했음을 알 수 있다. 앞으로 전쟁 이후 1950년대 후반의 전주 지역 문단의 흐름을 살피고 여전히 소실되고 망각된 한국 지역 문학의 온당한 담론을 형성하는 것이 본고의 후속 과제이다.

2

근현대 작가론 / 작품론

| 이해조 산정 판소리계 소설의 당대적 가치
| 채만식의 고전 읽기와 그 의미
| 김유정 소설에 나타난 '돈'
| 반공의 규율과 소설의 개작
| 발굴 소설, 이호철의 「비틀비틀 族」에 대하여
| 발굴 소설, 이호철의 「상해임시정부」에 대하여

이해조 산정
판소리계 소설의
당대적 가치

이해조 산정 판소리계 소설의 당대적 가치

Ⅰ. 문제제기

　주지하다시피 이해조(1869-1927)는 이인직과 함께 근대 전환기 서사문학의 기틀을 마련한 작가이다. 하지만 그는 서양 작품이나 중국 고전의 번역, 번안은 물론 우리 고전문학의 내용과 형식에도 깊은 관심을 보여주었다. 가곡집『정선조선가곡(精選朝鮮歌曲)』(1914)이나 신작 고소설『홍장군전』,『한씨보응록』(1918) 등의 창작은 그 같은 관심과 노력의 소산이라 할 것이다. 이 글이 다루고자 하는『옥중화』,『강상련』,『연의각』,『토의간』(1912) 등의 판소리계 소설도 이러한 관점에서 주목할 수 있다. 당대의 대표적인 신소설 작가였던 이해조가 판소리계 소설을 산정했다는 사실에 대해선 이미 많은 연구자들이 관심을 기울인바 있고, 그 결과 적지 않은 논의가 제출되기도 했다.
　이해조 산정 판소리계 소설에 대한 기존의 논의는 크게 두 가지 방향에서 이루어져 왔다. 하나는 판소리사 내지 고소설사에 끼친 영향과 관련하여 이 작업의 의미를 긍정적으로 평가하는 경우이다. '춘향전 이본의 역사에서 제3기를 여는 작품'[1] '20세기 초엽 활자본 고소설의 출판 판도를 좌우할 만큼 영향력 있는 작품'[2] 이라는 지적 등은 새로운 이본의 출현이라는 관점에서 이해조의 작품을 높게 평가하는 관점을 대표하는 작업이다. 다른 하나는 1910년 이후 작품의 통속화 경향과 관련하여 그 작업의 한계를 해석하는 경우이다. 이러한 관점을 대표하는 작업으로는 '문학적 소재와 표현 방법에 있어서 새로운 인식의 방법을 가지지 못했음을 반증하는 것'[3] '계몽성이 쇠퇴하고 창조력이 고갈된 결과'[4] 라고 규정하는 논의를 들 수 있다.

고전문학계와 근대문학계를 포괄하는 선행 연구들은 이해조 산정 판소리 작품이 가지는 의의와 한계를 밝혀보려 했다는 점에서 의미가 있다. 그러나 기존 연구는 여러 노고에도 불구하고 관점의 차이를 드러낼 수밖에 없는 연구 태도로 인해 그 성과가 상호 유기적으로 보완되지 못하는 문제를 드러내었다. 실상 그간의 연구와 평가가 개별 작품의 형성 과정이나[5] 산정의 양상과 의미[6] 를 검증하는데 많은 노력을 기울이면서 정작 산정

---

1) 조윤제, 「春香傳 異本考(二)」, 『진단학보』 12호, 진단학회, 1940, 501면 참조.
2) 설성경, 『춘향전의 형성과 계통』, 정음사, 1986, 143면 참조.
3) 임화, 「개설조선신문학사」, 『인문평론』, 1942.2 ; 임규찬, 한진일 편, 『임화 신문학사』, 한길사, 1993, 297-305면 참조.
4) 최원식, 『한국근대소설사론』, 창작과 비평사, 1986, 173-174면 참조.
5) 주요 선행 연구는 다음과 같다. 김종철, 「〈옥중화〉연구-이해조 개작에 대한 재론」, 『관악어문연구』 20, 서울대학교 국어국문학과, 1995 ; 서유석, 「20세기 초반 활자본 춘향전의 변모양상과 그 의미」, 『판소리연구』 24, 판소리학회, 2007 ; 윤용식, 「신재효 판소리 사설과 이해조 판소리 작품과의 비교 연구」, 서울대 석사논문, 1982 ; 이주형, 『구활자본 고전소설 연구』, 월인, 1999 ; 최운식, 『심청전연구』, 집문당, 1982.
6) 엄태웅, 「이해조 산정 판소리의 〈매일신보〉 연재 양상과 의미」, 〈국어문학〉 54, 국어

의 이유나 동기 그리고 자료의 당대적 가치를 제대로 짚어내지 못했다는 점은 새로운 연구 과제를 안겨준 것으로 이해할 수 있다.

본론에서 서술되겠지만, 이해조 판소리계 소설의 당대적 가치를 제대로 판단하기 위해서는 산정 동기와 함께 산정 행위와 자료적 가치의 의의를 먼저 살펴야 한다는 것이 본고의 입장이다. 이에 본고에서는 산정 작업에 제기된 비판적 견해를 검토한 다음, 여타의 자료들을 통해 산정 과정에 나타난 편찬의식을 살펴볼 것이다. 이어 『매일신보』 연재본과 함께 구활자본을 대상으로 자료의 당대적 가치를 검토하고자 한다.

II. 산정 행위에 제기된 논란 검토

신소설의 대표적 작가였던 이해조가 자신의 필명으로 우리의 고전 판소리를 산정, 신문에 연재한 것은 그 작품 내용의 여하를 떠나서 특기할 만한 일이라고 여겨진다. 특히 이는 신재효 이후에 이루어진 최초의 본격적인 채록 작업이라는 점에서 그 의의가 크다 할 것이다. 그런데 이해조의 이러한 산정 작업은 종종 비판이 되어 왔다. 문제가 되는 것은 이해조가 『자유종』(1910)의 여성화자의 발언을 빌어 비판했던 판소리 작품을 왜 후일에 산정, 신문에 연재하였느냐 하는 것이다. 이해조의 국문소설(고전소설)에 대한 관점이 잘 피력되고 있는 『자유종』의 한 대목을 살

문학회, 2011 ; 오윤선, 「〈옥중화〉를 통해 본 '이해조 개작 판소리'의 양상과 그 의미」, 『판소리연구』 21, 판소리학회, 2006 ; 이문성, 「〈매일신보〉에 연재된 이해조 산정 「강상련」의 특징과 의미」, 『판소리연구』 32, 판소리학회, 2011 ; 정충권, 「〈燕의脚〉의 系統과 性格」, 『개신어문연구』 24, 개신어문학회, 2007.

펴보기로 하자.

> 춘향전을 보면 정치를 알겠소? 심청전을 보고 법률을 알겠소? 홍길동전을 보아 도덕을 알겠소? 말할진대 춘향전은 음탕 교과서요, 심청전은 처량 교과서요, 홍길동전은 허황 교과서라 할 것이니, 국민을 음탕 교과로 가르치면 어찌 풍속이 아름다우며, 처량 교과로 가르치면 장진지망이 있으며, 허황 교과서로 가르치면 어찌 정대한 기상이 있으리까? 우리나라 난봉 남자와 음탕한 여자의 제반 악징이 다 이에서 나니 그 영향이 어떠하오?[7]

위 인용문은 여성 화자의 한 사람인 국란의 발언 내용으로 국문소설이 독자들에게 주는 부정적 영향을 설명하고 있는 부분이다. 즉 '춘향전', '심청전', '홍길동전' 등의 국문소설은 음탕, 처량, 허황한 내용뿐이어서 이를 읽는 남녀 독자들의 풍속을 흐리고 악영향을 미친다는 것이다. 따라서 독자를 올바로 인도하기 위해서는 아름다운 풍속과 정대한 기상에 도움이 되는 작품을 읽혀야 한다는 것이 그 요지이다.

위 국란의 발언에 나타난 이해조의 국문소설에 대한 입장은 대체로 부정적이며 비판적이다. 이것은 소설의 계몽성을 강조한 견해라고 볼 수 있는데, 적어도 『자유종』에서의 이해조는 소설을 사회적 경성과 풍속 개량의 수단으로 여겼다는 점을 확인할 수 있다. 즉 『화의 혈』 후기에서 언급한 소설관, "쇼셜이라 하는 것은 매양 憑空捉影으로 인정에 맞도록 편집하여 풍속을 교정ᄒ고 사회를 警醒하는 것"[8] 이라는 시각으로 국문소

---

7) 전광용 편, 『한국신소설전집』 2권, 을유문화사, 1968, 150면. 이하 작품 인용은 본문에 작품명과 면수만을 표기하기로 한다.

8) 이해조, 『화의 혈』 후기, 보급서관, 1912, 100면.

설을 비판하고 있는 것이다.

그런데, 앞서 말한 것처럼, 이해조의 판소리 산정 작업은 그의 국문소설에 대한 관점과 관련하여 비판이 제기되어 왔다. 즉 이해조가『자유종』에서 비판했던 국문소설을 후일 산정하여 신문에 연재한 것은 '창작력 고갈에 따른 작가의식의 후퇴'이자 '계몽성이 쇠퇴하고 대중적인 오락성에 더 큰 관심을 기울인 결과'라는 것이다. 이러한 비판의 중심에 임화의 주장이 놓여 있다. 임화는 1910년 병합 이후의 이해조 소설을 한 마디로 "통속문학"으로 규정한다. 문학으로 독자의 정신을 계몽하려는 입장을 취하지 않고 독자의 흥미에 부합하려는 입장을 보여주었다는 인식에서이다.

그는 이러한 문학의 속화(俗化)가 신소설에 있어서의 문학적 발전을 저해하였는데, 이해조의 문학이 여기에 일조했다고 보았다. 이해조의 통속성 활용에 대해서는 "구시대적인 제재를 취급할 때엔 구소설 양식에의 복귀"를 지배적으로, "보다 현대적인 제재를 취급할 때면 보다 신파적인, 보다 현대 통속소설적인 또는 탐정소설적인 경향"[9] 을 명백화 하고 있다고 비판한다. 요컨대 이해조는 '풍속 일반을 그려내는 통속작가', '전통적인 작가'라는 논평이다. 이는 애국계몽기 이해조의 문학을 고평해온 최원식의 경우도, 고전 정리 작업에 관해서는 대체로 동의하는 듯이 보인다.

그러나 이해조의 소설이 병합 이후 급격히 통속화되었다고는 하지만, 당대의 현실을 기록함으로써 독자에게 시의적인 '영향'을 전달하고자 하는 노력은 합방 이후에도 변함없이 이루어지고 있었다. 예컨대『월하가인』(1911)이나『소학령』(1912)은 당시 러시아와 멕시코로 끌려가 비참한 생활을 하게 되는 이주 노동자들의 모습을 그리고 있는데, 이러한 소설적 현실은 나라와 미래를 빼앗긴 독자들에게는 더욱 더 처참하고 비통한

---

9) 임규찬, 한진일 편, 앞의 책, 1993, 297-299면 참조.

현실로 다가왔을 것이다. 특히나 병합의 상황을 악용하는 일본인 협잡꾼들의 비열함에 이중, 삼중의 고통을 겪어야 하는 이주 노동자들의 참담한 생활상은 그 당대의 시의적인 모습이 반영된 것이라 하겠다. 또한 『구마검』(1908)에서 나타난 미신숭배의 폐단은 『화세계』(1911)나 『비파성』(1913)에서도 여전한 문제점으로 드러나고 있다.

병합 이후 조선을 부정하고 일본과 같은 문명국가로 나아가야 함을 주장했던 이인직과 달리 이해조가 이를 강조하지 않은 것은 가련한 동포의 삶을 개선시켜 주려는 열망이 아직 남아 있었기 때문이라 할 것이다. 이해조의 이러한 태도는 병합 이후에도 계몽 주체의 입장이 여전히 유지되고 있음을 드러낸다. 계몽의 목표의식이 구국에서 애국이나 민족 혹은 전통으로 변하였다고 해서 그 대상이 바뀐 것은 아니기 때문이다. 그렇게 본다면 이해조의 작품이 병합 이후 소설의 계몽성을 약화시켜 통속소설로 전락했다는 기왕의 평가는 좀 더 재고될 필요가 있겠다.

한편 이런 의미에서 전통문학의 수용을 작가의식의 현저한 퇴행으로 판단해야 하는가의 문제도 신중히 따져보아야 할 필요가 있다.[10] 서구적인 의미의 문학성(근대성) 개념으로 이해조의 산정 작업을 재단할 때의 문제점은 일제 강점이라는 역사의 비극적인 상황 속에서 이루어진 노력들이 간과되기가 쉽다는 점이다. 즉 판소리 산정이라는 문학적 현상은 당대의 담론적 자장 속에서 설명되어야 할 것이지 보편적 문학성의 기준으로 판단되어서는 안 된다는 것이다. 물론 이해조 산정 판소리계 소설

---

10) 최원식(앞의 책, 173-174면 참조)은 애국계몽기 이해조의 신소설이 가지는 긍정성을 재평가하면서도 합방 이후 고전으로 빠진 것에 대해서는 창조력이 고갈된 결과라고 지적한다. 그러나 이러한 지적에는 『매일신보』에 판소리 작품이 연재될 당시 『춘외춘』(1912.1.1-3.14), 『탄금대』(3.15-5.1), 『소학령』(5.2-7.6), 『봉선화』(7.7-11.29) 등의 신소설이 동시에 연재되고 있었고, 또 이후에도 『비파성』, 『원앙도』, 『산천초목』, 『우중행인』 등의 신소설이 더 생산되었다는 사실이 간과되고 있다.

의 당대적 의미는 병합 이후라는 시기적 특수성과 문화적인 측면을 고려한 논의 속에서 찾아져야 한다고 생각한다.

이해조가 『옥중화』를 비롯한 일군의 작품을 산정, 신문에 연재한 1910년대는 여러 문학적 양식이 혼재된 채 형성되어 있었던 과도적 시기였다. 즉 활자본 고소설, 신소설, 대중적 신파 소설과 함께 무수한 요약, 번역, 번안류의 고전소설들이 통속화된 채 주요 독물로 공존하고 있었던 시기였다. 그러한 환경에서 저작자를 알 수 없는 무수한 무명씨의 작품들이 거듭 출판되어 나왔고, 그에 대해 독자들은 열렬한 호응과 새로운 요구로 화답하였다. 1910년대에 출판된 소설들에서 작가를 알 수 없는 무명씨의 작품이 많은 것은 당대가 창작, 번역, 번안의 개념이나 저작권의 문제를 그다지 중요한 문제로 고려하지 않고 있음을 보여준다.

그러한 시기에 전통적 판소리가 근대적 작가의 이름으로 채록되어 근대 신문에 연재되었다는 것은 그 자체로 특기한 일이 아닐 수 없다. 당대의 독자들에게 요약 변개된 텍스트를 흥미 위주로 제공했던 당시의 출판물의 상황을 미루어 본다면 이러한 작업은 민족 문화 유산의 계승과 관련하여 의미 있는 시도라 할 만하다. 또한 연재가 끝난 후에 출판된 단행본이 이후 구활자본 독서물의 대세를 이루며 판소리계 소설의 가장 유력한 판본으로 영향력을 발휘하게 된다는 것도 주목해야 할 일이다. 이러한 일련의 사실은 판소리 산정의 동기에 일제 강점이라는 민족적 위기 속에서 우리 고전의 전통을 보존하려는 노력과 당대적 요구를 충실히 반영한 정전 확립에 그 편찬의도가 있었다는 것을 잘 보여준다. 그렇게 본다면 창작력 고갈의 결과 고전의 세계로 회귀했다는 기왕의 지적 역시 좀 더 재고될 필요가 있겠다.

Ⅲ. 산정 과정에 나타난 편찬의식

1 국문소설의 대중화

 그렇다면 이해조는 왜 자신이 비판했던 판소리계 소설을 산정했는가 하는 의문이 제기될 수 있다. 이해조의 국문소설에 대한 비판이 과연 작품 자체에 대한 비판으로 볼 수 있느냐의 문제이다. 이를 알아보기 위해서는 앞서 살펴본 『자유종』의 소설론을 다시 검토할 필요가 있다. 주지하다시피 『자유종』은 이매경, 신설헌, 홍국란, 강금운 등 네 명의 부인이 만나 대화, 토론하는 형식을 취한 작품이다. 이들이 서로 돌아가며 발언하는 내용은 여권 신장과 반상 철폐, 학문과 교육의 필요성, 자녀교육의 방법론, 한자폐지론, 국가의 태평성대 기원 등 여러 가지 주장으로 되어 있다. 이 가운데 『자유종』의 소설론은 금운과 국란 중심으로 전개되는 '한자폐지론'에 등장하는데, 앞선 인용문에 이어지는 대목을 제시하면 다음과 같다.

> 휘문의숙 같은 수층 양옥과 보성학교 같은 너른 교장에 칠판, 괘종, 책상, 걸상을 벌여 놓고 고명한 교사를 월급 주어 가르치는 것보다 더 심하오. 전국 남녀들이 자유권으로 틈틈이 보고 곳곳이 읽으니 그 좋은 몇 백만 청년을 음탕하고 처량하고 허황한 구멍에 쓸어 묻는단 말이오.(『자유종』, 150-151면)

 위의 인용문에는 국문소설이 당대의 독자들에게 끼치는 부정적 영향이 언술되어 있다. 즉 국문 소설의 나쁜 점이 신식 학교 교육보다 훨씬 더

빠르게 전파되고, 이를 출판하고 세책하는 과정에서 헛된 자본과 시간을 써 버린다는 것이 그 요지이다. 이는 국문소설이 당대에도 널리 독자층을 확보하고 있는 데에 대한 작가로서의 불만이 반영된 것이라 볼 수 있겠다. 표면적인 내용만 놓고 본다면 국문소설의 확산을 경계하는 비판으로 보아도 무리가 없을 듯하다.

그러나 그 이면을 들여다보면 독자와의 소통적 측면에서 국문소설이 지니고 있는 대중성과 효용성을 높이 평가하고 있음을 알 수 있다. 즉 이해조는 당대 독자들에게 널리 성행하고 있는 국문소설을 보면서 일찌감치 이 작품의 사회적 효용성을 인정하고 있었던 것이라 볼 수 있다. 이러한 점은 이해조의 국문소설에 대한 비판이 과연 작품 자체에 대한 비판으로 볼 수 있느냐의 의문을 제기한다. 이는 이해조의 국문소설에 대한 비판이 작품 자체보다는 오히려 그 작품의 가치를 훼손시키는 작품 외적인 문제점에 놓여 있음을 말해준다. 그것은 당대 독자들의 관심이 작품의 윤리성보다는 흥미성에 집중되어 있는 사실을 지적하고 있는 위의 국란의 발언을 통해서도 확인할 수 있다.

이 지점에서 또 하나 짚고 넘어가야 할 것은 금운과 국란이 한자폐지와 관련하여 드러내는 발언의 내용과 성격이다.

> ①우리 나라 남자들은 거룩하고 고명한 학문이 있는 듯하나 우리 여자 사회에야 그 썩고 냄새 나는 천지현황 글자나 아는 사람이 몇이나 되오? 남자들은 응당 귀도 있고, 눈도 있으려니, 타국 남자와 같이 학문을 힘쓰려니와 우리 여자도 타국 여자와 같이 지식이 있어야 우리 대한 삼천리 강토도 보전하고, 우리 여자 누백년 금수도 면하리니, 지식을 넓히려면 하필 어렵고 어려운 십년 이십년 배와도 천치를 면치 못할 학문이 쓸데 있소? 불가불 자국 교과를 힘서야 하겠다 합니다.(『자유종』, 149면)

②우리나라 국문은 미상불 좋은 글이나 닦달 아니한 재목과 같으니, 만일 한문을 버리고 국문만 쓰려면 한문에 있는 천만사와 천만법을 국문으로 번역하여 유루한 것이 없는 연후에 서서히 한문을 폐하여 지나 사람을 되주든지 우리가 휴지로 쓰든지 하고, 그제야 국문을 가위 글이라 할 것이니, 이 일을 예산한 즉 오십년 가량이라야 성공하겠소.(『자유종』, 151면)

①은 금운의 말이고 ②는 국란의 말이다. 이 토론에서 금운은 국문을 외면하고 한문만 숭상하던 유가의 무능력과 한문 폐해의 문제점을 지적하고, 한글로 자국 교과를 공부하는 필요성을 역설하는 인물이다. 이에 반해 국란은 국문 사용을 자주의식과 연결시키면서도 한문 폐지에 신중론을 펼치는 인물이다. 둘의 주장은 표면적으로 다소 상충되고 있는 것처럼 보인다. 그러나 이러한 주장의 이면을 들여다보면 한문폐지의 태도에서 서로 구분될 뿐 내용적으로는 거의 차이가 없다.

두 사람은 모두 여성 교육의 필요성에 동의하고 있고, 한문 숭상의 문화로 인해 국문소설이 낮은 수준의 형태로 남게 되었다는 것에도 동조하고 있다. 앞의 인용에 이어지는 국란의 대화부분에는 한자폐지에 무조건 반대하는 것은 아니라는 주장이 나와 있다. 또한 한문서적의 국역 필요성을 언급하고 있다는 점에서 그녀가 한글의 우수성에 대해 의문을 품고 있는 것도 아님을 알 수 있다. 이는 금운의 의견과 상충됨이 없이 그대로 부합한다는 점에서 둘의 미묘한 입장 차이는 기본적으로 동일한 인식에 기초하고 있는 것임을 보여준다.[11]

결론은 제대로 된 국문 책을 많이 만들자는 것인데, 이러한 사실은 다음의 인용문에서 재차 확인할 수 있다.

---

11) 최성윤, 「이해조의 「자유종」에 나타나는 교육구국론의 의미와 한계」, 『한국문학이론과 비평』, 한국문학이론과 비평학회, 2001, 112-113면 참조.

> 죠선 주리로, 젼히오는 투령즁, 츈향가, 심쳥가, 박타령, 토끼타령 등은 본리 유자훈 문장주수가, 츙효의 멸의, 됴흔 취지를 포함ᄒ야, 징악챵션ᄒ는 큰 긔관으로 적슐훈바인디, 광디의 학문이 부죡함을 인ᄒ 야, 한번 젼ᄒ고 두번 젼홈이 졍대훈 본뜻은 일어ᄇ리고 음란쳔착훈 말을 징연부익ᄒ야 하등무리의 찬셩은 밧을지 언뎡 초유지각훈 사롬 의 타미가 날로 더ᄒ니 엇지 개탄홀바가 안이라ᄒ리오.[12]

위 인용문은 『매일신보』에 실린 『연의각』의 광고문이다. 판소리계 소설 의 윤리성이 큰 가치를 지니고 있으나 학식이 낮은 광대에 의해 구전되 는 바람에 본래의 가치가 훼손되었음을 안타까워하고 있음을 알 수 있 다. 이에 작가는 본뜻을 담고 있는 작품을 선별하여 산정하고 신문에 연 재하고 있으니 독자들이 그 진가를 알아주길 바란다는 것이 글의 요지이 다. 이 광고는 앞에서 살펴본 『자유종』의 금운, 국란의 발언과 일맥상통 하는 내용을 담고 있다. 즉 우리의 고전작품을 올바로 다듬어 누구나 작 품의 교훈적 가치를 제대로 즐길 수 있도록 해야 한다는 점이 그것이다.

여기서 주목할 점은 그가 신문과 출판이라는 근대적 매체와 국문 중 심의 표기를 통해서 독자들과의 소통을 강화하려는 모습이다. 이는 그 의 『정선조선가곡』의 출판 배경을 통해서도 알 수 있다. 『정선조선가곡』 은 당대 소리꾼 박춘재의 구술을 바탕으로 이해조가 1914년에 신구서림 에서 편찬한 가곡집이다. 기존 연구에 따르면[13] 이 가곡집에는 전대의 가 곡문화의 전통을 지닌 정가양식의 작품이 수록되어 있는 한편 변화한 사 회, 문화적 기반을 수용하여 상업성과 대중성을 담아내고자 했음이 확인

---

12) 『매일신보』, 1912.4.27.

13) 윤설희, 「20세기 초 가집 〈정선조선가집〉 연구」, 성균관대 석사논문, 2008 참조.

되고 있다. 이러한 작품의 선별 방식과 편찬 체제는 고전의 정전화와 국문소설의 대중화 기획에 그 편찬 의식이 놓여 있었음을 어렵지 않게 확인할 수 있다.

이를 참조한다면, 이해조의 판소리 산정 작업 역시 고전의 정전화와 함께 국문소설의 대중화 기획에 그 의도가 놓여 있었음을 알 수 있다. 이는 본문 표기 방식이 국문 표기를 지향하고 있다는 점에서 뒷받침된다. 물론 『옥중화』는 국한문을 혼용하면서 대부분의 단어를 한자로 표기하고 있지만, 『강상련』, 『연의각』, 『토의간』 등은 국문 표기 옆에 한자를 병기하는 방식을 취하고 있는 것이다. 국문이 표기의 중심에 놓여 있는 것은 일단 『매일신보』의 상업적 정책의 방안과 연관이 있어 보인다.[14]

그러나 이러한 국문 지향의 표기 방식에는 누구나 읽기 쉬운 언문으로 교훈적 가치를 담아냄으로써 대중의 인심과 인식을 새롭게 하려 한 이해조의 의중이 반영된 결과로도 보아야 할 것이다. 이것은 판소리의 사설을 눈으로 읽는 독자의 편익을 돕기 위한 노력의 일환이라 볼 수 있다. 실제로 국문 중심의 표기는 독자들에게 판소리 사설의 의미 맥락을 보다 정확히 전달할 수 있는 장점이 있어서 독자들의 이해에 많은 도움이 되었다고 볼 수 있겠다. 결과적으로 이해조의 대중화 기획 의도는 국문 중심의 표

---

[14] 社告 : △ 순언문 신문을 병합 △ 오호활ᄌ의 대확쟝
유리의 본 신보도 이왕에 비교ᄒ면 크게 발젼ᄒ고 크게 긔량ᄒ얏다 홀지라도 사회의 진보홈을 싸러 독쟈졔군의 지식이 더욱 발달훈 오늘날의는 도뎌히 만죡치 못훈 고로 젼부샤원이 대활동을 시험ᄒ야 귀ᄉᄂᆫ 쥬셰흠을 쥬쟝ᄒ되 사회의 만반ᄉ위와 세계의 일뎨동졍을 흔아도 유루업시 본보지면을 크게 확쟝ᄒ고 법령, 졍치, 실업, 교육, 뎐보, 외보, 잡보, 문예, 위싱 다방통신과 밋 긔타의 긔문진담을 계지ᄒ며 쏘 샤진동판을 미일 삽화로 ᄒ야 독쟈졔군에게 취미를 돕게 ᄒᄂᆫ 동시 젼젼지면을 오호로 긔량 간출ᄒ오니 죠션의 잇ᄂᆫ 오호 신문은 본신보가 처음이라(…중략…)이왕에 비ᄒ면 불과 삼십젼에 두 가지 신문을 보시게 되얏슨 즉 독쟈졔군은 이와 ᄀᆺ한 리익이 다시 업ᄂᆫ이다.(『매일신보』, 1912.3.1.)

기를 통해서 대중성과 계몽성을 확보하고, 독자층의 확대를 통하여 상업적인 성과까지 거둔다는 점에서 성공적이었다고 할 것이다.

2. 고전의 정전화

정전 텍스트의 확립과 관련하여 연재 지면에 저본의 작가가 표기된 점도 눈여겨봐야 할 대목이다. 당대의 수많은 판소리 작가와 작품들 중에서도 특정 창자의 작품만을 채록한 것은 뚜렷한 의식지향 하에서 이루어진 작업이라 볼 수 있기 때문이다.

『옥중화』를 연재함에 있어 지면에 밝힌 작가는 박기홍이며, 『강상련』, 『연의각』, 『토의간』을 연재함에 있어 밝힌 작가는 심정순이다. 이들은 20세기 전후에 활발하게 활동했던 판소리 가객들로 알려져 있다. 먼저 박기홍이라는 인물에 대해서 간단히 살펴보자. 기존 연구에 따르면,[15] 박기홍은 이론과 창에 두루 능했던 고종 시대의 명창이며, 정춘풍과 동편제 박만순의 법통을 이어받은 인물이었다. 송만갑, 이동백 등의 선배로 활동하였고 판소리의 "가선(歌仙)", "가신(歌神)"이라 불렸다. 또 시조, 가사, 현금, 가야금, 피리 할 것 없이 조선음악에 무불정통(無不精通)했다

---

15) "박기홍(朴基洪)은 전라도 사람이다.····초년에 박만순 수하에서 지침을 받다가 후에 정춘풍 문하에서 다년 전공하여 대가를 완성하였다. 그는······ 박만순, 전춘풍 거후 고종시대로부터 근대에 이르러 동파의 법통을 혼자 손바닥위에 받들어 들고 끝판을 막다시피한 종장(宗匠)이다. 송만갑, 전도성, 이동백, 유성준 등의 선배로서······박씨 창법조에만 탁발할뿐 아니라 문식이 우여하여······후배 송만갑, 이동백, 김창룡은 "가신(歌神)이니 일언반사도 평을 가할 수 없다"하고, 10여 년 상종하던 현석년은 가선(歌仙)으로 평한다······춘향가, 적벽가에 특장." 정노식, 『조선창극사』, 동문선, 1994, 175-177면.

고 한다.

한편 심정순16)(沈正淳, 1873-1937)은 중고제(中高制) 창자이자 가야금병창 명인으로 알려진 인물이다. 선행 연구와 유족의 증언에 따르면, 25세부터 판소리와 잡가, 재담, 가야금, 양금, 단소, 장고 등을 배웠고, 당대 명창 이동백, 김창룡 명무 한성준 등과 가까이 지냈다고 한다. 지방의 음악인이었던 심정순이 명인으로 이름을 얻은 것은 1908년 이후로 추정된다. 이것은 1908년 12월 서울 장안사(長安社)에서의 공연기록과, 1911년 음반 취입17) 기사 그리고 지방 순회공연의 현황을 기록한 당시의 자료18)를 통해서 확인할 수 있다.

당시의 신문기사를 참조한다면, 당대 심정순의 인기는 송만갑, 이동백, 김창환 등 당대 명창에 버금갔던 것으로 보인다. 당시 심정순은 사설극장인 장안사에 소속되어 있었는데, 장안사에서 단장 등을 역임하며 대표적인 스타로 활약하였다. 또 판소리 창자 중에는 이동백, 김창환

---

16) 심정순의 본명은 심춘희이다. 심정순의 부친인 심팔록은 피리와 퉁소의 명인으로 알려져 있으며, 슬하에 세 아들을 두었다. 첫째는 가야금산조 명인으로 알려진 심창래, 둘째는 심정순, 셋째는 무명의 농부였다고 한다. 심정순은 두 번 혼인하여 슬하에 심재덕, 심재민(2남), 심매향(본명 심혜영), 심화영(2녀)을 두었고, 조카인 심재건과 심재덕, 심매향 등에게 직접 국악을 가르쳤다 한다. 1910년대 가야금과 판소리로 당대 최고의 명성을 누렸으나 1926년경 중풍과 1927년 장녀 매향을 잃은 후에 낙향하여 율방을 운영하다 1937년 65세를 일기로 타계하였다.

17) 심정순의 음반 취입은 1911년 일본 축음기 상회(일축레코드)에 의해 이루어졌다. 그가 당시 취입한 음악에는 「새타령」, 「육자배기」 등의 민요와, 판소리 한 대목을 가야금 병창으로 부른 '신관사또 기생 점고', '군로 사령이 나간다', '심봉사 탄식', '군사서름', 가야금 독주곡인 '자진 시나위', '시나위', '굿거리', '자진 굿거리' 등이 있다.

18) 『매일신보』 기사 가운데 일부를 인용하면 다음과 같다. "평양부 당동 기흥스에서 거힝ᄒᄂ 구파 연극 쟝안샤 지방순희단의 명창심졍슌은 본릭 경셩북부 교동닉 셕졍동 스십통 일호에 사ᄂ디 구시티 구시티 가곡에 ᄌᆷ 명에가 잇어"(1913.5.3.) / "쟝안샤 슌업티 심졍슌일힝은 지나간 륙일 평안북도의쥬로 닉려가셔 공화당에셔 구연극을 흥힝ᄒᄂ바 관람쟈의 호평을 엇어 인산인히를 일운다더라"(1914.4.11.)

에 이어 세 번째로 음반 녹음을 남길 정도로 당시 대중들에게 많은 사랑을 받았다.

당대 최고의 명성을 누렸던 박기홍과 심정순의 활동은 여러 면에서 이해조의 관심에 들어왔을 것으로 추정된다. 이해조의 후손들에 따르면,[19] 그는 거문고를 잘 타고 국악에도 조예가 깊었던 인물이었다. 또 신문 기자로 공연 현장을 취재하면서 명창과의 친분도 많이 쌓았을 것으로 보인다. 그렇다면 여러 판소리 사설이 있었음에도 불구하고 이해조가 박기홍과 심정순의 작품을 채록한 이유는 무엇일까? 아마도 그들의 높은 명성이 일정한 영향을 미친 것으로 판단된다. 이는 다음과 같은 『연의각』 광고문을 통해서도 확인할 수 있다.

> 이럼으로 본 긔자가 명챵광디 등으로 ᄒ야곰, 구슐케ᄒ고 슐조산졍ᄒ야 임의츈향가(獄中花)와 심쳥가(江上蓮)는 익독ᄒ시는 귀부인신ᄉ 졈각하의 박슈갈치ᄒ심을 밧엇거니와,(『매일신보』, 1912. 4. 27)

위 인용문은 수많은 창자들 중에서 작가를 선별한 내용과 그 기준을 밝히고 있어 주목된다. 명창 광대라는 언급이 바로 그것이다. 이러한 내용은 이해조가 판소리 사설을 채록함에 앞서 대중들의 관심을 끌 수 있는 요소 즉 상업적으로 흥행할 수 있는 작가의 지명도에 특별한 관심을 기울이고 있음을 보여주고 있다. 즉 당대 최고의 인기를 누렸던 명창의 이름을 연재 지면에 밝힘으로써 대중들의 눈길을 끌고자 했던 것으로 볼 수 있다. 이러한 작가표기는 결국 독자에게 훨씬 쉽게 다가가기 위한 상업적인 전략인 동시에, 수록한 사설이 당대의 가장 대표적인 판소리 작품

---

19) 이명자, 「새로 밝혀낸 이해조의 얼굴과 생애」, 『문학사상』 92호, 1980, 59-61면 참조.

이라는 것을 강조하기 위한 구성이라고 볼 수 있다.

한편 작가표기 의식은 창자의 자질과 수록 작품의 사설이 지니고 있는 주제적, 내용적 특성과도 밀접한 연관이 있어 보인다. 정노식에 의하면, 박기홍은 근신 온화한 성정을 지닌 인물로 음악을 함에 있어서도 풍속에 영합하거나 표현이 지나친 내용은 피하고 심성을 도야할 수 있는 내용을 즐겨 불렀다고 한다.[20]

이러한 점은 심정순을 통해서도 확인할 수 있다. 자료에 따르면, 심정순은 "여러 광딕 즁에도 가장 품힝이 단졍ᄒ고 슌실ᄒ고 은공ᄒ 사름"으로 "이십년동안의 쟝쟝한 셰월을 방탕ᄒ기 쉬운 구렁에서 지리ᄒ게 지닉엿건만는 품힝샹에 딕ᄒ야 ᄒ기도 흠졀을 잡을곳이 업ᄂᆞᆫ"[21] 인물로 서술되고 있다. 이러한 기사를 참조하면, 심정순 또한 품행이 단정하고 수신에 힘쓰는 음악인으로서 행실이 방정하여 타의 모범이 되었던 것을 알 수 있다.

그런데 이러한 작가표기는 수록한 판소리 사설의 전반적인 내용과 창자의 특성을 한눈에 파악하는데 상당히 유용했을 것으로 판단된다. 이는 이해조가 작가의 명성 못지않게 작가의 인품과 내용적 특성에 중점을 두어 판소리 사설을 채록, 산정하고자 하는 의도를 지니고 있었던 사실을 살필 수 있다. 실제로 수록된 작품의 내용과 주제를 통해서도 이 점을 확인할 수 있다. 예컨대 『옥중화』, 『강상련』, 『연의각』, 『토의간』의 내용에서 각각 춘향의 '열행', 심청의 '효행', 형제의 '우애와 권선징악', 자라의 '충성' 등 교훈적 주제가 부각되고 있다.

---

20) 정노식, 앞의 책, 176-177면 참조.
21) 『매일신보』, 1914.3.4.

그런데 한 연구에 따르면,[22] 『심청가』, 『흥보가』, 『수궁가』 등에서 '효행'과 '권선징악'과 '자라의 충성'이 강조되는 것은 19세기 중후반의 고형태 사설을 유지한 때문이라고 한다. 다시 말해 20세기 일어난 여러 사설의 변화 양상을 수용하지 않은 결과라는 것이다. 이를 참조한다면, 이해조가 작품을 선별하고 산정한 기준에는 후대에 삽입된 사설의 변화보다 전대의 규범적 전통의 지속에 더 중점을 두었다는 것을 살필 수 있다. 이와 함께 외설적이거나 음란한 내용이 공통적으로 축약되거나 생략되고 있는 것도 주목된다. 이를 테면 『옥중화』의 '사랑가', 『강상련』의 '짝타령', '신세타령', '통성명 사설' 『연의각』의 '방아타령' 등이 그것이다. 이러한 사실은 결국 이해조가 작품을 채록함에 있어서 교훈성과 윤리성을 담은 내용의 작품을 중심으로 선별, 산정했음을 잘 보여준다.

정리하자면 연재 지면에 가객의 이름이 명시된 것은 그들의 명성과 자질, 그리고 인간됨과 음악에 대한 이해조의 신뢰가 반영된 결과라 볼 수 있다. 이해조가 박기홍과 심정순의 판소리 사설을 채록과 산정의 대상으로 선별한데는, 두 사람 모두 품행이 단정하고 정통적인 음악을 추구하는 인물이라는 것과 밀접한 연관이 있다. 즉 시대를 대표하는 것으로서 모범이 될 만한 가치를 지닌 작품이라는 판단이 사설 수록의 한 축으로 작용한 것이다. 이는 결국 이해조가 우리 고전의 텍스트를 정전화 작업의 대상으로 삼았음을 반증하고 있다. 즉 우리 고전서사의 텍스트를 자기텍스트화하지 않고 채록자의 지위로 내려앉아 텍스트의 권위를 높이려는 의도가 반영된 것으로 볼 수 있다. 이 점에서 이해조의 판소리 산정은 정전화 과정과 밀접한 관계에 놓여 있음을 알 수 있다.

---

[22] 신은주, 『판소리 중고제 심정순家의 판소리』, 민속원, 2010, 272-275면 참조.

Ⅳ. 자료의 당대적 가치

　이해조의 『옥중화』, 『강상련』, 『연의각』, 『토의간』 등은 근대 매체인 『매일신보』에 수록, 연재된 최초의 판소리계 소설로서 의미가 있다. 『옥중화』는 1912년 1월 1일부터 3월 16일까지 총 48회에 걸쳐서 『매일신보』에 연재되었다. 연재될 당시 매회 '옥중화(獄中花)'라는 표제 아래 '춘향가 강연(春香歌 講演)'이라고 부기되어 있으며, '명창 박기홍 조/ 해관자 산정(名唱 朴起弘 調 / 解觀子 刪正)'이라는 설명이 덧붙어 있다. 본문은 음을 달지 않은 한자어(漢字語) 중심의 국한문 표기체로 되어 있으며, 곳곳에 한문고전이 많이 쓰이고 있다. 다음으로 『강상련』은 1912년 3월 17일부터 4월 26일까지 총 33회에 걸쳐서 『매일신보』에 연재되었다. 연재될 당시 매회 '강상련(江上蓮)'이라는 표제 아래 '심청가 강연(沈淸歌 講演)'이라고 부기되어 있고, '명창 심정순 구술/ 해관자 산정(名唱 沈正淳 口述 /解觀子 刪正)'이라는 설명이 덧붙어 있다. 본문은 한글 중심의 국문 표기체로 되어 있으며, 자진모리, 중모리, 엇중모리, 평타령, 진양조 등 장단이 확인되고 있다.

　한편 『연의 각』은 1912년 4월 29일부터 6월 7일까지 총 34회에 걸쳐서 『매일신보』에 연재되었다. 연재될 당시 매회 '연의 각(燕의 脚)'이라는 표제 아래 '박타령 강연 금전재(朴打令 講演 禁轉載)'이라고 부기되어 있고, '명창 심정순 구술/ 해관자 산정(名唱 沈正淳 口述 / 解觀子 刪正)'이라는 설명이 덧붙어 있다. 마지막으로 『토의 간』은 1912년 6월 9일부터 7월 11일까지 『매일신보』에 연재되었다. 신문 지면에 회차 기록이 없으나 연재 횟수를 고려하면 총 29회 연재된 것으로 보인다. 연재될 당시 매회 '토의

간(兎의肝)'이라는 표제 아래 '토끼타령'이라고 부기되어 있고, '명창 곽창기, 심정순 구술/ 해관자 산정(名唱 郭昌基, 沈正淳 口述 / 解觀子 刪定)'이라는 설명이 덧붙어 있다. 본문은 국문 중심의 표기체로 되어 있고, 판소리 장단이 일부 확인되고 있다.

『매일신보』에 연재된 판소리계 소설들은 연재 당시부터 신문독자들의 많은 호응을 얻었다. 『강상련』을 시작으로 하여 『연의각』, 『토의간』의 제하(題下)에 '금전재(禁轉裁)'라는 문구가 첨가된 것은 인기에 따른 작품의 내용을 보호하기 위한 나름의 조치라 볼 수 있다.[23] 각 작품의 신문 연재가 끝난 후에는 곧바로 구활자 단행본이 출간되었다. 당시 단행본은 학생, 농민, 부녀자에 이르기까지 애독할 정도로 흥행하였고,[24] 그 흥행에 힘입어 고전소설의 구활자 출판은 점차 활발해지게 된다.

고전소설의 신소설 간행은 이해조의 판소리계 소설의 출판으로부터 비롯되었다고 볼 수 있다. 20세기 초에 나온 대부분의 활자본 판소리계 소설들이 『옥중화』, 『강상련』, 『연의각』, 『토의간』의 영향력에서 크게 벗어날 수 없었음은 주지의 사실이다.

> 만고열녀 춘향의 사적은 세상에서 책과 노래로 전하였으나 책은 모두 간략하고 노래난 너무 음탕할 새 지금 소설에 유명한 대가(이해조-인용자)가 그 사적을 조사하여 유명한 노래와 참조하여 써 옥중화가 되었으니…(하략)…[25]

---

23) 이에 대하여 엄태웅은 무단전재의 금지를 통한 안전한 소통로의 확보라고 보았다. 엄태웅, 앞의 논문, 184-185면 참조.

24) 권순긍, 「'딱지본' 고소설의 수용과 1920년대 소설대중화」, 『도남학보』 10, 도남학회, 1987, 60-61면 참조.

25) 『두견성(杜鵑聲)』, 보급서관, 1912, 뒤표지.

위 인용문은 『옥중화』를 과거의 『춘향전』과 구별하는 당시 출판계의 전략을 잘 보여준다. 즉 과거의 『춘향전』이 구술성이 강한 텍스트였다면, 『옥중화』는 상대적으로 읽기 중심의 독서물이란 측면과 작가가 존재하는 저작물이라는 측면이 강조되고 있는 것이다.[26] 『옥중화』의 출현 이후 판소리 향유 방식에 새로운 변화가 나타났다는 것은 주목해야 할 부분이다. 눈으로 판소리 사설을 즐기는 향유방식이 등장하게 됨에 따라 판소리 창본이 문학적 양식으로서의 기능도 동시에 지니게 되었던 것이다.

한편 작가의 정보가 광고에 등장하는 것으로 보아서 작가의 명성이 서적의 판매와 독자들의 선택에 커다란 영향을 미쳤던 것으로 추측된다. 위 광고문은 작가의 유명세를 앞세워 책의 상품성을 높이고 독자들의 소비를 유발하고자 하는 당대 출판계의 전략을 잘 보여주고 있다. 당시 출판시장에서 고소설과 신소설을 막론하고 작품에 신소설식 제목을 붙여서 발간하는 것이 유행이 되었음은 잘 알려진 사실이다. 독자들의 편익을 고려하여 작품의 작가 정보를 제시하고, 울긋불긋한 색으로 표지를 채색하여 표지의 시각화 기능을 강화하고자 하는 경향이 나타난 것도 활자본 출판물의 출현과 깊은 연관이 있다.

또한 가독성을 높이기 위하여 한글 중심의 표기에 한자를 병기하고, 쪽수 표시를 도입한 것 역시 상업성을 기저로 나타난 변화라 할 것이다. 이와 같이 활자본 고소설의 출현은 필사본, 방각본으로 유통되던 출판시장 뿐만 아니라 서적의 형태와 판매, 독자들의 책 소비에 이르기까지 커다란 변화를 초래하였다.[27] 주목할 점은 이러한 일련의 변화들이 판소리계

---

26) 이상현, 「〈춘향전〉 소설어의 재편과정과 번역」, 『고소설연구』 30, 한국고소설학회, 2010, 384-385면 참조.

27) 천정환, 앞의 책, 1장 참조.

소설의 출판의 결과로 나타났다는 것이다. 이러한 사실은 이해조가 출판 대중화 기획에 탁월한 인물이었다는 것을 말해주고 있다.

이해조의『옥중화』를 위시한 여타의 판소리계 소설들은 당시 활자본이나 구활자본 또는 딱지본이란 이름이 붙여 출판되었는데, 아래 자료는 당대 이 구활자본 소설의 인기를 어느 정도 가늠해볼 수 있게 해주는 예다.

①고대소설이란 고대소설은 손에 잡히는대로 모조리 여러번 반복하여 읽는데 그 이유는 다른 아무도 시골산골에서 자라난 이 소년의 앞길을 인도해주는 선배가 없었기…(하략)… [28]

②유년·소년 적에는『춘향전』,『구운몽(九雲夢)』,『추월색(秋月色)』,『장한몽(長恨夢)』 등 신구(新舊)소설과『삼국지』,『수호지』,『동한연의(東漢演義)』,『서한연의(西漢演義)』 등 안 읽은 게 별로 없고. [29]

①은 작가 이기영의 언술이고 ②는 작가 채만식의 언술이다. 이 진술에서 알 수 있는 것은 구활자본 소설이 두 작가의 유·소년 시기에 주요 독물로 자리하고 있었다는 점이다. 특히 이기영의 경우에는 우리의 고대소설에 빠져있었고, 이에 적지 않은 영향을 받았던 것으로 보인다. 물론 이기영과 채만식이 읽었던 고대소설을 이해조의 판소리계 소설이라고 특정할 단서가 여기에는 나와 있지 않다. 그럼에도 불구하고 흥미로운 사실 하나는 이들의 기억을 통해서 제한적이나마 구활자본 소설의 인기가 시골의 어린 아이에게까지 애독되었을 정도로 대단한 것이었음을 잘 살필 수 있다. 실제로 당시 신문관에서 육전소설의 형태로 간행된 활자본

---

28) 이기영,「이상과 노력」,『나의 인간수업, 작가수업』, 인동, 1990, 56면.
29) 채만식,「작가 단편 자서전」,『채만식 전집』9, 창작과비평사, 1989, 501면.

고전소설의 발행횟수를 살펴보면 가장 인기가 있었던 작품으로『춘향전』이 1위,『심청전』이 3위를 차지하고 있었음을 알 수 있다.[30]

앞서 말한 것처럼, 활자본『옥중화』는 연재 이후 박문서관과 보급서관[31]에서 각각 단행본으로 출판되었다. 이 활자본은 1920년대까지 선풍적인 인기를 끌면서 당대의 가장 영향력 있는 판본으로 자리매김한다.『춘향전』활자본의 경우는 1952년『도상옥중화』의 마지막 판본이 나올 때까지 40년간 지속되었는데, 그 기간 동안 발행된『춘향전』은 총 28종 71개의 판본이었다. 그 중에서『옥중화』계통본으로 파악할 수 있는『춘향전』[32]은 총 21종 60개로, 전체 85%의 위치를 차지하고 있다.

한편『옥중화』의 출현으로 번역본의 텍스트가 방각본에서 활자본으로 옮겨온다는 것도 주목되어야 할 일이다.[33] 1917년 이후『옥중화』는 게일과 호소이가 편찬한『춘향전』번역본의 저본 텍스트로 자리 잡는다. 1917년 미국인 게일(James Scarth Gele)의 영역본〈Choonyang〉과 1921년 일본인 호소이 하지메(細井肇)의 일역본『춘향전』이 그것이다.[34] 게일의 번역본은『옥중화』에 대한 완역본이었다는 점에서 호소이의 축역본과 일

---

30) 최호석,「신문관 간행〈육전소설〉에 대한 연구」,『한민족어문학』57집, 한민족어문학회, 2010, 140면.

31) 보급서관 본의 표지에는 '獄中花 츈향가', 본문 첫 장에 '訂正六刊 獄中花옥즁화 (春香歌 演訂츈향가 연졍)'이라고 표기되어 있다. 본문은 고어가 섞인 국한문혼용체로 표기되어 있으며, 한자 옆에 일일이 한글을 병기하고 있다. 본문 앞 혹은 뒤에 저작자가 표기되어 있지 않으며, 판권지에는 '編譯者 李海朝(편역자 이해조)'로 표기되어 있다. 면수는 188면 정가는 40전으로 되어 있다.

32) 서유석, 앞의 논문, 140면.

33) 이상현, 앞의 논문, 384-400면 참조.

34) 최초로『춘향전』을 영역한 사람은 알렌이었다. 알렌의 영역본은 변개가 심판 편이어서 구체적인 저본을 확정할 수 없지만 대체로 30장본 이하의 경판본 계열이라고 추정되고 있다.

정한 차이를 지닌다. 『옥중화』의 등장 이후 게일과 호소이의 번역본이 출현한 사실은 이해조 판소리계 소설들이 점차적으로 정전화되는 과정을 여실히 보여준다.[35] 유치진의 희곡『춘향전』이『옥중화』를 저본으로 하여 현대적 변용을 시도한 작품이라는 것도 주목해야 할 사안이다. 유치진은『춘향전 각색에 대하여』[36] 라는 글에서 "주로 〈옥중화〉를 토대로 삼고 만들었"으며, "〈일설 춘향전〉에도 부분적으로 피익(被益)된 바가 대단히 많음"을 밝힌 바 있다. 이는 이해조의『옥중화』가 현대문학작품의 주요한 토대로 작용한 경우로, 고전 작품의 현대적 변용이라는 측면에서 볼 때 매우 중요한 의미를 지닌다고 할 것이다.

한편 활자본『강상련』은 당대 독자들에게 높인 인기를 구가한 작품이었다. 이러한 사실은『강상련』을 여러 출판사에서 간행한 기록에서 확인할 수 있다. 예컨대 광동서국본은[37] 1912년부터 1916년까지 5판이 발행되었고, 신구서림본『강상련』은 1922년까지 11판이 발행되었으며, 향후 출판시장에서 광동본, 회동본, 세창본의 모본으로 자리 잡는다.[38] 활자본『심

---

35) 이상현에 따르면, 게일의 미간행 번역고소설 목록에는 〈심청전〉과 〈토끼전〉으로 추정되는 작품이 보이고, 이 작품의 배치순서는 이해조가 산정한 판소리와 같다고 한다. 이러한 진술을 참고해서 보자면 이해조 판소리계 소설 작품군의 정전화 과정은 기실 이해조가 작품을 채록한 당시부터 진행되었던 것이라고 볼 수 있다. 이에 대해서는 이상현, 앞의 논문 참조.
36) 유치진, 「춘향전 각색에 대하여」, 『극예술』 5호, 1936, 21-22면 참조.
37) 광동서국 본의 표지에는 '新小說'이라고 표기되어 있으며 '江上蓮'이라는 표제 좌우에 '심청가'와 '李海朝 編'이 부기되어 있다. 본문 첫 장에 '강상련(江上蓮)'이라고 표기되어 있다. 판권지에는 '編輯者 李海朝(편역자 이해조)'로 표기되어 있다. 한글로 표기되어 있으며 한자음을 괄호로 병기하고 있다. 면수는 120면이며 정가는 30전으로 되어 있다.
38) 최진형, 앞의 논문, 190~191면과 최운식, 앞의 책, 67~93면 참조.

청전』[39]은 1954년 영화출판사본『심청전』을 마지막으로 총 30종이 간행되었다. 그 기간 중에『강상련』계열본으로 파악되는 것은 총 24종인데, 이는 전체의 80%에 달하는 수치이다.

『연의 각』은 1913년 신구서림에서 초판이 발행[40] 되었고, 이후 5판이 더 발행되었다. 구활자본『흥부전』[41] 은 총 15종이 간행되었는데, 이 가운데 14종이『연의각』계열본에 해당한다. 이는 전체의 93%를 점유하는 수치이다. 이해조의『토의 간』은 1913년 신구서림에서 초판이 간행[42] 되었고, 이후 4판이 더 발행되었다. 구활자본『토끼전(수궁가)』중에서는 박문서관본『토의간』(1916), 조선도서주식회사본『고대소설 별주부전』(1926), 세창서관본『원본 별주부전』(1926) 등이『토의간』계열에 해당

---

39) 최운식, 위의 책, 67-77면 참조.

40) 신구서림 단행본의 표지에는 '新小說 鷰의 脚 흥부가'이라고 표기되어 있으며 '鷰의 脚'이라는 표제 좌우에 '新舊書林(신구서림)'과 '李海朝, 編輯(이해조 편집)'이 부기되어 있다. 본문 첫 장에 '燕의 脚 연의 각'이라고 표기되어 있다. 한글로 표기되어 있으며 한자음을 괄호로 병기하고 있다. 면수는 99면이며 정가는 25선으로 되이 있다.

41) 정충권, 앞의 논문, 268-274면 참조.

42) 이해조의 '별주부전'을 학계에 소개한 윤용식에 의하면, 이 자료는 신구서림에서 1913년 초판 발행되었으며, 국립중앙도서관에 소장된 것으로 되어 있다. 그러나 필자가 확인해 본 결과로는 동일한 조건의 이해조 저작 '별주부전'은 존재하지 않으며, 발행지, 발행자, 발행년 불명의 작자미상 '토의 간'(86면)이 있을 뿐이었다. 이 단행본의 경우 표지에는 '兎의肝 별쥬부가', 본문 첫 장에는 '兎의 肝(별쥬부가)', 본문 상단에는 '별쥬부가'와 '토의 간'이 번갈아 부기되어 있었다. 본문은 고어가 섞인 국한문혼용체를 사용하고, 한자에 한글을 병기하고 있었다. 그런데 이 자료와 연재본을 비교한 결과 두 텍스트 간에 표기와 내용, 그리고 편집 등이 동일하다는 사실을 알 수 있었다. 물론 텍스트와 제목과 면수에서 일부 차이를 보이고 있었지만, 표지 그림과 표기체계, 대화 처리 방식 등이 동일한 것으로 보아 이 단행본 텍스트는 거의 동시기에 발행된 이해조의 저작임을 추측할 수 있다. 이것은 후대에 발행된 조선도서주식회사본이나 회동서관본과 표기, 면수, 편집 등에서 확연한 차이가 난다는 것에서 재확인할 수 있다. 윤용식, 앞의 논문, 참조.

하는 작품들이다.

  이상과 같이 이해조의 판소리계 작품들은 연재 당시부터 상당한 대중적 인기를 누렸으며, 연재 이후에는 근대적 인쇄수단에 힘입어 급속도로 퍼져 나갔다. 그리고 이러한 흐름은 새로운 『춘향전』, 『심청전』, 『흥보전』, 『토끼전』의 이본 계통을 생성 시켰고, 출판, 소비문화의 환경까지 크게 변모시켰다. 특히 이해조의 활자본 고소설이 당대의 번역본과 후대의 현대문학작품의 저본 텍스트가 되고 있는 점 등은 그 자료적 가치의 중요성을 여실히 보여준 것이라는 데서 큰 의미를 지닌다고 할 수 있다.

V. 나가는 글

  이해조의 판소리계 소설은 1910년 병합 이후의 산정 작품이라는 점에서 그 시기적 특성을 고려한 논의가 필요하다. 병합 이후 전통문학의 수용을 작가의식의 현저한 퇴행으로 판단해야 하는 가의 문제는 신중히 따져보아야 할 일이기 때문이다. 1910년대는 주지하듯 일제 강점기라는 역사의 비극적 상황이 시작된 시기이다. 병합으로 인해 구국이라는 계몽운동의 전개가 더 이상 불가능해진 상황에서 민족의식마저 급격히 위축되었던 것이 저간의 사정이었다. 1910년대의 문학이 친일화, 통속화되어 갈 수밖에 없었던 데는 전망이 불가능한 시대에 자리하고 있었던 탓도 없지 않을 것이다.

  병합 이후에 이인직이 조선을 부정하고 일본과 같은 문명국으로 나아가야 함을 강조할 때에 이해조가 가련한 민족의 삶을 개선하려는 열망을 드러내고, 고전의 전통을 계승하려는 노력을 기울였다는 점은 중요한 의미를 갖는다. 일제 강점이라는 민족적 위기 속에서 없어질 위험에 처한 민족 문화의 유산을 문자로 보존한 일은 그 자체만으로도 충분히 의미 있다고 할 수 있거니와, 특별히 그의 산정 행위에 나타난 문제의식을 상기할 경우 이러한 작업이 얼마나 중요한 것인가를 확인할 수 있다. 더욱이 당대의 독자들에게 요약 변개된 텍스트를 흥미 위주로 제공했던 당시의 출판물의 상황을 미루어 본다면 이러한 작업은 민족 문화 유산의 계승과 관련하여 선구적인 시도라 할 만하다.

이런 견지에서 우리는 이해조의 판소리 산정 작업이 얼마나 특별한 의미를 가지는 것인가를 새삼 확인할 수 있다. 주목할 것은 이해조의 판소리계 소설들이 이후 구활자본 독서물의 대세를 이루며 판소리계 소설의 가장 유력한 판본으로 영향력을 발휘하게 된다는 점이다. 이 점에서 볼 때 이해조의 산정 작업은 민족 문화를 보존하게 만든 원동력이 되었으며 나아가 고전의 현대적 계승이라는 한국 문학의 고유한 현상을 잇는 중요한 토대를 마련하는 초석이 되었다고 할 수 있다. 이해조의 판소리 산정이 여기의 행위나 작가의식의 퇴행이 아니라는 점은 고전의 정전화와 국문소설의 대중화 기획에 산정의 배경이 놓여 있는 것에서 충분히 엿볼 수 있다.

채만식의 고전 읽기와 그 의미

채만식의 고전 읽기와 그 의미
―「심봉사」작품군을 대상으로

I. 채만식의 고전 패러디와 「심봉사」

   채만식은 우리 전래 이야기를 소재로 여러 편의 작품을 발표한 바 있다. 견우직녀설화의 모티프를 접목한 「팔려간 몸」을 위시하여, 판소리 한 바탕을 희곡으로 개작한 「조조」, '흥부'의 이미지를 수용한 「흥보씨」, 여러 고전의 모티프를 하나의 형식으로 구성해 낸 『탁류』등이 그것이다. 그런가 하면 우리의 고전소설을 재구성한 작품도 여러 편 발표하였다. 『배비장』, 『허생전』 등이 그것이다. 채만식은 이처럼 우리 전통문학에 많은 애정을 기울인 동시에 그것을 적극적으로 창작에 수용하면서 자신만의 독특한 작품세계를 개척해 간 작가라 할 수 있다.
   채만식과 그의 문학을 이해하는 한 요소로 우리 고전에의 관심을 이야기할 때 특별히 주목해야 할 대상이 바로 '심청전'이 아닌가한다. 채만식이 고전 '심청전'에 지속적인 관심과 관찰을 보여주었다는 것은 잘 알려진 사실이거니와, 그러한 관심에 걸맞게 그는 세 번에 걸쳐 '심청전'을 다시 재구성해 냈다.[1] 7막 극(1936) 및 3막 극(1947) 「심봉사」와 미완의 소설 「심봉사」(1944)가 그것이다.[2] 한 작가에 의해서 동일한 제목의 작품이 세 편이나 쓰여졌다는 것은 그 자체로 상당히 이채롭다. '심청전'에 대한 단순한 흥미나 복고적 취향 때문이 아니라면 어떤 점이 채만식의 관심을 자극하여 세 편이나 되는 「심봉사」를 창작하게 만들었는가?

> 조선의 문학도 그가 참으로 '조선문학'이자면 조선적인 독자 독특한 성격과 색채를 가진 문학적 개성을 체득하여야만 하고 그리함으로써 비로소 세계문학과 오(伍)하여 자기를 내세우되 굽힘이 없게 되는 것이다.[3]

인용문은 조선문학이 세계문학의 대열에 내세워도 오(伍, 근대문학으로 존립)할 수 있는 개성(주체성)을 획득해야 하며 여기에 조선 문학가의 사명이 있다는 것에 핵심이 있다. 모방을 버리고 창조성을 획득할 때 새

---

1) 최근 들어 연구자는 정홍섭의 『채만식 문학의 풍자 양식 연구』(서울대 박사논문, 2003)를 통해 채만식의 『심봉사』라는 제목의 작품이 한 편 더 있음을 알게 되었다. 정홍섭에 의해 새로 발굴된 소설 「심봉사」는 1949년 잡지 『협동』에 4회(3, 5, 7, 9)연재하다 중단된 미완의 장편소설로 유고작 「소년은 자란다」(1949년 2월 25일 탈고)보다 늦게 창작 발표된 작품임을 알 수 있다. 이로 볼 때 채만식은 「심봉사」라는 동일한 제목의 작품을 네 편이나 지속적으로 썼을 정도로 우리 '심청전'의 발전적 개작에 상당한 관심이 있었음을 짐작할 수 있다. 「심봉사」 작품군이라는 용어를 고려한다면 이 네 작품을 모두 검토해야 함이 마땅하나 여기서는 기존의 세 작품만을 살펴볼 것이다. 새로 발굴된 자료를 미처 확인하지 못한 점도 없지 않지만, '1944년에 발표된 소설과 1949년에 발표된 소설이 똑같은 내용으로 시작해서 똑같은 지점에서 끝난다'는 발굴자의 견해를 적극 수용하기로 한다.
2) 7막 희곡 「심봉사」는 1936년에 쓰여지지만 검열 삭제로 발표되지 못하다가 『한국문학전집 33 희곡집(下)·(민중서관, 1960)에 와서야 수록되었고, 소설 「심봉사」는 잡지 『신시대』에 4회(1944.11-1945.2)까지 연재하다 중단되었다. 3막 극 「심봉사」는 1947년 『전북공론』에 2회 연재 완료(1947년 5·6월호, 11월호)된 작품이다.
3) 채만식, 「模倣에서 創造로」, 『채만식 전집』 10권, 창작과비평사, 1989, 163면.

로운 현실이 열리며 그에 맞는 새로운 문학이 창조될 수 있다는 것이 곧 작가의 메시지이다. 조선의 문학가에게 조선적인 것을 발견 계승할 것을 당부하는 채만식의 이러한 모습에는 그의 '전통'에 대한 뿌리깊은 관심, '조선문학'에 대한 애착이 스며 있다. '전통은 상속되는 것이 아니라 획득되는 것'이라 말한 엘리어트의 전통론이 아니더라도, 자신의 전통에서 부정적인 것과 긍정적인 것을 구별하고, 발전의 계기를 찾아내 지양해 가는 자세를 갖자는 당대 채만식의 목소리는 그야말로 주목할 만한 소리가 아닐 수 없다. 실제 그는 조선문학의 독자성 추구를 구체적인 행동으로 보여주는 바, 우리 고전의 내용을 수용하여 그만의 독특한 풍자문학을 완성해내기에 이른다. 이중의 전유를 통한 우리 고전의 현대화가 그것이다. 「심봉사」는 그러한 작가의 방법적 모색이 의도적이고 의식적으로 추구된 작품이라는 점에서 주목할 필요가 있다.

「심봉사」는 인물 표제가 증명하듯, 고전 '심청전'의 전통적 서사를 한편으로는 계승하면서 다른 한편으로는 당대의 새로운 감수성에 맞게 재구성한 작품에 해당한다. 또한 채만식의 고전 패러디[4] 작품가운데 있어서 원전을 통한 현대적 재해석이 가장 다양하게 드러난 경우에 해당하기도 한다.[5] 이런 점에서 「심봉사」 작품은 비교적 본격적인 패러디 문학의 조

---

[4] 일반적으로 패러디는 모방을 통한 차이나 전유를 가져오는 문학기법이지만, 현대적 의미에서는 기존 작품과의 상이한 주제적 차이를 모색하고자 하는 창작주체의 의도를 효과적으로 수행하는 비평 전략으로 이용되고 있다. 이에 대해서는 린다 허천, 김상구·윤여복 옮김, 문예출판사, 1992. 참조

[5] 채만식의 다양한 고전 패러디 작품은 다음 두 가지 기준에 의해 분류할 수 있다. 우선 패러디화의 외형적인 방법에 따라 (1) 설화나 고소설을 소설로 패러디한 경우 (2) 설화나 고소설을 희곡으로 패러디한 경우로 나눌 수 있다. 반면 원작의 의존도에 따라 ① 구조나 모티프만 차용한 경우, ② 서사 전반을 차용한 경우로 나눌 수 있다. 이 순서는 작품 발표의 시기와도 일치하고 원작에 대한 의존이 커지는 경향과도 어느 정도 일치한다. 채만식의 고전 패러디 작품 대부분은 (1)과 ①,②에 해당한다. 흥부의 이미

건을 갖추었다고 할 수 있다. 그간의「심봉사」연구는 미완성의 소설보다 희곡을 중심으로 전개되어 온 측면이 없지 않다. 희곡 연구에 있어서는 대체로 7막 극 혹은 3막 극의 내적 특질을 규명하거나 이를 통해 고전과의 상관 속을 밝히려는 논의가 지배적이었다.[6] 그러다 보니 기존의 업적은 원전과의 비교 대조나 특정 작품의 내적 특질 규명에 집중되어 나타났다. 이러한 결과는 한 작가의 심청전이 가지는 상호텍스트적인 의미나,「심봉사」작품군이 가지는 전체적인 위상 고찰에 대한 연구동기를 부여하고 있다. 세 편의「심봉사」는 형식과 완성도에 있어서 독립적인 자족체일 뿐 아니라 상호 유기적인 통합체라는 사실을 암시하기 때문이다.

이 글은 이러한 문제의식 아래「심봉사」작품군[7]의 성격을 내·외재적인 차원에서 규명한 후, 공통 단락의 구조를 추출하여 재해석이 어떠한 부분에 집중되었고 그러한 의도가 어떠한 상징적 의미를 갖는지를 해명해 보고자 한다. 이 작업은 채만식 문학에서「심봉사」작품군이 차지하는 위상과 전통의 현대적 계승이 가지는 의미를 밝혀줄 것으로 기대된다.

지를 차용한「흥보씨」와 견우직녀설화의 모티프를 차용한「팔려간 몸」등이 ⑴과 ①의 경우라면, 고전의 서사를 다시 풀어 쓴『허생전』과『배비장』은 ⑴과 ②에 해당된다. 이에 반해 채만식의「심봉사」는 ⑴⑵와 ②에 해당하는 작품으로, 고전작품을 통한 현대적 재해석이 가장 다양하면서도 다차원적으로 드러난 경우라 할 수 있다.

6) 희곡「심봉사」에 대한 논의로는 다음의 연구가 주목할 만하다.
김유미,「판소리〈심청가〉의 현대적 계승에 관한 고찰」, 고려대 석사논문, 1991.
배봉기,「채만식문학 인물의 특성과 형상화에 대한 연구」, 연세대 박사논문, 1993.
윤영옥,「〈심봉사〉에 나타난 패로디 양상 연구」,『국어문학』30집, 국어문학회, 1995.
한국극예술학회 편,『채만식』, 태학사, 1996.
방민호,『채만식과 조선적 근대문학의 구상』, 소명출판, 2001.

7) 동일한 표제 이외에 공통의 서사 구조를 가졌다는 점을 고려한 표현이다.

II. 「심봉사」 작품군의 성격과 공통단락

1. 「심봉사」 작품군의 성격

채만식의「심봉사」작품군은 자기 동일적 연속성을 가진 하나의 텍스트라는 점에서 주목할 필요가 있다. 그러한 이유를 제시하면 다음과 같다.

첫째, 1936년에 발표된 7막 극은 작가의 최초의 장막극이며, 1947년에 발표된 3막 극은 작가의 마지막 희곡 작품이라는 점이다. 1936년 이전에, 채만식은 단막극과 촌극만을 발표하였다. 그의 단막극과 촌극은 '당대 식민지 현실의 모든 요소를 사실적인 수법으로 그려내었다.'[8]는 평가도 있지만, 대체로 '장막극의 창작을 대비한 실험적 성격이 강했다'[9]는 것이 일반적인 평가이다. 그러므로 채만식의 '심청전'의 장막극화는 희곡의 특성을 이용하여 전통적 서사를 수용하려는 전환기에 있어 나타난 새로운 시도였다는 점에서 주목된다. 3막 극「심봉사」의 의의는 이런 측면에서 조망할 수 있다.[10]

---

8) 김재석,「채만식 희곡 연구」, 경북대 석사논문, 1985, 9-29면 참조.

9) 이재명,「채만식 희곡과 비판의식」, 한국극예술학회 편,『채만식』, 1995, 78-79면 참조.

10) 채만식은 30여 편의 희곡을 남겨 놓았을 만큼 희곡에 대한 관심도 남달랐다. 그러나 희곡사에서 그의 극작 활동은 대체로 부정적으로 평가되어 왔다. 이는 '반드시 희곡을 쓰고 싶었다기보다는, 제재가 마침 소설로 쓰기는 불편한 점이 있어서'(「당랑의 전설」,『인문평론』, 1940, 10월호) 희곡을 썼다는 작가 자신의 말이나, 그의 희곡의 사실적인 무대지시의 문제성 등을 고려할 때 타당한 측면이 없지 않다.(이에 대해서는 ① 유민영,「시니시즘의 미학」, 한국극예술학회 편,『채만식』, 태학사, 1996과 ② 조동일,『한국문학통사』5, 지식산업사, 1988 참조.) 그러나 기왕의 평가는 '사실주의적 무대에 집착한 선입관'에 자유롭지 않아 보인다. '전험에 따라 희곡의 형식을 빌렸다는' 작가의 다음 설명을 고려하면 우리는 그가 희곡 창작에 상당히 익숙한 극작가였고 희곡에 대한 이러한 이해력을 바탕으로 많은 작품(촌극에서 희극, 비극의 양식에 이르기까지)을 쓸 수 있었음을 알 수 있다. 이 점에서 채만식 희곡이 무대에 적

둘째, 1944년에 발표된 소설은 일제의 검열에 의해 발표되지 못한 7막 극의 후속의 의미를 띠며, 3막 극은 미완에 그친 소설의 후속작 의미를 띠고 있다는 점이다. 「심봉사」의 창작 시기는 채만식의 작품세계나 그의 개인사적 행보에 있어서 상당히 중요한 지점에 놓여 있다. 1936년 이전까지, 채만식은 늘 창작을 하지 못하는 피로 즉, "무엇을?⋯⋯ 어떻게 써야 하느냐?⋯⋯"[11]의 문제로 고심하였는데, 이의 돌파구가 바로 '심청전'의 수용이었다고 보여진다.[12] 더불어 일제에 협력을 하던 시기나, 친일에의 과오에 대해 고백성사를 하던 즈음(「민족의 죄인」(48년 발표, 46년 탈고) 이후 3막 극이 쓰여졌거나 적어도 동시에 창작되었을 가능성이 매우 높다)「심봉사」가 발표된 사실도 주목해야 한다.

셋째, 따라서 희곡-소설을 병행하는 채만식의 글쓰기 방식은 '餘技의

합하지 않다거나 공연성이 없다는 지적 역시 다시 검토할 필요가 있다. 물론 당대의 일반적인 무대조건과 채만식 희곡의 무대지시를 고려할 때 문제가 없지 않으나 그것만으로 그의 연극에 대한 이해력을 비판하는 것은 문제가 있다. 당대 연극계 전반이 무대의 기술적 조건과 일제의 섬열과 같은 외부적 요인에 자유로울 수 없었음을 상기한다면, 그가 고의적으로 상연을 도외시했거나 연극적 특성을 무시한 희곡을 썼다는 지적은 신중히 재고되어야 할 것이다.

11) 채만식, 「나의 無力한 펜 한 개」, 『조선일보』, 1935.8.31. 채만식이 창작방법에 대해 고심한 흔적은 다음 글에도 잘 나타나 있다. "여기서 '무엇을?'과 한 가지로 '어떻게?'의 문제를 다른 사람들은 해결한 듯이 보이오. 그러나 나는 그것을 알지 못하오. 그래서 자꾸만 보고 생각하고 하지만 머리가 둔한 탓인지 아직도 알 수가 없소.", 「소설 안쓰는 변명」, 『조선일보』, 1936.5.26.-30.

12) 작가는 「자작안내」(『청색지』5집, 1939.5.)에서 '병자년(1934년-인용자) 이후 재출발을 하는 의미에서 써낸 작품이 「보리방아」(1936)이며 濃한 단장을 시켜본 것이 「동화」(1938)'라고 진술한 바 있다. 그런데 재미있는 사실은 「보리방아」-「동화」-「병이 낫거든」(1941) 연작이 기실, '심청의 모티프'를 수용하여, 가족을 위해 여공이 되나 병만 얻어 돌아온다는 소녀의 슬픈 사연으로 변형시킨 작품이라는 것이다. 그렇게 본다면 채만식이 우리의 고전 특히, 심청전 모티프를 수용하여 자신의 문학적 정체성의 위기를 극복할 수 있는 방법적 수단으로 삼고자 했음은 비교적 분명하다. 당시 7막 극 「심봉사」가 함께 창작됐던 사실로 보더라도 그러한 개연성은 충분히 높아 보인다.

문학적 태도'[13]가 아니라는 점이다. 그것은 자신이 처한 특수한 현실 속에서 무엇을 표현하고 어떻게 전달할 것인가에 대한 작가의 문학적 고심을 그대로 보여준다. 채만식의 글쓰기가 다양하며 다차원적이라는 사실은 이 점에서 눈여겨볼 필요가 있다. 장르 사이를 자유자재로 넘나드는 채만식의 글쓰기 방식은 동세대 작가인 송영, 이무영 그리고 후대작가인 최인훈에게서나마 그 계보가 이어질 정도로 상당히 드문 사례에 속한다. 문제는 채만식이 이러한 글쓰기 방식을 하나의 창작방법이자 제작 원리로 활용했다는 점인데, 그 대표적인 예가 「심봉사」 작품군이다.

넷째, 그 점에서 심청전 모티프는 현실에 대한 비판이 녹녹치 않았던 시대적 환경을 돌파하기 위한 문학적 모색에 해당한다는 점이다. 채만식은 식민지적 근대의 모순 속에서 여성의 수난과 희생을 강요하는 폭력적 현실에 대한 관심이 누구보다 남달랐던 작가였다. 그런 만큼 여성의 수난과 폭력적 현실의 문제는 채만식 문학의 전반에 걸쳐 일관되게 나타나는 하나의 주요한 형식이라 할 만하다. 주목할 점은 채만식 문학에 반복적으로 나타나는 이러한 형식이 '심청의 이야기'를 적극 수용한 30년대 중반에 보다 확고하게 드러나며, 이후 '여성수난사'라는 채만식 문학의 한 원형적 구조로 발전한다는 것이다.

다섯째, 스스로에 대해 '희곡을 쓰느라고 하는 자'라 언급하며, 연극인들에게 제안했던 연극발전책을 구체적으로 실천한 사례라는 점이다.

> 빈약하나마 그런 대로 조선의 고전극을 파내고 연구하고 정리를 하여 거기에서 되도록이면 자양을 섭취하는 일방 선진한 외국의 연극 예술로부터의 연극 본유의 정신과 기교를 습득하는 것입니다. 이 말은 언뜻 외국

---

13) 박영호, 「극문학 건설의 길-리얼리즘적 연극성의 탐구」, 『동아일보』, 1936.4.2-10.

극본의 상연으로 들리기 쉽겠지만, 외국의 연극에서 연극본 유의 정신과 기교를 섭취하는 데 반드시 번역극을 해야만 하는 법은 없을 것입니다.14)

여기서 채만식이 제시한 연극발전책은 첫째, 번안극을 지양하고 창작극 진흥에 힘쓸 것 둘째, 고전극의 유산을 현대화하는 것이다. 그러기 위한 방법으로 서구연극의 정신과 기교를 섭취하자는 것이 그의 주장이다. 사실 이 글은 당대 신극연구단체에서 흥행단체로 전향한 '극연좌'의 책임과 우려를 전달하려는 목적으로 씌어진 것이지만, 한편으론 채만식의 창작 방법론을 가장 잘 대변해주는 글이 되고 있다. 이러한 취지에 맞게 서구 고전 비극의 결말을 받아들여 우리 고전에 현대적으로 접목한 작품이 바로 「심봉사」인 것이다.

채만식의 '심청전'에 대한 높은 관심과 다시 쓴 「심봉사」도 이런 맥락에서 주목해야 함은 물론이다.15) 거기에는 우리의 전통적 서사와 서구의 고전정신의 결합을 통해 조선 근대소설의 독자적 형식을 수립해내고자 했던 채만식의 치열한 노력이 담겨져 있기 때문이다. 이 점에서 세 편의 「심봉사」는 작가의 패러디 전략이 가장 의식적이면서도 집중적으로 드러난 형식이라 할 수 있다. 이렇게 볼 때, 「심봉사」 작품군은 자기전통의 창조와 정립을 위한 문학적 대응 혹은 창작 위기를 극복하기 위한 실천적 대안으로서 모색되어진 작품임을 알 수 있다.

---

14) 채만식, 「연극발전책-극연좌에의 부탁」, 『조광』, 1939.1.
15) "조선의 문학작품은 앞으로 조만간 내지문단이랄지 나아가 제외국의 문학에 대하여 적극적으로 자아의 하여커나 실역량을 제시하여써 조선문단의 대세계적인 존재를 주장하기 시작해야 할 시대를 가지지 않으면 안 될 것이다. (중략) 그리고 그러함으로써 조선문학은 단지 조선 안에서만의 문학임에 그치지 않고 차차로 전인류문화의 일환에서 당연히 한 개의 새로운 지위를 차지하도록 노력하지 않으면 안 될 것이다." 채만식, 「작품권의 변」, 『채만식 전집』 10권, 위의 책, 185면.

2. 「심봉사」 작품군의 공통단락

'심청의 이야기'는 오늘날의 대중들에게 매우 익숙한 전통적 서사이다. 과거에서부터 널리 불려지고 읽혀지며 전해 내려온 이 전통적 서사는 오늘날 수많은 이본의 형태로 전승되고 있다.[16]

재래의 '심청전'에서는 안맹한 부친의 개안을 위해 희생하는 효녀와 그 효행의 결과로써 봉사의 개안이 내용의 근간을 이루고 있다. 효녀 아닌 심청이 등장하는 경우는 없으며 거의 모든 '심청전'이 봉사의 개안을 필수적인 현상으로 그려 놓았다. 효는 부모를 전제로 한 행위이므로 부모가 없으면 자연 심청은 효녀가 될 수 없다. 심청이 만고의 효녀가 될 수 있었던 데는, 그의 효행이 지극했다는 점에 있다. 그런 효성이 기적을 이룰 수 있다는 논리를 '심청전'은 봉사가 눈을 뜨는 비현실적인 상황으로 마무리했다. 따라서 '심청전'은 '효녀 심청 이야기'이자 '봉사 개안 이야기'가 되었다. 유영대는 이러한 재래 '심청전(가)'의 기본단락을 다음 네 가지로 제시한다.

---

[16] 80여 종에 달하는 이본을 가진 '심청의 이야기'는 그 존재 방식에 따라 판소리계 소설 「심청전」과 판소리 「심청가」로 구별되고 있다. 「심청전」 이본의 경우는 생성시기, 표기수단, 주제의식, 결말구조, 전승과정에 따라 약간의 차이를 보이며(유영대, 『심청전 연구』, 문학아카데미, 1989, 180면.) 「심청가」 이본은 전승계보(제)에 따라 여러 유파로 나뉘고 다시 바디에 따라 창본이 약간씩 다른 특성을 지닌다.(최동현, 『판소리란 무엇인가』, 에디터, 1994, 43-49면.) 여기서는 신재효 본 「심청가」를 비교 텍스트로 활용할 것이다. '효'의 확대가 신재효 본 「심청가」에 가장 두드러지게 나타나고, 판소리계 소설 완판본과의 기본구조와도 크게 다르지 않으며, 비교적 안정된 구조를 지녔다는 점이 고려되었다. '심청전'과의 용어상의 혼란을 피하기 위해 이하 신본이라 부르기로 한다.

1) 가난한 봉사와 어린 딸이 동냥을 하며 살았다.
2) 공양미 삼백석이 필요하여 상인에게 몸이 팔렸다.
3) 물에 빠진 심청이 구출되어 왕비가 된다.
4) 맹인잔치를 열어 부녀가 상봉하고 아비가 눈을 뜬다.[17]

유영대의 견해에 의지하면, 기존의 '심청전(가)' 구조는 '심청의 출생-심청의 성장과 효행-죽음과 환생-부녀상봉과 개안'으로 짜여져 있다. 기본적으로 고난과 희생의 과정을 거쳐 부녀상봉의 행복한 결말을 맞는 상승적인 구조로 이루어진 작품임을 알 수 있다. 인용한 1)과 2)는 가난한 현실 때문에 발생하는 상황(인신공희)의 한 단면이 반영되어 있다. 가난이 이야기의 사실성을 강화시키는 소재가 되고 있다는 점에서, 이 부분은 당대 독자나 청자들의 공감을 충분히 유도했을 것으로 보여진다. 한편 3)과 4)는 현실의 구체성이 거세되고 환상적 사건이 현실의 논리를 지배하는 상황이 반영되이 있다. 심청이 환생과 심봉사의 개안이라는 낭만적 결구는 이야기의 사실성을 약화시키는 원인이 되었다. 그러나 이 부분 역시 현실적으로 불가능한 일도 이루어질 수 있다는 환각주의와 인과응보라는 고전소설의 주제를 제시함으로써 당대 독자나 청자들의 통속적인 기대를 만족시킨 측면이 없지 않다.

반면 채만식의 「심봉사」는 이런 전통적 독자나 청자들의 통속적인 기대를 문제삼으며 이야기 구조의 논리적 모순을 하나씩 제거해 나간다. 환상적인 사건들이 현실 가능한 사건을 바탕으로 재편되어 현실의 논리가 등장 인물들의 운명을 좌우하는 요소로 작용한다. 위의 인용에 따르면, '심청전'의 1)과 2)의 부분을 보다 확대하여 그 결과가 3)과 4)의 부분에까

---

17) 유영대, 『심청전 연구』, 위의 책, 30면.

지 이르도록 줄거리가 짜여져 있다. 「심봉사」와 '심청전(가)'의 기본구조를 대비하면 아래의 표와 같다.

「심청가」(신재효)	7막극「심봉사」	소설「심봉사」	3막극「심봉사」
①태몽을 통한 신이한 출생(적강)	①곽씨부인 심청 낳고 죽음(흉몽)	①곽씨부인 산후별증을 얻어 죽음(흉몽을 통한 죽음 암시)	①글 동냥을 하러 나서다 개울에 빠진 심봉사를 탁발승이 구원
②곽씨부인 심청 낳고 죽음	②마을 여인 어머니를 죽인 자식 원망	②심봉사 심청의 출생을 원망	②탁발승공양미 권유, 심봉사 시주 약속
③심봉사 동냥젖으로 심청 양육	③심봉사 걸유로 심청 양육	③동냥젖으로 심청 양육	③송달, 심봉사의 가난한 현실을 깨닫게 함
④심청 동냥하여 부친 봉양	④심청 구걸로 부친을 봉양		④심봉사 시주불이행시 있을 재앙을 떠올리며 두려워함
⑤심봉사 개천에 빠졌다 화주승에게 구원	⑤심봉사 개천에 빠졌다 탁발승에게 구원		⑤심청 제수로 몸을 팔아 공양미 마련, 송달 심청의 효행에 의문제기
⑥화주승에게 공양미 삼백석 시주 약속	⑥탁발승 공양미 권유, 심봉사 수락		⑥심봉사 딸의 죽음을 알고 슬퍼함
⑦심청 제수로 몸을 팔아 공양미 마련	⑦심청 제수로 몸을 팔아 공양미 마련		⑦홍녀, 심청을 잊지 못하는 송달의 마음을 얻기 위해 가짜 심청극을 시도
⑧심청 물에 빠져 용궁에 감	⑧물에 빠져 죽음(장봉사의 회상으로 제시)		⑧심봉사 가짜 심청과 상봉 후 눈뜸
⑨연꽃 속에 담겨 환생	⑨심봉사 심청 떠나보내고 자탄		⑨심봉사 심청의 죽음 확인하고서 스스로 눈을 찔러 재실명함
⑩심청 황후가 되어 맹인 잔치 엶	⑩황후 주연 맹인 잔치 참석, 장승상부인 재회		
⑪심청과 심봉사 부녀 상봉	⑪가짜 심청(궁녀)와 상봉, 눈을 뜸		
⑫심봉사 눈뜸, 모녀 행복하게 삶	⑫심봉사 심청의 죽음 확인하고서 스스로 눈을 찔러 재실명함		

소설「심봉사」는 심봉사의 걸유 장면에서 이야기가 멈춘 미완성 작품이다. 그러나 원전과 다르게 이 소설에서의 심학규는 '베냇병신'(선천적 소

경)이 아니라 나이 이십에 '눈병이 나서' 실명에 이른 봉사로 전환되어 있다. 심봉사의 삶이 '인간세계의 운명을 맡아보는 神 兩主'가 운명록에 기록한 대로 펼쳐진다는 설정 역시 특이한 구성이 아닐 수 없다. "대체, 그 인간들이 비극이라는 걸 얼마침이나 견디어내는 끈기가 있을꾸?"[18] 라는 양주의 도입부 대화는 심봉사의 잠재된 소망이 현실적으로 불가능한 소망임을 깨닫게 하는 예언적 모티프라 할 수 있다. 따라서 미완으로 그친 이 소설이 만일 완성되었다면 보다 비극적 강도가 심화되는 방향으로 나아갔을 것이라 예상해 볼 수 있다. 심봉사의 삶에 있어 파국은 이미 그 자체로 운명적 성격을 동반하고 있기 때문이다.

7막 극과 3막 극은 사실주의적 세계관을 기초로 한 작가의 극적 표현의 욕망이 잘 드러나 있다. 초월적인 시·공간이 사라지고 현실적인 시·공간이 극의 전면에 자리함으로써 심청의 불행과 심봉사의 비극이 보다 극적으로 제시되고 있다. 전체적으로 사건전개의 인과성에 비중을 두어 장면 사이의 합리성이 강화되는 양상을 보여준다. 판소리 「심청가」의 구조를 포괄적으로 수용한[19] 7막 극은 사건이 순차적으로 전개되고 등장인물

---

[18] 채만식, 『채만식 전집』 6권, 창작과 비평사, 1989, 165면. 이하 작품 인용에 대해서는 본문에 형식과 쪽수만 표기하는 것으로 한다. 7막 극과 3막 극은 『채만식 전집』 9권을 텍스트로 삼았음을 밝힌다.

[19] 7막 극은 완판본 계통의 「심청전」과 줄거리가 유사한 특징을 보인다. 그 점에서 완판본 계통의 판본을 패러디 텍스트로 삼았을 가능성이 있다. 한편 작가는 판소리 〈심청가〉뿐 아니라 당대 콜롬비아 판 SP음반까지 포괄적으로 수용한 것으로 보인다. 예컨대, 심청이 심봉사와 이별하는 장면인 5막 2장에서 작가는 무대지시문 "무대 뒤에서 「심청가」중 沈淸下直(콜롬비아 40412B면)을 장구 없이 극저청으로 창을 대다가"에 더불어 활용할 SP음반의 번호를 구체적으로 지시하고 있기 때문이다. 콜롬비아 판 40412-B면은 1932년 오비취(吳翡翠)가 녹음한 것으로, 총 3분 25초 동안에 걸쳐 창이 이어진다. 1932년 판 음반을 무대배경으로 활용한 이러한 사실을 통해서 우리는 채만식의 우리 전통 특히 '심청전'에 대한 탐색이 그만큼 오랜 기간에 걸쳐 있었다는 사실을 추측해볼 수 있다. 이 기회를 빌어 자료를 제공해주신 최동현 선생님께 감사드린다. 아래는 필자가 녹취한 내용의 전문이다.

도 분산되어 있다는 점에서 분석적 연극[20)]의 경향을 보여준다. 고대 연극에서 사자(使者)의 보고(報告) 형식을 취해 무대공간의 한계를 넘어서는 수단으로 활용된 극중극이 시도되고 있다는 점도 특이한 사항이다.[21)] 심청의 죽음이 선인에 의해 재현되는 과정에서 재현양식의 전환(반전)이 나타나고 있는데, 이것은 3막 극에서도 확인할 수 있다. 심봉사가 글을 읽는 장면에서부터 시작하는 3막 극은 사건이 순차적이지 않고 등장인물도 압축으로 제시되어 있어 플롯화가 많이 가해진 특성을 보인다. 그 점에서 3막 극은 내용을 간결하게 압축하여 극의 경제성을 확보한 점에 특징이 있다.[22)]

그러나 이러한 부분적 차이에도 불구하고 세 편의 「심봉사」는 서사적

"눈 어두운 백발 부친을 영결허고서 죽을 일과, 사램이 세상으 나서 십오 세으 죽을 일이 정신이 막막허고, 이리 허여도 뜻이 없고, 저리 허여도 생객이 없구나. 〈아서라, 쓸 데 없구나. 내가 하루라도 실았을 적 부친 의복을 허리라〉허고, 춘추의 상침 섞어 박아 지어서 농에다가 옇고, 행선 날을 생각허니 하룻밤이 격한지라, 밤은 적적 삼경이나 되고, 은하수는 기울어진디, 부친의 목을 안고, 〈아이고, 아버지. 날 볼 날이 며칠이나 되며, 날 볼 밤이 몇 밤이오. 애달퍼라, 우리 부친. 내가 철을 안 연후로 밥 빌기를 놓았더니마는, 내일부텀이라도 동네 걸인이 될 것이니, 불쌍한 우리 부친 어찌 극복 할까나.〉"

20) 분석극은 결정적인 사건이 기왕의 사건으로 표현되어 그의 진행과 더불어 서서히 그 베일이 벗겨지면서 극 본연의 사건의 전모가 종말에 가서 완연히 관중에게 드러나는 연극을 말한다. 이러한 분석극은 주요한 사건이 극적 행동 속의 사건보다 선행하느냐 후행하느냐에 따라 분석적·회고적 희곡과 전진적·종합적 희곡으로 구분된다. 7막 극의 경우, 6막 까지는 사건이 순차적으로 진행되고 극적 갈등이 크게 나타나지 않으며 전사를 소개하는 회고적 모티프(선인에 의해 심청 죽음 제시)와 추후의 사건을 예언하는 예언적 모티프(노승이 등장하여 심청의 운명을 암시하는 예언을 행함)에 의해 극이 전개된다는 점에서 중간 형태의 희곡에 가깝다고 할 수 있다. 이에 대해서는 볼프강 카이저, 김윤섭 역, 『언어예술작품론』, 시인사, 1994 참조.

21) 볼프강 카이저, 김윤섭 역, 위의 책, 307-308면 참조.

22) 7막 극과 3막 극의 특징에 대해서는 한국극예술학회 편, 『채만식』, 태학사, 1995 참조.

의미에 있어서의 공통점이 많이 발견된다. 플롯과 중심인물의 변동, 주요사건의 경과와 결말구조가 거의 유사할 정도로 동일하기 때문이다. 이런 의미에서「심봉사」작품군은 자기동일적 연속성을 가진 하나의 텍스트로 볼 수 있다. 작가의 의도와 목표를 달성하기 위한 전략이 플롯이라 한다면 이러한 배열은 작가의 의도와 목표를 이해하기 위한 전략이라고 볼 수 있다.[23] 공통적인 내용을 단락별로 분절하면 다음과 같다.

    1) 심청은 빈한한 가정에 딸로 태어난다.
    1)-1 심봉사는 뒤늦게 심청을 얻고 기뻐한다−어미를 죽이고 태어난 심청을 원망한다.
    2) 심봉사는 아내를 잃고, 동냥젖으로 심청을 양육한다.
    2)-1 심청은 모친을 잃고, 봉사인 아버지의 양육으로 자라난다.
    3) 심청은 동냥으로 봉사 부친을 봉양한다.
    3)-1 심봉사는 심청의 봉양에 의지하여 살아간다.
    3)-2 심봉사는 (자식걱정/입신욕망)에 집을 나오다 개천에 빠진다.
    3)-3 심봉사는 눈을 뜰 수 있다는 탁발승의 말에 시주를 약속 한다.
    3)-4 심봉사는 약속을 지키지 못할까봐 전전긍긍한다.
    4) 심청은 아버지의 눈을 뜨게 하려고 공양미 삼백석에 몸을 판다.
    5) 심청은 그 사실을 (알리고/숨기고) 떠나간다.
    5)-1 심봉사는 심청을 떠나 보내고 슬픔과 고통의 나날을 보낸다.
    6) 심청은 인당수에 빠져 죽는다.
    6)-1 심봉사는 (황궁에서/집에서) 가짜 심청과 상봉한다.
    7) 가짜 심청은 심봉사가 눈을 뜨자 (달아난다/좋아한다)

---

[23] 스토리와 플롯은 가능과 실현의 관계로 이해할 수 있다. 즉 재료로서의 이야기(파블라)나 단위들의 구조와 같은 사건을 스토리로, 그 재료가 예술적으로 조직되어 표현으로 구체화된 이야기(수제)나 구조의 작용과 결과에 관계하는 본문을 플롯으로 이해할 수 있다. 여기서는 플롯을 가능한 어떤 것을 그 중의 하나로 실현한 것으로 좁혀 파악하고자 한다. 논의의 편의성이 고려된 것임을 밝혀둔다.

7)-1 심봉사는 눈을 뜨나 가짜 심청의 모습에 (어리둥절해한다/실망한다)
　　7)-2 심봉사는 심청의 죽음을 확인하고서 스스로 눈을 찔러 재실명한다.

위의 배열에서 알 수 있듯, 「심봉사」는 원전에 비해 구조적 변화가 많이 가해져 있다. 심청의 성장과 봉양 장면은 원전과 유사하나 후반부의 이야기는 상당히 변형되어 있다. 특히 제의의 결과에 대한 비판적 해석에서 극적 주제가 잘 드러나 있다. 심청의 입장에 따른 심봉사의 반응과 결단이 반복되는 양상으로 이야기가 서술되고 있으며, 그러한 과정에서 심봉사의 부정이 신랄하게 폭로되고 있다는 점도 흥미롭다. 자기기만형 인물(알라존)로 그려진 탁발승과 뺑덕어미 그리고 가짜 심청의 설정 등은 딸 팔아먹은 아비를 비판하기 위한 극적 장치로 볼 수 있다. 다음 장에서 이러한 재해석이 가지는 의미에 대해 공통단락을 중심으로 살펴보기로 한다.

Ⅲ. 일원적 구조를 통한 균형의 회복

「심봉사」의 원텍스트인 '심청전'은 판소리계 소설이면서도 영웅소설의 구조를 가진, 즉 현실적 토대와 낭만적 결구의 결합이라는 대단히 복잡한 요소를 포괄하고 있다. 신재효본(이하 신본)에서 이러한 영웅적 구조는 주인공 심청의 일생에서 잘 감지된다. 남다른 신분과 신이한 출생 같은 영웅적 면모가 심청의 일생을 좌우하는 요소로 작동하고 있는 것이다.

물론 심청의 일생에서 드러나는 심청의 영웅 구조와 전형적인 영웅소설의 구조가 정확히 일치하지는 않지만 대체로 유사한 양상을 보이고 있으므로 이러한 영웅의 인물적 특성을 기본으로 하여 「심봉사」는 어떻게 재구성되고 해체되었는가 살펴볼 필요가 있다.

일찍이 조동일은 '영웅의 일생' 구조에 대해 7가지의 '일생의 유형'으로 정리한 바 있다. 이를 나열하면 다음과 같다.24) ㉮ 고귀한 혈통 ㉯ 비정상적인 잉태와 출생과정 ㉰ 탁월한 능력의 소유 ㉱ 어린 시절의 고난 ㉲ 양육자(혹은 조력자)의 도움 ㉳ 새로운 위기와 대면 ㉴ 위기 극복과 승리 등이 그것이다. 이제 신본 '심청가'와 「심봉사」의 공통단락을 중심으로 이 문제를 검토해 보기로 한다. 신본의 태몽 장면에는 심청의 출생이 가진 남다른 정보가 나타나 있다. 즉 '천상계의 서왕모의 양녀가 지상계로 내려와 심청으로 출생하였다'고 하여 본래 심청이 천상계의 고귀한 신분임을 밝히고 있다.

> "西王母의 양녀로서 文昌星과 정혼하여, 미처 行禮 못 하여서 文昌이 天命받아 天下蒼生 건지기로, 인간 하강 하옵기에, 따라 내려 오옵더니, 夢恩寺 부처님이, 댁의 지시하옵기에, 이리 찾아 왔사오니, 어여삐 여기소서"25)

위 상황은 심청의 출생 비밀이 곽씨부인의 꿈으로 처리되어 결국 태몽이 잉태로 연결되고 있는 장면이다. '심청가'에서 심청의 일생은 천상계에서 현실계로, 현실계에서 수중계로, 수중계에서 다시 현실계로 순환

---

24) 조동일, 「영웅의 일생, 그 문학사적 전개」, 『동아문화』, 1971, 10면.
25) 신재효 본, 「심청가」, 강한영 교주, 『신재효 판소리 · 사설 여섯마당 集』, 형설출판사, 1982, 135-136쪽. 이하 인용은 본문에 면수만 밝힘.

하는 양상을 띠고 있다. 심청의 영웅적인 면모를 위의 구조와 비교해보면 ㉮, ㉯, ㉰, ㉱, ㉲만 갖추고 있음을 알 수 있다. 이러한 심청의 일생이 전형적인 영웅의 일생과 일치하는 것은 아니지만 대체로 동일한 과정을 반복하고 있음을 알 수 있다. 심청이 영웅적 능력을 소유하지 못한 여아라는 설정은 심청의 운명이 세계의 횡포에 의해 파멸에 이를 것이라는 정보를 제공한다. 그 점에서 심청의 비범성 결여는 신본에서 초월적인 세계의 극적 개입이 보다 빈번하고 직접적으로 나타나는 주요 원인이 되고 있다.[26] 심청의 일대기라 할 수 있는 위의 유형을 논의의 편의상 a, b, c, d, e로 표기하기로 한다. 정리하면, a. 천상계의 선녀 b. 태몽(잉태) c. 봉사 부친의 양육 d. 인신공희(人身供犧)의 제물(죽음) e. 환생-신분상승-행복실현이다.

「심봉사」의 공통단락에 드러난 심청의 일생을 추출하면 다음과 같다. 1) 심청은 빈한한 가정의 딸로 태어난다 2)-1 일찍 모친을 잃고 봉사인 아버지의 양육을 받으며 성장한다 4) 아버지의 눈을 뜨게 하려고 공양미 삼백석에 몸을 판다 5) 심청은 그 사실을 (알리고/숨기고)떠나간다 6) 인신공희의 제물이 되어 인당수에 빠져 죽는다. 1)부터 7)-2까지 총 17개의 공통 단락 중에서 심청의 일생이 드러난 부분은 다섯 군데이다. 심청의 일생이 전개됨에 따라 배경이 비현실계와 현실계로 순환하던 신본과 달리, 「심봉사」에서는 심청의 일생이 현실계에 고정되어 전개되고 있다. '심청전'과 신본의 심청이 영웅의 일생과 비슷한 유형을 드러내고 있는 것에 반해, 채만식의 심청은 영웅적인 모습이 거세되어 나타나고 있다. 비현실계가 사라지고 영웅적 면모가 제거됨에 따라 고난-인신공희-죽음

---

[26] 이에 대해서는 정출헌, 「'심청전'의 민중정서와 그 형상화 방식」, 최동현·유영대 편, 『심청전 연구』, 태학사, 1999 참조.

과 같은 수난구조가 심청의 일생을 좌우하는 요소가 되고 있다.

앞의 구조와 비교한다면 ㉯-c : 2)-1)과 ㉯-d : 4), 6)만 갖추고 있음을 알 수 있다. 신본의 심청은 ㉯의 특별한 능력은 소유하지 못했지만 ㉮-a와 ㉯-b의 조건을 갖추었기에 결과적으로 ㉰-e를 실현할 수 있었다. 따라서 신본에서 ㉮-a와 ㉯-b는 하나의 현상을 다른 상태로 변하게 만드는 최소한의 조건이라 할 수 있다. 그러나 채만식의 심청은 천상계라는 배경을 가지지 못한 채, 처음부터 지상계의 인물로 성격을 부여받는다. 즉 심청이라는 인물의 존재 근원이 현실계에 놓여 있음을 강조함으로써 천상의 원리에 의한 논리의 비약을 원천적으로 차단하고 있는 것이다.

한편 신본에서 곽씨부인의 태몽 모티프는 심청의 출생 신분을 미리 지시하고 적강 화소가 구현될 수 있는 논리를 만든다는 점에서 중요한 극적 장치의 하나였다. 그러나 「심봉사」에서 작가는 이러한 태몽 모티프 대신에 흉몽 모티프를 삽입하여 적강 화소의 논리를 부정한다. 적강 화소(도교)에 의해 창출된 효과가 사라진 결과로 심청과 심봉사는 현저히 현세적인 인물로 다시 태어난다.[27] 심청은 가난한 양반봉사의 딸로 신분이 격하되고 심봉사는 허위로 가득 찬 양반으로 희화화된다. 따라서 「심봉사」의 첫 단락은 1) '심청은 빈한한 가정의 딸로 태어난다'와 1)-1 '심봉사

---

[27] 흉몽 모티프는 7막 극(34면)과 소설(184-185면)에 삽입되어 있다. 이 모티프는 독자들로 하여금 곽씨부인의 죽음이 심청과 심봉사의 비극이 될 것임을 미리 알아차리도록 배려한 작가의 친절한 주석이라 할 수 있다. 아래는 소설의 해당 부분이다.
"제발 적선하시오! 내가 시방 죽고 보면, 내게 딸린 두 목숨이 마저 죽소! 살려주오!" "우리는 사자로, 잡아가는 직책은 있어도, 살려주는 권한은 없으니 무가내하로다!" 세 놈 사자의 대답이었다. (…중략…) 한참 그렇게 승강을 하면서, 그러나 세 놈이나 사자의 힘을 당치 못하여 차차로 끌려나가고 있는 즈음인데, 그러자 응애하고 우는 어린 것의 울음 소리가 귀청을 때리는 듯 들렸다. 퍼뜩 곽씨부인은 정신이 들었다. 앓아 누운지 나흘 만에 처음 비로소 정신이 번쩍 든 것이었다. 곽씨부인은, 정신이 들어서 보니 꿈이었다.

는 뒤늦게 심청을 얻고 기뻐한다-어미를 죽이고 태어난 심청을 원망한
다'가 변주되어 나타난다.

　　①동리 여인 갑 : (보고 섰다가) 자식이 아니라 원수다.
　　동리 여인 을 : 그래! 저것만 아니 났으면 그렇게 죽지는 아니했지!(7
막 극, 39면)

　　②"오오, 맑을 청 자! ……청이, 청이, 쯧, 좋소그려 ! 부르기두 좋구,
글자두 쓰기두 좋구……"/뚝 울음을 그치고, 어린 것한테로 쏠려들어, 불
끈 집어들고 일어선다. 흰 눈알을 해번득거리면서, 숨을 식식거리면서,
곧 미친사람 거동이다. "이것! 웨 생겼드냐? 에미를 죽이구 생겨난 것이
자식이드냐? 원수지! 에잉!" 그대로 태질을 치러, 번쩍 치 꼬느어 든다.
곡성소리를 듣고 달려온 귀덕어멈이, 찰나에 덥쑥 빼앗아 안지 아니하였
으면, 어린 것은 인하여 저의 모친을 뒤따라 저승길을 갔을는지도 모른
다. (소설, 191-192면)

　　위의 두 장면은 곽씨부인의 출상이 나갈 때 심청의 출생에 대한 인물
들의 반응이다 ①은 동리 여인들의 대화로 심청의 출생이 가지는 의미
를 주변인물들의 시각에서 전달하고 있다. ②는 어미를 죽이고 태어난
딸에 대한 심봉사의 복합적인 감정을 서술하고 있다. 두 부분 모두 심청
의 탄생이 결과적으로 곽씨부인을 죽게 한 원인이 되었다는 점에서 심청
의 출생에 대한 비판적인 입장이 잘 드러나 있다. 이러한 구성은 살아남
은 者보다 亡者에 더 극진한 아쉬움을 가지게 되는 현세적인 인간의 감
정을 잘 표현하고 있다는 점에서 보다 사실적이고 자연스럽다. 초월적
진리와 같이 '눈에 보이지 않는 힘을 완전히 지움으로써' 작품의 내적 필
연성을 마련하고 현실적 구도를 살리려는 작가의 의도가 반영된 결과라

할 수 있다.

'심청전'과 신본에서 적강 모티프가 심청의 미래 행복을 암시하는 복선 역할을 담당했다면, 그것이 배제된「심봉사」에서 심청의 명암은 불행의 강도가 보다 심화되는 양상을 보여준다. 공통 단락 2)부터 7)-2까지는 심청의 비극적 죽음에 심봉사의 자책과 회한이 겹쳐져 이야기의 구조가 파국으로 치닫는 일련의 과정 속이라 볼 수 있다. 심청의 성장과정과 부친 봉양, 더 큰 효를 실천하기 위해 희생하는 2)-1, 4), 5), 6)은 신본의 그것과 크게 다르지 않다. 그러나 심청의 희생이 가지는 의미에 대한 재해석이 가해지면서부터 여러 구조적 변화가 발생한다.「심봉사」는 효행의 힘이 미치지 못하는 사실적인 세계관을 전제로 하고 있다. 이타적인 희생은 숭고함과 비극성이라는 양가적 감정을 동반하기 마련이다. 원전에서 심청의 희생은 비극성보다 숭고함에 무게가 놓여 있다. 아버지의 소망을 성취시키기 위해 상품으로 매매되어 가는 행위는 비극성을 내포하고 있지만 그것이 자신을 길러 준 눈먼 아버지에 대한 효도의 성격을 가지고 있다는 점에서 그러하다. '효'라는 가치를 실현하기 위해 움직이는 이념이 바로 심청이라 할 수 있다.

반면 현실적인 원리가 유지되는「심봉사」의 세계에서 심청의 희생은 숭고함보다 비극성에 무게가 놓여 있다. 원전에서 심청은 자신에게 주어진 비극적 상황을 모두 물리치는 영웅적 인물로 나타난다. 후반부의 심청의 삶인 환생과 결혼은 전반부의 가난과 희생이라는 비극적 요소를 일소에 해소시키며 이야기의 결말을 해피엔딩으로 이끄는 주요 사건이라 할 수 있다. 그러나 채만식의 심청에게서는 재생과 결혼이라는 환상적 요소가 사라짐으로 인해 심청은 희생자로서의 모습만 보다 선명히 부각되어 드러난다. 심청의 희생에도 불구하고 그녀가 처한 삶의 조건은 변하지 않는다는 사실이 비극성을 가져다 주는 것이다. 이렇게 볼 때 「심봉사」에서의 심청은 욕망의 주체자인 아버지의 욕망이 실현되는 과정에서 어쩔 수 없이 희생되어야 하는 역설적 상황을 운명으로 받아들여야 하는 비련의 여인이 되고 있다. 그 점에서 채만식의 「심봉사」는 심청의 희생을 당연한 것으로 간주하는 세상에 대한 공격으로 풍자의 효과를 거두고 있다. 폭력적 현실에서의 심청의 수난은 여성의 수난으로 치환되면서 그러한 여성의 희생을 강요하는 사회(남성, 도덕)에 대한 알레고리가 되고 있다.

6)-1부터 7)-2까지의 이야기는 딸을 죽게 만든 비정한 부성의 허위의식과 세속적 욕망의 부정성을 통렬하게 비판하는 구조로 짜여져 있다. 극중에서 가짜 심청은(7막-궁녀, 3막-홍녀)심봉사의 개안을 돕는 협조자이자, 한편으로는 심봉사의 자해를 돕는 징죄자의 역할을 담당한다.

①"애고 아버님. 제숙으로 팔려 갔던, 심청이 살아 왔소."(중략)심봉사 깜짝 놀라, "내 딸이 살아 오니, 눈 못 떠도 한이 없다. 죽지마라 죽지마라."눈을 희번덕 희번덕한 것이, 두 눈이 환하게 밝았구나.(201-202면)

②장승상부인 : (…)그리고 정말 심청이는, 여보 심생원 정말 심청이는 임당수에서 아주 죽었……
　심봉사 : (자기 손가락으로 두 눈을 칵 찌르면서 엎드러진다) 아이구 이놈의 눈구먹! 딸을 잡아 먹은 놈의 눈구먹! 아주 눈알맹이째 빠져버려라(마디마디 사무치게 흐느껴 운다)아이구우 아이구우.(7막극, 101면)

③송달 : 죽었어두 살았으니 다름없습니다. 만대나 살 효성 아녜요?
　심봉사 : (맹렬히) 영영 죽어? 영영 우리 청이가 죽어? 이 늙어빠진, 송장 다 된, 아무 소용두 없는 애비 하나 눈떠주자구,(중략)이 눈구멍 때문에 자식을 죽여? 천하를 주어두 아니 바꿀 내 자식을, 우리 청이를 죽

여? 응응(이를 뽀도독, 가리키던 손가락으로 사정없이 두 눈동자를 찌른다)(3막극, 196면)

소포크라테스의「오이디푸스 왕」이야기를 차용한[28] ②와 ③의 비극적 결말은 ①의 해피엔딩 마무리를 역전시킨다는 점에서 '심청전'과 신본에 대한 재해석의 의도가 가장 잘 드러나고 있다.[29] 원전이 가진 문제는 현실의 모순과 갈등을 낭만적으로 해결하여 가난한 현실에서 딸 팔아먹은 비정한 부성의 문제를 잊는다는 데에 있다. 이는 현실을 있는 그대로 전하지 않는 과거의 문학에서 작중인물들에 대한 엄정한 평가가 이루어지지 않았다는 것을 의미한다. 채만식이 여러 번에 걸쳐 심봉사의 무능과 허위의식에 대한 냉정한 비판을 가하는 것도 기왕의 잘못된 평가를 바로잡기 위한 결과로 이해할 수 있다. 그 점에서「심봉사」의 비극적 결말은 딸을 만나 눈을 떴다는 황당한 사실에 동의하던 전통적 독자나 청자들의 통속적인 기대에 대한 공격인 동시에 이러한 비현실적인 마무리로 현실의 모순을 감추는 중세의 윤리에 대한 공격이 되고 있다.

판소리계소설뿐 아니라 우리 고전의 이야기 구조는 현실의 모순과 갈등을 단 한번의 통쾌한 결말이나 환상에 의지하여 해결하려 함으로써 부정한 현실을 스스로 은폐(초월)하는 경향이 강했다. 채만식의「심봉사」는

---

28) "그리고 이것을 각색하는 데 있어서 많은 지도를 아끼지 아니한 이은상(李殷相), 박진(朴珍) 양 형 및 이기세(李基世), 이하윤(異河潤) 양씨로부터 재료를 구해 주신 수고를 감사하여 마지 아니한다."(7막 극, 101면)

29) 최원식은「채만식의 고전소설 패러디에 대하여」,『민족문학의 논리』, 창작과비평사, 1982)에서 채만식이「심봉사」를 쓰게 된 동기에 대해 "그가「심청전」과 처음 인연을 맺은 것은 박진(朴珍)의 부탁으로 희곡「심봉사」를 썼을 때이다"(166면)라고 말한다. 그러나 이는 좀더 사실 관계의 해명이 필요한 부분일 듯 싶다. 문면의 축자적 의미로 보자면, 채만식은 박진에게 희곡 각색의 도움을 받았던 것으로 보이며 창작 부탁을 받은 것은 아닌 듯 보인다.

과거의 문학에 내재된 현실과 인식의 차이를 줄여 좀더 진실한 이야기를 만들고자 하는 작가의 욕망이 풍자적 패러디로 나타난 경우라 하겠다. 작품 내적 구조의 필연성을 마련하고 이야기의 핍진성을 확립하는 방향으로 패러디가 행해졌음이 그 예이다. 재해석 과정에서의 지워진 부분은 주로 전근대적 소설 문법(심청의 영웅적 면모와 낭만적 결구)에 집중되었으며, 창조된 부분은 대체로 근대적 소설 문법(현실 가능한 사건 배치와 인과적 구성)을 강화하는 방향에 집중되었다. 효행의 현실적 효과와 행복한 결말의 가능성을 수정의 핵심으로 삼은 요인에는 무엇보다 근대 문학 구조에 대한 작가의 자의식(사실주의적 시선이 비극적 표현의 욕망으로 나타남)가 중요하게 작용한 것으로 보인다. 즉 '심청전'을 해석이 다양하게 열린 구조의 체계로 보고 '꼼꼼한 읽기'를 선택한 결과가 재해석 과정에 반영된 것이라 이해할 수 있다. 열린 사고를 지향하는 이러한 인문학적 태도는 수용과 변용의 능동성을 불러오기 마련이라는 점에서, 채만식이 당대에 보여준 태도는 참으로 시사하는 바가 크다.

Ⅳ. 비판적 상상력에 나타난 욕망의 시학

채만식의 「심봉사」는 현실적이고 사실적인 세계관을 기초로 이루어진 작품이다. 그러기 때문에 그 현실적인 원리가 인물들의 삶의 영향을 미치는 중요한 요소로 작동한다. 여기에는 현실 가능성이라는 실제적인 논리를 바탕으로 '심청전'을 재해석함으로써 사실적인 세계를 재현하려는 작가의 욕망이 내재되어 있다. 주목할 점은 이러한 시도가 매우 의도적이고 의식적으로 나타났다는 것이다. 7막 극의 부기는 '심청전'의 현실성에 대한 채만식의 생각을 잘 보여준다.

> 이것을 각색함에 있어 첫째 제호를 〈심봉사〉라고 한 것, 또 〈심청전〉의 거대한 저류가 되어 있는 불교의 '눈에 보이지 않는 힘'을 완전히 말살 무시한 것, 그리고 특히 재래 〈심청전〉의 전통으로 보아 너무도 대담하게 결말을 지은 것 등에 대해서 필자로서 충분한 석명이 있어야 할 것이나 그러한 기회가 앞으로 있을 것으로 믿고, 여기서는 생략하고 다만 아무런 이유도 없이 그러한 태도로 집필을 한 것은 아닌 것만을 말해둔다.(7막 극 附記, 101면)

인용문에는 '심청전'을 패러디 한 작가의 의도가 잘 드러나 있다. 낭만성과 초현실성을 거부하고 현실성에 초점을 맞춘 구성이 그것이다. 현실성을 중시한 작가의 사실주의적 시각으로 인해 「심봉사」에 등장하는 인물과 사건은 보다 현실성이 심화되고 있다. 물론 이것은 이야기의 사실성을 강화하고 극적 구조에 보다 삶의 진실성을 부여하려는 작가의 의도로 보인다. 그리고 현실을 있는 그대로 작품 속에 구현하여 극적 리얼리티를 담보하려는 전략으로도 보인다. 물론 그러한 의도와 전략 속에는 현실을 정확히 바라보고자 하는 작가의 비판적 역사의식이 저간에 담겨 있다. 이와 관련하여 특별히 주목할 만한 대목은 근대 이전의 인물들을 해체한 후 근대적 인간의 모습에 맞게 다시 형상화한 부분이라 할 수 있다. 원전에 등장하는 인물들은 대체로 집단의 이념에 자유롭지 못할 뿐 아니라, 기질이나 속성이 그리 복잡하지 않은 단순한 성격을 지니고 있다. 작중 현실에서 갈등과 대립이 별로 나타나지 않는 것도 인물들의 평면적이고 정적인 성격과 무관하지 않다.

판소리계 소설 '심청전'에서 심봉사는 가난하지만 지조 곧은 양반의 후

예로 등장한다. 신본도 비슷하여 "양반의 후예(後裔)로 행실이 청렴하고 지조가 경개(耿介)하여 일동일정을 경솔히 아니하니, 사람들이 다 일컫더라"(133면)고 하여 심봉사를 사리분별 있는 인물로 설정하였다. 그러나 채만식의 심봉사는 지조 곧은 선비나 사리분별 있는 양반의 모습과는 거리가 먼 인물로 형상화되어 있다.

> 부친의(부친이 나중 궂기었는데) 초종범절을 치르고 나니 전답은 고사하고 살던 집마저 팔아 상채(喪債)를 갚아야 하였고, 인하여 시방의 일간 초옥으로 옮아 앉은 것이었다. 이래 십오 년, 눈을 못 본지 이십 년, 심학규에게 만일 부인 곽씨의 그 현철함이 없었다면, 그는 진작에 벌써 굶어죽거나 얼어죽지 않으면, 지팡막대 두드리며 거리로 방황하는 걸인이 되고 말았을 것이었다. (소설, 169면)

인용문은 심봉사의 삶의 고통이 부친의 상채 이후 시작된 가난과 빈궁이라는 현실적인 사건에 의해 비롯되었음을 추측하게 해주는 장면이다. 이러한 상황 설정은 심봉사의 존재기반이 현실의 질서 속에 놓여 있음을 알려주는 동시에 심봉사가 좀더 현실성을 갖춘 인물형이라는 인식을 제공한다. 신체적 불구성은 심봉사를 경제적 무능력자로 규정짓는 중요한 속성이자 문제적 상황을 발생시키는 근본 요인이다. 원전에서 심청은 이런 심봉사의 무능한 불구성을 회복시켜줄 구원자로 나서 그것을 가능하게 했지만, 환상성이 거세된「심봉사」에서 심청은 희생자로 전락하고 만다. 냉혹한 현실의 질서 속에서 육체적으로 온전하지 못한 봉사가 겪을 수밖에 없는 운명은 그 자체로 비극성을 내포하고 있다. 왜냐하면 현실과 인식의 차이가 극명하게 존재하는 사회일 수록 봉사의 무능력성과 무책임성은 근원적인 요소로 남을 가능성이 높기 때문이다. 그런 점에서 곽씨부인의 현철함에 빗대어 무능력한 심봉사의 삶을 비판하는 화자의 냉소적인 시선에는 세상물정에 어두운 심봉사(지식인)에 대한 준엄한 질책이 겹쳐져 드러나 있다.

한편 사건의 진행과정에서 나이 이십에 눈먼 상태가 지속되고 있는 상황은 심봉사 스스로 눈먼 병신이라는 자신의 불구성을 뼈아프게 인식하는 계기로 작용하는 동시에 가장 강렬한 형태의 개안 욕망을 갖게 만드는 원인이 된다. 심봉사가 자신의 형편은 고려하지 않고 "과거를 보아서 장원급제를 해서 귀히 되어 가지고"(7막 극, 60면) 입신 출세하겠다는 소망을 내보이는 것도 그것이 현실화될 가능성을 염두에 둔 행위라 할 수 있다. 그러나 이러한 미몽과 달리 그의 학문적 성과는 "천하지부조묘장자ㅣ과의니"(3막 극, 173면)에서 한 걸음도 나아가지 못한다. 심봉사의 시주 약조 사건은 그의 현실 인식의 한계를 극명하게 보여주는 사태이지만 새로운 세계에 대한 열망이 그만큼 강렬했음을 반증하는 증거이기도 하다.

  심봉사 : (독백) 눈을 뜬다? 눈을 떠? 흐흐 근 사십 년 앞을 못 보고 고생하던 눈을 다시 뜬다. 눈을 뜨고 광명을 다시 본다. 흐흐흐흐 어이구 인제는 살았다. 우리 어여쁜 심청이 얼굴도 볼 수 있으렷다. 시방처럼 손으로 만져보지 않고 뜬눈으로 본단 말이지, 흐흐 가만 있자. 내가 그해에 과거를 보러 서울로 가려다가 눈병이 나서 못가고는 영영 눈이 멀었겠다. 응, 그러면 눈을 떠가지고 다시 과거를 본단 말이야. 과거를 보아서 장원급제를 해서 귀히 되어가지고 우리 딸 심청이도 호강을 시켜주고 오옳지 옳지.(…)(차차 얼굴이 변해간다)삼백 석 삼백 석 어떻게 보내나. 허어, 이거 야단났군. 이거 야단났어! 응 이거 야단났어! (…)아이구 이 원수야, 이놈아 네가 무슨 수로 공양미 삼백석을 마련하느냐? 왜 진즉 죽지 않고 앉어서 일만 이렇게 저지르느냐? 인제는 먼 눈을 뜨려다가 눈도 못 뜨고 귀

머거리 벙어리에 앉은뱅이가 되겠구나. 마른 벼락을 맞고 유황불 지옥에
를 가겠구나, 아이구아이구 내 팔자야.(7막 극, 60면)

　판소리계 소설 '심청전'에서는 심봉사가 그 자신이 속한 사회의 보편적인 가치규범을 체현하는 인물로 설정되어 세속적인 욕망에 대한 문제는 크게 부각되지 않았다. 반면 신본에서는 심봉사가 공양미 시주를 약속한 심청을 되려 꾸짖는 사리분별한 존재로 그려져 있다.[30] 이에 반해 채만식의 심봉사는 자기 욕망의 실현을 위해 타인을 그 수단으로 전락시키는 충동적이고 세속적인 인물로 극화되어 있다.[31] 인용문에는 논리적으로 일관성이 결여된 심봉사의 모순적 성격이 잘 드러난다.[32] 여기서 보여지는 심봉사의 소망은 '눈을 떠 광명의 빛을 되찾고 싶다는 순수한 염원'이 아니라 입신 양명하여 지난날의 삶을 보상받겠다는 '불순한 욕망'에 가깝다. 이러한 인물형은 자기에게 주어진 운명과의 대결에서 실패할 소질이 다분하고 성격의 일관성도 결여되어 있지만, 욕망 실현을 열정적으로 추구하다 끝내 파멸에 이른다는 점에서 근대적인 인간의 형상과 닮아 있다.

---

30) "아껴 내 딸 허망하다. 조석밥을 얻어서, 너를 시켜 비난 터의, 백미 삼백석이, 어디서 나겼느냐(중략)허다 고생 다 할 테니, 차라리 봉사대로, 방 안의 누웠다가, 너 빌어다가 주는 밥을, 배부르게 먹었으면, 그것이 편할테니, 눈 뜨기 내사 싫다. 대사를 어서 불러, 너 쓴 찌를 떼버려라."(151면)

31) 윤영옥은 앞의 글(210면)에서 '심청전'과 7막 극은 심봉사가 충동적 성격을 보여주기 때문에 유사하고, 3막 극은 일관된 성격을 가진다는 점에서 대별된다고 구분하여 설명하고 있다. 그러나 이는 3막 극 중심의 논의를 너무 고려한 결과가 아닌가 한다. '심청전'과 7막 극보다는 7막 극과 3막 극에 나타난 심봉사의 성격이 보다 유사한 특징을 많이 가진다고 볼 수 있다.

32) 심봉사 : 허! 내가 자소(自少)로 사람이 그렇게 일에 임해서 사려를 넓구 깊게 허지를 못허는 사람이란 말야. 생각을 외곬으로만 허구, 번연히 다른 건 잊어버리구, 그래서 낭패를 보기두 많이 했건만서두 타구난 천품이라 그걸 종시 못 곤치다가 필경 또 이런 큰 일을 저즐러 놓았으니 휘유! (3막 극, 179면)

원전에서 심봉사의 개안은 심청의 효성이 가지는 거룩한 희생의 힘과 심청 다시 보기라는 강렬한 소망이 눈을 뜨게 만든 요인이 되었다. 눈을 뜨고자 하는 강렬한 열망은「심봉사」에서도 심봉사의 개안을 가능하게 하는 요인이 되고 있다. 그러나 개안을 통해서 마주한 심청이 가짜임을 확인하면서 심봉사는 자신이 열망해 온 것을 스스로 부정해야 하는 역설적 상황에 처하게 된다. 자신의 개안 욕망이 딸의 희생만 가져왔을 뿐이라는 절망적 현실인식은 결국 심봉사 스스로 비극적 행위를 선택하는 요인이 된다. 심봉사의 격렬한 자해행위는 자신의 어리석음이 초래한 결과에 대한 엄정한 심판인 동시에 딸 팔아먹은 자신의 그릇된 욕망에 대한 처절한 참회를 내재하고 있다. 심봉사의 속죄와 처벌이라는 결말의 극적인 반전 행위와 관련하여 주목할 것은 그것이 어떠한 상징적인 의미를 가지는가이다.

자신의 과오와 현재의 위치를 깨닫는 인물의 실존적 결단이 1936년의 작품뿐 아니라 1947년의 작품에도 계승되고 있다는 사실은 그것의 의미가 담론의 시간 차원(글쓰기의 시간)에서 해석해야 할 것임을 단적으로 말해준다. 그 점에서 심봉사라는 인물의 비극적 성격을 작가의 내면의 비극적 의식이 '비극의 전형적인 세계관의 발로'로 드러났다고 보는 시각은 일리가 있어 보인다.[33] 그러나 그렇긴 해도 시기적으로 1936년부터 1947년 사이에 걸쳐 발표된 세 편의「심봉사」를 비극적 세계관의 작품으로만 읽어내는 것은 고전 재해석의 의도와 그것이 가지는 당대적 의미를 약화시킬 위험이 있다. 채만식의 삶과 문학에 있어서 1936년과 1946년이 중요한 의미를 가진다고 할 때 그것은 무엇보다도 작가로서의 삶과 관련이 있다. 이 두 해는 그가 작가로만 살기를 결심한 해이고 시기적으로는 그

---

33) 한형구,『채만식의 세계관과 창작방법연구』, 서울대 석사논문, 1987 참조.

의 대표작이라 할 만한 작품들이 집중적으로 쓰여진 시기이며 역사적으로는 일제강점기와 해방기에 해당한다.

이렇게 볼 때 일제의 군국주의화가 강화되던 초입에 씌어진 7막 극은 문학적 정체성의 위기를 극복하기 위한 창작방법의 모색과 관련이 있으며 해방 후에 씌어진 3막 극은 자신의 친일 행위에 대한 반성 및 고백과 관련이 있어 보인다. 1948년 말 발표된 「민족의 죄인」이 46년에 탈고되었음을 고려해 볼 때, 3막 극은 해방 후 가장 먼저 쓴 작품의 하나인 것을 알 수 있다. 해방 후 채만식이 가장 먼저 부닥쳐야 했던 문제가 대일 협력에 대한 고백이었음을 떠올린다면 심봉사의 속죄와 거부행위는 그 자체로 상징적인 의미가 담겨져 있다. 여기에는 오늘의 역사적 현실을 제대로 인지하지 못하는 당대의 식자들에 대한 엄중한 질책이 스며있는 동시에 자신의 친일 행위에 대한 변명의 논리를 그대로 수락하지 않겠다는 작가의 철저한 역사의식이 내재되어 있다고 볼 수가 있다.

한편, 탁발승과 뺑덕어미는 극중의 현실에서 심봉사의 세속적 욕망을 이용하면서도 조롱하는 인물로 등장한다. '심청전'과 신본에서 뺑덕어미는 심봉사의 곤란을 가중시키는 악처나 골계미 구현을 위해 삽입된 인물로 주목을 받았다.[34] 이에 반해 「심봉사」의 뺑덕어미는 화를 잘 내며 잔소리가 심하고 말이 많은, 이른바 자기기만형 인물(알라존)[35]의 특징을 보여준다. 동시에 『탁류』의 장형보와 마찬가지로 보다 비속화된 천민 자본주의 인간형으로 그려져 있어 속물적 욕망과 화폐에 의해 의식과 행동이 지배받는 양상을 보여준다. 실제로 극중 현실에서 그녀는 심봉사의 세속

---

34) 판소리계 문학에서의 골계와 뺑덕어미의 역할에 대해서는 김흥규, 「판소리의 서사적 구조」, 조동일・김흥규 편, 『판소리의 이해』, 창작과비평사, 1978, 199-200면 참조.
35) 노드롭 프라이, 임철규 역, 『비평의 해부』, 한길사, 1993, 59-60면 참조.

적 욕망의 실현가능성을 끊임없이 문제삼는 해방(협박)꾼의 역할을 담당한다. 그런가 하면 심청의 귀환을 고대하는 심봉사의 무지를 비웃으며 "죽은 지는 몰라두, 고기 배때기는 불려 주었을"(3막 극, 189면) 것이라는 정보를 흘려 심봉사를 혼란에 빠뜨리고 심봉사의 욕망을 조롱하는 등 철저하게 기만적인 인물로 묘사되어 있다.

「심봉사」의 탁발승도 이러한 자기기만형 인물에 속한다. '심청전'과 신본에서의 승려는 예언의 능력을 지녔거나 자비한 인물로 묘사되고 있었다. 하지만 「심봉사」에서의 승려는 불심이나 수도와는 거리가 먼, 돈을 밝히는 동냥꾼으로 그 지위가 격하되어 드러난다. 심봉사 앞에서 '자기를 실제 이상의 존재인 것처럼 가장하거나 그렇게 되고자 애쓰는' 탁발승의 모습을 통해 우리는 그가 속의 세계에 위치한 승려임을 알 수 있다. 종교적 구도와는 거리가 먼 이러한 탁발승이 부처님의 영험함을 빌어 은근히 심봉사를 조롱하고 협박하는 태도에는 따라서 희극적 세계의 부정성이 깊이 내재되어 있다. '우리 절 부처님이 영험이 많으셔서 빌어 아니 되는 일이 없소/댁 가세가 삼백 석을 낼 길이 없을 듯 하오/자아 이렇게 첫장에다가 '심학규 공양미 삼백 석'이라고 적었으니 보시요/눈 뜬 뒤에선 보아서 무얼하겠소.'(7막 극, 58-9면) 심봉사의 비위를 이와 같이 은근슬쩍 맞춰가며 자신의 물욕을 채우는 탁발승의 처세는 속물화된 인간의 위선을 단적으로 보여준다.

원전의 구도자를 이렇게 자기기만과 허위의식으로 가득 찬 인물로 타락시킨 까닭은 아마도 종교에 대한 작가의 냉소적인 인식과 깊은 관련이 있어 보인다. 이런 의미에서 우스꽝스러운 탁발승의 외모를 통해 종교의 권위가 희화화되고 있다면 희화화된 탁발승으로 하여금 심봉사의 과욕을 다시 조롱하도록 함으로써 결국 작가는 이들 모두에 대한 응징을 행하고 있다. 한편 새롭게 창조된 인물형인 송달은 극중에서 세속적 인물들의 욕망과 허위를 부정하는 비판적 인물로 그려져 있다. 작중 현실에서 심봉사 뺑덕어미 탁발승 등이 속악한 욕망을 가진 인물들이라면, 송달은 이러한 속악한 존재들로부터 희생당하는 심청을 구하려는 존재에 해당한다. 송달이 보여주는 의식은 상당히 합리적이고 근대적인 사고에 가깝다.

> 송달 : 공양미 3백 석 시주허구서 먼 눈을 뜨량이면 이 세상 웬만헌 장님 죄다 눈을 뜨지 그냥 있을 상부르냐? 장님에두 부자가 많잖어? 그 사람들은 공양미 3백 석은 말구, 3천 석이라두 시주를 헐 줄 몰라 아니하며, 시주를 아니해서 눈을 못 뜨냐?(3막극, 183-184면)
> 송달 : 정성이래야 하면 밤으로 정성이나 드렸으면 고만이지, 임당수 제숙으로 몸을 팔아, 멀쩡한 생목숨을 끊어가면서꺼정, 그여히 시주를 해야 할 건 없잖으냔 말야(184면)
> 송달 : 청이 그 극진한 효심을 낸들 헤아리지 못하는 배는 아냐. 우러러 보두룩 가특한 줄 잘 알아. 그렇지만 대체 효도를 하는 데도 분수가 있구, 한정이 있는 법이지. 효도요 부모를 위하는 노릇이라고 그래 자식이 생목숨을 끊어야 옳아? 그게 차라리 불효지 어떻게 효도가 되는 고?(184면)

심청의 연인으로 등장하는 송달은 극중 현실의 중심에 위치한 인물이다. 그는 극의 전개과정에서 인물들 사이의 갈등이 보다 분명하고 실제적인 요소로 자리하게 만드는 동기를 제공하는 역할을 담당한다. 극중에서 심봉사와 심청의 의사가 직접 전달되는 경우는 거의 없으며 송달이 전달자가 되어 부녀의 의사를 조정하거나 소통시키는 과정을 보여준다. 송달은 그들의 선택적 판단을 때로는 설득하고 때로는 비판하는 양상을 취하며 사건의 국면에 개입한다. 따라서 정보의 흐름은 심봉사 ↔ 송달 ↔ 심청의 구도 혹은 역의 구도로 순환한다. 인용문은 송달이, 심청의 효행이 승려의 비속화된 욕망과 심봉사의 세속적 욕망의 결합에 불과함을 인식하고 그러한 행위의 정당성과 실효성에 근본적인 이의를 제기하는 장면이다. 그 점에서 일면 작가의 관념적인 목소리가 교묘하게 담론의 배후에 숨어들지 못하고 송달을 통해 생경하게 발화된 측면이 없지 않다.

예컨대, 심봉사의 처지로 시주이행이 불가능한 일임을 확인시켜주는 대목이나 심청의 효행에 의문을 제기하는 대목이다. 위 인용문은 아비의 욕망을 위해 희생하는 것이 과연 '효'일 수 있는가? 만약 '효'라면 그 효행의 결과로써 봉사가 눈을 뜰 수 있을 것인가? 라는 '통속'적인 결말에 대한 송달의 이의 제기이자 작가의 문제 제기이다. 가난한 현실에서 딸 팔아먹은 결과는 비극이 아니겠는가? 라는 의문이 극중 현실에서 송달을 비판적 주체로 탄생시켰다면, 이는 작가의 비판적 상상력이 반영된 결과로 볼 수 있다. 새로운 인물형의 창조는 당대의 현실적 삶에 대한 이해와 연관된다. 다시 말해 당대의 시대적 상황과 그 시대의 인간군상들에 대한 냉징한 평기기 이루어져야 구체화된 형상을 그릴 수 있다는 의미이다.「심봉사」 속의 인물들, 심청 심봉사 뺑덕어미 탁발승 송달 등은 작중 현실에 살아 있는 허구적 소설적 존재이다. 그러나 과거를 지나 작품이 쓰여지던 당대에도 이러한 유형의 인물들은 어느 지역 어디에서나 살고 있었을 인물들로 보아도 무방한 존재들이다.

채만식의 문학에는 시대의 정당성이나 도덕적 윤리에는 둔감하면서도 자기 자신의 안위나 입신 출세에는 민감한, 일견 비속한 자들이 많이 등장한다. 식민지 시대를 '태평천하'로 여기고 그 체제의 보호 아래에서 갖은 부정을 저지르는『태평천하』의 윤직원 영감은 그 대표적 인물에 해당할 것이다. 작가는 많은 작품을 통하여 그 자신의 삶은 물론 일제강점기와 해방기를 살아온 지식인의 허위의식과 그러한 시대에 편승하여 시대를 어지럽히는 부정적 인물들에 대해서 엄정한 비판과 고발을 가해왔다. 채만식의 문학에서 긍정적 인간형을 찾아보기 어려운 까닭도 그의 냉정한 현실인식과 맞물린 비판적 역사의식 때문으로 보여진다. '심청가'의 결말을 수정의 핵심으로 삼은 것과 마찬가지로 원전의 인물들을 해체한 후 부정적인 인물로 창조한 배경에도 당대의 현실적 삶을 고려한 역사(문학)에 대한 작가의 비판적 상상력이 작용한 결과로 볼 수 있다.

V. 전통의 현대적 계승과 그 의미

우리 근대 작가들이 여러 요인으로 창작의 벽에 부딪칠 때마다 지난 역사와 문학으로 회귀했다는 것은 잘 알려진 사실이다. 신문학 초기의 이해조부터 1920년대의 이광수·박종화를 거쳐 1930년대의 김동인·현진건에 이르기까지 많은 근대 작가들이 지난 역사와 문학을 창작의 소재로 취했다. 그 가운데 이광수는 특히 우리 고전을 재구성하는 작업에 남다른 관심을 가져 여러 편의 작품을 제작한 바 있다. 이런 의미에서 이광수 등이 우리 고전의 전통을 이어나간 것은 사실이나, 그러한 시도가 과연 우리의 전통을 적극적으로 현대화하고 계승하는 작업이었는지에 대해서는 생각해 볼 문제이다. 그들의 패러디 작품은 대체로 원전을 온전히 빌려온 경우가 대부분이어서 흥미 위주의 통속물에 머물거나, 작가 자신의 이념을 전달하는 도구가 되어버린 한계를 안고 있기 때문이다.

이런 견지에서 우리는 채만식의 고전수용이 얼마나 특별한 의미를 가지는 것인가를 새삼 확인할 수 있다. 이광수 등이 단지 옛것의 소재에만 집착하고 관심을 가진 것에 비해, 채만식은 다분히 의식적이고 의도적으로 전통의 현대적 계승을 추구했기 때문이다. 그의 이러한 노력은 그 자체만으로도 충분히 의미 있다고 할 수 있거니와, 특별히 세 편의 '심청전'에 나타난 문제의식을 상기할 경우 이러한 작업이 얼마나 중요한 것인가를 확인할 수 있다. 주목할 것은 채만식이 「심봉사」를 통해 보인 이러한 고전의 현대화가 이후의 현대 작가들 가령, 최인훈, 이청준, 오태석 그리고 최근의 황석영에 이르는 '심청전' 패러디에 밑거름이 되어 왔다는 점이다. 이 점에서 볼 때, 채만식은 '심청전' 다시 쓰기라는 한국 문학의 고유한 현상을 잇는 중요한 계보이자 '심청전'을 가장 현대적인 감각으로 재구성해 낸 최초의 작가라 할 수 있다.

이런 의미에서 '심청전'에 대한 채만식의 남다른 관심은 패러디 '심청전'의 역사를 이해하기 위해서나 고전에 대한 채만식의 의식세계를 해명하기 위해서나 상당히 중요한 의미를 담고 있다. 채만식은 실제 '심청전' 이외에 다른 전통 문학에 대해서도 많은 관심을 보여왔던 것이 사실이며 특히 '춘향전'에 대해서는 많은 애정을 보여준바 있다.[36] 그러나 춘향전의 가치와 의의에 대해 많은 이야기를 했음에도 불구하고 정작 춘향전의 내용을 채만식 문학의 주요한 토픽으로 다루지는 않았다. 무엇 때문이었을까? 일반적으로 '춘향전'은 신분적 제약이 있는 사회 속에서 인간적 해방을 염원하는 한 여인의 목숨을 건 투쟁과 사랑의 이야기라 할 수 있다. '춘향전'에서의 인간평등의 정신과 사랑의 성취는 표리를 이루는 하나의 내용에 해당한다. '춘향전'에서의 사랑은 신분적 제약에 따른 고난과 질

---

[36] "그 중에도 「춘향전」은 우리가 문학을 뜻하는 때에 반드시 한번은 속속들이 씹어 맛볼 무한한 가치가 있다고 나는 생각하오.(중략)영국의 셰익스피어의 여러 작품, 일본의 『원씨물어(源氏物語)』와 아울러 「춘향전」도 그것들에 겨눌 만한 귀중한 고전이오.(중략)아마 「춘향전」 하나만 잘 연구하재도 한 사람의 문학자의 필생의 사업으로는 넉넉할줄 아오." 채만식, 「소설 안쓰는 변명」, 『채만식 전집』 10권, 앞의 책, 85-86면 참조.

곡을 수반한다는 점에서 비장함을 가져다주지만 가문 대 가문이라는 집단의 장애를 물리친다는 점에서 사랑의 아름다움을 가져다주기도 한다.

이런 의미에서 '춘향전'은 사랑의 성취에 장애가 되는 요인들을 극복하고 결국 낭만적 사랑(연애)을 달성하는 과정에 핵심주제가 있다고 보여진다. '춘향전'에서의 비장한 아름다움이 결국 연애 이야기의 로맨틱한 분위기와 관련 있다고 말하여질 때 채만식이 독자의 흥미를 끄는 수단으로서 연애 이야기를 많이 썼다는 것은 주목을 요한다. 그러나 보다 중요한 사실은 그가 연애를 중심소재로 다루고 있는 작품 중에서도 연애의 완성(해피엔딩)으로 이어진 작품이 하나도 없다는 사실이다. 이 점에서 성취되지 않는 연애 이야기에 대한 집착에서 연애의 형식(혹은 책임)으로부터 자유롭지 못한 작가의 '도망 노예'적 의식을 읽어내는 것은 시사하는 바가 크다.[37] 채만식이 이처럼 많은 작품의 중심소재로 연애를 택했음에도 불구하고 성취되지 않은 연애의 형식만을 보여준 것은 사랑에 관한 작가의 문제의식이 보다 현실적 문제 상황 속에서 파악되었기 때문으로 보여진다.

그에게 있어서 사랑이라는 대상은 로맨틱한 분위기를 향유하는 가장 중요한 수단으로서의 연애가 아닌 일종의 비련의 테마이거나 보다 진지하고 이념적인 내용, 즉 '탁류'와 같이 타락한 현실 속에서 몰락해 가는 민중들의 삶에 대한 우울과 관련이 있다고 생각한다. 그의 작품이 진보적 지식인의 허상이나 여성적 비극의 세계에 대한 연민만을 지속적으로 보여준 까닭도 여기에 있다고 할 수 있다. 채만식은 전근대와 근대가 뒤섞이는 이 혼종의 시·공간을 살아가며 당대 그 누구보다도 치열하게 자

---

37) 이 점에 대해서는 카시이 노리코, 「채만식 소설의 연애모티프에 나타난 작가의식」, 사에구사 도시카쓰 외, 『한국근대문학과 일본』, 소명, 2003 참조.

신의 시대와 역사를 증언하고자 했던 작가이다. 그런 만큼 그는 일제강점기와 해방기의 역사와 현실의 어두움을 주시하면서 우리 민족에게 드러난 당면문제를 파악하고자 했다. 물론 우리 민족의 현실을 겹겹으로 감싸는 악마적 성격으로 인해 그것이 때로는 전망 상실('명일이 없는 사람들')로 이어진 측면이 없지 않다. 그러나 그럼에도 불구하고 각박한 삶을 살아가는 우리 민족의 현실을 그리겠다는 것이 작가의 일관된 관심이었다고 할 수 있다.

  이러한 문제의식 하에 채만식은 빈곤과 무지에서 자유롭지 못했던 당대 우리 민족의 현실을 연애소설이나 낭만소설이 아니라 리얼리즘 문학으로 제시하고자 하였다. 고전을 바라보는 채만식의 의식세계 역시 이런 작가의 문학정신과의 결합 속에서 해명할 필요가 있다. 빈곤과 무지, 남성의 허위의식에 희생당하는 여성의 문제가 채만식 문학에 일관되게 나타나는 관심거리라 할 때 그가 모색하는 전통은 '춘향전' 보다 '심청전'에 귀결된다고 할 수 있다. '심청전'을 현대적인 감각에 맞게 재구성해낼 수 있었던 것도 작가의 이러한 당대의 현실에 대한 역사적 인식에서 비롯된 것으로 판단된다. 「심봉사」는 그러한 작가의 방법적 모색이 의도적이고 의식적으로 추구된 작품이라는 점에서 주목할 필요가 있다. 왜냐하면 자기 전통의 계승과 창조의 과정이 가장 다양하면서도 다차원적으로 드러난 작품에 해당하기 때문이다. 채만식의 고전 읽기가 가지는 의미도 여기서 찾아야 할 것이다.

김유정 소설에 나타난 '돈'

김유정 소설에 나타난 '돈'

Ⅰ. 들어가는 말

　1937년 29세로 요절하기까지 김유정은 30편의 단편소설을 남겼다. 김유정이 남긴 그 작품들의 면면을 살펴보면 농촌을 배경으로 한 작품과 도시를 배경으로 한 작품, 금광 체험을 다룬 작품과 자전적 체험을 다룬 작품으로 분류해 볼 수 있다. 이들 소설에 일관되게 나타나는 공통적인 특성으로는 '가난의 문제를 객관적으로 그리되 이를 독특한 소설언어의 문체로 나타내고 해학적으로 처리하고 있음'[1] 이라 할 것이다. 기존 논의들의 반복되는 주장처럼, 김유정의 소설 전편을 통해 강박에 가까울 정도로 되풀이되고 있는 '가난의 문제'는 '먹고 사는 일'과 직접적으로 연결되어 있다. 다시 말해, 매 끼니를 해결해야만 하는 궁핍의 생존형태가 하나의 보편적 상황으로 제시되고 있는 것이다.
　'밥'이 인간 생활의 핵심적인 관심사였다는 점에서 밥은 문학의 보편

---

1) 유인순, 『김유정을 찾아가는 길』, 솔과학, 2003, 87면.

적 주제의 하나로 다루어져 왔다.[2] 밥의 문제가 경제적으로 구조화되면 돈의 문제가 되는데[3] 이 돈의 문제는 매우 절실한 삶의 문제를 환기시킨다. 김유정 소설에는 돈으로 고통 받는 존재들의 이야기가 반복적으로 변주되고 있다. 김유정의 소설에 나타나는 '돈'(=화폐)[4]는 인신매매, 매춘, 폭력, 노름, 가정파탄, 피해망상, 히스테리, 배신, 음모, 정서적 불안, 우울, 공포 등의 다양한 현상을 직접적으로 견인하는 인상적인 매개로 부조되어 있다. 그의 소설에서 '인물들 사이의 관계를 맺고 푸는 기본적인 동력으로 돈(황금)'[5]이 작용하고 있음은 작품 도처에서 어렵지 않게 발견할 수 있다.

소설 속의 인물들이 들병이를 찾고(「총각과 맹꽁이」, 「솟」), 들병이가 되는(「소낙비」, 「안해」) 그 이면에는 돈의 문제가 깊숙하게 개입되어 있다. 또 장인과 사위(「봄·봄」), 동료(「노다지」, 「금따는 콩밧」, 「금」), 부부(「야앵」), 가족(「형」, 『생의반려』), 세입자와 집주인(「따라지」)의 갈등에도 돈의 문제가 밀접하게 연동되어 있다. 이 외에도 소설 곳곳에 채무자, 도박꾼, 구두쇠, 수전노, 마름, 금전적 탐욕자, 방탕자, 소작인, 유랑민, 들병이, 금잽이, 여급 등의 인간군상을 형상화한 것 역시 작가가 돈의 위력이 충

---

2) 포스터는 현대소설이 중심으로 삼고 있는 인간사를 '출생', '사랑', '죽음', '밥', '잠' 이라고 지적하고 있다. 이에 대해서는 에드워드 포스터, 이성호 역, 『소설의 이해』, 문예출판사, 1983, 55면 참조.

3) 우찬제, 「한국현대소설의 경제적 상상력 연구」, 『현대소설과 경제』, 한국현대소설학회, 2000, 46면 참조.

4) 일반적으로 돈이 일상의 감각을 담고 있는 용어라면 화폐는 교환가치로서의 성격(추상화된 돈)으로 규정된다. 반면에 자본은 화폐가 상품의 생산과 소비라는 순환고리 속으로 들어갔을 때, 즉 이윤을 생산했을 때 쓰이는 개념에 가깝다. 이 글에서 사용되는 돈의 개념은 자본보다는 화폐와 유사한 개념임을 밝힌다.

5) 김 철, 「꿈·황금·현실」, 『문학과 비평』 통권 4호, 1987 겨울, 256면.

만한 사회적 현실을 반영한 결과로 볼 수 있다.

이러한 의미에서 김유정의 소설에는 돈의 욕망과 결핍이 불러온 고통과 불행, 그것이 물신화되는 과정에서 생겨난 폐해, 금전적 가치와 윤리적 가치의 갈등에 이르기까지 돈을 매개로 한 다양한 상상력이 표현되어 있다. 이 과정에서 돈은 인간과 인간의 관계를 연결시키는 매개가 되고, 사건을 추동하는 핵심적인 인식소로 기능하고 있다. 또한 가족의 생존권을 좌우하는 근본적 요소이며, 구원과 파멸을 동시에 안겨주는 양가적 매개로 작동하고 있다.

그렇다면 김유정 소설에서 돈이 이처럼 중요한 요소로 부각되는 것은 무슨 이유 때문일까. 선행 연구에서는 '식민지 수탈구조의 형상화' '근대 자본주의 경험의 재현'[6] 등이 지적되었다. 이러한 평가는 비교적 합당한 것이라 할 수 있지만 농촌소설과 도시소설, 특히 자전적 소설에 나타나는 돈의 특성을 상호 이질적인 것으로 취급하는 문제를 보여주고 있다. 이것은 농촌소설과 도시소설에 나타난 돈의 문제와 자전적 소설에 나타난 돈의 문제를 이질적으로 판단한 결과이다. 그러나 김유정 소설에 나타난 돈은 당시 식민지 자본주의 체제의 보편적 기호일 수도 있지만 김유정의 개인적 경험이 가지는 특수적 기호이기도 한 것이다.

글쓰기가 트라우마를 극복하는 수단으로 자신의 외상적 체험을 재현하는 형식이라 할 때,[7] 김유정에게는 소설쓰기가 바로 자기 삶의 억압적 상흔을 분출시키는 적절한 기제가 되었을 것이다. 김유정의 소설에서 돈이 중요한 요소로 자리하고 있는 것에도 그가 돈 때문에 겪어야 했던 육

---

[6] 김준현, 「김유정 단편의 반(半)소유 모티프와 1930년대 식민지수탈구조의 형상화」, 『현대소설연구』 28, 한국현대소설학회, 2005와 김화경, 「김유정 문학의 근대 자본주의 경험과 재현양상」, 김유정학회 편, 『김유정의 귀환』, 소명출판, 2012 참조.

[7] 지그문트 프로이드, 임홍빈 외 역, 『정신분석강의』, 열린책들, 2003, 374면 참조.

체적 고통과 정신적 궁핍이 그만큼 컸기 때문이라고 볼 수 있다. 이런 맥락에서 "김유정에게 있어 가난은 단순히 경제적인 어려움을 의미하는 것이 아니라 화해로운 삶에서 절망적인 상황으로의 추락을 의미한다"[8]라는 지적은 충분한 설득력을 지니고 있다.

이 글은 김유정의 고난사와 관련하여 구체적으로 '돈'이 그의 인생 역정을 좌우하는 주요한 변수이자 결정적인 힘이었다는 점을 전제로, 김유정의 작품과 돈의 문제에 관해서 검토하려는 작업이다. 이를 위해, 먼저 김유정의 자전소설에 등장하는 주인공들의 돈에 대한 인식을 살펴본 다음, 돈의 문제가 농촌소설과 도시소설에 어떠한 양상으로 드러나고 있는가를 고찰하고자 한다. 이는 돈의 문제를 출발점으로 김유정 소설의 한 가지 양상을 파악하려는 작업이기도 하다.

II. 자전소설과 돈의 문제

이른바 자전소설은 한 작가의 소설세계를 이해하거나 창작 동기의 원천을 파악하는 데 있어 중요한 정보를 제공해준다. "화자가 자기 자신의 경험을 회상"하거나 "자전적인 체험의 직접적인 토로라는 서술적"[9] 형식을 작품의 주요한 모티프로 취하기 때문이다. 김유정의 자전소설 역시 이러한 특징이 잘 드러나 있다. 김유정의 자전소설로 읽을 수 있는 작품으로는 「심청」, 『생의 반려』, 「두꺼비」, 「연기」, 「이런 음악회」, 「슬픈 이야기」,

---

[8] 김한식, 「절망적인 현실과 화해로운 삶의 꿈」, 상허학회 편, 『근대문학과 구인회』, 깊은샘, 1996, 296면.

[9] 한용환, 『소설학 사전』, 고려원, 1992, 34면.

「따라지」 등과 사후에 발표된 「형」이 있다. 이 가운데 「생의 반려」, 「두꺼비」, 「이런 음악회」 등이 김유정의 학생시절 체험이 투사된 소설이라면, 「연기」, 「슬픈 이야기」, 「따라지」 등은 청년시절 체험이 투사된 소설이라고 볼 수 있다. 반면 가장 늦게 발표된 「형」은 앞선 유년시절 체험이 투사되어 있어 보다 세심한 관찰이 필요한 소설이다.

「형」은 김유정의 개인사 및 가족사 정보가 비교적 정확하게 제시되고 있다는 점, 회고적 관점에서 비교적 차분하게 가족 몰락의 원인을 돌아보고 있다는 점에서 주목을 요한다. 또한 이 작품은 「생의 반려」, 「두꺼비」, 「따라지」 등 일련의 자전소설과의 상호텍스트적 맥락에서 접근할 때 매우 흥미로운 정보를 제공하고 있다. 하나는 이전 작품들에서는 등장한 적이 없었던 아버지가 처음 등장하고 있다는 점이고, 다른 하나는 작가 자신의 무의식 깊이 있는 유년의 기본 갈등을 노출시키고 있다는 점에서 주목된다.

「형」에서 등장하는 아버지는 당대에 수 십 만원을 이룩한 재산가이면서도 가족을 위해서는 절대로 돈을 쓰지 않는 '수전노'로 묘사되고 있다. 이에 반해 장자인 형은 병든 아비와 가족과 조혼한 아내까지 외면하고는 작첩으로 부친의 재산을 탕진하는 인물로 묘사되고 있다. 이 소설에서 아버지와 형의 마찰은 아버지가 아들을 향해 식칼을 던지는 사건으로 드러나고, 이 대립은 아버지의 죽음으로 끝이 난다. 전기적인 사실에 의하면 김유정의 형(김유근)은 가족의 갈등과 불행에 책임이 있는 사람이다. 예를 들어 「생의 반려」에 형상화되어 있는 김유근의 모습은 아래와 같이 나타나 있다.

그(명렬-인용자)에게는 형님이 한분 있었다. 주색에 잠기어 밤낮을 모르고 남봉군이었다. 그리고 자기 일신을 위하야 열사람의 가족이 희생을 하라는 무지한 폭군이었다.(…중략…) 그는 한달식 두달식 곡기도 끊고 주야로 술을 마시었다. 그리고 집안으로 기생들을 홀몰아 드리여 가족 앞에 드러내놓고 음탕한 작난을 하였다. (…중략…) 그는 술을 마시면 집안세간을 부수고 도끼를 들고 기둥을 패었다. (…중략…) 식칼을 들고는, 피해다라나는 가족들을 죽인다고 쫓아서 행길까지 맨발로 나오기도 하였다. 젖먹이는 마당으로 내팽게쳐서 소동을 이르켰다. 혹은 아이를 움물속으로 집어던져서 까무러친 송장이 병원엘 갔다.[10]

위 인용문에서 보듯 자전소설 속의 형님의 모습은 극악무도한 난봉꾼으로 묘사되고 있다. 주색에 빠져서 가족을 폭행하고 기생들과 음탕한 장난을 하는 등 악행을 수시로 일삼는 무지한 폭군으로 등장하고 있는 것이다. 이로 인해 소설 속 주인공 명렬은 "자기의 가정사에 관한 일을 남이 물으면 낯을 찌푸리"고(「생의 반려」, 282면) 그 점을 회피하고자 노력하는데, 이러한 무의식은 「생의 반려」의 주인공 아니 김유정의 내면을 지배하는 상처받은 자의식이었다고 볼 수 있다. 특히 형으로부터 받은 폭력의 기억이 우울증과 정서적 불안감 등 한층 깊은 상처로 극단화되어 나타난다는 점을 고려한다면, 이 성장 체험이 어린 유정의 내면과 심리에 얼마나 커다란 충격으로 다가왔을지 짐작할 수 있다.

그런데 「형」에서 김유정은 자신에게 깊은 상처이자 치유하기 힘든 고통이었을 기억인 형과 아버지의 갈등을 고백적으로 서술하고 있거니와, 이는 불행했던 가족사의 상처를 해소하려는 그 나름의 필사적인 노력이라고 할 수 있다. 이에 관한 회상과 체험이 특히 주목되는 것은 형이 아버

---

[10] 전신재 편, 『원본김유정전집』(개정판), 강, 2008, 258~259면. 이하 작품 인용은 각주 없이 본문의 괄호 안에 작품명과 면수만을 기록하기로 한다.

지와 갈등을 맺고 푸는 원인에 돈을 두고 있다는 점이다.

> 첫대 돈이없으매 형님은 몸이 달았다. 아버지는 자식을 사랑하였고 단신의 몸같이 부리긴하였으나 돈에 들어선 아주 맑았다. 가용에쓰는 일전일푼이라도 당신의 손을 거쳐서야 들고났고 자식이라고 푼푼한 돈을 맡겨본법이 없었다. 형님은 여기서 배심을 먹었다. 효성도 돈이 들어야 비로소 빛나는듯싶다.(「형」, 380면)

> 환자는 마른얼굴에 저윽이 안심한빛을 띠이며 몇마디의 유언을남기곤 송장이되었다. 점돈을 노면 일상 부자간 공이 맞는 쾌라 영영잃은 놈으로 쳤드니 당신앞에 다시 돌아오매 조히 마음을논 모양이었다. 그리고 형님의 효성이 꽃핀것도 이때이었다. 그는 시급하여 허둥거리다가 단지를하고자어금이로 자기의 손가락을 깨물어뜯었다.(「형」, 385면)

자본주의 경제 원리 속에서 돈은 이중성, 전환성, 등가성, 마력성, 순환성 등의 성격을 지닌 매우 복잡한 존재이다. 짐멜에 따르면, 돈은 인간에게 최악의 고통과 최고의 행복이라는 모순된 감정을 불러일으킴과 동시에 경멸적인 무관심과 복종적 헌신 사이의 여러 감정을 환기시킨다.[11] 또한 돈은 본질적으로 수단적인 성격을 지니지만 대부분의 사람들에게 심리상 절대적인 목적이 된다는 점에서 이중적이고 모순적이며 "이 사실은 돈으로 하여금 실제 생활의 주요한 당위 원칙이 응축되어 있는 상징이 되도록 한다"[12]고 지적한다. 아울러 가치가 아닌 교환으로 모든 것을 재단하는 돈이야말로 "수단이 목적으로 변한 극단적인 보기"[13] 라고 규정

---

11) 게오르그 짐멜, 안준섭 외역, 『돈의 철학』, 한길사, 1983, 361면 참조.
12) 위의 책, 298면.
13) 위의 책, 297면.

하면서 이것이 근대 자본주의의 속성이라고 말하였다.

위 인용문은 앞서 돈이 인간을 지배하게 되는 심리와 과정이 형의 모습을 통해 재현되고 있다는 점에서 흥미롭다. 소설 속의 화자는 '형이 애초부터 망골은 아니었으며, 효성도 지극했음'을 말한다. 화근은 돈이었는데, 부친에 의해 돈줄이 막히자 형이 '배심'을 먹었다는 것이다. 형의 돈에 대한 욕망은 부친의 돈을 몰래 빼돌릴 만큼 절박한 것으로 나타나고 이는 결국 아버지에 대한 짙은 애증의 감정으로까지 발전한다. 돈으로 얻을 수 있는 물질적 안락과 그에 기반한 행복이 아버지에 의해 박탈당한 상태에서는 경멸적인 무관심과 난폭함을 드러내지만 다시 가장의 지위를 되찾은 상태에서는 아버지에 대한 복종적 헌신이라는 극단적인 감정을 드러내고 있는 것이다. 이 사이에서 형은 가장 심각한 고통과 최고의 행복이라는 극단적인 양가적 감정의 모순을 체현하고 있거니와, 이는 돈의 끌림에 따라 욕망의 흐름이 좌지우지되는 인간의 나약함을 극적으로 상징하고 있다.

이 대목은 부자간의 관계뿐 아니라 효나 불효와 같은 전통적인 윤리의식마저도 교환 가치로 전락시키는 돈의 위력과 허망함을 잘 설명해주고 있다. 형의 '배심'과 '단지'는 아버지에 대한 애증의 그림자가 투사된 결과이지만 근본적으로 그러한 의식과 행동을 규율하는 동적 요소는 '돈'이라 할 수 있다. 즉 형의 선택은 오직 더 많은 유산을 얻어내기 위한 것으로 사실상 철저하게 돈의 가치에 지배된 결과에 다름 아닌 것이다. "부모가 물려주는 거만의 유산은 무릇 불행을 낳기쉽다. 더욱이 이십오륙의 아무 의지도 신념도 없는 청년에 있어서는 더 이를말 없을것이다."(「생의 반려」, 258면)라는 화자의 진술과 형의 방탕한 생활에서 확인할 수 있듯이, 유복한 환경에서 자란 형에게 돈은 윤리적 타락의 수단이 되고 말았다. 이는 형이 부친의 유산을 물려받기 위해 수단과 방법을 가리지 않는 인물이라는 점, 그 유산을 유지하지 못하고 종국에 몰락한다는 점에서 그러하다.

8남매 중 일곱째로 자란 김유정은 조실부모한 이후 형과 누이에 의해 양육되었는데, 이때부터 돈 문제로 감당하기 힘든 고통을 겪어야 했다. 안회남의 기록에 따르면, 유근은 돈에 갈급증이 날 때마다 유정에게 "네 이놈, 칼을 받을 테냐?" "네 이놈, 주먹을 받을 테냐?"[14] 라는 반(半)협박을 일삼았고 유산 분배 문제로 유정과 갈등을 빚곤 했다. 실제로 소송 사건 이후 유정은 "형에게 입을 다물고 말았으며, 형 역시 동생과 사이가 뜨"[15]게 되었다고 한다. 자전 소설 「형」과 『생의 반려』 등에서 유정은 이러한 형의 모습을 방탕한 생활로 선대의 유산을 탕진하는 인물로 그려내고 있다. 특히나 「형」에서는 유산 탓에 아버지와 형이 갈등하고 형이 가족을 폭행하는 상황을 고백해 놓고 있는데, 이러한 사실은 어린 유정의 삶에 그 장면들이 아주 커다란 영향력을 끼쳤던 때문이라 할 수 있다.

한편으로 『생의 반려』와 「따라지」 등의 소설에서 확인되는 바는 누이의 이중적인 시선과 태도에 괴로워하는 주인공의 모습이다. 이 점이 역시 중요한 이유는 바로 유정 자신의 삶이 소설의 상황으로 설정되어 있기 때문이며, 그것은 실제로 유정이 둘째 누이의 집에 얹혀 지내던 시절 "목간값에서부터 담배값에 이르기까지 누이의 신세를 져야했고, 매형 정씨의 눈치"를 봐야 했던 체험이 작품 곳곳에 반영되어 있기도 하다.[16] 주목되는 것은 형(남편)과의 관계에서 폭력의 객체였던 누이가 '나'와의 관계에

---

14) 안회남, 「겸허」, 『한국 근대 단편소설 대계』 12권, 태학사, 1988, 480면.

15) 위의 글, 491면.

16) 김영수, 「김유정의 생애」, 『김유정전집』, 현대문학사, 1968, 411면.

서 폭력의 주체로 전환되고 있다는 점이다. 예컨대 누이는 이혼과 공장일 등으로 쌓인 피로를 "만만하고 양순한 동생"(『생의 반려』, 262면)에게 풀어 해소하고자 하는데, 누이가 '나'를 구박하는 배경에는 역시 돈 문제가 핵심으로 자리하고 있다.

이런 의미에서 김유정의 자전적 삶의 왜곡에는 돈을 사이에 둔 부자지간의 갈등, 형과 누이의 폭력이 하나의 정신적 외상으로 자리하고 있었던 것으로 이해된다. 그것은 "내가 자라난 그 가정을 저주할 때, 제일 처음 나의 몸을 쏘아드는 화살"(「형」, 376면)이라고 토로하는 화자의 고백적 진술을 통해서도 알 수 있거니와, 이 정신적 상흔은 그가 정상적인 성장과는 거리가 먼 방황과 고통 속의 삶을 살아갈 수밖에 없었던 요인이 되었던 것으로 보인다. 이러한 신산한 삶의 굴곡은 정신적, 육체적인 것과 아울러 경제적인 것에서 김유정을 더욱 황폐하게 만들었다고 볼 수 있다. 물론 이는 그의 내면에 돈에 대한 강렬한 집착이 하나의 퇴행적 심리로 깃드는 한편으로 돈에 대한 부정적 인식이 자리하는 계기가 되었던 것으로 파악된다.

> 하로는 골피를 찦으렷다. 철궤에들은 지전뭉치를 헤어보기가 불찰, 십원짜리 다섯장이 없어졌음을 알았든 것이다. 아침에 그는 상청에서 곡을하고나드니 안방으로 들어가 출가하였든 둘째누님을 호출하였다. (…중략…) 이건 때리는게아니라 필시 죽이는 소리이리라. 애가가, 하고 까부러지는 비명이 들리다간 이번엔 식식거리며 숨을 돌리는 신음, 그리고 다시 애가가다. (…중략…) 그래도 단서는 얻지 못하였으니 셋째, 넷째, 끝의 누님들은 물론 형수, 하녀, 또는 어린 나에 이르기까지 어찌 그 고문을 면할수있었으리랴.
>
> ―「형」, 386면

> 뻔둥뻔둥 놀고 자빠져 먹는다 하여 일상 들볶던 누님, 이왕이면 나도 이 판에 잔뜩 갚아야 한다. 누님이 붙잡고 우는 황금을 나는 앞으로 탁 채어가며, "이거 왜 이래? 닳으라고."하고 네 보란듯이 소리를 냅다 질렀다.
>
> ─「연기」, 312면

앞의 인용문은 「형」의 마지막 대목이다. 술과 난봉으로 유산을 탕진하던 형이 집안에 두었던 돈이 사라진 것을 빌미로 가족구성원 모두에게 폭력을 행사하는 장면이다. 이 장면에서 형의 폭력은 가혹하다 할 만큼 정도를 벗어나 있는데, 이러한 가학적인 행동은 금전강박증 내지 돈 콤플렉스에서 연원하는 것이라 볼 수 있다. 돈에 대한 과도한 집착과 불안이 극단적인 폭력에 이르게 한 것이다. 물론 이에 대한 화자의 반응은 '비애'와 '혐오'의 정서로 나타난다. 이는 형의 탐욕에서 비롯된 외상의 부정의식이라 할 수 있다. 또 화자로 하여금 돈에 대한 부정적 인식을 갖게 하는 원인이 되고 있다. 「형」의 '나'와 『생의 반려』의 명렬을 통해서 짐작하건대, 김유정은 돈으로 촉발된 형의 폭력을 경험하며 심각한 실존의 위기를 겪었던 것으로 보인다. "덜덜덜덜 떨어가며 가슴을 죄었다. 그리고 속으로는 (은제나 저 자식이 죽어서 매를 안맞나……)하고 한탄하였다."(『생의 반려』, 259면)라는 명렬의 발언에서 알 수 있는 바와 같이, 형의 폭력으로 표상되는 돈의 문제는 '나'의 거세의 위협과 살의의 공포를 자극할 정도로 대단히 심각했음을 보여준다.

뒤의 인용문은 「연기」의 한 대목이다. 우연히 얻은 황금으로 '나'는 지금까지 자신을 구박한 누이로부터 벗어나려 한다는 내용이다. 그런데 탈출의 매개 또한 돈 말고는 없었음인지 '나'는 꿈속에서 돈을 구하고 탈출을 기도하고자 한다. 이러한 '나'의 모습은 돈에 대한 강렬한 열망이 하나의 퇴행적 심리로 깃든 상황을 잘 보여준다. 겉으로 돈에 대한 경멸과 혐오의 정서를 보이면서도 속으로는 그 강도 못지않은 강렬한 욕망을 꿈꾸고 있는 것이다. 이는 부정의식에 대한 '반동형성' 즉 내면의 억압된 욕망이 표출된 경우로, 하나의 방어기제로서의 왜곡이 작동한 것이라고 할 수 있다. 『생의 반려』의 명렬과 「연기」의 '나'를 통해서 짐작하건대, 김유정은 누이에게 얹혀 지내며 형언할 수 없는 정신적 상처를 받았던 것으로 보인다. 이러한 사실은 "누님을 몹시 증오하였다"(『생의 반려』, 275면)가 "누님에게 악의를 품었든 자신이 끝없이 부끄러웠다"(278면)라고 말하는 명렬의 발언에서 알 수 있는 바처럼, 누이의 경제적 압박과 언어적 폭력은 '나'의 분열과 균열의 심리적 증상으로 작용한다.

   김유정의 자전소설에서 돈은 이처럼 주인공의 꿈이면서 동시에 추악한 현실세계를 대리한다. 이는 가족 간의 불화와 폭력의 원인이 되었던 돈에 대한 김유정의 양가감정이 반영된 것으로 보인다. 주목할 점은 이러한 돈의 문제가 위 두 작품의 경우에는 주인공의 내면을 억압하고 지배하는 근원적인 공포와 강박적인 피해망상으로까지 나타난다는 것이다. 이는 생의 마지막까지 돈 때문에 폭력과 수난과 고통의 삶을 영위해야 했던 김유정의 암울한 실재를 여실히 반영하고 있다고 할 수 있다. 이 대목이야말로 김유정의 우울증과 피해의식, 정서적 불안의 기원에 돈에 대한 강박증이 자리하고 있음을 전형적으로 보여주는 구절이라 할 것이다. 이렇게 보면, 돈에 대한 김유정의 문제의식은 김유정 소설을 제대로 이해하기 위한 중요한 키워드의 하나라고 할 수 있겠다.

Ⅲ. 희생양과 소유물로서의 여성

　　김유정의 농촌소설은 대체적으로 주제나 구조가 유사한 경우가 많다. '뿌리 뽑힌 인간들의 빈궁한 생활상, 비정상적인 부부관계, 경제적으로 열세인 남성과 우세한 여성, 순박한 인간성, 원점회귀 구성'[17] 등이 그러하다. 마찬가지로 돈의 문제가 갈등의 원인으로 제시되는 경우가 많다는 것도 주목할 점이다. 김유정 농촌소설의 배경을 이루는 가난의 문제는 거시적인 측면에서 일제의 식민지 농업정책의 결과로 나타난 농민 계층의 신분 전락과 일정한 연관을 맺고 있다. 1, 2차 산미증산계획으로 구체화되었던 수탈정책의 영향으로 상당수의 농민들이 소작인으로 전락하고 다시 유랑민으로 추락하는 과정에서 농촌 공동체의 삶이 붕괴된 것이 그 예이다.[18] 「가을」에는 당대 농민층이 겪고 있는 고난의 실제가 선명하게 드러나 있다.

　　　기껏 한해동안 농사를 지엇다는 것이 털어서 쪼기고보니까 나의 몫으로 겨우 벼 두말가옷이 남았다. (…중략…) 이걸로 우리식구가 한겨울을 날 생각을 하니 눈앞이 고대로 캄캄하다. 나두 올겨울에는 금점이나 좀 해볼까 그렇지 않으면 투전을 좀 배워서 노름판으로 쫓아다닐까, 그런데도 미천이 들터인데 돈은 없고 복만이같이 내팔을 안해도 업다. 우리 집

---

17) 전신재 편, 앞의 책, 17면.
18) 일제총독부의 공식 통계 자료에 의하면, 1925년에만 152,112명의 농민이 고향을 버리고 해외로 이주하였고, 1930년에는 거지의 수가 58,204명에 이르는 것으로 집계되고 있다. 이 당시 농민들의 이농 현상과 소작농으로의 전락은 일제의 식민지 농업정책에 기인한 결과라고 할 수 있다. 이에 대해서는 조동걸, 『일제하 한국 농민 운동사』, 한길사, 1979, 102면 참조.

에는 여편네라군 병들은 어머니밖에 없으나 나히도 늙었지만(좀 부끄럽다) 우리아버지가 있으니까 내맘대룬 못하고

—「가을」, 193면

「가을」의 화자가 아내를 내다 판 복만과 비교하여 다를 게 없는 자신의 현실적 상황을 자조하는 장면이다. 위 인용문에는 소작농의 신분으로 가족을 부양하기도, 겨울나기도 어려운 가난한 삶이 문제가 되고 있다. 이러한 소설적 현실은 「만무방」에서 응칠 부부가 빚 때문에 농토를 떠나 유랑하며 생계를 잇는 상황과 크게 다르지 않다. 여기에 한 몫 하는 것이 일을 하고 싶어도 할 수 없는 현실인데, 그 중심엔 식민지 구조적 모순에 기인한 가난의 문제가 자리하고 있다. 그런데 김유정의 농촌소설을 돈에 대한 관점으로 해석할 때 소설 속 농민들의 삶의 형태가 대체로 부정적이거나 비정상적으로 묘사되고 있음은 주목을 요하는 대목이다. 이는 어떤 상황에서라도 인간들은 수단과 방법을 가리지 않고 비인격적 대상인 돈을 가장 중요한 가치로 욕망한다는 사실을 보여주기 때문이다.

「가을」은 돈이 가난한 현실의 반영일 수도, 일확천금에 대한 욕망과 인신매매·매춘의 부정적인 매개로 기능할 수도 있음을 보여주는 사례이다. 이 과정에서 문제가 되는 것은 여성들의 몸과 성이 가부장 남성들의 경제적 욕망의 희생양과 수난의 대상으로 전락하는 상황이다. 「가을」에서 복만의 아내는 돈 50원에 매매되는 남편의 소유물이자 등가적 교환의 대상에 불과한 존재로 형상화되고 있거니와, 여성의 몸과 성을 재산 증식의 수단이나 물신화의 대상으로 파악하는 문제는 여타의 농촌소설에서도 반복적으로 변주되고 있다.

김유정의 대표작의 하나인 「봄·봄」에서 점순은 '나'와 장인 영감과의

흥정의 대상으로 거래되고 있다. '나'는 딸이 자라는 데로 혼례를 시켜주 겠다는 장인 영감의 말에 속아 "돈 한푼 안받고 일하기를 삼년하고 꼬박 이 일곱달동안"(156면) 일을 해주고도 혼례를 이루지 못한다. 이 상황이 답답한 점순이는 '나'를 조른다. '나'는 장인 영감에게 재차 간청하지만 " 아 성례구머구 기집애년이 미처 자라야 할게 아닌가?"(162면)라는 핀잔 만 듣게 된다. 결국 갈등이 촉발되어 싸움이 일어났을 때 장인을 거드는 점순을 보며 '나'는 "얼빠진 등신이 되고"(168면) 만다. 이와 같은 서사의 경개에서 알 수 있는 것처럼, 이 작품에서 이기적인 가부장으로 등장하 는 봉필 영감은 딸자식을 하나의 인격체로 바라보기보다 노동력을 유인 하는 상품이나 재산증식의 한 방편으로 인식하고 있다. 딸을 앞세워 데 릴사위의 노동력을 착취하면서 그 노동력이 마뜩치 않으면 바로 데릴사 위를 갈아드리는 태도가 한 보기이다.

 이러한 양상은 「애기」의 외조부에서도 발견할 수 있다. 「애기」의 외조 부는 「봄·봄」의 봉필 영감과 마찬가지로 딸을 통해 "덕좀 봐야지, 부자 놈만 하나 걸려라"(389면)라고 생각하는 인물이다. 그런데 "잘만하면 만 원이 될지, 이만원이 될지, 모르는" 딸이 가난한 남자의 애를 임신하자 이번엔 손해가 될 것이라는 생각에 오십 석의 땅을 붙여 혼사 거래를 시 도한다. 이 과정에서 과년한 딸은 재산증식의 수단으로서의 용도가 폐기 되자마자 일체의 소유권이 매매되는 대상으로 전락하고 있다. 이렇듯 「 애기」의 외조부가 보여주는 딸들에 대한 태도는 봉필 영감의 사고방식과 동일한 상관성을 갖는다고 볼 수 있다. 두 사람 모두 인색한 구두쇠라는 점, 돈을 위해서라면 수단과 방법을 가리지 않는 다는 점, 돈과 재산증식 을 가장 우선하는 가치로 삼고 있다는 점에서 그러하다.

그런데 여기에서 한 가지 흥미로운 사실을 발견할 수 있다. 가족의 여성을 재산증식의 수단으로 간주하는 이러한 가부장의 모습이 사실은 몇몇 자전소설에 등장하는 김유정 아버지(형)의 위인 됨과 그 성격적인 면에서 매우 흡사하다는 점이다. 자전소설에 묘사된 김유정의 부친은 애기의 외조부나 봉필 영감 못지않게 인색하고 재산을 증식하는 데만 집착했던 '수전노'이며 '소싯적에는 뭇사랑에 몸을 헤였던' 비도덕적인 인물로서 "돈으로 말미암아 시집을 보낼쩍마다 딸들의 신세를 조렸고, 또 마즈막엔 아들까지 잃었"(「형」, 382면)던 위인이다. 자식들에게 돈의 긍정적인 가치를 심어주지 못하고 돈을 모으는 것에만 집착했던 아버지의 초상은 김유정이 부친으로 대표되는 지주(가부장)의 삶과 사고방식을 비판적인 것으로 그리게 되는 원인이 되었던 것으로 보인다. 그런 면에서 "춘천 우리 고향에서는 우리 집안이 망하는 것을 좋아한다"[19]는 유정의 고백은 돈 모으는 것을 절대유일의 가치로 삼았던 부친에 대한 비판적 인식이 투사된 것이라고 할 수 있다.

비단 이 두 작품뿐 아니라 여성을 남성들의 재산증식의 수단이나 교환가치를 가진 상품으로 간주하여 거래 대상으로 타자화하는 양상은 다른 소설에서도 쉽게 찾아볼 수 있다.[20] 복만의 아내나 덕만과 필수의 어

---

19) 안회남, 앞의 글, 508면.

20) 「산골나그네」에서 서사 주체로 기능하고 있는 덕돌 모친이 '나그네'를 '작부'→'딸'→'며느리'로 인식하는 데에는 '주막의 이익'→'소한바리'의 값→'선채금 삼십 원'이라는 교환가치적인 계산이 개입되어 있기 때문이며 「총각과 맹꽁이」에서 덕만이가 들병이와 살기를 바라는 것은 경제적 욕망과 장가를 들려면 필요한 돈이 들병이에게는 필요 없기 때문이다. 「안해」에서 남편이 아내에게 들병이 교육을 시키는 것은 아내를 내세워 '돈 한 몫' 크게 잡고자 하는 때문이고 「땡볕」의 주인물인 덕순이 병든 아내를 병원에 데려가는 것은 병을 고치는 기회에 팔자를 한 번 고쳐보고자 하는 목적에서다.

린 누이들이 반강제에 의해 선채로 팔리거나 첩으로 거래되는 상황이 이를 잘 반영하고 있다. 물론 이 과정에서 그녀들의 주체적인 의사나 의지는 전혀 고려의 대상이 되지 못한다. 그런데 가족을 돈과 교환하는 이러한 남성들의 폭력과 횡포는 필연적으로 여성의 희생과 수난에 결정적인 영향을 미치기 마련이거니와, 대표적인 경우로 매춘을 들 수 있다. 매춘이 문제가 되는 것은 여성에게 있어 가장 신성해야 할 성이 가장 비루하고 몰개성적인 수단인 돈과 교환됨으로써 인간의 인격과 품위를 현저히 손상시킨다는데 있다. 그러므로 "매춘은 모든 인간관계 중에서 단순한 수단으로서의 상호전락(轉落)의 가장 명확한 보기"[21] 인 것이다. 김유정의 농촌소설 중에 성의 교환을 다루고 있는 대표적인 작품으로는 「소낙비」를 들 수 있다.

> 남편은 시골물정에 능통하니만치 난데업는 돈이원이 어데서 어떠케 되는것까지는 추궁해무를랴하지안엇다. 그는 저윽이 안심한 얼골로 방문턱에 걸터안즈며담뱃대에 불을그엇다. 그제야 안해도 비로소 마음을노코 감자를 삶으러 부억으로 들어갈랴하니 남편이 겨트로 걸어오며 치근한듯이 말리엇다. (…중략…) 가난으로 인하야 부부간의 애틋한 정을 모르고 나나리 매질로 불평과 원한중에서 복대기든 그들도 이밤에는 불시로 화목하였다. 단지 남의품에 들은 돈 이원을 꿈꾸어보고도—
> —「소낙비」, 48면

「소낙비」에서 춘호 부부의 갈등과 폭력이 돈의 매개로 잠시나마 해소되는 상황이 서술되어 있다. 이들 부부의 불화는 춘호의 돈에 대한 강박과

---

21) 게오르그 짐멜, 앞의 책, 473면.

욕망에서 발생한다. 흉작과 빚에 몰려 고향을 떠난 춘호의 유일한 관심사는 투전판에서 횡재하여 산골을 벗어나는 것이다. 춘호는 투전판 밑천인 돈 2원을 마련하기 위하여 아내의 매춘을 사주하고, 춘호 처는 남편의 강박과 폭력에 못 이겨 리주사에 몸을 판다. 춘호 처는 자신의 매춘 행위를 '모욕'과 '수치', '봉변'과 '몹쓸지랄'로 생각하면서도 '성공은 성공이엇다'는 것을 다행으로 여긴다. "이까짓거야 골백번 당한대도 남편에게 매나안맛고 의조케 살수만잇다면"(46면)이라는 표현에서 보듯, 춘호 처에게는 아내로서의 도덕적 의무를 지키는 일보다 남편과의 원만한 관계가 더 중요한 가치로 나타난다. 반면에 무능한 남편으로 형상화되어 있는 춘호에게는 일확천금에 대한 욕망이 우선하는 가치이다. 물론 그 돈의 성격이 어떠한 것인지는 전혀 문제가 되지 않는다. 춘호에게는 돈이 산골에서 서울행을 가능하게 하는 유일한 희망이기 때문이다.

　이 같은 춘호의 모습에서 알 수 있는 바와 같이, 김유정 소설의 가부장 남성들은 돈을 취하기 위해 가족(여성)의 희생과 수난을 강요하는 모질고 악한 존재로 그려지고 있다. 가장이라는 책무에서 보자면 그들은 아버지나 남편으로서 부적격자이지만 가부장적 이데올로기와 전통적인 가족제도의 틀 안에서는 가족들에 대한 절대적 권력을 행사하는 부정적인 타자로 위계화 하는 것이다. 여성들의 희생과 수난은 이러한 모순된 상황에서 정점을 보여주는데, 그 핵심엔 돈의 위력과 폭력이 놓여 있다. 그러나「소낙비」와「안해」의 결말이 암시하는 것처럼, 일확천금을 꿈꾸는 그들의 욕망은 구체적으로 노동이나 생산이 결여된 사행심에 기대고 있다는 점에서 어떠한 잉여가치도 창출할 가능성은 낮다고 볼 수 있다.「노다지」와「금」에서 황금에 유혹된 더팔과 덕순의 운명이 비극적으로 종결되고 있는 설정 또한 같은 맥락에서 이해할 수 있다. 그런 점에서 김유정은 돈을 위해서라면 타인의 인간적 존엄이나 인격 그리고 자기 자신의 목숨도 마다하지 않는 인간들의 전락과 몰락을 통해 수단이 목적을 압도하는 삶의 허무함과 물신주의적 가치관에 대한 비판적 인식을 반영하고자 했던 것으로 보인다.

그런데 「소낙비」에서 리주사에게 정조를 판 춘호의 아내 경우는, 「산골나그네」의 나그네처럼, 단순하게 타락한 것으로 보기에는 간단치 않은 문제가 있다. 그렇다고 그녀가 건전한 도덕관을 갖춘 여성이라는 말은 아니다. 물욕이나 쾌락의 차원에서 훼절을 선택하지 않았다는 것이며, 그 선택이 가정을 지키기 위한 노력으로 드러난다는 점을 말하는 것이다. 이는 돈 문제로 가정의 불화와 가족의 몰락을 경험한 김유정의 내면의 심리가 반영된 결과로 보인다.

「산골나그네」의 나그네를 병든 남편에게로 돌아가게 하는 설정이나 「솟」의 근식이를 가정으로 돌아가게 하는 설정 또한 같은 맥락에서 이해할 수 있다. 김유정에게 있어서 절망적인 삶의 문제는 자기 자신의 고통뿐 아니라 가족사의 상처를 드러내고 치유해야하는 절실한 과제와도 연관된다는 점을 주목할 필요가 있다.

이와 관련하여 고향 실레마을에 대한 작가의 남다른 관심은 눈여겨 볼 대목이거니와, 유정의 실레마을 체험은 개인사나 문학사에 있어 중요한 전환점이 되었다고 할 수 있다. 당시 실레마을 민중들에 대한 체험과정에서 유정은 들병이의 전직이 농군으로 '農村의 恐惶期의 産物'이라는 역사적 자각과[22] 더불어 비극적인 인간의 삶에 대한 자기인식[23]을 갖게 된 것으로 보인다. 실레 민중들의 실화[24]를 소설화하고, 실레에서 농촌계몽운동을 전개하였던 것도 그러한 맥락에서 이해할 수 있다. 민중들에 대한 관심과 관찰은 공동체가 붕괴되면서 나타난 농촌의 궁핍화와 비윤리적인 인간들의 실태를 확인하는 계기가 되었고 한편으로 가족사의 상흔을 외부로 발산하는 중요한 바탕이 되었던 것이다. 결국 실레마을 민중들에 대한 김유정의 연민과 풍자의 이중적 시선은 자기 삶의 확인과 이해에서 비롯된 양가적 감정이 투사된 결과라 할 것이다.

---

[22] "가을은 農村의 唯一한 名節이다. 그와 同時에 여러 威脅과 屈辱을 격고 나는 이 逆境이다. 말하자면 그들은 **地主와 빗쟁이에게 收穫物로 주고 다시 한겨울 念慮하기 爲하야 한해동안** 땀을 흘렷는지도 모른다. 여기에서 한번 憤發한 것이 즉 들쩡이生活이다. …(중략)…이것이 다른데 例를 잡으면 **埃及의 집씨—(流浪民)的 存在다.** 한참 落葉이 질 째이면 秋收는 大槪 긋치난다. 그리고 窮하든 農村에도 坊坊谷谷이 두둑한 볏섬이 늘려노힌다. 들쩡이는 이째로부터 自然的 活動을 始作한다. 마치 그것은 볏섬을 襲擊하는 참새들의 行動과 同一視하야도 조타. …(중략)…**그들은 飽食以外에 그담해 여름의 生活까지 支撑해나갈 延命資料가 必要하다. 왜냐면 봄, 여름이란 가장 窮할 째이요 따라 들쩡이의 가장 큰 恐慌期다.**"(강조.인용자) 전신재, 「朝鮮의 집시—들쩡이 哲學」, 앞의 책, 415-416면.

[23] "어느날 그녀(안용자:들병이)와 잠자리를 같이 하던 그(인용자:김유정)는 담배연기에 숨이 답답해서 눈을 떳읍니다.(…중략…) 들병이의 사내를 그는 본 것입니다. 그는 필연적으로 복수의 행동이 있으리라고 믿고 경계해 마지않았읍니다만 사내는 아무렇지않게 그가 눈을 뜬 것을 발견하자 "일찍두 않은데 가보지……"(…중략…) 이런 일이 있은 후 그는 들병이를 다시 보고 생각했읍니다. 이때 그가 시골에서 눈에 띄게 달라진 것이 있다면 민주적이었다는 점입니다. 몰락도정에 있을망정 그의 집안사람들이 다 反常을 가리어 家奴를 대하기 짐승처럼 했으나 유독 그는 존경하는 말로 그들을 대했습니다."(강조:인용자) 김영수, 앞의 책, 407-408면.

[24] 「산골나그네」에서 덕돌 모자는 김유정 집안의 소작인이었던 돌쇠 모자, 「봄·봄」의 데릴사위, 장인, 점순은 김유정의 집 앞 개울 건너에 살았던 최순일, 김종필, 김씨만, 「동백꽃」의 점순은 김유정이 오르내리던 백두고개와 새고개 중턱 오막살이집의 행랑방에 살던 가베라는 처녀를 모델로 하였고, 「소낙비」의 리주사와 「총각과 맹꽁이」·「안해」에 등장하는 뭉태 등도 실존인물을 모델로 하였다고 한다. 유인순, 앞의 책, 71-72면 참조.

Ⅳ. 증여되지 않는 사랑

김유정 소설 작품 중에서 도시를 배경으로 한 소설의 인물들은 농촌의 인물들에 비해 보다 더 간계하거나 뻔뻔스러운 인물로 형상화되었다는 점에서 그 성격을 달리한다.[25] 이는 도시적 삶에 대한 유정의 부정적 인식과 어느 정도 연관성이 있어 보인다. 김유정이 도시에서 겪은 삶의 과정은 결코 순탄하지 않았다. 형의 파산과 낙향으로 인해 유정은 경제적으로 고단한 학창 생활을 보내야 하였고 형수와 삼촌 집 등을 전전하며 눈칫밥을 먹어야 했던 것이다. 김유정 소설에 등장하는 도시 하층민들의 궁핍한 생활상과 주위 환경은 이때의 체험이 반영된 것이라고 볼 수 있다. 그러한 양상은 「슬픈이야기」, 「따라지」, 「두꺼비」, 『생의 반려』 등 일련의 도시를 배경으로 한 자전적 소설을 통해서 확인할 수 있는데, 그 배경의 중심엔 가난한 지식인의 고단한 삶과 글쓰기의 문제가 자리하고 있다.

1937년 1월에 쓴 수필 「病床迎春記」에는 밀폐된 방에서 병마에 시달리며 "脫出을 計劃하는 獄中의 罪人와도카티"(455면) "深夜의 캄캄한 밤" "子正으로 석점까지"(454면) 원고를 쓰는 유정의 모습이 자세하게 나타나 있다. 『생의 반려』에서 볼 수 있는 '정신병 환자', '광인', '우울', '절망', '권연', '짐승', '햇빛 보기 싫어하는 기질' 등과 「심청」과 「따라지」에서 볼 수 있는 '누렇게 뜬 얼굴' '열벙거지', '햇빛을 못봐서 시드런 얼굴', '밤낮 방구석에 틀어박힘', '얼이 빠짐' 등의 이미지는 가난과 병마와 싸우면서 방

---
25) 농촌소설의 여성 인물들이 '살기 위한 매춘'을 선택하는데 비해 도시소설에 등장하는 여성들은 돈을 축적하거나 소유하기 위한 방편으로 매춘을 이용한다는 점에서 차이점을 지닌다. 예컨대 「따라지」의 '아끼꼬'와 '영애'는 카페의 손님과 거래를 통해 화대를 챙기고, 「정조」의 행랑어멈은 장사밑천을 마련하기 위하여 주인서방을 적극 유혹하는 모습을 보여준다.

에 칩거하여 소설쓰기에 몰두했던 김유정의 자회상을 잘 반영하고 있다.

앞서 말한 자전소설들에는 이 같은 작가 자신의 개인적 정보와 거의 흡사한 인물이 등장하고 있다. 「슬픈 이야기」의 '나'와 함께 「따라지」의 톨스토이, 「두꺼비」의 '나', 『생의 반려』의 '명렬' 등이 그러한 인물이라고 하겠다. 이들은 도시의 주변부 셋방에서 살아가는 가난하고 무력한 인물이라는 공통점이 있다. 이 중 「슬픈이야기」와 「따라지」는 돈의 결핍에 따른 주인공의 좌절과 소외에 대한 내용이 중요하게 다루어지고 있다. 「슬픈이야기」에서 옆방 사내의 일로 사내의 처남과 주인노파에게 오해를 받은 것에 '안해를 갖든지' '신당리를 떠나든지' 뇌까리는 '나'의 모습과 「따라지」에서 주변의 이웃들과 유리되어 '홀로 방구석에 멍하니 얼이 빠져' 앉아 있거나 '사직공원 주변을 배회하는' 것으로 일과를 소모하는 톨스토이의 형상을 통해 이를 확인할 수 있다. 이러한 주인공을 직접적으로 지배하는 정서는 고립감과 소외감인데, 그 과정에 돈의 위력과 폭력이 작용한다.

> 비록 낯짝이 쪼그러들어 코, 눈, 입이 번듯하게 제자리에 못뇌는 넉마전 물건같이 시들번이 게불고 게불고 하였을망정 제법 총기있어 보이는 맑은 두눈이며 깝신깝신 굴러나오는 쇠명된 음성, 아하 돈은 결국 이런 사람이 갖는 게로구나하고 고개를 끄덕이다
> ─「슬픈이야기」, 298~299면

> 누이가 과부걸래 망정이지 서방이라도 해가면 이건 어떻걸라고 이러는지 모른다. 제 신세 딱한 줄은 모르고 만날 "돈은 우리 누님이 쓰는데요──누님 나오거던 말슴하십시요."
> ─「따라지」, 303면

「슬픈이야기」에서 '나'가 옆방의 부부싸움에 참견하려는 데는 옆방 사내보다 도덕적으로 우월하다는 자신감이 바탕에 깔려 있다. 적어도 자신은 조강지처를 패서 쫓아내려는 몰염치한 인간은 아니라는 것이다. 이런 우월감에 '나'는 옆방 사내에게 직접 아내를 때리지 말 것을 충고하러 나선다. 그런데 이 과정에 옆방 사내가 "대추 두 개로 돈 팔백원을 모은"(298면)사실을 알게 되면서 그에 대한 '나'의 적대감은 순식간에 "감탄하지 않을수" 없는 감정으로 바뀌어버리고 그 감정은 '나'가 자기 자신의 결핍을 강하게 의식하는 것으로 전도된다.

「따라지」에서 톨스토이의 고민과 갈등은 주인노파와의 대립에서 발생한다. 톨스토이는 밀린 방값을 독촉하는 주인노파와의 관계에서 늘 열세일 수밖에 없는 존재이다. 주인과 세입자의 관계가 그것이다. 세입자인 톨스토이는 주인에게 자신은 돈이 없고, 돈은 누님이 쓴다는 것을 말해보지만 번번이 존재론적, 경제적 소외와 무시만 당한다. 집주인 입장에서 보면 밀린 월세를 독촉하는 것은 재산권을 행사한다는 측면에서 당연한 일로 볼 수 있다. 여기까지의 진행만 보면 노파의 잘못을 지적하기는 어렵다.

그러나 "죽는건 죽는거고 방세는 방세가 아니요, 영감님 죽기로서니 어째 방세를 못받는단 말이요!"(305면)라는 말에서 보듯, 사람이 죽든 말든 방세를 무조건 받아야 한다는 노파의 입장에는 생명보다 돈이 우선이라는 가치 인식이 전제되어 있다. 조카와 순사까지 동원하여 억지로 세입자를 쫓아내려고 하지만 좌절되고 마는 상황의 반전은 따라서 물욕과 탐욕에 사로잡힌 주인노파의 속물근성에 대한 작가의 비판의식의 발로라 아니할 수 없다. 결국 「슬픈이야기」와 「따라지」의 주인공들이 보여주는 내면의 고독과 소외, 우울과 절망 등의 심정은 돈의 위력과 폭력에 갈등하고 좌절하는 과정에서 유정이 느꼈던 비애와 상실감의 정서를 고스란히 반영한 것이라고 볼 수 있다.

한편 「두꺼비」와 『생의 반려』는 가난한 주인공들의 애정(결핍) 문제를 주요 내용으로 하고 있어 앞의 두 작품과는 또 다른 면모를 보여주고 있다. 이 소설들은 김유정의 짝사랑의 대상이었던 기생 박녹주를 모델로 한 것인데, 「두꺼비」의 옥화나 『생의 반려』의 나명주는 모두 박녹주를 소설화한 것이라고 할 수 있다. 「두꺼비」에서 '나'와 옥화의 관계는 따라서 『생의 반려』에서의 명렬과 나명주 관계와 대칭을 이룬다. 두 작품에는 주인공 '나'와 명렬이 구애의 대상에게 편지를 보내어 사랑을 갈구하는 상황과 정황이 드러나 있는데,[26] 이보다 더욱 관심을 끄는 사항은 편지를 주는 자와 받는 자 혹은 구애를 당하는 자와 하는 자 사이에 나타나는 불통(不通)적 관계, 달리 말하면 증여[27]되지 못하는 사랑의 문제이다.

> 그가 집의 일로하야 봉익동엘 다녀 나올때 조고만 손대여를 들고 목욕탕에서 나오는 한 여인이 있었다. (…중략…) 명렬 군은 서도 모르고 물론 많이갔다. 그 집에까지 와서 안으로 놓쳐버리고는 그는 제넋을 잃은듯이 한참 멍하고 서 있었다. 그리고 집에 돌아와 그날 밤부터 편지를 쓰기 시작하였다. 매일 한장식 보내었다. 그러나 답장은 한번도 없었다.
> —「생의 반려」, 252~253면

---

26) 박녹주의 증언에 따르면, 김유정이 구애와 편지를 보낸 기간은 1926년 가을부터 1930년 봄까지라고 한다. 유정이 5년 동안 박녹주에게 구애한 편지의 실체는 아직 확인되고 있지 않다. 이에 대해서는 박녹주, 「나의 이력서」, 『한국일보』, 1974.1.26~1.30 참조.

27) 증여는 소유나 교환과는 본질적으로 그 의미와 양상이 서로 다른 경제 원리이자 소통 방식이며 마음의 선물이다. 교환의 원리는 보상이 전제된 경제적 행위이지만 증여는 상품으로서의 물건 교환이 아니라 각각의 '물'에 깃든 인간의 마음을 서로 주고 받는 특징을 가지고 있다. 나카자와 신이치, 김옥희 옮김, 「사랑과 경제의 로고스」, 동아시아, 2003, 43-46면 참조.

나는 당신을 진실로 모릅니다. 그러기에 일면식도 없는 당신에게, 내가 대담히 편지를 하였고, 매일과가치 그회답이 오기를 충성으로 기다리였든 것입니다. 다 나의 편지가 당신에게 가서 얼만한 대접을 받는가. 얼마큼 이해될 수 있는가. 거기 관하야 일절 괘념하야 본일이 없었읍니다.
―「病床의 생각」, 464~465면

앞의 인용문은 『생의 반려』의 명렬이 거리에서 우연히 만난 나명주에 대한 구애의 편지를 보내는 장면이며, 뒤의 인용문은 말년에 구애의 대상으로 알려진 박봉자에게 보내려고 썼던 편지로 추정되는 글의 일부이다.[28] 두 인용문에서 편지는 각각 사랑하는 여인에 대한 열렬한 구애의 흔적이라고 볼 수 있다. 즉 사랑이나 신뢰가 전달되기를 기대하며, 애정의 지속에 대한 증거로 간주하고자 한다는 점에서 '마음의 선물'이 되고 있는 것이다.[29] 그러나 이해와 배려의 윤리관에 기초한 증여의 원리가 이 경우에서는 작용하지 않는데, 편지를 통해 드러나는 그(들)의 태도에서 그 문제를 엿볼 수 있다. 구애의 상대가 비정상적으로 선택되었다는 점, 그 정념이 무모하리만치 일방적이라는 점 등을 지적할 수 있겠다.

사랑은 상품처럼 교환이 불가능한 인간의 가장 순수한 감정이라는 점에서 증여의 본질과 유사한 원리를 지니고 있으며, 증여 역시 인간의 마음을 서로 주고받는 소통 방식이라는 점에서 타자지향적인 사랑과 밀접

---

28) 유정은 동일한 잡지의 지면에 글이 게재되었다는 이유로 30통에 달하는 연애 편지를 박봉자(朴鳳子)에게 보냈다고 한다. 박봉자는 박용철의 누이동생으로, 1936년 평론가 김환태와 결혼한 인물이기도 하다.
29) '물(物)'이 보내는 사람의 인격과 분리되지 않는 증여의 원리에서는 마음을 주고받는 선물 교환이 이용된다. 이때 사람들은 자신의 인격과 동일시되는 선물의 증여 행위를 통해서 우정이나 신뢰를 함께 공유하고 타인과 인격적, 소통적 결합을 이루고 있다는 것을 느끼게 된다. 나카자와 신이치, 앞의 책, 174-175면 참조.

한 연관을 맺고 있다고 할 수 있다. 즉 사랑과 (순수)증여는 교환가치를 매개로 관계를 맺지 않고 타자지향적인 윤리를 취한다는 점에서 상통하는 의미망을 갖는다고 할 수 있다.[30] 그러나 위 인용문에서 확인되는 사랑의 태도는 증여의 원리가 작용하지 않는, 지극히 극단적이면서도 모순적인 어떤 것이라 할 수 있다. 실제로 김유정은 5년 동안 박녹주에게 구애의 편지를 썼으나 매번 거부당했고, 박봉자가 보내온 답장에는 "편지를 보내는 이유가 那邊에 있으리요"였다. 그럼에도 유정은 그녀들을 향한 구애를 멈추지 않았거니와, 유정의 이러한 연애의 형식은 비현실적이라 할 만큼 왜곡되어 있음을 확인할 수 있다. 문제는 언제나 그 해소할 수 없는 사랑에 강한 갈망과 집착을 드러내는 순간에 발생한다.

> 첫째로 그의 편지는 염서가 아니었다. 보건대 염서는 대개 상대를 꼬따옵게 장식하였다. 그의 편지는 상대의 추악한 부분이란 일일이 꼬집어뜯어서 발겨놓는 말하자면 태반이 욕이었다. 그러므로 상대는 답장을 안할 뿐만 아니라 때로는 받기를 거절히였다.
> ―「생의 반려」, 252면

> '녹주, 내 너를 사랑한다' 편지 끝에는 이렇게 혈서를 썼다. (…중략…) 편지 끝에는 '내가 너를 사랑하는 것을 꼭 알아다오. 네가 나의 사랑을 받아주지 않는다면 나는 너를 죽이고야 말겠다.'[31]

---

30) '증여로서의 사랑'은 사람과 사람 사이에서의 우정이나 애정의 협력관계를 형성하여 증여자와 증여의 대상자를 하나의 동질적 집단으로 묶어주는 역할을 하게 된다. '증여로서의 사랑'에 요구되는 미덕은 '증여의 대상자' 즉 타자의 고유성과 자유를 인정하는 것이며 이해와 배려의 윤리관에 기초한 타자지향적인 윤리가 개입되어야 한다. 그럴 때에만 사랑이 '증여하는 사람'과 '증여 대상자' 사이의 의사소통을 가능하게 하고 존재의 소외를 극복하는 대안이 될 수가 있기 때문이다.

31) 박녹주, 앞의 신문, 1974.1.26.

위 인용문을 통해서 김유정의 박녹주에 대한 정념과 집착이 어느 정도였는지를 가늠해 볼 수 있다. 유정은 자신의 마음과 인격적 가치가 담겨있는 편지와 구애가 끝끝내 외면당한 사실에 상당한 좌절과 충격을 느꼈던 것으로 보인다. 연애편지에 욕설을 쓰고 혈서를 보내는 일 따위는 그러한 외상의 부정의식이 투영된 결과로 볼 수 있을 것이다. 그러나 이보다 주목해야 할 사실은 유정의 박녹주에 대한 갈망과 집착에 맹목적인 소유욕과 조바심, 폭력이 개입되어 있다는 점이다. 성취되지 않을 연애(혹은 편지쓰기)에 대한 과도한 몰입과 집착은 사실상 연애의 형식(혹은 책임)으로부터 자유롭지 못한 그의 퇴행적인 심리를 신호하는 증상이 되고 있는 것이다.

그렇다면 유정의 사랑이 증여의 원리에서 작동하지 않는 원인은 무엇일까? 우선 그의 사랑이 현실세계에 존재하지 않는 대상을 향해 있었기 때문으로 보인다. "어머니가 난 보고싶다!"(263면)라고 부르짖는 『생의 반려』의 명렬과 '항상 어머니의 사진을 책상 위에 모셔놓고 책을 읽거나 몸에 지니고 다녔다는' 유정을 통해서 알 수 있는 바처럼, 유정에게 어머니의 존재는 행복했던 기억이자 상실감의 대상이며 '신앙'과 같은 존재이었던 것으로 판단된다. 『생의 반려』에서 명렬이 기생 명주에 몰입하는 것처럼, 김유정이 박녹주 혹은 박봉자에 집착한 것은 그녀를 "어머니로써 동무로써 그리고 연인으로써"(『생의반려』, 243면) 동일하게 보았던 때문이다. 즉 어머니의 자리를 대체할 여성으로, 하나의 대안으로 그녀를 선택한 것이다.

그러나 박녹주는 유부녀 기생이었다는 점에서 애초부터 모성을 내재한 어머니도, 동무도, 연인도 될 수 없었다. 유정의 박녹주에 대한 일방적인 사랑은 결국 그 출발에서부터 진정한 사랑으로 발전할 수 없는 근본적인 결핍을 안고 있었던 것이기에 불가항력적인 갈망과 집착으로 나타난 것이라고 할 수 있다.
다음으로는 애정과 돈의 갈등 문제이다.

> 만일 네가 나와 살아준다면 그리고 네가 원한다면 내 너를 등에 업고 백리를 가겟다, 이렇게 다짐을 하면 그뿐일듯도 싶다. 그 외에는 아버지가 보내주는 흙 묻은 돈으로 돈 한뭉텡이 소포로 부쳐줄수 잇으면, 하고 한탄이 절로 날때 국숫집 시계가 늙은 소리로 아홉시를 울린다.
> ―「두꺼비」, 204면

위 인용문에는 사랑하는 여인의 마음을 붙잡아두고자 하는 주인공의 의식이 잘 드러나 있다. 사랑과 대체 가능한 것은 오로지 타인의 사랑만이 가능할 뿐이다. 마르크스의 표현대로 말하자면, '사랑은 사랑으로 교환될 수 있을 뿐이다.'[32] 문제는 돈으로 교환이 불가능한 사랑을 획득하려 할 때 발생한다. 소설 속 그는 학생의 신분임에도 42원 짜리 순금 '트레반지'를 선물한다. 그러나 이것은 돈으로 여인의 마음을 사려는 행동이라는 점에서 증여로서의 선물이 될 수 없다. 물론 그 반지는 자신의 기생 누님을 소개시켜주겠다고 하는 두꺼비가 중간에서 가로챔으로써 증여되지 않는다.

그런데 이러한 상황 설정은 실제 김유정의 연애 체험담이 일정하게 반영된 것으로 보인다. 박녹주의 증언에 다르면, 유정은 '양단 치마저고리 한 감', '조그마한 금반지', '가죽신', '털장갑' 등을 선물하며 박녹주의 마음을 얻기 위해 무단히 애를 쓴 것으로 보이기 때문이다. 그리고 이러한 선물과 애정 공세가 거부된 끝에는 항상 협박편지와 함께 실랑이를 벌

---

32) 칼 마르크스, 김태경 역, 「경제학-철학 수고」, 이론과실천, 1987, 119면 참조.

였다고 한다. 이를 통해 형과 누이와의 관계에서 폭력의 객체였던 유정이 짝사랑 여성과의 관계에서 폭력의 주체로 전환되고 있음을 확인할 수 있다.

돈과 사랑을 등가적으로 저울질하는 것은 사랑과 사람에 대한 큰 모욕과 실례가 아닐 수 없다. 그런데 이 경우 김유정이 사용한 돈을 금력으로 파악하기에는 어려워 보인다. 오히려 유정은 돈을 쓰고도 '당신이 무슨 돈이 있는데 이런 것을 사오느냐고 무시하는 조로' 망신을 당하였기 때문이다. 금력이라 하기에는 그 돈의 위세가 너무 무력한 것이다. 그렇게 보면 유정의 박녹주에 대한 물질공세는 억압되고 잠재되어 있던 돈에 대한 콤플렉스가 은연중에 선물에 대한 집착으로 나타난 것이라고 볼 수 있다. 보잘 것 없는 돈 때문에, 돈이 없다는 이유로 사랑을 받아주지 않을 것을 염려한 심리가 거꾸로 돈에 강박적으로 매달리게 하는 원인이 되었다는 말이다. 이처럼 유정의 연애에서 애정과 돈이 갈등하는 상황은 사랑으로 가난을 보상받고자 하는 심리가 강하게 내재되어 있기 때문인데, 이는 결국 그의 사랑을 '증여로서의 사랑'으로 나아가지 못하도록 하는 근본 이유가 되고 있다.

V. 나가는 글

김유정은 1935년부터 1937년에 생을 마감하기까지 창작활동에 매진한다. 그가 투병하던 기간에 작품을 집중적으로 쓰지 않을 수 없게 된 데는 다른 무엇보다도 질병을 치료하기 위한 돈이 절실하게 필요한 때문이었던 것으로 보인다.

정신적, 육체적, 경제적인 고통과 고난으로부터 탈출하기 위해서 시도되었던 소설쓰기는 결과적으로 유정 자신의 생명 단축에 이르게 했다. 아마 누구보다도 유정 자신이 소설쓰기가 병에 해로운 일이라는 것을 잘 알고 있었을 것이다. 그러나 더욱 몸을 지치게 하는 글쓰기가 얼마나 어리석은 행위인지 안다할지라도 이를 포기하기도, 할 수도 없었다. 그에게는 그만큼 돈이 시급히 필요했기 때문이다. 그런 점에서 유정이 '폐결핵 3기를 앓는 병자의 몸으로 그토록 많은 소설이라는 독약(毒藥)을 써냈던 이유가 창작욕도 아니요, 자포자기도 아닌 단지 원고료 수입 문제 때문'이라는 채만식의 지적[33]은 충분히 설득력을 지니고 있다.

> 나는 참말로 일어나고 싶다. 지금 나는 病魔와 最後 談辦이다. 興敗가 이 고비에 달려 있음을 내가 잘 안다. 나에게는 돈이 時急히 必要하다. 그 돈이 없는것이다.
> 필승아.
> 내가 돈 百圓을 만들어 볼 작정이다. 동무를 사랑하는 마음으로 네가 좀 助力하여 주기 바란다. (…중략…) 그 돈이 되면 于先 닭을 한 三十마리 고아 먹겠다. 그리고 땅군을 디려, 살모사, 구렁이를 十餘뭇 먹어보겠다. 그래야 내가 다시 살아날것이다. 그리고 궁둥이가 쏙쏙구리 돈을 잡아먹는다. 돈, 돈, 슬픈 일이다. (…중략…)
> 나는 요즘 가끔 울고 누워 있다. 모두가 답답한 사정이다. 반가운 소식 전해다우, 기다리마.
> ―「필승前」, 473-474면

김유정은 이 편지를 친구인 안회남에게 보낸 지 불과 11일 만에 스물아홉 살이라는 젊은 나이로 숨을 거둔다. 이 서신에서 엿볼 수 있는 것은 유

---

33) 채만식, 「밥이 사람을 먹다」, 『채만식전집』 10, 창작과비평사, 1987, 544면 참조.

정이 죽음을 예감한 사람답지 않게 생명에 대한 강한 애착을 가지고 있었다는 점이다. '병마와 최후 담판을 하여야 겠다'는 각오와 함께 내비친 소망은 '탐정소설을 번역하겠다는 것'과 '닭과 살모사와 구렁이를 먹겠다는 것'이다. 그런데 그렇게 하자면 모두 돈이 있어야 하므로 반드시 돈이 필요하다고 호소하고 있는 것이다. 김유정이 친구인 안회남을 향하여 "돈, 돈, 슬픈일이다"라고 눈물을 흘리며 외치는 이 절규와 한탄은, 따라서 돈이 목적이 되는 삶의 안타까움과 허무함을 상징적으로 대변하는 그의 유언이라 할 것이다.

  죽기 직전까지 김유정을 괴롭힌 것은 질환의 고통이지만 그 질환을 다스리는 것은 돈의 문제라는 점에서 이것은 돈에 대한 고발과 다르지 않다. 짧고 암울했던 유정의 삶과 글쓰기가 이처럼 돈과 관련되어 있음은 중요한 의미를 지닌다. 김유정은 소설을 통해 정상적인 삶과 부부 및 가족관계, 타자와의 연애와 사랑의 감정 등을 억압하고 왜곡하는 돈의 숨겨진 욕망을 적나라하게 드러내 놓고자 하였다. 이러한 돈에 대한 상상력은 자기 자신의 절망적인 삶을 통해 확보한 것이라는 점에서 김유정의 소설은 결국 그의 간절한 염원을 담고 있다고 할 수 있다.

반공의 규율과
소설의 개작

반공의 규율과 소설의 개작
— 『공복사회』를 중심으로

1. 문제제기

　1955년 「탈향」으로 데뷔하여 실향민의 애환과 정서를 주된 테마로 표출하던 이호철은, 1960년대 중반에 들어오면서 군사정권과 산업화 과정에서 비롯되는 사회상이나 세태의 한 단면을 묘사한 풍자소설을 연달아 발표하기 시작한다. 「부시장 부임지로 안가다」(1965), 「어느 이발소에서」(1966) 등을 비롯하여 이 글에서 다룰 『공복사회』(이후 『심천도』로 개제) 역시 그런 경우에 속한다. 이 작품은 60년대 중반의 한 관료사회에서 야기된 사건을 그리고 있는데, 『공복사회』가 포착한 관료사회의 풍경은 그 자체로 당대 현실의 축도라 할 수 있다. 공적인 체계로 형성된 공무원 사회에 만연하는 안일주의와 보신주의, 억압적·폭력적인 사회 구조, 그 과정에서 생산된 폐해 등은 근대화와 자본주의로 진입하는 60년대 우리 사회의 타락한 사회관계와 부정성을 상징적으로 보여주기 때문이다. 『공복사회』는 이처럼 공직 사회를 배경으로 하여 당대의 정치·사회적 실상을 비판적인 시각으로 그려내고자 했다는 점에서 실향의 경험을 소재로 한 작품들이나 5·16 직후의 상황과 풍속의 일면을 묘사한 풍자 소설들과 변별되는 특징을 보여준다.

그동안 이 작품은 한국사회의 체념주의를 폭로한 작품[1], 부정적 세태에 휩쓸려 다니는 인물들을 희화화한 세태소설[2], 근대화의 부정성과 반공주의의 폐해를 고발한 사회 비판적인 소설[3] 로 평가되어 왔다. 그런데 기존의 이러한 성과를 대하면서 아쉬웠던 점은 『공복사회』의 텍스트에 대한 고려가 전혀 드러나지 않는다는 점이다. 이 소설은 1966년 내무부가 발행한 잡지 『지방행정』에 『너구리와 박주사(朴主事)』라는 제목으로 10회 (3월-12월) 연재되었다가 1968년 단행본 발간 시 『공복사회』로 개제되고 상당한 수정이 가해졌는데, 이제까지는 이 점이 주목되지 않았다.[4] 이는

---

1) 김우종, 「월평-〈공복사회〉에 나타난 체념주의」, 『현대문학』 162호, 현대문학사, 1968.6, 283-285면.

2) 최원식, 「1960년대의 세대소설」, 『이호철 전집』 6권, 청계연구소, 1991, 396-401면.

3) 강진호, 「반공사회의 규율과 문학의 증언」, 『현대소설연구』 28호, 한국현대소설학회, 2005, 227-248면.

4) 현재 이 작품의 판본은 7개가 존재한다. 홍익출판사판(1968)은 연재본을 대폭 개작한 판이고, 그것을 그대로 출간한 것이 서음출판사판(1968)이다. 민중서관(1983)과 삼성당(1988)판본은 제목을 『심천도』로 바꾸고 일부 교정이 가해졌을 뿐 홍익출판사판과 거의 동일하다. 한편 청계연구소판(1991)은 단어나 문장 등을 부분적으로 보완한 판이다. 새미출판사판(2001)은 앞의 판본과 오자, 탈자까지 동일하다. 아래의 ①은 연재본, ②는 홍익출판사판, ③은 청계연구소판의 서두에 해당한다. 이러한 표기상의 변화는 전체적으로 보아도 크게 다르지 않다.
① 박 희완 주사(朴熙完主事)는 주사가 된 지도 이미 이년이 넘었지만 밤낮 무능주사로 통하고, 심지어 심한 경우에는 고문관이라는 소리까지 듣고 있다(『너구리와 朴主事』 제1회 제1장, 『지방행정』, 1966.3, 192면).
②이 원영 주사(朴熙完主事)는 주사가 된 지도 이미 2년이 넘었지만 밤낮 고지식 주사로 통하고, 심지어 심한 경우에는 고문관이라는 소리까지 듣고 있다(『공복사회』, 홍익출판사, 1968. 9면).
③이 원영 주사(朴熙完主事)는 주사로 승진한 지도 이미 2년이 넘었지만 부처안에서

연구 대상으로 선정된 텍스트가 모두 개작된 판본이라는 점에서 드러난다. 그러나 이와 같은 접근 방식으로 텍스트의 성격과 의미를 파악할 경우 일정한 한계가 생길 수밖에 없다. 양자의 차이에 대한 면밀한 검토 없이 개작 텍스트만을 대상으로 논의할 경우 개작이 갖는 사회사적 의미나 작가의식의 측면이 배제되는 문제가 발생하기 때문이다.

두 개의 텍스트는 약 2년여의 시간적 거리를 두고 창작, 개작되는데, 개작 과정에서 표현상의 수정뿐 아니라 작품의 골격이 달라지는 개작이 일어나고 있다. 우선 눈에 띄는 것은 체제의 변화이다. 『너구리와 박주사』는 22장으로 구성되어 있으나 『공복사회』는 30장으로 체제가 늘어나는 큰 변화를 거쳤다.[5] 거친 문장을 다듬거나 한자 표기와 일본어 표현의 사용을 줄여 문체를 간결화·한글화하고, 소략하게 처리되었던 인물의 과거사나 지난 행적을 보완하여 한층 개연성을 높인 부분도 주목할 만한 변화이다.[6] 그런가 하면 내용상으로도 상당한 변화를 보인다. 첫째, 인

고지식 주사로 통하고, 심지어 심한 경우에는 고문관이라는 소리까지 듣고 있다(『심천도』, 『이호철 전집』 6, 청계연구소, 1991. 243면). 앞으로 출전을 제시한 작품을 재차 인용할 경우 인용문에 작품명과 면수만을 표기하기로 한다.

5) 새로 추가된 장의 내용을 요약하면 다음과 같다.
'이원영 주사가 서울로 올라온 아버지와 농촌 근대화의 문제에 대하여 논쟁적 대화를 나누는 장면(10-11장)/부하 직원들에게 사퇴의 압력을 받은 민과장이 해결책을 찾기 위해 고민하는 장면(23장)/국장이 과장을 불러 예산 전용을 부추기는 장면(27장)/국장이 이 주사를 불러 회유하는 장면(28)/이 주사가 결국 사표를 내고 시골로 내려가는 장면(29-30장.)'

6) 그 예를 간단히 제시하면, '박희완'을 '이원영'으로, '시골출신'을 '서천출신'으로 인명과 지명을 고치거나 '묘혈'을 '무덤'으로, '야코가'를 '늘 기가'로 표기를 교체하고, '대표격으로들 알고 있다'를 '대표격이다'로, '떵떵거리는 것인가'를 '떵떵거린다'로 서술형이 바뀐 것 등이다. 다음으로 당대 세태나 물가의 변동을 반영하는 정보가 추가되었다. "만원이면 넉넉할 꺼예요. 양복 한 벌 맞추는데"를 "만원이면 조금 모자랄 꺼예요. 양복 한 벌 맞추는데"로, "전외무장관"을 "전외무장관 변영태"로 고쳐 당대 사회의 실상을 이해하는 근거를 마련하고 있다.

물 묘사가 보다 구체화되는데, 이는 인물의 성격 변화와 복선적인 갈등 구조를 가져오고 있다. 둘째, 반공주의 혹은 그 체제의 국가행정사무를 공무원에 대한 비판적 서술이 첨가되고 있다. 셋째, 소설의 결말이 큰 폭으로 수정된다는 점이다.

작가의 연재본 텍스트는 개작을 거치는 과정에서 본래의 주제나 의도가 상당히 변형될 만큼의 수정이 이루어지고 있다. 특히 연재 당시에 없던 이데올로기에 대한 비판이 개작 과정에 첨가되고 있다는 점은 주의해 볼 필요가 있다. 이런 점에서 보면 이 작품의 개작은 연재 당시의 정치적 제약을 의식한 자기 검열의 문제를 해소하겠다는 작가의 의지가 보인다는 점만으로도 중요한 의미를 지닌다. 이는 개작의 동기가 작품의 미비점 보완만이 아니라 자기 검열(내면화)의 극복과 상당 부분 연관되어 있음을 시사해준다.[7]

이러한 문제의식에서 본고는 『지방행정』지에 수록된 『너구리와 박주사』와 본격적인 개작이 이루어진 홍익출판사판의 『공복사회』를 대상으로, 개작 양상을 살피고 개작이 갖는 의미를 고찰하고자 한다. 먼저, 매체의 성격과 연동시켜 연재 텍스트의 특성을 파악한 후에 개작 텍스트와의 비교를 통해 개작이 갖는 의미를 살피고자 한다. 논의의 편의를 위해서 1966년 『지방행정』지에 연재된 작품은 연재본으로, 1968년도에 개작된 홍익출판사판은 개작본으로 표기하기로 한다.

---

[7] 이호철의 소설을 반공주의의 내면화 양상과 관련하여 다룬 대표적 연구로는, 김준현, 「반공주의의 내면화와 1960년대 풍자소설의 한 경향」, 『상허학보』 21, 상허학회, 2007.10, 111-139면이 있다.

2. 매체의 검열과 『지방행정』지의 성격

연재본이 씌어진 1960년대 중반은 군사정권의 언론출판에 대한 검열방침(1961.5.18)이 공표된 이후 반공주의를 기반으로 한 반공법(1961.7)과 국가보안법의 강화 개정(1962.9.12) 등이 재정비되고, 군사정권 주도 하의 근대화 프로젝트가 본격화되면서 일체의 문학적 제제와 표현이 규제 · 제약을 받던 시기이었다. 1964년 말 선우휘가 언론파동으로 구속된 사건[8]이나 1965년에 불거진 남정현의 「분지」 필화[9]에서도 알 수 있듯이, 반공이데올로기는 작가들의 창작과 상상력을 위축시키고 무의식적으로 반공주의를 내면화하는 데까지 이르게 했다.[10] 그러한 상황에서 반공규율권력은 모든 매체들의 자발적 검열 수단이 되었고, 그것은 문인들의 표현의 자유를 원천적으로 봉쇄하는 도구로 자리 잡는다.

---

8) 1964년 11월 21일자 조선일보의 "남북한 유엔 동시 가입 준비" 관련 기사로 인해 당시 기사 작성자인 리영희는 집행유예 1년을 선고 받고, 선우휘는 현직 편집국장으로 최초로 구속되기에 이른다. 이 사건은 이후 작가의 창작 활동에 하나의 분기점으로 작용했다. 이에 대해서는 『선우휘 전집』1권, 조선일보사, 1987, 389-393면 참고.

9) 남정현은 1965년 3월 『현대문학』에 「분지」를 발표하는데, 뒤늦게 이 작품이 북한 노동당 기관지 「조국통일」 5월 8일자에 실렸다는 이유로 반공법 위반이 적용되어 그 해 7월 7일 구속된다. 「분지」 필화사건은 이후 작가의 창작 활동에 하나의 분기점으로 작용했다. 이에 대해서는, 남정현 · 강진호 대담, 「험로를 가로지른 문학의 도정」, 『작가연구』 12호, 2001, 새미와 한승헌, 『분지』, 한겨레, 1987 참고.

10) 반공주의와 관련된 자기검열의 문제에 대해서는 다양한 사례가 언급된 바가 있다. 널리 알려진 예로 박완서가 있으며, 홍성원 또한 "북한에 대한 표현의 상한선은 '감상적 민족주의니 언저리거나 당국에 의해 철저히 도식화된 반공가이드 라인 내'로 제한"되어서 "한국전쟁을 소재로 다룬 작품에서 작품의 절반을 담당한 북한 면 이야기를 빼버"리거나 "유보할 수밖에 없었다"고 진술한다. 이에 대해서는 홍성원, 「보완과 개작에 대한 짧은 해명」, 『남과 북』1권, 문학과 지성사, 2000, 6면 참고.

그 무렵이 한창 6·3사태로 계엄 와중이었다. 신문이고 잡지고 시청에서 철저히 계엄군의 검열이 행해질 때인데, 처음에 장군과…무엇무엇이라고 제목을 붙였다가 아무래도 검열관의 눈에 뜨일 것 같아서 애매모호하면서도 詩情이 있는「추운 저녁이 무더움」으로 고쳤었다. 그 덕분인지 한 자의 삭제나 수정 없이 그대로 검열에 통과하여 그달 호에 게재되었다. 그런데 다음달,『사상계』잡지에다 평론가 洪思重 씨가 월평에서 이 작품을 호평했는데, 그 평문은 몽땅 검열에 걸려서 못 실린 웃지못할 에피소드가 있다. 작품은 통과되고 작품 평은 못 실린 것이다.[11]

위의 인용문은 이호철이 6·3 사태로 인한 비상계엄 당시『문학춘추』에 발표한 단편『추운 저녁의 무더움』(1964)의 검열에 관한 일화를 소개한 글이다. 희화적인 상황이지만 여기에는 이 당시 문학상의 검열문제와 작가의 대응 과정, 검열관의 재량권이 어느 정도였는지가 잘 나타나 있다. 검열관의 검열에 대비하여 미리 작품의 제목을 변경하였다는 작가의 주장에서 우리는 검열 당국의 통제가 기획, 집필, 게재의 전 과정에 걸쳐 영향을 미치고 있는 것을 확인할 수 있다. 또한 작품은 통과[12]되고 평문이 검열에 걸린 사실만을 놓고 이해한다면, 검열관의 재량권이 행사되는

---

11) 이호철,「작가의 말」,『빈 골짜기-이호철 전집』2권, 청계연구소, 1988, 앞표지 날개. 동일한 내용이「이호철의 소설 창작 강의」, 정우사, 1997, 202-206면에도 서술되어 있다.

12) 이에 대한 이유로 작가는 다음과 같은 근거를 제시하고 있다.
'그렇듯이『추운 저녁의 무더움』도 비상 계엄하에서 장군 한 사람을 신랄하게 풍자한 것인데, 요만한 수준으로 꾸려 낸 것이 검열 군인들이 봐도 재미있었나 봐요. 또 그런 장군이 실제로 있음직한 사람이고 하니까, 자기가 검열관이라는 무거운 사명감을 잊어버리게 한 것일 거예요. 그런 것이 6·3사태의 비상계엄 하에서도 글자 한 자 지워지지 않고, 고스란히 발표될 수 있었던 빌미가 아니었나 싶습니다. 뒤에 홍사중 씨가 쓴 월평은 걸리고, 소설은 빠져 나온 게 바로 소설적 형상의 미덕이었죠.' 이에 대해서는 이호철,「이호철의 소설 창작 강의」, 위의 책, 206면 참조.

범위와 내용이 매우 유동적이었음을 유추할 수 있다.[13]

이광수의『삼봉이네 집』처럼 검열을 통과해 신문(동아일보, 1930.11.29-31.4.24)에 실렸던 소설이 1935년 단행본 출간 시에는 검열에 의해 불허가 처분을 받는 경우와 1954년『서울신문』에 연재되었던 정비석의『자유부인』이 냉전 이데올로기의 영향으로 "북괴의 사주로 남한의 부패상을 샅샅이 파헤치는 이적소설"[14] 로 비난을 받은 경우가 그러한 예에 속한다. 이렇게 볼 때, 문학작품은 그것이 게재되는 매체를 통해 우회적으로 검열을 받는다는 점에서 문학상의 검열문제는 매체의 검열문제와 간접적으로 연동되어 있음을 알 수 있다.

연재본이 실린『지방행정』은 내무부 산하 대한지방행정협회의 기관지로 출발했다.[15] 1952년 7월 임시수도인 부산에서 창간된 이래 현재까지 단 한 번의 결호도 발생하지 않았다. 이 잡지의 현실적 필요성은 지방자치와는 무관한 요인으로 대두되었다. 대한민국 정부 수립 후 마련해 놓았던 통치구조의 분권적 실시로 인한 사명보다는 국가권력의 집권화가 요청되던 전시라는 반사적 동기가 잡지의 탄생의 시도로 이끈 것이다.[16]

---

13) 문학에서의 검열의 기준은 매체나 시기에 따라, 텍스트가 어느 장르에 속하는 지에 따라 달라지며 결과도 전혀 다른 양상으로 나타난다고 할 수 있다. 이에 대해서는 한만수,『식민지 시기 문학검열과 원본 확정』,『대동문화연구』51, 성균관대 대동문화연구원, 2005, 45-67면과 이봉범,『반공주의와 검열 그리고 문학』,『상허학보』15, 상허학회, 2005, 50-98면 참고.

14) 정비석, '작가의 말',『자유부인』, 고려원, 1985.

15) 대한지방행정협회는 내무부 지방국장 한희석과 경남 내무국장 등의 발기로 1952년 4월 내무부장관의 인가를 받아 그해 5월 창립되었으며, 1975년 대한지방행정공제회로 개편되어 오늘에 이르고 있다.

16) 노륭희,「地方行政誌 筆陣 및 內容分析-創刊號부터 400號까지-」,『지방행정』, 대한지방행정협회, 1977, 49-62면.

창간호는 내무부 지방국장 한희석을 편집 겸 발행인으로 하여 국문 97면의 잡지로 발행되었는데, 창간사에서 볼 수 있는 바와 같이 『지방행정』은 '각하(閣下)의 긴절사(緊切事)'인 '지방행정의 실무에 종사하는 공무원의 자질향상'을 통해 '민족국가의 공무원'상 정립을 창간 목표로 삼았다. 당시 내무부 차관 홍범희의 창간사를 보면 다음과 같다.

> 삼천만 민족의 지상과업으로서 남북을 통일할 승리의 영관(榮冠)을 기필하는 성전의 완수와 부흥건설의 절대사명을 달성하기 위한 행정조치의 다기복잡한 차제에(…중략…)지방행정의 실무에 종사하는 공무원의 자질향상은 각하의 긴절사임에 비추어 본 협회에서는 공무원 상호탁마의 반려로서 월간 기관지 『지방행정』의 발행을 시도하였다.(…중략…) 즉 민족국가의 공무원으로서의 참으로 행정의 본질을 확파하고 변전과 유동이 무상한 세태와 민심의 기미에 적응할 행정사무에 필요한 지지의 원천을 함양하며 항상 자기의 사명관에서 명리를 초월하고 공정한 시책과 처무에 몰아의 봉사를 하여갈 정신적 무장으로써 결단속행에 매진하는 왕성한 실천력있는 인격도야상, 절요청신한 취재에 최신을 다하여 편집의 만전을 기할 작정이다.[17]

위의 창간사에서 확인할 수 있듯이, 이 잡지는 나라의 기틀 확립과 국가의 기본 이념을 목표로 지방공무원의 교양증진과 계몽을 매체의 특성으로 천명하고 있다. 이것은 '문학적 활동을 통한 전쟁 승리에의 기여'로 집약되는 동시기의 『전선문학』이나 문총구국대 한 지부의 기관지 역할을 했던 『주간 문학예술』 보다 관변기관지로서의 성격이 더 강했다는 것을 의미한다. 창간호에서 권두언 다음으로 훈시, 내무부의 시책, 지시사항,

---

[17] 「창간사」, 『지방행정』, 1952.7, 1면.

실무지침 등을 싣고, 이대통령의 사진홍보 등을 곁들인 것 등이 기관지적 성격을 잘 나타내고 있다. 정치적 여건의 변동에 따라 잡지의 편집 원칙과 노선이 크게 변동되어 왔다는 사실은 『지방행정』이 국가권력의 장 안에서 자유롭지 못했다는 것을 보여주는 대목이다.[18]

그러나 『지방행정』은 내무부의 재정적 지원으로 판매부수의 압박에서 자유로웠던 매체라고 할 수 있다. 오히려 어려움은 매체의 특성과 이념을 전파할 문화담론의 내용과 형식을 규정해내는 일이었다.

> ①(…상략…)본지는 그 사명에 비추어 흥미중심의 대중잡지 식으로 할 수 없고 저속한 소설 희곡을 수록하는 것도, 숙고의 문제이니, 이것은 차라리 권위가의 사화, 수필 등으로 이 결함을(…하략…)[19]

> ②(…상략…)부정부패는 이 나라를 송두리채 좀 먹는다. 나무는 결과에 쓰러지기 마련이다. 민정이래 박대통령은 '모든 것을 걸고라도 부정부패만은 뿌리를 뽑겠다'고 누차에 말해왔고 정총리 역시 가장 큰 공약의 하

---

[18] 자유당 정부에서는 "명랑한 행정, 반공체제의 강화"라는 시정지표와 함께 '나라를 사랑하고 국민에게 진심으로 봉사하라, 공산당의 뿌리를 뽑으라, 리대통령 각하에게 절대 충성하라, 민폐를 끼치지 말고 일을 공정하게 처리하라'라는 관치 구호가 제시되고 있다. 하지만 4·19 이후 장면 정부의 기간에는 이러한 반공·관치 구호가 사라지고 상명하달의 시책을 표명하지 않는다. 그러나 사라졌던 반공주의와 관치 구호는 군사독재정권 체제하에서 더욱 구체화되고 공고화되는 양상을 보여준다. 1962년 1월호부터 다음과 같은 강령이 제시되고 있다. '1. 官紀를 生命으로 삼고 率先垂範 奉仕의 精神을 確立한다. 2. 反共의 體制를 强化하여 國民의 反共態勢를 鞏固히 한다. 3. 舊惡과 社會惡을 拔本塞源하여 淸新한 社會秩序를 確立한다. 4. 地方自治의 機能을 强化하여 自動協同 勤勞의 精神을 振作함으로써 再建에 總進軍한다. 5. 行政態勢를 整備 强化하여 經濟開發 五個年 計劃完遂에 責任을 다한다.' 절대적 복종과 체제 협력의 장 안에서 공직사회를 규율했던 자유당 정부와 달리 군사정부는 구국과 재건, 봉사와 희생, 체제 유지와 구악 척결 등 다양한 장 안에서 공직사회를 규율하는 모습을 보여준다.
[19] 「편집후기」, 『지방행정』, 1952.7, 97면.

나로 내건 이「부패공무원의 일소」작업이 계속되고 있다. 부정부패를 오려내기 위한 가장 예리한 이기도 필요하지만 역시 근절책은 공무원자체의 자각과 긍지이다. 국가와 사회의 봉공하는 사람으로서는 말로만 애국을 부르짖고 겉치레만 깨끗하게 해서는 아니된다. 진실한 국민의 지팽이 과 동시에 공복이라야 한다.(…하략…)[20]

위의 인용문들은 『지방행정』의 편집 후기 일부이다. ①에서는 흥미중심의 대중잡지를 지양하고 창간사에서 제시한 '인격도야와 정신적 무장'에 적합한 계몽적 담론을 제시해야 한다는 편집자들의 의도가 잘 나타나 있다. 한편, 1965년을 전후하여 이러한 편집의 방향은 ②에서 보듯 조국근대화에 기여할 공무원의 역할과 자세를 강조하는 담론으로 구체화된다. 특히 1966년은 그 의도가 어느 때보다도 강하게 드러나고 있는 데, '다시한번 공무원의 기강확립을 강조한다'(3월호), '국민과 공무원이 지켜야 할 정신자세'(5월호), '봉사자로서의 공무원의 긍지'(6월호), '혼란스러운 공복과 과잉충성'(7월호) 등등의 권두언이 표제에서 보듯, 공무원 사회의 기강 확립을 강조하는 요구가 줄기차게 제기되고 있었다.

조국근대화를 위한 공복으로서의 사명감과 부정부패 척결이 매체 이념으로 전파 계몽되던 때에 이호철의 『너구리와 박주사』가 연재되기 시작했다는 점은 여러모로 음미해야 할 대목이다. 잡지연재소설의 경우에 작가는 매체의 요구에 부응하기를 원하는 편집자의 기획의도에서 자유로울 수 없다. 특히나 기관지적 성격이 강하고 계몽적 특성이 강하게 드러나는 조건 안에서 글쓰기는 특정한 규범을 벗어나기 더욱 어렵다. 이러한 상황 안에서 작가는 검열을 우려한 문학적 대응, 즉 매체의 이념을

---

[20] 「편집후기」, 『지방행정』, 1964.7, 136면.

자연스럽게 내면화할 위험성이 있다. 이런 점에서 보면 이호철의 『공복사회』가 문제적인 것은, "공무원 사회라는, 당시로는 금단의 영역과도 같은 곳을 의도적으로 선택했다는 것은 그만큼 작가의 문제의식이 날카롭게 벼려 있음을 말해주"[21] 기 때문이 아니라, 그것이 애초 매체의 의도에 부합하는 공무원상을 그리려는 작가의 의도 속에서 탄생한 작품이라는 점에서 찾아져야 할 것이다.

3. 개작으로 드러난 반공의 규율과 양상

이호철의 연재본 『너구리와 박주사』는, 개작본 『공복사회』와 마찬가지로, 박정희 정권 초기인 1960년대 중반을 배경으로 하여 공직사회에서 일어난 하나의 사건을 다루고 있다. 주지하다시피 1960년대 중반기는, 반공 군사주의 체제하에서 국가주도로 추진되었던 발전 전략이 본격화되면서 광범위한 사회변동이 가시화되던 때였다. 자본의 유입과 함께 근대화의 바람이 도시와 농촌을 휩쓸면서 경제개발과 산업화의 효과가 사회 전 영역으로 확산되었고, 자본주의적 구조와 가치가 보편화되기 시작했으며, 공적인 체계와 제도가 정비되는 등 이전과는 다른 새로운 분위기가 조성된다. 그러나 박정희 정권의 근대화 정책은 현실적 효용과 성장에만 가치를 둔 개혁이었기 때문에 사회전반에 안일주의와 물신주의를 만연시켰으며, 다른 한편으로 경직된 사회분위기와 개발독재로 인한 파행적인 근대화의 모순을 양산하고 있었다.

연재본과 개작본에 제시된 관료사회는 바로 이런 현실의 부정성이 투

---

21) 강진호, 앞의 글, 165면.

영된 하나의 축도라 할 수 있다. 이 두 텍스트는 '공팔 예산 처리문제'로 불거진 공무원들의 갈등과 대립을 다루고 있지만 주인공의 행보와 연관된 결말은 근본적으로 변화한다. 작중의 주인공이자 한 과(課)의 예산 담당관인 박희완 주사는 연말에 남은 예산을 국고에 귀속시켜야 한다는 원칙론을 주장한다. 하지만 그것을 이전대로 전용하고자 하는 민 과장은 부하인 김 사무관과 구 사무관을 앞세워 박 주사를 회유·협박하는 등 압력을 가한다. 이 과정에서 박 주사는 과원들의 안일주의와 타성을 비판하며 끝까지 소신을 고수한다는 것이 대략적인 내용이다.

연재본의 경개를 통해 알 수 있듯이, 이 작품은 간단한 내용으로 되어 있으며 갈등 구도 역시 비교적 단선적인 형태를 띠고 있다.[22] 박 주사와 민 과장 이외에 공직사회의 특성을 보여주는 인물은 크게 세 부류이다. 첫째는 고시에 합격해 사무관으로 공직을 시작한 때만 해도 공복으로서의 의기가 충만했지만 차츰 타성에 젖어 회피주의에 물들어 있는 김 사무관이고, 둘째는 민주당 정권 때 인맥으로 공직에 들어와 관료주의를 혐오한다고 말하면서 내심 관리 행세를 하고 싶어 안달하는 구 사무관이며, 셋째는 '자기합리화'에 기대어 '기회주의'적인 양태를 드러내는 양 주사 등이다. 이들은 대체로 공직사회의 타성을 벗지 못한 인물이라는 점에서 관료사회의 부정성을 드러내는 기능을 한다. 그런데 연재본에서 이들의 부정적 면모는, 개작본과 달리, 작품 후반에 갈수록 탈색되는 양상을 보여주게 된다. 즉 초기에는 과장의 편에 서서 박 주사의 행동에 비판

---

22) 이에 반해 개작본은 후반부의 내용이 보충되고 인물 간의 갈등 양상이 보다 심화되면서 복합적인 갈등 구조를 보여준다. 이것은 중심인물과 갈등을 일으키는 김 사무관과 양 주사의 역할 비중이 확대된 것과 관련 있다. 여기에 부자간의 논쟁적 대화가 기능적으로 삽입되고, 새로운 인물인 국장과 주인공 부친의 과거 행적이 보충되어 있는 것도 복합적인 갈등 구조의 요인이라 할 수 있다.

을 가하기도 하지만 박 주사의 원칙론이 전제에서 옳음을 인정하고 그의 원칙론을 지지하는 조력자로 변모한다.[23]

인물의 형상 변화와 관련하여 누구보다도 주목을 끄는 사람은 주인공을 전면에서 압박하는 민 과장이다. 이호철의 소설에는 『소시민』의 김씨, 천안 색시『서울은 만원이다』의 남동표, 서린동 집 영감과 같이 혼란과 격변의 시기를 이용하여 부를 축적하고 안일을 도모하는 부정적 인물들이 많이 등장하는데, 민 과장은 그런 부류에 속하는 대표적 인물이다. 민 과장은 "일본에서 무슨 시시한 대학을" 나오고 "자유당 말기"에 한 밑천을 장만해 둔 까닭에 과장이 된 뒤로는 "무사주의 적당주의로만 살아가"(연재본, 1회 3장, 196-197면)는 관료사회의 매너리즘에 빠져 있다. 그는 '인화 단결'을 외치면서 자신의 의견에 대립하는 박 주사를 배척하고 비리에 둔감하며 과원들에게 세심한 배려를 해주는 성격도 아니다.

시세에 편승하여 안일을 도모하는 민 과장의 부정적인 행태는 개작본에서 보다 비판적으로 수정되고 있다. 이는 개작본 27장에 첨가된 내용에서 보듯, 과의 분위기가 이 주사의 의견대로 흘러가자 더 큰 권력인 국장에 기대어 반발을 제압하려는 민 과장의 부정적인 모습에서 잘 살필 수 있다. 사리사욕을 채우기 위하여 예산 전용을 은근히 부추기는 국장

---

23) 연재본에서 김 사무관은 과장과 동조하여 주인공의 행동에 비판을 가하기도 하지만 이내 그러한 태도를 버리고 주인공의 원칙론을 지지하는 인물로 변모한다. 하지만 개작본에서는 자신의 그러한 결정에 대해 후회를 하고 더 큰 권력인 과장과 갈등을 서둘러 봉합하는 기회주의자로 성격화되면서, 주인공 이 원영 주사로 하여금 '오히려 가장 경계해야 할 대상'으로 규정된다. 한편 연재본에서 양 주사는 주인공의 원칙론에 동조하여 과장의 무사안일주의를 적극 비판하는 인물로 성격화된다. 하지만 개작본에서는 김 사무관과 마찬가지로 기회주의적으로 행동하고 어떠한 손해도 보지 않으려는 소극적인 순응주의자로 변화한다. 김 사무관과 양 주사의 형상 변화는 주인공의 좌절과 선택이 갖는 의미를 한층 개연성 높게 전달하기 위한 의도가 반영된 개작으로 이해된다.

이나 권위의식에 사로잡힌 과장 등의 모습은 시대의 격변에도 타성에 젖어 있는 공복들의 구태를 재연하고 있다. 이들이 보여주는 이와 같은 적당주의와 무사안일주의, 관료주의의 매너리즘과 보신주의 등은 당대 공직사회의 체제와 제도가 어떠한 가치나 논리에 의해 유지되어 왔는가를 단적으로 보여주는 예라 할 수 있다.

이렇듯 개작 과정에서 민 과장의 부정적 성격이 강화되고 있다면 연재본에서는 자기반성과 각성을 통하여 '구악(舊惡)'의 부정적 이미지가 탈색되는 모습을 보여주고 있다.

> "요컨대 냉정하게 저 자신을 돌아본 결과는 역시 저 같은 사람은 이젠 이 자리를 떠나야겠다는 결론입니다.(…중략…)따라서 저는, 이 자리에서, 혹은 이때까지의 구악(舊惡)을 벗고 새사람이 될 터와 자세를 마련할 작정이고(…중략…)또 한 가지 분명히 해 둘 것은 이번의 이 일이 앞으로 제가 살아 나가는데 있어서 항상 자기반성의 거울이 될 작정이라는 점입니다. 지는 흔히 새 세대라는 개념을, 여러분을 염두에 두고 실감으로 느낄 작정입니다."(연재본, 최종회 22장, 191-192면).[24]

위의 인용문에 드러나듯, 연재본의 민 과장은 과의 분위기가 박 주사의 의견대로 기울어지자 오랜 공무원 생활에 젖은 타성적 삶을 각성하고 자기반성적 고백을 행한다. 그리고 이러한 의식 하에 자신의 문제를 해결하기 위한 방법으로 사표를 내는 길을 선택한다. 과장의 결정은 자기희

---

[24] 이 장면은 개작본 27장에 새로 첨가된 내용으로. 국장의 안이한 처세주의와 주정적 행태가 잘 드러나 있다.
'어쨌든, 어제 오늘 과에서 벌어진 일을 사실대로 털어놓기만 하자. 그리고 이 벌어진 사태에 대해서 과장으로서 질 만한 책임은 다 지겠고, 국장의 처분만을 기다리는 투로 나가자. 그러니까, 이 사태로 국장이 주체가 되어 수습해 주어야겠노라는 투로 나가자. 약하고 미안한 표정만을 짓자'(개작본, 375면).

생의 아픔이 전제되어 있지만 삶의 반성적 계기로 작용한 '새 세대'를 염두에 둔 것이라는 점에서 또 다른 새로운 삶에 대한 가능성을 보여준다고 할 수 있다.. 연재본의 결말은 과원들의 만류로 사표를 보류한 과장이 새로운 사람이 될 것을 다지고, 예산은 국고로 돌려지며, 박 주사는 사무관 시험에 합격하는 것으로 마무리된다.

이렇듯 연재본은 '공팔 예산' 처리 문제로 불거진 과내의 갈등이 박 주사의 원칙론과 정당성에 수렴되어 해소되는 양상을 보여주고 있다. 하지만 작가의 이러한 시각은, 개작을 거치며 큰 변개가 이루어지고 있다. 연재본의 의도가 원칙주의자인 주인공의 신념과 의지를 부각하여 공무원 사회의 기강을 확립하고 근대화의 이념을 전파 계몽하는 것이었다고 한다면, 개작본은 그 반대적 의도에서 관료사회의 부정성을 부각하고 외형 위주, 성장 위주의 근대화 정책의 문제점에 주목하였다고 할 수 있다.

"요즘 시골도 어지간히 근대화와 건설의욕에 불타있는 셈이다. 농촌진흥청에서도 매우 열심이고 여기저기 간척사업도 그렇고 경지정리사업도 매우 잘 되어가고 있고." 박희완 주사도 비죽이 웃으며 언제부터 이렇게 아버지께서 농촌근대화사업에 관심이 많아졌는가, 웃으운 생각이기도 하였지만 약간 흡족하기도 하였다.(연재본, 10회, 194면)

"그래, 요즘 시골은 어떻습니까. 좀 전에 아버지는 어지간히 근대화와 건설 의욕에 불타 있다는 뜻의 말씀을 하신 것 같은데, 구체적으로 말씀드리면 어떤 것이 있습니까?"(중략)"글쎄, 구체적으로 어떻다고 집어서 말할 수는 없다마는, 그 농촌 진흥청에도 매우 열심이더구나. 지도원들이 나와서 일일이 지도를 하구." 슬금슬금 말꼬리를 피하려 들었다. "아버지도 혹시, 근대화 병에 걸린 것은 아닙니까."(개작본. 84-85면)

위의 인용문은 농촌근대화에 대하여 주인공이 아버지와 대화를 나누는 장면이다. 연재본에서는 유지사찰단의 일원으로 농촌의 근대화 사업을 관람하고 돌아와 근대화와 건설 의욕에 들떠 있는 부친의 모습에 주인공이 별다른 거부감을 드러내지 않지만, 개작본에서는 그러한 부친이 '근대화의 병'에 걸려 있는 인물로 서술됨으로써 비판의 대상으로 전도되고 있다. 즉 1960년대 남한 사회에서 국가주도로 진행되던 일련의 근대화 프로젝트에 대한 비판의식이 강화되는 방향으로 개작이 이루어지고 있는 것이다. 내용이 텅 빈 외형 위주, 성장 위주의 근대화정책에 대한 이 주사의 비판적 시각이 상당 부분 첨가된 것도 같은 맥락에서 이해할 수 있다.[25]

한편 아들과 대화하는 과정에 궁지에 몰리게 된 아버지가 아들에게 무의식적인 적대감을 드러내는 장면이 있는데, 이 또한 연재본에 없던 내용으로 새롭게 첨가되었다.

"가마안, 난 지금 곰곰이 생각하고 있었는데, 이제야 생각이 났다. 네 하는 소리나 지껄이는 말투는 꼭 빨갱이들 비슷하다는 얘기다. 얘기 내용도 더러 그런 냄새가 풍기고. 너무 진지한 체를 해도 꼭 그놈들 비슷해진다는 말이다. 네 생각도 충분히 옳고, 일리가 없지는 않겠지마는, 그런 식은 자칫하면 빨갱이와 비슷한 것이 된다는 말이다. 조심해야지."(…중략…)"그렇게 나오면 이 편에서는 더 할 소리가 없어지지요. 할 소리가 없

---

[25] "그러니까 아버지의 근대화라는 소리도 사실은 농촌의 실태에 깊이 들어 앉아 있는 소리이기보다는, 어느 정도 먹고 살아가기 편한 입장에서 멀찌감치 건너다보면서 풍월삼아 하는 소리가 아니겠어요. 재야 인사 시찰단에 끼워서 간척 사업을 흘낏 구경한다든지 혹은 어느 모범 농촌의 경지 정리 사업을 보았다든지, 혹은 농촌 진흥청 사람이 어느 날 저녁 공회당에 와서 농민들을 모아놓고 얘기를 몇 시간 하는 것을 직접적으로 듣지도 않고 풍문으로 들었다든지 이런 것 말입니다."(개작본, 86면)

어지는 것은 할 소리가 없어서 없어지는 것이 아니라, 이 편에서도 빨갱이와 비슷하다는 것만도 기분이 나빠지니까요. 허지만 아버지와 같은 그런 식의 시점과 히스테리가 있는 한, 객관적인 사태를 냉정하게 제대로 볼 수 있는 길은 없어지고, 조국 근대화도 구두성에 그친다는 애기입니다."(개작본, 93-94면)

농촌근대화 정책을 조목조목 따지는 아들에게 아버지는 '빨갱이와 비슷하다'는 말로 우려를 표현한다. 부친이 아들에게 '빨갱이'란 말을 쓴 것은 근대화 정책을 지지하는 자신의 견해가 비판되는 과정에서 가부장의 권위가 위협을 받는다고 생각했기 때문이다. 그 판단에 대한 근거로 주인공의 논법, 말투, 태도 등이 마치 공산주의자들이 즐겨 사용하는 방식과 흡사하다는 것을 상기시킨다. 그러나 부친이 내세운 근거는 실상 해방 직후 좌우익의 소용돌이를 겪는 과정 속에 각인된 공산주의자들에 대한 무의식적인 적대감이 투사된 것임에도 불구하고 의기양양했던 주인공은 언행에 제약을 받게 된다. 여기에 비추어 볼 때 이것은 외형 위주, 성장 위주의 근대화 정책에 경도되어 있는 인물(집단)에 대한 비판적 배경 정황을 제시하고 이 주사의 비타협적 선택과 행동이 가지는 정당성을 마련하기 위한 개작으로 볼 수 있다. 즉 부자간의 관계마저 경직되게 만드는 반공주의 실상을 통해 반공 체제의 폐쇄성에 대한 비판을 드러내기 위한 의도로 이해된다.

반공주의의 폭력성 문제는 이 주사와 민 과장과의 갈등 속에서 다시 드러나는데, 이 역시 개작 과정에서 추가된 내용이다. 이 주사는 "자신의 생각을 항상 정정당당하게 주장하며 추호도 굽힘이 없는" 철저한 원칙론을 고수하는 까닭에 주변으로부터 "융통성이 없다느니, 혁명은 저 혼자 도맡아 하려고 한다느니"(연재본, 2회 5장, 207면)하는 등의 뒷공론을 들으면서도 완고한 원칙주의를 고집하는 인물이다.[26] 그는 '4·19무렵에 대학을 졸업한 세대로 자유당 정권을 무너뜨리게 된 데모에도 가담한 경력'이 있고, 말단 공무원임에도 '개혁적인 의지'로 가장 경제적이고 효율적인 공무원 기구를 만들고자 남다른 열정을 내보인다는 점에서 민 과장과는 서로 다른 삶의 지평에 서 있는 인물로 성격화되어 있다.

연재본에서 '새 세대'의 사람이자 삶의 반성적 계기였던 주인공은 개작본에서는 "저 새끼, 꼭 빨갱이 새끼군. 하는 투나 하는 소리나 꼭 빨갱이군."(개작본, 341면)이라 비판을 받는다. 과장은 자신의 치부를 감추기 위하여 반공주의에 기대어 주인공을 '빨갱이'라고 매도하고, 양 주사는 주인공의 원칙과 신념에 따른 선택을 보면서 '체제를 부정'하는 것이 아닌지 우려를 표시한다. 이에 대해, 주인공은 "공산주의라는 공포증을 휘두르는 것은" "자기 은폐수단이고, 자기합리화이고" "반공이라는 국시가 저런 식으로 도용당하고" "심각하게 왜곡당하고 있다"(개작본, 341면)는 항변을 제기히고는, 사표를 내고 고향으로 낙향한다.

> 결국 이 자리에서 과장은 정식으로 사표를 철회할 것을 약속하고 그 대신 새로운 사람이 될 것임을 여러 사람 앞에 다졌을 뿐 아니라, 앞으로 더욱 관심을 가지고 살펴줄 것을 당부하였다./그 남은 예산은 결국 국고로 돌려졌고, 그 후 박희완 주사는 사무관 시험에 응시, 합격이 되었다./얼마 후, 구사무관이 전임되고 그 자리에는 박희완 사무관이 메워져 과는 완전히 새 분위기가 되었다.(연재본, 최종회 22장, 192면)

26) 그런 점에서 박 주사(이 주사)는, 가깝게는 『소시민』(1964)에서 강한 비판정신을 갖고 있는 세대로 제시된 '정씨의 아들'과, 멀게는 4·19를 전후한 세상에 답답함을 느끼고 강렬한 기대와 기다림을 열망하는 『여울』(1960.6)의 주인공 '명호', 정치적 정열에 대한 성찰과 이를 넘어선 결단의 과정을 보여준 『용암류』(1960.11)의 석주, 동훈 등이 앞서 내보인 문제의식을 한층 예각화한 인물이라 할 수 있다.

> 이튿날부터 이원영 씨는 사무실에 나오지 않았고, 며칠 후에는 시골로 내려갔다는 편지가 김 사무관 앞으로 왔다. 그것은 짧막한 사연뿐이었다. 과장이나 과원들은 이미 별로 관심조차 없었다.(개작본, 441면)

위의 인용문에서 보듯, 연재본과 개작본의 결말은 확연한 차이를 보여준다. 연재본은 주인공의 '원칙론'이 관철되어 신분이 상승하는 구조를 보여준다면, 개작본은 사표를 내고 낙향하는 구조를 보여주고 있다. 연재본의 결말은 현재를 긍정적으로 인식하고 미래를 낙관적인 방향으로 제시하고 있다는 점에서 계몽적 구도의 형식을 보여준다. 물론 그 결과로 결말 구조의 도식성과 인물 형상의 작위성은 피할 수 없게 되었다. 이러한 계몽적 서사화나 이념적 인물의 형상화는 다분히 매체의 검열을 고려한 작가의 문학적 대응의 산물로 이해할 수 있다. 즉 정권과 매체의 검열을 의식해 공직사회의 이미지에 부정적인 영향을 끼칠 만한 표현은 배제하고, 낙관적 전망을 제시한 것으로 여기서 검열로부터 자유롭지 못한 작가 의식을 읽어내는 것은 어려운 일이 아니다.

개작본의 결말은 주인공이 외부세계와 맺는 낙관적이고 조화로운 관계가 비판적인 관계로 변화하는 과정을 제시하고 있다. 주인공이 낙향 이후에도 과장 외 다른 직원들의 일상은 아무런 변화가 없으며 무사안일주의, 적당주의에 젖어 있는 사회체제가 유지되는 것으로 끝을 맺는 것은 의미심장한 대목이다. 자기희생을 통해 얻는 것은 잠시의 위안일 뿐 근본적인 모순의 해결은 아니라는 점에서 주인공의 선택은 빛을 바랜다. 또한 주인공이 자기희생 이후에 얻는 것이 과연 무엇인지에 대해서 명확하지 않다는 것은 문제점으로 지적될 수가 있다. 그럼에도 주인공의 결단은 한 개인의 선택으로서뿐 아니라 전체주의 사회 전반에 만연된 체념적 일상과 안일한 삶에 대한 심각한 자기반성을 내포하는 행위라는 점에서 의미가 있다고 할 것이다.

> 문명의 역사는 희생이 내면화되는 역사다. 다른 말로 하면 체념의 역사다. 체념하는 자는 자신에게 돌아오는 것보다 더 많은 것을 삶에서 내주어야 하며 자신이 보호해야할 삶보다 더 많은 것을 포기해야 한다. 사람이 잉여인간 취급을 당하고 기만당하는 잘못된 사회구조 속에서는 이러한 사태가 일어나는 것이다.[27]

『계몽의 변증법』의 저자 호르크하이머(Hork heimer)와 아도르노(Adorno)의 논법에 따르자면, 주인공의 선택은 '잉여인간 취급을 당하고 기만당하는 사회구조 속에서' 체념하는 잉여인간이 되지 않기 위한 몸부림, 즉 부정의 정신에 입각한 선택이라 할 수 있다. 따라서 그러한 추구 자체는 이미 값진 것이라고 할 만하다. 그것은 소시민적인 안일한 삶과 체념적 태도에 잠재되어 있는 기만을 폭로하면서도 타락하고 부조리한 당대 사회의 부정성을 일깨우는 요소가 되고 있기 때문이다. 그럼에도 불구하고 서사 진행 상 일종의 돌출이라 할 수 있는 낙향을 새로운 삶의 대안으로 설정한 것은 현실 내지 세계에 대한 또 다른 비관적, 체념적 관계를 만들어낼 가능성이 농후하다는 점에서 한계로 지적될 수 있을 것이다.

삶의 양식을 근본적으로 바꿀 수 있는 계기가 마련되어 있지 않은 상태에서 농민과 농촌에 대한 낙관만으로 새로운 삶의 가치를 찾아 나서는 입장이야말로 다시금 패배주의적으로 흘러가는 요인이 되기 때문이다.

---

27) M.호르크하이머·Th.W.아도르노, 김유동·주경식·이상훈 옮김, 『계몽의 변증법』, 문예출판사, 1995, 91면.

이런 의미에서 "결국 해결의 출구를 찾지 못하는 것이 현실이라고 할 때 현실을 바라보는 작가의 의식마저 체념이라는 패배주의를 쫓아야만 하는 것일까? …(중략)…『바다와 노인』의 주인공의 패배는 얼마나 아름다운 것인가? 거기엔 패배는 있지만 '패배주의'는 없다. 그렇기에 그 '패배'라는 말조차도 〈다만 부딪쳐서 부서지는 파괴〉라는 말로 바뀌어지고 있다. 이 작품도 결국 그런 아름다운 패배를 그리려 했던 것일까?"[28]이라고 말한 당대 논자의 지적은 여전히 유효하다 할 것이다.

4. 개작의 의미-결론을 대신하여

1966년『지방행정』6월호의 편집자 후기에 따르면, 연재본은 독자의 관심과 흥미를 끈 인기 작품이었던 것으로 보인다.[29] 그러나 작가는 작품이 미흡했던지 향후 보완할 계획을 밝히고 있다.

> 과장도 좋고 박희완주사도 좋고, 결국 다 좋게 끝 맺게 된 것을 은근히 다행하게 여긴다. 사실은 필자가 꼭 이런 끝을 예상했던 것은 아니어서 조금 무리가 있지 않나 걱정도 된다. 생각 같아서는 설혹 서로서로가 좋게 끝나더라도 피차에 어떤 깊은 과정이 혹은 과장으로서도 그 자신의 내면적인 갈등이 어느 정도는 제시되었어야 하지 않았나 여겨진다. 과장의 변화를 받아 느끼는 과원들의 입장에도 안이한 면이 없지 않을 것이

---

28) 김우종, 앞의 글, 284-285면.

29) "회를 거듭할수록 독자의 성원과 함께 흥미를 더해가는『너구리와 朴主事』, 잡지를 들면 제일 먼저 이것부터 먼저 본다는 풍문도 거짓은 아니었으리라"는 편집자 후기가 나와 있다. 이에 대해서는 「편집후기」,『지방행정』, 대한지방행정협회, 1966, 6, 186면 참조.

다. 보아서 이런 점은 단행본으로 다시 엮을 때 보완하고 고쳐볼 생각이
다.[30] (강조-인용자)

　위의 인용문에 따르면, 연재당시부터 이호철은 작품의 미비점을 인지
하고 있었음을 알 수 있다. 예상한 결말이 아니어서 조금 무리가 있다는
걱정은 연재본이 계몽주의적 색채를 갖게 된 것에 대한 불만을 우회적으
로 표현한 것으로 보인다. 따라서 개작을 통한 단행본 출간은 잘못된 문
제를 바로잡기 위한 결과로 볼 수가 있다. 그렇다면 이호철은 어떠한 이
유와 동기로, 그것도 2년이라는 비교적 짧은 시간 안에, 개작을 단행한
것일까? 그것은 세 가지의 복합적 요인으로 정리해 볼 수 있다.
　첫째, 근대화 정책에 대한 낙관적 시각의 변화이다. 박정희 정권에 대
한 낙관적 기대는 1960년대 초반 많은 지식인들이 빠졌든 함정이기도 하
였는데,[31] 당시 이호철도 지식인 사회에 영향을 끼쳤던 '근대화론'에 깊은
관심을 갖고 있었다. 1966년에 쓴 수필에서 이호철은 "1966년을 정부 당
국이 말하는 대로 1차 5개년 계획의 성공적인 완수와 수출의 증대, 새로
운 경제적 터전의 마련이라는 점에서 획기적인 시기라고 보는 견해에 굳
이 의심을 두고 싶지도 않고, 그의 낙관론만은 버리지 않고 있다"고 하면
서, 그러나 "사회 정의나 사회도덕이 내적(으로)수반"되지 않는다면 "화
려한 겉치레의 뒤안 속에서 무서운 병폐"[32] 가 옮아갈 수 있을 것이라는
시각을 갖고 있었다. 그런데 박정희 정권이 오로지 산업화, 경제성장 만

---

30) 이호철, 「너구리와 朴主事-연재를 끝내며」, 『지방행정』, 대한지방행정협회, 1966.12, 185면.
31) 정용욱, 「5·16 쿠데타 이후 지식인의 분화와 재편」, 정용욱 외, 『1960년대 한국의 근대화와 지식인』, 선인, 2004, 159-185면.
32) 이호철, 「근대화 작업과 지식인」, 『마침내 통일절은 온다』, 서문당, 1988, 88-90면.

을 근대화 담론으로 내세우는 것을 보면서 긍정적 인식을 버리고 더 한층 비판적인 태도를 취한 것으로 보인다.

둘째, 개인사적인 요인이다. 『창작과 비평』의 창간에 관여하던 1965년에 이호철은 통일혁명당 기관지였던 『청맥』에 단편 『서빙고역전풍경』(1965.5)과 『생일초대』(1965.8)를 게재하는데, 이후 통일혁명당 사건이 터지자 이것이 빌미가 되어 남산에 연행되는 시련을 겪는다.

> 내가 남산에 처음 연행됐던 것은 1960년대 중엽, 소위 왈(曰) 통일혁명당 사건이 터졌을 때였다. 그 무렵 그 기관지였던 '청맥'이라는 잡지에 두어 번 단편소설을 게재했었는데, 혐의 내용은 당시 수사 과정에서 불거졌던 '새문화연구회'라는 모임에 어느 정도 간여했느냐 하는 것이었다.(…중략…)처음 연행됐던 그 때는 서너시간 시달린 끝에 무혐의로 풀려났다.[33]

이호철은 『판문점』(1961.3)을 발표하고 "무서워서 며칠 동안은 하숙집에도 들어가지 못했"[34] 을 정도로 공포감을 느꼈다고 하였다. 이는 작품 내용 때문에 혹여나 잡혀가지 않을까하는 우려에서였다. 그런데 이 일화는 이적행위와 연계되어 작동하는 내면의 공포와 불안만으로도 작가들이 심리적으로 얼마나 위축될 수 있는 지를 잘 드러내주고 있다. 이런 점에서 남산에 연행되어 심문을 받은 일은 시간이 지나면서 분단체제와 반공규율권력의 부정성을 일깨우고, 4·19 혁명의 정신을 각성케 하는 기회가 되었던 것으로 보인다. 개작본에 바로 그런 반공규율사회의 특성이 강조되고 있는 것도 이러한 개인사적 체험에 비롯된 것으로 이해

---

33) 「어둠의 시대 내가 겪은 남산-1.이호철」, 『중앙일보』, 2003.9.5.
34) 민병모 엮음, 『선유리-이호철 소설 독회록』, 미뉴엣, 2010, 280-281면.

될 수 있는 것이다.

　셋째 시대적 압력과 매체의 검열에 따른 표현상의 제약 극복이다. 작가들의 창작과 표현에 직접적인 제약을 가한 반공주의규율과 편집자의 검열을 감당해야 했던 자기검열적 글쓰기는 사회 현실의 진실을 담아내는 데 근본적인 장애로 작용하였다. 하지만 이러한 글쓰기 환경은 대부분의 작가에게 해당하는 정치적 조건이기도 하였다. 그런 점에서 개작은 외부의 검열 기제와 내면의 자기 검열 기제로부터 자유롭지 못했던 상황을 극복하기 위한 의지로 읽혀진다. 개작본에서 관료사회의 부정성이 한층 강화되고 있는 것도 그러한 의도가 반영된 것이라 하겠다.

발굴 소설,
이호철의
「비틀비틀 族」에
대하여

발굴 소설, 이호철의 「비틀비틀 族」에 대하여

I. 들어가는 글

　이호철은 한국 전후의 대표 문인으로 그와 관련된 연구는 꾸준히 진행되어 왔다. 그러나 연구의 기반이라 할 수 있는 작품 텍스트 자체에 대한 정리·분석 및 그 이해는 매우 미흡한 상황이다. 기실, 한 작가를 연구하기 위해서는 우선적으로 연구의 기본이라 할 전기적 자료의 논증이 선결되어야 한다. 한 작가에 관한 작가론, 작품론적 고찰은 이러한 논증의 타당성을 전제로 할 때에 신뢰성을 확보할 수 있기 때문이다.
　그러나 그럼에도 불구하고 이호철 소설에 대한 기존 연구에서 서지와 판본 문제는 지금껏 제대로 검토되지 못했다. 사정이 이러다 보니 그 동안 우리는 이호철의 많은 작품들이 개별 작품집이나 전집에 수록될 때에 수정되거나 개작된 사실을 알지 못한 채 자의적으로 텍스트를 선정하는 오류를 범해 왔다. 그런가 하면 잘못된 전기 및 서지를 바로 잡지도 않은 상태에서 작가론을 수행하는 문제를 노출하고 있다.

그 동안에 필자는 1차 자료인 텍스트를 검토해본 결과 상당수의 자료가 개작이 이루어졌고, 상당의 자료들이 기존 작품 연보에서 누락되었음을 발견하게 되었다. 또한 기존의 작품 연보가 근본적인 서지적 오류를 안고 있어서 재검토·재정리가 시급한 과제라는 사실을 인식하게 되었다. 이처럼 정확한 작품목록의 재구도 어려운 상황에서 제대로 된 작가론이나 작품론을 기대하는 것은 분명 잘못된 일이라 할 수 있다. 이를 바로잡으려면 우선 소실된 작품의 발굴이 선행되어야 할 것이고, 이를 바탕으로 한 정확한 작품연보가 나와야 할 것이다.

본고에서 다루고자 하는 「비틀비틀 족」은 지금까지 이호철 연보에서 누락되었던 작품이다. 따라서 현재까지 이에 대한 연구는 전무한 상황이다. 이호철의 「비틀비틀 족」은 1970년 4월부터 12월까지 잡지 『국세』에 9회 연재 발표된 소설로, 중산층 소시민의 속물적 욕구와 일탈을 다루고 있다. 그 동안 이 소설의 존재가 알려지지 않은 데는 우선, 『국세』라는 조세 잡지에 실린 것도 한 원인이 될 것이다. 세정 당국과 크게 인연이 없던 이호철이었기에 시간이 지나면서 자연스럽게 기억에서 지워진 작품일 수도 있다.

한편 작가가 '태작'이라 생각하여 버린 작품일 수도 있다. 작가의 입장과 배치하거나 완성도가 떨어지는 작품일 경우에는 아예 목록에서 지워버릴 수도 있을 것이다. 그러나 작가가 원하든 원하지 않든 연구자는 빠진 작품들을 찾아내어 온전한 텍스트로 위치시키는 일이 필요하다.

「비틀비틀 족」은 중산층 가정의 일상 세태와 풍속을 통해 산업화 사회의 어두운 단면을 집약적으로 보여주고 있다는 점에서 1970년대 이호철 소설의 한 경향을 살펴볼 수 있는 의미 있는 작품이라고 판단된다. 또한 이 소설은 1970년대 사회의 한 단면과 이 시기 소설의 존재방식을 이해할 수 있는 좋은 사례로 수용될 수 있을 것이다. 이에 본고는 이 기회를 통해 발굴 소설 「비틀비틀 族」의 당대적 성격과 의미를 규명함으로써 기존의 이호철 문학에 대한 연구를 심화·확장하는데 기여하고자 한다.

II. 1970년대의 현실과 「비틀비틀 족」의 위치

유신 체제로 상징되는 1970년대는 주지하다시피 국가 주도의 산업화 정책이 강력하게 추진되던 시기라 할 수 있다. 1970년대 유신 체제는 정치적 자유와 민주화보다는 경제적 근대화를 최우선 가치로 내세웠고, 이러한 성장이데올로기 정책은 1970년대 압축적 경제 성장의 밑거름이 되었다. 1960년대부터 이어진 산업화와 도시화[1]의 과정은 1970년대에 와서 왜곡된 형태로나마 서서히 자리를 잡기 시작했다. 그 결과 1961년까지만 해도 82달러에 불과했던 한국의 1인당 국민소득은 1970년에 210달러로 두 배 이상이 증가하고, 1977년에는 1,011달러로 천 달러에 진입하게 되었다.[2] GNP의 급속한 신장에서 알 수 있듯이, 1970년대의 대중들은 절대적인 빈곤에서 벗어나 약간의 물질적 풍요와 여가의 시간을 누

---

1) 한국의 도시화 비율은 1960년에 33.8%에 불과했으나 1970년에는 49.8%로 급격한 신장세를 보여준다. 또한 1965년에서 1973까지 우리나라의 연평균 도시 인구 증가율은 6.5%를 기록하였는데, 이는 도시화가 빠르게 진행되고 있던 브라질의 4.5%, 멕시코의 4.8%보다 훨씬 높은 수준이었다. 도시화에 따른 인구 집중으로 서울의 인구는 1960년대 9.8%였으나 1970년에는 17.6%, 1980년에는 22.3%로 상승한다. 이에 대해서는 박진도, 「현대사 다시 쓴다 : 농촌인구의 이농과 도시화」, 『한국일보』, 1999년 8월 3일, 14면.

2) 통계청, 「통계로 본 대한민국 50년의 경제 사회상 변화」, 1999.

릴 수 있었고 제도교육의 확대[3]에 힘입어 대중문화의 주요 소비층으로 자리잡아 갔지만[4] 정치·사회적인 면에서는 강한 제재를 받아야 했다.

고도 경제 발전을 위한 통치 권력의 강화는 1970년대 내내 사회적 갈등과 대립을 불러왔다. 이러한 정부정책은 계층 간의 반목과 빈부격차의 심화, 물질만능주의와 부정부패 등 사회에 대한 불신을 심화시키는 원인이 되기도 했다. 유신 정권은 이러한 모순적 상황들을 타개하기 위해 강한 억압과 통제 정책을 시도하게 되는데, 이는 언론을 비롯한 대중들의 일상을 강력하게 규제하는 법제화로 이어졌다.[5] 그러나 당국의 검열 강화는 도리어 한국 사회에서 엄숙주의에 대비되는 성과 육체를 일상적 관심사로 부각시키는 대중적 분위기를 조성하게 된다. 물론 이것은 당대의 퇴폐적인 사회 풍조와도 연관되어 있었다. 당국은 겉으로 퇴폐풍조 일소 등을 표방하면서 외국인 관광객들에게는 매춘산업을 합법화하

---

3) 1970년대는 고등교육의 인구가 급상승한 시기이기도 하다. 1960년에는 전체 인구 대비 고등교육 인구의 비율이 40%이었으나 1975년에는 86%로 두 배 이상이 증가하다, 대학생 수 역시 1965년에 10만 명가량이었으나 1975년에는 20만 명이 넘게 된다. 이에 대해서는 문교부, 「문교부 통계연감」, 경제기획원 조사통계국, 『한국통계연감』, 1985.

4) 1960년대까지만 해도 여가를 누리거나 소비 취향을 가진 사람은 특수한 계층에 불과했으나 1970년대에는 젊은 농민, 노동자, 직장여성, 대학생들이 도시로 대거 유입됨에 따라 대중문화의 향유층이 확대되는 특징을 보인다. 전후에 태어난 이들 베이비붐 세대는 1970년대의 산업화, 도시화를 경험하면서 서구의 문화를 적극적으로 받아들였고 다양한 문화 상품의 소비주체로 성장했는데, 이들 청년 문화는 '청바지와 통키타, 포크송, 생맥주, 장발' 등으로 상징되었다. 1970년대 청년문화에 대해서는 주창윤, 「1970년대 청년문화의 세대담론의 정치학」, 『언론과 사회』 14권 3호, 2006 참조.

5) 1971년 9월 30일에 유신정권은 퇴폐 문화 추방의 명목으로 내무·법무·보건사회·문화공보부를 동원하여 "사회윤리와 질서를 저해하는 모든 행위를 대상으로 퇴폐풍조 단속에 나선다"라는 담화문을 발표하고, 1973년에는 장발과 미니스커트를 본격적으로 단속하기 위해 '개정 경범죄 처벌법'을 발효시켰다. 당시 기록에 따르면 1972년 10월 말까지 8만 3,000여명이 머리를 깎이고 1만 2000여명이 즉심에 회부되었다.

는 등 외화획득 수단으로 향락문화를 조장하였던 것이다. 그 결과 성과 육체의 상품화는 성 개방 풍조와 맞물리면서 더욱 활성화되고 확대되는 부작용을 드러냈다.[6]

이러한 사회적 분위기에 맞추어 상업적인 대중매체를 중심으로 성과 육체에 대한 담론이 대중들에 의해 폭발적인 관심을 끌기 시작한다. 특히 1960년대 말부터 다수의 대중적 주간지들이 창간되고 텔레비전이 전국적으로 보급[7] 되면서 통속적이고 감각적인 대중문화가 본격적으로 확산, 수용되기에 이른다. 당시 대표적 대중주간지라 할 수 있는 『선데이서울』은 여배우의 비키니 화보나 외설적인 기사, '유호 시리즈' 등 당시 사회에 큰 파문을 일으키던 성 담론이나 성애 표현을 주로 다루면서 대중의 통속적인 열망을 재현해냈고, 많은 독자층의 열광적인 호응을 이끌었다.[8]

1970년대 대중문화 확산의 와중에서 대중문화로서 대중소설도 새로운 양상을 띠게 된다. 무엇보다도 신문연재소설을 중심으로 여성의 성적 타락과 육체적 사랑이 대중소설의 중요 소재로 자리잡게 됐다. 그리고 최인호의 『별들의 고향』(1972년)을 필두로 하여 조선작의 『영자의 전성시

---

6) 1970년대는 산업화의 과정에서 도시로 이주한 지역의 여성들이 저임금의 노동자를 거쳐 물질적 이익을 쉽게 얻을 수 있는 수단인 매춘을 선택하게 되면서 매매춘이 산업화되고 도시주변부로 확산되던 시기로, 이때부터 술집에서 일하는 직업여성을 일컫는 호스티스라는 새로운 유행어가 등장하게 된다.

7) 1968년에는 『주간중앙』, 『주간조선』, 『선데이서울』, 1969년에는 『주간여성』『주간경향』이 각각 창간되었다. 한편 1969년에 전국의 텔레비전 수는 25만대에 불과했지만 1975년에는 전국적으로 100만대를 돌파하게 된다. 강현두·원형진·전규찬, 『한국 대중문화의 형성』, 서울대학교 출판부, 1998, 26-28면.

8) 김성환, 「〈1970 박정희부터 선데이서울까지〉(4) 선데이서울과 유신시대의 대중」, 『경향신문』, 2013년 8월 23일자. 여기서는 인터넷 기사 참고, http://news.khan.co.kr/kh_news/khan_art_view.html?artid=201308232115095&code=210100&s_code=af136

대』(1974), 조해일의 『겨울여자』(1975) 등의 신문연재소설이 잇따라 대중적·상업적인 성공을 거두면서 1970년대 대중소설은 막강한 문화적 파급력을 보여주게 된다.9) 대중소설의 이러한 성공에는 그 내부에 독서 대중의 세속적 욕망뿐 아니라 강압적이고 암울한 시대상에 대한 저항적·일탈적 욕망 등이 내재된 결과라 할 수 있다.

이처럼 1970년대에는 산업자본주의의 병리인 성과 육체의 상품화, 매춘 등 성 개방 풍조가 문화적 활기와 함께 두드러지게 나타나기 시작했고, 이는 여성의 성과 육체를 대상으로 한 대중소설의 창작과 향유에 영향을 끼치게 된다. 본고에서 다루고자 하는 이호철의 「비틀비틀 족」 역시 이러한 문화적 요인을 반영한 소설이라 할 수 있다. 최인호의 『별들의 고향』이 1970년대 전반기의 대중소설을 대표한다면 1970년에 발표된 이호철의 「비틀비틀 족」은 그것의 엄청난 성공을 예비케 한 그 계열의 선두가 되는 작품이라고 할 수 있다. 그러나 『별들의 고향』과 같은 '호스티스 소설'이 남성들의 욕망을 충족시켜주는 여성을 다루고 있다면,10) 「비틀비틀 족」은 여성의 자유, 향유와 더불어 여성의 욕망을 더 강조하고 있다는 점에서 대비된다.

또한 「비틀비틀 족」은 직업여성이 아닌 가정주부의 일탈적 욕망과 성

---

9) 가령 1972년 연재 당시부터 사회적으로 센세이션을 불러 일으켰던 『별들의 고향』은 단행본으로 출간되어 100만부 가량 팔리는 베스트셀러가 되었고, 이를 영화화한 〈별들의 고향〉(이장호 감독, 1974년)은 105일 만에 46만 명의 관객을 동원하는 기록을 세운다. 또한 목사의 딸이자 여대생인 주인공의 애정 모럴에 일대 혁신을 보여주며 당시 사회에 큰 파문을 일으켰던 조해일의 『겨울여자』 역시 베스트셀러를 거쳐 영화로 각색되어 1977년에 한국 영화 최단 관객 동원(60만 5천 명)을 기록하게 된다.

10) 이러한 관점의 연구로는 김현주, 「1970년대 대중소설 연구」, 연세대 박사논문, 2003; 곽승숙, 「1970년대 신문연재소설의 여성 인물과 '연애' 양상 연구」, 『여성학논집』23집 2호, 이화여대 한국여성연구원, 2006; 김지혜, 「1970년대 대중소설의 죄의식 연구」, 『현대소설연구』52집, 한국현대소설학회, 2013 등이 있다.

적 타락을 그려내고 있다는 점에서, 정비석의 『자유부인』(1953)이나 김승옥의 『강변부인』(1977)과 같은 '부인(夫人)'류 대중소설의 연장선에 있다고 할 수 있다. 그러나 『자유부인』과 『강변부인』이 각각 전후와 1970년대 후반의 상황을 배경으로 여성의 허영과 퇴폐풍조를 문제시 하고 있다면, 「비틀비틀 족」은 1970년대 전후의 가치 혼란과 윤리 상실을 초점화하고 있다는 점에서 상이함을 보인다. 「비틀비틀 족」에서 목격되는 중산층 가정의 속물적 욕구와 허위성, 성적 일탈과 방종, 전통적 윤리 규범의 붕괴, 물신숭배주의 등은 당대 현실에 만연된 가치부재의 혼돈을 보여주는 좋은 사례들이다. 이런 점에서 이호철의 「비틀비틀 족」은 1970년의 현실과 그런 현실에 바탕을 둔 대중소설의 존재방식을 이해할 수 있는 중요한 텍스트라 할 수 있다.

III. 텍스트의 구조

「비틀비틀 족」은 1970년 잡지 『국세』에 1970년 4월부터 12월까지 총 9회(38호-46호)에 걸쳐 연재 발표되었다. 원고지 분량으로는 대략 526매가 조금 넘는 분량의 중편이며, 소설의 결말부분에 에필로그가 제시되고 있다. 「비틀비틀 족」의 시간적 구조는 정은하가 의상실을 개업하기 이전의 첫 해와 다음해인 2년으로 설정되어 있으며, 공간적 배경은 서울로 설정되어 있다. 이 작품은 크게 두 가지 서사로 이루어져 있다. 하나는 유부녀인 정은하와 약혼녀가 있는 김영식이 벌이는 애욕의 서사이고, 다른 하나는 '뱃심과 뚝심 그리고 〈쇼오브〉'를 무기로 사업에 승승장구하던 서창욱이 폭력적이고 비도덕적인 생활 속에서 점차 몰락해가는 파국의 서사이다. 이러한 기본적인 서사를 바탕으로, 텍스트 내에 비밀요정, 사채, 사교춤, 미8군의 동향, 정인숙 사건 등 당대를 풍미했던 사회·문화적 현상들이 자연스레 제시되고 있다. 사건의 진행은 대체로 시간의 흐름을 따르는 순차적인 구조를 보여준다.

사건적 요소들로 텍스트의 흐름을 요약해보면 다음과 같다.

(1) 사업가인 남편 서창욱과 결혼해 다섯 아이를 둔 전업주부로 살아가던 정은하는 일 년 전, 남편의 완강한 반대에도 불구하고 의상실 〈리라〉를 개업하다.
(2) 은하는 의상실 디자이너 부부의 소개로 화가들의 부부모임에 참석하고, 그곳에서 젊은 화가 김영식과 파트너가 되어 춤을 추다.
(3) 네 번째 모임이 끝나고 영식과 호텔까지 동행하지만 잠자리만은 끝내 피하다.
(4) 창욱은 집으로 전화를 걸어 아내가 자신처럼 외박한 사실을 알게 되다.
(5) 창욱과 은하는 의상실에서 말다툼을 하다.
(6) 은하는 창욱에게 따귀를 맞고, 외박은 했지만 자신은 아무 일도 없었다고 말하다.
(7) 그날 저녁 은하와 영식은 호텔에서 성관계를 가지다.
(8) 영식은 약혼녀인 미호에게 죄의식을 느끼면서도 은하를 계속 만나다.
(9) 미호는 은하의 의상실에 찾아가 영식을 돌려달라고 부탁하나 거절당하다.

(10) 창욱은 가정의 분위기를 바꾸기 위해 가족소풍을 가기도 하지만 오히려 역효과만 초래하다.
(11) 모친의 일탈이 염려되어 찾아온 희옥에게 미호는 영식의 집주소를 알려주다.
(12) 희옥은 영식에게 모친과 헤어질 것을 부탁하다.
(13) 영식은 조금 전까지 은하가 방에 있었다는 것을 밝히며 자신도 피해자라고 말하다.
(14) 영식이 모친의 죗값을 치러야한다며 욕보이려하자 희옥은 악을 쓰며 저항하다.
(15) 은하는 창욱에게 영식과의 일을 말하다.
(16) 피투성이가 되어 돌아온 딸의 모습에 격분한 창욱은 아내에게 폭행을 가하고 영식의 집으로 향하다.
(17) 법에 호소하는 것은 피차에 좋을 것이 없다는 영식의 말에 창욱은 아내를 영식에게 떠넘기겠다고 말하다.
(18) 영식은 창욱에게 그렇게 해서라도 마음이 개운해질 수 있다면 그 제안을 따를 수도 있다고 말하다.
(19) 창욱이 외박을 한 사이 은하는 화해를 바라지 않으며 매주 토요일 저녁 아홉 시에 전화하겠다는 편지를 남기고 떠나다.
(20) 창욱은 가출한 부인의 전화를 받아야하는지 생각에 잠기다.
(21) 어떤 일에도 집중하지 못하고, 시계만 들여다보다.
(22) 토요일 아홉시에 전화가 걸려오다.
(23) 창욱은 수화기를 통해 전해지는 아내와 영식의 신음 소리를 들으며 피가 거꾸로 흐르는 기분을 느끼면서도 아내의 문란한 사생활을 엿듣고 싶은 욕망에 수화기를 귀에 바짝 대다.

(24) 토요일마다 연거푸 걸려오는 아내의 비슷한 전화에 차츰 초췌해져 가고, 사업도 부도가 나다.
(25) 은하가 희옥 앞으로 생활비를 보내오다.
(26) 보름 후, 창욱은 정신병원에 입원하다.

이상의 경개에서 알 수 있듯, 「비틀비틀 족」은 대중소설 특유의 애정 서사를 기본 축으로 하여 남녀간의 애정갈등을 중심으로 사건이 전개되는 특징을 보여주고 있다. 이때 인물과 인물간의 대립관계를 형성하는 갈등구조는 '서창욱-정은하-김영식'의 삼각관계와 이 구도와 연계되는 '정은하-김영식-미호'의 삼각관계를 기본 구조로 취하고 있다. 텍스트 내에서 이들 인물은 각각 초점화자이면서 동시에 초점화 대상으로 설정된다. 텍스트 전반부(1-11)는 가정에 머물러 있던 정은하가 공적 영역으로 나아가면서 서창욱과 갈등에 빠지고, 의도적으로 김영식을 유혹하는 비윤리적인 방법을 택하면서 인물들 사이의 갈등이 확산되는 양상이 제시되고 있으며, 후반부(12-26)에는 정은하와 김영식의 붕괴된 성도덕으로 인한 정은하 가정의 해체와 이에 따른 서창욱의 파탄이 서술되고 있다.

텍스트 내에서 정은하는 철저하게 욕망을 주도해가는 인물로 묘사된다. 그 욕망의 움직임에 따라 중심인물이 서서히 일탈해가는 과정을 보여주는 것이 「비틀비틀 족」의 서사에 핵심을 이룬다. 이는 정은하의 갈등이 가정(집 안)과 의상실(집 밖) 사이에서 벌어진다는 설정과 그녀의 일탈이 의상실을 통해서 이루어지며 결국 그것이 가출로 종결된다는 설정을 통해 분명하게 나타난다. 이는 이 소설이 인과응보식의 당위적 결말을 제시하는 멜로드라마의 구조를 채택하고 있지 않음을 보여준다.

한편 윤리의식과 도덕성이 마비된 서창욱의 파멸에서 보여지듯 이 소설에는 인물들의 비윤리적인 행태와 배금사회의 실태를 고발하는 서사가 공존하고 있다. 1970년대 산업자본주의는 목적 달성을 위해서는 수단 방법을 가리지 않는 결과론적 목적지향의 사고방식을 끊임없이 생산해 내었고, 이러한 사고는 당대 일반 대중의 삶을 지배하는 이데올로기로 자리잡았다.

> 그가 일상적으로 가장 애용하는 말은 〈쇼오브 친다〉는 말이다. 인생살이 모든 일이 사리와 도리로 해결된다기보다는, 어떤 무엇에건 승부를 걸어서 돌격식으로 정복을 해서 해결한다는 생각이다. 그가 이 소리를 이토록 애용한다는 것은, 곧 오늘의 그를 이루기까지, 이 철칙이 가장 잘 먹어들었다는 반증이 될 것이다.[11]

텍스트 내에서 서창욱은 이러한 산업자본주의 논리에 지배받고 있는 인물로 서술되며 자연스레 도덕적 윤리의식과 대척점에 위치하게 된다. 그리고 서사의 질적인 밀도가 강조되는 후반부에 와서 그의 속물성과 허위의식은 정점을 향해 치닫는다. 하지만 서술자는 서창욱을 부도덕하고 타락한 인물로 묘사하면서도 그를 악인형 인물로 규정하지는 않는다. 이는 이 소설이 전통적인 의미의 선악 대비 구도를 취하고 있지 않음을 보여준다.

결국 결말에 이르러 은하와 영식은 함께 비도덕적인 일탈을 감행하고 창욱은 광인이 되어 정신병원에 갇히는 것으로 작품은 마무리된다. 이러한 결말은 억압적인 가부장의 질서 속에 편입되는 것을 거부하는 여성인물의 탈주욕망을 상징적으로 보여주고 있으며, 이에 따라 부권이 흔들리

---

11) 이호철, 「비틀비틀 족」, 『국세』 38호, 1970. 4, 168면. 이하 작품 인용은 본문에 횟수와 면수를 표기하는 것으로 대체한다.

는 상황을 형상화하고 있다. 이는 도덕적 선에 의해 악이 응징되는 멜로드라마의 일반적인 결말과는 대비를 이루는 결말의 구성이라는 점에서 주목할 만하다. 텍스트 내부의 갈등 해결을 지연하는 이러한 결말 구조는 텍스트 외부의 갈등 역시 여전히 진행되고 있다는 것을 명시적으로 드러내는 서사 전략이라고 할 수 있다. 즉 여운을 남기는 결말을 공론의 장에 배치함으로써 언어적으로 표면화되지 못하는 사회적 문제들을 생각해보게 하는 효과가 그것이다.

 이러한 결말은 소설 이면의 현실성을 드러내고, 사회적 문제를 리얼하게 드러내기 위한 작가 나름의 결론이며, 소설에서 제기된 문제가 현실적으로는 해결되지 않았음을 그대로 보여주기 위한 설정이라고 할 수 있다. 또한 독자에게도 서사를 재해석하게 함으로써 당대 현실의 모순과 한계를 함께 탐색하게 하는 효과를 제공하고 있다. 이 작품의 결말구조는 이처럼 등장인물의 일탈행위를 당대 사회의 본질적 모순과의 연관성 속에서 파악하도록 해줌으로써 그것이 역사적·사회적 차원에서 생겨날 수밖에 없는 현실을 비판적으로 조명하고 있다. 이는 폭력직이고 퇴폐적인 당대의 부정한 사회상과, 사회적 혼란의 책임을 여성의 일탈과 욕망에 전가하려는 가부장적 시선에 대한 비판이 일정 반영된 결과라 할 수 있다. 이런 점에서 볼 때, 「비틀비틀 族」의 결말은 통속성 자체에 함몰되지 않고 그것을 넘어서려는 작가의 진지한 의식을 보여주고 있다는 점에서 의미가 있다.

Ⅳ. 작품에 드러난 작가의식

1. 일탈의 욕망과 흔들리는 부권

「비틀비틀 족」은 1970년대 중산층 소시민의 물질주의와 성적 타락을 통해 당대의 가치 부재를 풍자한 소설이다. 이 소설에서 서창욱은 시세에 편승하여 세속적 이익을 좇아온 인물로, 자본주의적 근대화에 편입하기 위해 바둥거리는 속물이다. 한때 그는 미8군 상대의 납품일로 많은 돈을 벌어들였지만 요사이 미군 감축설의 영향으로 사업이 신통치 않자 변화를 시도한다. 첫 번째는 괌에 한미합작 서비스 시설을 차려두고 돈벌이 겸 장사 겸 양공주를 그곳으로 보내자는 것이고, 두 번째는 일본 모상사의 한국대리점을 맡는다는 것이었다. 하지만 전자는 여러 가지 복잡하고 까다로운 절차 문제로, 후자는 접대의 공을 들였던 일본인 파트너가 탈세 혐의로 추방을 당하게 되어 없던 일이 되어버리면서 도덕적 윤리적인 파탄상태를 드러내게 된다.

한편 서창욱의 아내 정은하는 20여 년 동안 다섯 자식을 돌보고 사업가인 남편을 내조해온 평범한 전업주부이다. 그러한 그녀가 남편의 반대를 무릅쓰고 가정을 뛰쳐나와 의상실을 차리게 된 근원에는 "자기도 돈을 벌 수 있다는 자신"과 '여자로서는 개방적이며 호기심이 많은 성격'(1, 175면)이 자리하고 있다. 그녀는 집 밖의 세계에서 사업가로서 명성을 쌓아가는 한편 가정에서도 남편보다 경제적 우위에 오르게 된다. 그리고 사회적인 성공과 경제적 자립을 이루게 되면서부터 남편에 대해 "문화라는 세계와는 동떨어진 무식한 남자"(1회, 175면)라는 인식을 갖게 된다.

이런 인식은 은하가 자신의 욕망을 표출할 대상을 다른 이성에서 찾게 되는 원인이 되는데, 화가부부 모임의 참석은 이런 심리를 한층 부추기게 된다. 소설에서 묘사한 화가들은 이성 교제에 매우 적극적이다. 이들은 매주 수요일마다 만나는 모임을 만들어서 자신들의 공적인 일상의 영역을 확장시킨다. 그러나 "모일만한 분명한 이유가 있는 것도 아니어서"(2회, 165면) 매번 술을 마시며 잡담을 나누다 화제가 궁해지면 서로 파트너를 바꾸어가며 춤을 추는 것으로 시간을 보낸다. 이들의 소비적이며 쾌락적인 취미생활은 퇴폐한 당시 사회의 풍속도를 집약적으로 보여준다.

> 그날 밤 양주를 조금씩 마시고 남국의 화분들이 즐비해 있는 홀 속에서 전축을 틀어 놓고 조용조용히 춤을 추었었다. 이상스러운 일이었지만, 부부 동반의 사람들은 자기들끼리는 아내를 바꾸어가며 춤을 추면서도, 정 은하 여사에게만은 손을 내밀지 않았다. 이미 정 은하 여사는 김영식의 독점물이라는 것을 그런 식으로 암암리에 드러내고 있었던 것이다.(2회, 166면)

> 춤을 추도록 꾸며 놓았는데 볏짚으로 가려서 오불꼬불한 골목길처럼 만들어 있었고 곳곳에 부연 램프불이 켜져 있었다. 그리고 음악도 멀리서 들리듯이 장치해 있었다. 결국 춤을 추는 당사자들은 두 사람끼리 이외에는 서로 볼 수가 없게 되어 있는 것이다. 그렇게 볏짚으로 가려진 골목길을 오불꼬불 둘이서만 맞잡고 걷는 셈이었다.(2회, 169면)

위의 예문에서 볼 수 있듯이 춤은 이들 모임의 취미 생활이며, 이 모임의 일원이 되기 위해서는 거쳐야 하는 통과의례이기도 하다. 그러나 소설 속에서 묘사된 이들의 춤은 문화인의 건전한 사교의 춤이라기보다는 성적인 욕망과 방종을 끌어내는 도덕적 일탈로서의 춤이라 할 만하다.

따라서 이들의 춤추기는 건전한 여가 활동으로서의 취미 생활이기보다는 육체적 즐거움을 부추기는 쾌락적 장치로 작동한다. 즉 육체의 욕망을 표현하고 남편이 아닌 다른 이성과 접촉할 수 있는 기제로 작동하는 것이다. 그런 점에서 이들의 방탕한 취미와 정신적 타락은 물질적 풍요가 가져온 가치 붕괴 현상을 잘 보여준다.

은하는 이 모임에서 알게 된 젊은 화가 김영식과 어울려 춤을 추고, 그 춤을 매개로 자신의 "희고 아른아른하게 미끈거리는 살결"(2회, 170면)에 대한 가치를 재발견한다. 그리고 "문화적이고 교양 냄새"(2회, 167면)를 풍기는 영식을 남편과는 다른 종류의 사람으로 인식한다.[12] 이러한 인식은 은하가 '문화'와 '교양'이라는 허상에 매혹되어 있음을 보여주는데, 특히 일탈의 근원에 그녀의 허영심이 자리하고 있음을 보여준다. 그것은 '문화'와 '교양'이라는 말로 자신의 불온한 욕망에 대한 죄의식을 해소하는 과정이며, 자신의 일탈적 행위를 도덕적으로 합리화하는 이기적 심리로 이해할 수 있다. 그렇지만 은하의 속물적 허위의식은 당대의 들뜬 사회적 분위기나 환경과 무관한 것은 아니라는 점에서, 그런 당대의 정신적·도덕적 혼란을 대변하고 있다고 하겠다.

이후 은하는 영식과의 관계에서 육체적인 욕망에 눈뜨기 시작하고, 본격적으로 도덕적 타락의 길을 걷게 된다. 영식과 처음 불륜 관계를 맺을 때만해도 "인생살이의 여기(餘技)"정도로 생각했으나 차츰 내부에 잠재

---

[12] 이 과정에서 창욱과 영식에 대한 은하의 대비적 인식이 드러나고 있는데, 이는 다음과 같은 구도로 정리될 수 있다.

서창욱	김영식
집 안 / 질서 / 부부 / 책임 무식 / 촌티 / 일상 / 영혼 야만적 / 늙음	집 밖 / 욕망 / 애인 / 쾌락 교양 / 귀티 / 일탈 / 육체 문화적 / 젊음

되어 있는 "정염의 불길"(5회, 170면)을 느끼기에 이르고, 종국에는 주도적으로 성적 욕망을 꾀하고 실천한다. 이 과정에서 그녀는 성적 관계를 통해 잠재되어 있는 내부의 성적 욕망을 깨닫게 된다.

> 정은하 여사가 방 안으로 들이닥치듯이 들어선다. 그러자 눈빛은 탁해지고 이상한 광채를 발한다. 몸 전체를 궁싯거리며 강렬한 욕망을 드러낸다. 그것은 그저 그런 냄새일 뿐이다. 김 영식은 선병질적인 연약한 웃음을 동물적인 표정으로 입가에 흘리며 벌써 순정의 표정을 드러낸다. 그것은 항복의 표시이다. 제 몸과 제 마음을 이미 제 자신이 움켜 잡고 있지 못하는 사람의 그 비굴이 떨림으로 작용되고 있다. 머리를 땅에 쑤셔박고 온 몸을 휘떨고 있는 꿩의 꼴인 것이다. 이리하여 이쪽은 자연스럽게 매가 될 수 있다. 정 은하 여사는 침착하게, 꿈틀거리며 숨 쉬고 있는 김 영식의 몸을 하나 하나 헤친다.(7회, 175면)

인용문에서 알 수 있듯, 은하는 영식과의 불륜 관계를 통해 성적 쾌락을 즐긴다. 그런데 여기에서 은하가 내부에 잠재되어 있는 성적 욕망을 그 스스로 통제하지 못하고 있다는 점은 주목할 만하다. 즉 자신의 성적 욕망을 자유롭게 향유하는 주체로서 나타나고 있는 것이다. 은하는 자신의 성생활에서 동적이고 능동적인 여성으로 부각되고 있으며, 그로 인해 영식은 철저하게 은하의 욕망과 쾌락을 위해 도구화되고 있다. 『자유부인』에서 선영이 자유연애의 이념을 수동적으로 수용하는 인물에 머물렀다면, 「비틀비틀 족」의 은하는 자발적이고 능동적인 연애의 주체로 현현된다. 그런 점에서 이 소설에는 '남성 지배-여성 순응'이라는, 남녀 사이에 개재하는 젠더의 역학 관계가 '여성 지배-남성 순응'이라는 전도된 관계로 드러난다.

한편 영식은 은하와의 성관계에서 욕망과 죄의식이라는 이중적 감정을 느끼는 데, 이러한 모순과 균열은 그 스스로가 자기혐오를 느끼는 원인이 된다. 영식은 약혼녀인 미호와 결혼 문제로 갈등을 겪고 있는 상황에서 유부녀인 은하의 육체를 욕망하는 것에 대해 죄의식을 느낀다. 그는 은하와의 불륜 관계를 맺은 후에 "죽고 싶을 만큼 자기혐오"를 드러내고, 그녀에 대한 "증오와 복수의 감정"(7회, 176면)을 표출한다는 점에서 세속적인 욕망에 순응하는 자기 자신에게 환멸을 느끼고 있음을 알 수 있다.

은하와 영식의 은밀한 만남은 희옥이 영식에게 겁탈당할 뻔한 일이 발생하면서 중단되고 만다. 이 사건 이후 창욱은 은하의 부정을 폭력으로 처벌하고 아내와 딸을 농락한 영식의 집으로 향한다. 하지만 그는 아내의 정부인 영식에게 비도덕적이며 비상식적인 대응을 보여줌으로써 오히려 도덕적 윤리적인 파탄상태를 적나라하게 드러낸다.[13] 은하는 그러한 창욱에게 편지를 남기고 집을 나온다.

> 내 이 집을 나간다고 하더라고 추호나마 쫓겨나는 형식으로는 나가기 싫고, 또 이 집에 머무른다 하더라도 죄인이 용서 받는 형식으로는 싫어요. 대체 어째서 나만 죄인이지요? (…중략…)일단 나는 이 집을 나가겠읍니다. 이제 부터가 싸움이라면 싸울 수도 있고, 그냥 담담하자면 담담할 수도 있겠어요. (…중략…)화해? 대체 화해가 뭐지요. 그런 싱거워빠진 말이 이런 데 해당이나 될 소리인가요. 난 싫어요. 난 화해 않겠어요. 이건 당신이나 나나 철저히 넘겨야 할 고비일 꺼에요.(9회, 174면)

---

13) "서 사장 말씀은 결국 그 분을 저에게 떠맡기고 싶은 것입니까. 솔직하게 그렇다는 것입니까." / "천만에 이 판에 솔직하고 담담할 수는 없는거 아뇨. 난 당신이 불행하지는 길이 있다면 무슨 짓이라도 벌이고 싶은 거요." / "그러니까……" "마누라를 당신한테 떠넘기겠다는 거요." 김 영식의 입가에 스르르 웃음이 번지었다.(9회, 170면)

『자유부인』을 비롯한 많은 대중소설의 결말은 집을 나간 여성이 쾌락의 대가를 치르고 집에 돌아와 자신의 과오를 뉘우치고 행복을 되찾는 것으로 종결된다.[14] 그러나 「비틀비틀 족」의 결말은 집을 나간 은하의 일탈이 그려지며, 그 과정에서 도덕적 윤리적으로 파탄상태를 드러낸 창욱이 자괴감과 함께 광인이 되어 가는 것으로 마무리된다. 이러한 창욱의 파탄은 부권의 권위를 상실한 1970년대 가부장제의 폭력성과 비도덕성을 상징한다고 할 수 있다. 이에 반해 은하의 탈주는 도덕적으로 흔들리는 부권에 대한 내부적 저항감의 표출이자 진정한 자유에 대한 욕망을 강하게 드러낸 것으로 해석할 수 있다.

서술자는 그러한 은하의 내부적 욕망을 남성의 그것과 비교하여 악으로 규정하지 않으며, 그녀의 일탈에 대해서도 대체로 객관적인 서술을 보여준다.[15] 이런 결과로 소설 속에서 그녀는 누구보다도 도덕적으로 타락한 여성으로 위치지어지지만 한편으로는 가부장 사회에서 자신의 욕망을 솔직하게 인식하고 그것을 적극적으로 구현하는 주체적인 여성으로 재현된다. 이러한 중립적인 서술과 인물형상화는 결과적으로 이 소설이 열린 결말을 취하게 되는 원인이 되었다고 할 수 있다.

---

14) 김영애, 「《자유부인》에 나타난 인물 형상화에 관한 연구」, 『현대소설연구』 28호, 한국현대소설학회, 2005, 217면.

15) "그러나 솔직하게 객관적으로 따진다면, 문제는 정 은하 여사 쪽에만 있는 것은 아니다. 지금 서 창욱은 제 멋대로 제 입장에서만 생각하고 있는 것이지만, 마누라인 정 은하여사인들 정 은하 여사대로 제 입장이 있는 법인 것이다."(3회, 165면)

2. 1970년 전후의 세태 재현과 비판

이호철은 기존 연구에서 지적되어 온 것처럼[16] 현실 세계의 생생한 풍속을 소설로 형상화하기 위해 집요하게 노력한 작가다. 이호철 스스로도 "현장감, 생동감이야말로 소설에서 가장 으뜸으로 중요한 것"[17]이며 '소설가는 탁월한 풍속사가'[18]이기도 해야 한다는 신념을 표방해 왔다. 삶의 현장에 바탕을 둔 일상과 풍속에 대한 탐구는 이호철의 소설세계 전반을 관류하는 원칙이기도 한데, 이는 1960년대부터 발표된 작품들에서 쉽게 확인된다. 식민지 역사 현실을 준거로 삼아 1965년 한일 협정 당시의 현실을 비판한 「1기 졸업생」연작이나 산업화·도시화의 과정에서 창녀로 전락할 수밖에 없는 여성인물의 행적을 사회적 관점에서 재현한 『서울은 만원이다』, '고무신짝'을 소재로 중산층의 이중적인 행태를 풍자한 「큰 산」 등의 작품은 모두 그러한 맥락에서 이해할 수 있다. 「비틀비틀 족」역시 이러한 창작방법의 연장선 위에 놓여 있는 작품이다.

「비틀비틀 족」은 중산층의 일상 세태와 풍속을 통해 1970년대 자본주의화에 따른 물질주의와 속물성과 가치 부재의 상황을 조명하고자 한다. 강북의 한남동과 일류 호텔 등을 배경으로 한 이 소설은, 한강을 경계로 강북과 강남이 위계화되는 현상을 포착한다. 창욱의 가족이 사는 한남동은 한강이 남쪽으로 내려다보이는 장소에 위치한 공간으로, 1970년대 초 국가주도의 도시계획에 따라 자본가를 중심으로 서울의 계층적 위계

---

16) 이보영, 「소시민적 일상과 증언의 문학」, 『현대문학』, 1980.8, 268면; 류경동, 「세태의 재현과 불온한 유령들의 소환」, 『겨레어문학』 41집, 겨레어문학회, 2008, 461면.
17) 이호철, 「이호철의 소설창작 강의」, 정우사, 1997, 45면.
18) 한수영, 「탈향, 그 신산한 역사적 삶의 도정 -이 계절의 작가 이호철」, 『실천문학』 45호, 실천문학사, 1997, 403면.

화가 이루어진 공간이다. 이러한 한남동은 1970년대 서울의 발전을 상징하는 주요 기표로, 도시 중산층의 물질주의를 상징한다고 볼 수 있다.

한편 이 소설에는 본격적인 자본주의화, 산업화, 도시화의 흐름 속에서 일어난 생활의 변화와 그 변화가 동반하는 여러 세태와 풍속들이 포착되고 있는데, 이는 당대 대중들의 취향과 일탈적 욕망을 반영한 결과라고 할 수 있다.[19] 가령, 댄스를 비롯하여 의상실 〈리라〉, 전축, 별장, 포르노 잡지, 한남동, 적선동, 장충동, 정릉, 신문로, 핵가족, 앰버서더호텔, 대연각호텔, 워커힐 호텔, 타워호텔, 올림퍼스호텔, 진피즈ㆍ스르류 드라이버라(음료), 블란서 유학, 흥신소, 여가수, 여배우, 주간지, 가정법원, 전화, 텔레비전, 식모, 미8군, 요정, 자동차, 화필, 2층 양옥집, 최은희, 김지미, 엄앵란, 태현실, 남정임, 문희, 전계현, 이미자, 국도극장, 〈미워도 다시한번〉,「울고 웃는 남의 인생」등등은 모두 1970년대의 사회ㆍ문화적 상황의 단면을 읽어낼 수 있는 기표로 작용한다.[20]

이러한 현실의 재현은 일차적으로 대중의 관심을 도모하고 그들의 호기심에 부합하기 위한 노력이라고 볼 수 있다. 더불어 당대 독자들로 하여금 현실을 자신이 처한 환경과 상황에 맞춰 해석하게 함으로써 현실

---

19) 이 작품이 잡지 연재소설이라는 점 역시 간과할 수 없는 대목이다. 넓게는 대중, 좁게는 매체의 독자를 만족시켜야 하는 잡지 연재소설은 문예지나 단행본과는 달리 불특정한 독자의 흥미와 욕구에 어느 정도 부합해야 한다. 또한 매주 혹은 매호 연재된다는 특성은 독자의 반응 및 욕구가 소설의 창작에 어느 정도 반영될 수 있다는 점에서 일반 장편소설보다는 대중성을 띨 수 있다.

20) 이 가운데서 포르노 잡지ㆍ한남동ㆍ식모는 창욱과 은하의 관계를 이어주는 기표이며, 댄스ㆍ전축ㆍ별장ㆍ엠버서더호텔ㆍ워커힐호텔은 은하와 영식의 관계를 이어주는 기표라 할 수 있다. 또 적선동ㆍ의상실 〈리라〉ㆍ여가수ㆍ여배우ㆍ주간지는 은하의 직업과 직장에, 미8군ㆍ요정ㆍ타워호텔ㆍ대연각호텔은 창욱의 직업과 사생활에, 신문로ㆍ화필ㆍ자동차ㆍ블란서 유학은 영식의 직업과 생활에 관련된 기표들이다. 이외에 가정법원ㆍ전화ㆍ흥신소는 은하와 창욱과의 관계에 긴장을 조성하고 갈등을 촉발하는 기표로 제시된다.

이해에 대한 폭을 넓히고, 그 공동의 코드를 쉽게 발견할 수 있게 함으로써 작품과 독자간의 소통을 확대시키는 결과를 가져오는 데에 기여할 것이다. 이와 같은 현실의 재현은 서사 진행 속에서 화자의 언술로 때로는 등장인물의 대화로 서술된다. 그 내용과 범위는 당대 한국 사회의 정치적, 경제적, 사회적, 문화적 현상 등 매우 다양하다. 물론 재현된 현실에 대한 해석의 지향점은 인간 삶의 구체적인 문제들로 풍자와 비판이다.

「비틀비틀 족」에 재현된 당대의 세태풍속과 관련하여 먼저 주목되는 것은 당대인들이 보여주는 속물성과 물질만능의 가치관이다. 1970년대 텔레비전의 보급과 각종 매스미디어의 발달은 이른바 대중스타가 하나의 이야깃거리로 등장하는 계기가 되었고, 이들에 대한 관심은 자연스레 소설을 통해 형상화된다. 「비틀비틀 족」에서도 이러한 상황을 찾아볼 수 있다. 창욱을 예로 하여 위에서 언급된 현실 재현이 어떻게 나타나는지 살펴보기로 하자. 창욱은 시세에 편승하여 세속적 이익을 좇아 속물적 삶을 추구해온 인물로, 그의 돈에 대한 욕망과 속물적 이기심은 단순한 도덕적 타락의 수준을 넘어서 있다.

> "벌써 날자가 그렇게 되었다. 역시 장산 뭐니 뭐니 돈 장사가 최고라니. 생산적이 못 되고, 욕을 먹어서 그렇지, 그 장사가 최고는 최고야." 이렇게 혼잣소리 비슷이 중얼거렸다.
> 개성상회란 정식 상호가 아닌 익명이고, 간판도 무엇도 없는 이자놀이 업자인 것이다. 본시 개성 사람이어서 그런 명칭이 붙었는데, 관철동 근처에서 외양은 구질구질해 보이는 건재 한약국을 차리고 있는 것이다. 그러나 그것은 새 발의 피요. 진짜 장사는 돈놀이 장사여서, 서 창욱도 곽진우를 통해서 극비밀리에 얼마가량의 돈을 맡겨두고 재미를 보고 있는 셈이었다.(3회, 166면)

그가 가장 좋아하고 존경하는 사람은 영화배우들이다. 그것도 외국의 영화배우가 아니라 국내 영화배우들이며 특히 여배우들이다. 여배우들 가운데서도 그때 그때의 톱 인기배우들이다. 한때는 최 은희를 좋아하였고, 그 다음 한때는 김 지미·엄 앵란을 좋아하였고, 또 한때는 태 현실을 좋아하다가 요즈음은 윤 정희·남 정임·문 희를 좋아한다. 그리고 극히 최근에 와서는 전 계현을 좋아한다. 불과 얼마 전만 해도 국도극장에서 『미워도 다시한번』이라는 영화를 보고 그는 펑펑 눈물을 쏟았던 것이다. 그 눈물은 본인의 말을 빌리면 구질구질한 눈물이 아니라 나포레옹이나 오나시스같은 자도 더러 흘렸을 영웅 호걸의 눈물이라는 것이었다.

지난 달엔가 모 여성잡지에 실린 전 계현의 고백수기 『울고 웃는 남의 인생』도 한 자 빠뜨리지 않고 다 읽었다.(1회, 165면)

위 예문들은 창욱의 속물화된 가치관을 보여주는 구체적인 사례라 할 수 있다. 현실에서 그의 의식과 행동을을 지배하는 것은 적나라한 속물적 욕망과 돈에 대한 탐욕으로 정리될 수 있다. 이호철 소설에는 이러한 물질만능의 가치관을 신념화하는 부정적 인물들이 많이 등장하는데, 『소시민』의 김씨와 천안 색시, 『서울은 만원이다』의 남동표와 서린동집 영감, 『공복사회』의 민과장 등이 그러하거니와 창욱 역시 그런 부류에 속하는 대표적 인물이라 할 것이다. 위의 예문이 보여준 바와 같이 "돈 장사가 최고"라는 창욱의 처세술과 삶의 방식은 '건재 한약국'으로 위장하여 사채놀이를 하는 '개성상회'의 이중성과 함께 돈을 가장 중요한 가치로 양산하는 한국 사회의 배금주의를 그대로 노출시킨다. 그와 동시에 창욱이 돈으로 학벌과 사회적 지위를 획득해온 과정은 한국 사회에 물질만능주의와 속악한 자본주의가 고착되는 과정을 고스란히 드러내 보인다.[21]

---

21) "돈을 들여 모 삼류대학 경영과의 3학년으로 편입, 시험 때만 침차로 학교로 나가 그렇게 졸업장을 얻고는 계속 대학원에 적을 두고, 차일피일 10년 이상이나 그대로

그의 이러한 행태는 물화된 사고와 정신적 가치의 퇴화로 귀착된다. 그것은 두 번째 예문이 보여주는 바와 같이, 그때그때의 인기에 따라 존경하는 인물이 '최은희→김지미→엄앵란→태현실→남정임→문희→전계현'으로 바뀌어가는 상황을 통해 잘 알 수 있다. 이처럼 당대 사회의 문화적 현상에 대한 재현은 인물에 대한 희화화와 더불어 비합리적인 가치와 기준이 우선시되는, 외형만 중시하는 부박한 사회현실에 대한 비판과 풍자를 내포하고 있다. 정신적 성장을 유보하는 이러한 왜곡된 욕망의 표출은 1970년대 산업화 사회 속에서 자리 잡기 시작한 물신주의적 타락과 깊은 조응관계를 형성한다.

그런 점에서 당대 여배우에 대한 창욱의 포퓰리즘적 인식은 단순히 창욱 개인적인 인식으로 치부될 수 없다. 창욱의 속물성과 물질만능의 가치관은 당대 현실 사회와 같은 맥락 속에서 파악되어야 한다. 그것은 중산층의 이기적 개인주의 혹은 도덕 불감증을 필두로 한국 사회 일반에 팽배해 있는 물질만능주의와 속물성을 꼬집는 것이며, 군사정권에 의해 주도되는 정치, 경제, 사회 문화적 정체성에 대한 우려이기도 하다. 이처럼 작가는 무심코 지나칠 수도 있는 에피소드를 적극적으로 소설에 끌어들여 독자가 공유하는 현실의 틀을 매개로 대중들의 의식 속에 각인되어 온 물질만능의 가치관과 그 속물성에 대한 날카로운 비판을 보여주고 있다.

이 작품에서 또 하나 주목되는 것은 성풍속 세태이다. 한국의 성산업은 산업자본주의를 기반으로 한 물질적 풍요를 토대로 1970년대부터 번성하기 시작하였다. 이런 문화풍속 하에서 성 개방 풍조는 직업여성이

내버려 두고 있는 것이다. 그러니 책 한권 제대로 안 읽은 주제에 본인은 〈쇼오브〉치듯이 대학 공부를 마쳤다고 자처하고 있는 것이다. 그렇게 자처할 만도 한 것이 요즈음은 그 대학 부속기관처럼 되어있는 동창 실업인협회의 이사로 재임중에 있다."(1회, 169면)

아닌 일반여성의 성적 타락을 야기했다. 한 작가의 말을 빌리자면 1970년대는 "불륜이 비어홀처럼 만연해지며 신종 오락처럼"[22] 유행하던 시대로, 여성의 성적 문란은 당대적 삶의 문제였던 듯하다. 작가는 이런 상황을 적극적으로 소설에 끌어들임으로써 당대의 성풍속에 대한 비판과 풍자를 드러내 보이고 있다.

"오늘은 어딜 나갈 참이야."
서창욱 사장은 약간 정색을 하면서 다시 물었다.
"그런 소리 함부로 묻는 게 아니에요. 프라이버시 침해라는 것 몰라요. 동시에 인권 침해. 간단히 얘기하서 죽은 정 인숙이 나가던 곳, 알 만해요?"
"비밀요정이라는 건 알겠지만 그 이외야 알 수가 있나. 참, 정 인숙과 관계하고 있던 남잔 누구누구지? 그러구 그 애는 누구 애지? 저 놈 저 소리 하고 이 놈 이 소리 해서 종잡을 수가 없더구나."
"이야반이, 누구 콩가루 되는 걸 보고 싶나."하고, 성자도 비로소 조금 진지해지면서 말했다. (3회, 169면)

정은하 여사도 낯을 수그리고 조금 붉히듯 하면서 뒤따라 일어섰다. 보이는 종종걸음을 치더니 열쇠 하나를 갖다 주었다.
"마침 비었어요. 이 방이 제일 시원할 껍니다. 조망도 좋구요. 유명한 사람들이 많이 드나든 방이지요. 만일 내일 아침까지 쓰시자면 좀 곤란해질지 모르지만, 그 점 제가 알아서 처리하지요."
"무슨 소리지? 곤란해진다는 소린…." 김 영식이 예사로운 가락으로 물으며 열쇠를 받아 쥐었다.
"그 방을 단골로 정하고 쓰는 분이 몇 계시거든요. 그 분들이 오시면 좀 곤란해진다는 얘기죠."

---

[22] 김승옥, 「작가의 말-나와 소설쓰기」, 『무진기행』, 문학동네, 2004, 14면.

"알았어, 알았어."(4회, 166면)

　1970년 3월 17일에 발생한 '정인숙 피살사건'은 이른바 3공화국 최대 섹스 스캔들로 발전하며 당대 최대의 이슈가 되었던 사건이다. 수사 과정에서 정인숙이 비밀요정(선화각)의 접대부로 일했다는 것과 그녀의 집에서 발견된 수첩에 당시 정관계 고위층 주요인사 수십여 명의 이름과 연락처가 언론을 통해 보도되면서 사회지도층의 부도덕성은 여론과 시민의 질타의 대상이 되었다. 이에 덧붙여 당시 정인숙의 3살짜리 아들이 과연 누구의 아이냐를 놓고 여러 설이 나돌면서 당대 최고 권력층의 섹스 스캔들로 비화되었던 것이다.[23] 위의 예문 속에 드러나는 정인숙 사건에 대한 묘사는 추악하고 불안정한 정치현실을 꼬집는 일면이자 1970년 한국 사회의 윤리부재와 성도덕의 타락을 적나라하게 반영한 세태로 볼 수 있다.
　한편 두 번째 예문은 여주인공 은하가 영식을 만나 호텔 객실에 들어가는 장면이다. 여기서 주목할 것은 보이가 영식과 나누는 대화의 이면에 당시 대중들의 외설적이고 퇴폐적인 성풍속과 성문화가 잘 드러나고 있다는 점이다. 이런 현실의 재현은 퇴폐한 당시의 사회를 은유하는 장치이자 한국 사회를 대표하는 일부 특권층의 치부가 당대 민중들의 삶과 얼마나 유리되어 왔는지 입증하는 구체적 사례라 할 것이다. 이처럼 작가는 당시 최대의 화제가 되었던 정인숙 사건과 같은 성추문을 언급함으로써 독자들의 이목을 끌었고, 그런 관계로「비틀비틀 족」에는 성풍속과 그 이면 생활이 한층 구체적인 형태로 포착된다. 그런 점에서「비틀비틀 족」은 변화하는 현실 그 자체를 재현의 대상으로 삼아 당대인들의 삶의

---

23) 한국어 위키백과 http://ko.wikipedia.org/wiki/%EC%A0%95%EC%9D%B8%EC%88%99_(1945%EB%85%84) 참조.

습속과 세태를 구체적으로 형상화했다는 점에서 풍속사와도 같은 중요한 의의를 갖는다고 할 것이다.

V. 나가는 글

본고는 이호철의 작가의식을 제대로 규명하기 위해서는 우선 작가 연보에서 누락된 작품의 발굴과 이를 통한 연구가 우선되어야 한다는 목적에서 출발하였다. 필자가 발굴한 「비틀비틀 족」은 1970년 4월부터 12월까지 잡지 『국세』에 9회 연재 발표된 소설로, 중산층 소시민의 속물적 욕구와 일탈이 다루어졌다. 1970년대에는 정치적 억압과 대비된 성 개방 풍조가 문화적 활기와 함께 나타나기 시작했고, 이는 여성의 성과 육체를 대상으로 한 대중소설의 창작과 향유에 영향을 끼치게 되었는데, 이호철의 「비틀비틀 족」은 이러한 문화적 요인을 반영하고 있었다.

「비틀비틀 족」 텍스트는 크게 두 가지 서사 구조를 보이고 있다. 하나는 유부녀인 정은하와 김영식이 벌이는 불륜의 서사였고, 다른 하나는 정은하의 남편 서창욱이 폭력적이고 비도덕적인 생활 속에서 몰락해가는 파국의 서사를 엿볼 수 있었다. 서술과정에 틈입된 작가의식을 통해 일탈의 욕망과 흔들리는 부권, 1970년 전후의 세태 재현과 비판적 인식을 읽을 수 있었다. 이러한 고찰을 통해 우리는 이 소설이 가부장적 윤리와 도덕적 계몽의 서사로 귀결되는 정통 대중소설과는 다른 변형된 결말 구조를 가지고 있으며 세태 재현에 입각한 당대 현실 풍자와 비판이 독특한 영역을 확보하고 있음을 확인하였다.

그런 점에서 「비틀비틀 족」은 연재 대중소설의 계보를 견지하면서도 그 서사의 도식성을 일상과 풍속의 구체적인 형상화를 통해서 극복하고 한 단계 벗어나는 성과를 획득하였다는 점에서도 중요한 의미를 갖는다. 이 소설을 통속적 대중소설의 범주에 넣기 어려운 이유가 여기에 있다. 물론 아쉬운 점도 없지 않다. 느슨하고 산만한 서술, 단조롭고 평면적인 서사, 서술자의 주석적 해설을 통해 인물의 성격화가 이루어진다는 점 등은 아쉬움으로 남는다.

발굴 소설,
이호철의
「상해임시정부」에
대하여

발굴 소설, 이호철의 「상해임시정부」에 대하여

I. 들어가는 글

본고는 1955년 「탈향」으로 데뷔한 이래 꾸준히 작품 활동을 이어오고 있는 이호철의 발굴 소설에 관한 일련의 작업 중 두 번째 연구이다. 본고에서 다루고자 하는 대상은 이호철의 『상해임시정부』이다. 『상해임시정부』는 1967년 12월 1일부터 1968년 8월 14일까지 총 219회에 걸쳐 『대한일보』에 연재 발표된 소설로, 지금까지 이호철의 연보에서 누락되었던 작품이다. 따라서 이에 대한 연구는 전무한 상황이다.

그동안 『상해임시정부』의 존재가 알려지지 않은 데는 이호철의 그 어떤 작품집에도 실리지 않은 것이 한 원인이 될 것이다. 이 소설이 왜 이호철 연보와 작품집에서 누락되었는지는 그 원인이 분명하지 않다. 우선 작가 스스로 '태작'이라 생각하여 버린 작품일 수도 있을 것이다. 작가 자신의 입장과 배치되거나 수준 미달의 작품이라고 하여 아예 목록에서 지워버린 가능성이 그것이다. 그러나 9개월을 상회하는 기간 동안 신문매체에 비중 있게 연재한 소설을 작가가 버린 작품으로 받아들이기에는 쉽게 이해되지 않는 면이 남아 있다.

　다음으로 잃어버려 빠진 작품일 수도 있다. 자료 전문의 부재 혹은 소실로 시간이 지나면서 자연스럽게 기억에서 지워진 작품일 가능성이 그것이다. 이 소설이 연재된 『대한일보』는 경제적 사정과 시국의 흐름에 따라 발행인과 제호가 바뀌고 필화를 당하는 등 굴곡을 겪다 1973년에 폐간되었는데, 이는 외적 요인에 의해서 자료가 소실이 되었을 가능성을 시사해준다. 폐간 이후 자료의 행방을 추적하기가 몹시 어려웠을 것이고, 따라서 시간이 지나면서 작가 자신은 물론 그 신문에 그와 같은 소설이 발표된 사실을 모르고 지내왔기 때문일지도 모른다.

　그러나 그 이유가 어찌됐든 간에 이호철 연보에 빠져 있는 이 소설은 앞으로 그의 작품목록에 추가되어야 하고 적극적으로 논의될 필요가 있다. 이호철과 같이 작품의 수가 많은 작가일수록 서지사항은 불완전하기 마련이며, 그만큼 소실된 작품이 남아있을 가능성도 많다고 할 것이다. 그것은 그의 새로운 작품들이 여전히 확인되고 있음을 보아서도 알 수 있다. 따라서 보다 온전한 작가론이나 작품론을 위해서는 텍스트의 발굴이 선행되어야 할 것이고, 이를 바탕으로 한 정확한 작품연보가 나와야 할 것이다.

　이번에 소개하는 『상해임시정부』는 제목에서 드러나듯 대한민국 상해임시정부를 직접적인 제재로 삼아 그것의 문학적 형상화를 시도하고 있다는 점에서 작가의식의 한 지향점을 볼 수 있는 의미 있는 작품이라고 판단된다. 또한 이 소설은 이호철 역사소설의 한 특징과 존재방식을 이해할 수 있는 좋은 사례로 수용될 수 있을 것이다. 따라서 본고는 이 기회를 통해 먼저 『상해임시정부』의 서지 사항을 고찰한 다음, 이호철 역사소설 계보에서 『상해임시정부』의 위치를 구체적으로 살펴보고, 발굴 텍스트의 성격을 꼼꼼히 규명함으로써 기존의 이호철 문학에 대한 연구를 심화, 확장하는데 기여하고자 한다.

II. 『상해임시정부』의 서지 사항

앞에서 언급한 바와 같이, 『상해임시정부』는 1967년 12월 1일부터 1968년 8월 14일까지 총 219회에 걸쳐 『대한일보』에 연재 발표되었다. 원고지 분량으로는 대략 2,200매가 넘는 분량의 장편소설로, 현재 국립중앙도서관 3층 신문자료실 내 마이크로필름실에 소장되어 있다.

신문 연재본 중 1968년 1월 1일자 27회는 '〈서장〉 상해에 오기까지 ㉗'과 '상해 ①'이라는 소제목이, 1968년 1월 4일자 28회는 '〈서장〉 상해에 오기까지 ㉘'과 '상해 ②'라는 소제목이 겹쳐 기재되는데, 앞의 소제목 '〈서장〉 상해에 오기까지'는 신문사의 실수로 잘못 표기된 것으로 보인다. 그 이유로는 1967년 12월 30일자 26회 말미에 "이상이 이 소설을 시작하는 서장이다."[1] 라는 언급이 있으며, 1968년 1월 5일자 29회의 소제목은 '상해 ③'으로 되어 있어 앞의 소제목과 자연스럽게 이어지기 때문이다. 또한 1968년 5월 21일자 146회의 소제목은 '대통령 ①'로 표기되어 있는데, 이는 본래 소제목인 '대통령탄핵과 무정부 ①'이 잘못 표기된 것으로 보인다. 즉 26회와 27회는 두 소제목이 반복 표기되었고, 146회는 소제목이 잘못 표기되었기에 총 연재횟수는 219회로 보아야 할 것이다.

---

1) 이호철, 『상해임시정부 (26)』, 『대한일보』, 1967.12.30. 이하 작품 인용은 본문에 연재 횟수를 표기하는 것으로 대체한다.

한편 국립중앙도서관이 소장한 『상해임시정부』는 총 11회분의 연재물이 누락되어 있다. 48, 87, 88, 121, 122, 123, 124, 125, 126, 127, 128회 등이 그것이다. 누락된 연재물의 소제목과 횟수는 '몇 갈래의 독립운동 ⑫'와 '대통령 ⑨-⑩'과 '국민대표회의 ③-⑩'인데, 이 11회분의 연재물은 국회도서관에서 확보할 수 있었다. 따라서 『상해임시정부』의 연재횟수는 219회로 최종 정리할 수 있다. 이상의 『상해임시정부』는 총 15장의 소목차로 이루어져 있는데, 소제목의 내용을 중심으로 연재 정보를 정리해보면 다음과 같다.

순서	목차 내용	횟수	연재일자
1	〈서장(序章)〉 상해(上海)에 오기까지	1회-28회	1967.12.1.~1968.1.4
2	상해(上海)	29회-36회	1968.1.1.~1968.1.13
3	몇 갈래의 독립운동	37회-48회	1968.1.15.~1968.1.28
4	첫 모임	49회-56회	1968.1.29.~1968.2.6
5	망향(望鄕)	57회-64회	1968.2.7.~1968.2.15
6	복새판	65회-78회	1968.2.16.~1968.3.2
7	대통령(大統領)	79회-101회	1968.3.4.~1968.3.29
8	밀정(密偵)과 변절	102회-118회	1968.3.30.~1968.4.18
9	국민대표대회	119회-145회	1968.4.19.~1968.4.20
10	대통령탄핵과 무정부	146회-162회	1968.5.21.~1968.6.8
11	한국독립당	163회-171회	1968.6.10.~1968.6.19
12	의사(義士)들의 거사(擧事)	172회-190회	1968.6.20.~1968.7.11
13	안창호(安昌浩)의 회고(回顧)	191회-204회	1968.7.12.~1968.7.28
14	내외정세의 평가	205회-212회	1968.7.29.~1968.8.7
15	상해(上海)를 떠나서	213회-219회	1968.8.8.~1968.8.14

이상의 소목차에서 알 수 있듯, 『상해임시정부』는 일제강점기 한국독립운동의 최고 지도기관이었던 상해 임시정부의 출범부터 해체까지의 통치구조 변개양상을 임시정부의 자체여건과 급변하는 국제정세와의 연

관 속에서 다루고 있는 작품이다. 구체적으로 앞부분에서는 국내외 각지에 산재하여 활동 중인 여러 독립운동 세력들의 활약과 그것이 상해임시정부의 수립운동으로 이어지는 내용이 서술되어 있다. 반면 그 이후부터는 임시정부의 조직과 운영 및 개혁문제와 독립운동 방향을 둘러싸고 벌어진 정부와 의정원 혹은 이승만과 이동휘·이승만과 안창호 등의 노선갈등 내지 대립 관계를 재현하는 한편, 구체적 국면에 개입된 개별 주체의 사소한 행동으로 임시정부의 난맥상과 침체상이 깊어지는 상황을 비판적으로 그리고 있다.

III. 이호철의 역사소설과 『상해임시정부』

이호철의 삶과 소설에서 분단의 역사는 중요한 자리를 차지하고 있다. 그렇기에 대다수의 연구가 작가의 체험과 관련하여 분단의식을 규명하는 것에 집중되어 왔으며, 이로 인해 그의 작품세계는 '실향민 문학'이나 '분단 문학'으로 평가되고 있다. 그런데 이호철의 작품 연보를 보면, 뜻밖에도, 그가 역사소설의 창작에 많은 관심을 기울인 작가였다는 사실이 확인된다. 이호철이 역사소설 창작을 시도한 것은 1964년 4월 『문학춘추』에 「타인의 땅」을 발표하면서부터이다. 이후 「1기 졸업생」(1964), 「흰새벽」(1968), 「역리가」(1969) 등 「1기 졸업생」연작[2]을 시작으로 이호철은

---

2) 「1기 졸업생」연작은 단행본에 실리면서 수차례 제목이 변경된 작품이다. 1968년 8월과 1969년 4월 『월간중앙』에 발표되었던 「흰새벽」과 「역리가」는 1976년에 간행된 작품집 『이단자』에 수록되면서 각각 「1기 졸업생」2와 3으로 게재된다. 그러나 1981년 『월남한 사람들』에 수록되면서 「1기 졸업생」1-3은 각각 「흰새벽 ㄷ」, 「흰새벽 ㄱ」, 「흰새벽 ㄴ」으로 제목이 다시 바뀐다. 이후 1986년 『정통한국문학대계』12권에 와서는 「흰새벽 ㄱ」과 「흰새벽 ㄴ」이 각각 「1기 졸업생」2와 「1기 졸업생」3으로 변경되고, 1988

연작 장편 『까레이 우라』(1986)·『개화와 척사』(1992)·『별들 너머 이쪽과 저쪽』(2009)에 이르는 역사소설을 거듭 발표해 왔다. 이러한 창작 이력에서 알 수 있는 바와 같이, 이호철은 1960년대 이후 최근까지 소설이라는 매개체를 통해 지난 역사를 재현하는데 몰두해 왔다. 그렇다면 그가 이처럼 역사소설 창작에 몰두하는 이유는 무엇일까? 작가의 말을 통해 그 실마리를 찾아볼 수 있다.

> 안 의사의 의거에다 촛점을 맞추어 한일합방이 되기까지의 일본의 근대화 과정과, 이도오 히로부미 및 그와 대비한 한국의 상황 등을 폭 넓게 본 것이 이 소설 『까레이 우라』이다.(…중략…)우리 정황이 당면해 있는 여러 문제들을 두루두루 생각한 끝에 〈역사상황소설〉이라는 생소한 이름으로 이 책을 내놓는다.[3]

> 이 작품은 픽션이라는 무정형의 소설 형식을 빌린 분단백서(分斷白書)이며, 분단극복을 위한 나름대로 최소한의 터잡이 처방전으로 쓰여졌다. 동서 냉전체제가 끝나고 소련을 비롯한 동구라파 사회주의기 줄줄이 무너진 오늘, 분단극복을 위한 내외여건은 무르익을 대로 무르익어 있음에도, 어찌하여 정작 우리 남북 민중과 남북 권력 당사자간에는 이렇다할 진전이 전혀 없는가. 참으로 통절하고 답답한 일이 아닐 수 없어, 오늘의 이 남북 분단체제가 나오게 된 연원(淵源)으로서의 지나간 이 나라 2백년의 역사를 거칠게나마 새삼 개괄해보며, 오늘의 이 분단질곡을 뚫어 낼 초미한 메시지로서 이 작품은 쓰여졌다.[4]

년 『판문점-이호철 전집 1』에 수록되면서 「1기 졸업생」 1-3이란 제목으로 최종 확정된다.
3) 이호철, 「작가의 말」, 『까레이 우라』, 한겨레, 1986, 7-8면.
4) 이호철, 「작가의 말」, 『개화와 척사』, 민족과 문학사, 1991, 1면.

위 인용문들은 이호철이 『까레이 우라』와 『개화와 척사』에서 작품의 창작의도를 내보인 대목이다. 두 가지 점이 뚜렷하다. 우리가 당면한 현실 문제에 대한 문학적 대응이 그 하나고, 그 속에서 통일의 방안을 찾아보고자 함이 다른 하나다. 분단 현실에 바탕을 둔 일상과 역사에 대한 탐구는 이호철 소설세계를 관류하는 하나의 원칙이기도 한데, 이는 위와 같은 작가의 말을 통해서도 쉽게 확인된다. 이것은 '역사를 대하는 작가의 진실성과 현실의 문제를 해결하려는 급박한 의무감이 창작 동인의 하나'이며 '그것은 작가의 통일에 대한 열망 때문이'라는 전영태의 언급과도 궤를 같이한다.[5] 이 점에서 볼 때 이호철이 역사소설이라는 장르를 통해 그리고자 했던 것은 당대의 전사(前史)로서 과거의 역사이자, 통한의 현장이며, 동시에 올바른 통일의 탐색이었다고 할 수 있다.

그런 점에서 이호철의 역사소설도 앞에서 언급한 분단 문학의 범주에서 논의될 필요가 있다. 기본적으로 이호철의 역사소설은 현재의 전사로서 19세기 말과 식민지 역사를 근본 뿌리로 삼고 있으며, 그것은 다시 분단 현실을 재인식하는 핵심 키워드로 작용하고 있기 때문이다. 실제로 작가는 이들 작품을 통해서 우리의 근대사를 통찰하고, 그 속에서 분단의 원인과 분단 극복의 방안을 찾아보려는 노력을 반복적으로 시도하고 있다. 식민지 역사 현실에서 명멸한 인물간의 대화를 준거로 삼아 1965년 한일 협정 당시를 비판한 「1기 졸업생」연작부터, 2백 년 전 개화와 척사의 주역이었던 인물들 간의 대담을 통해서 분단의 원인과 분단 극복의 가능성을 탐구하고 있는 『개화와 척사』, 대한민국 초대 대통령인 이승만의 입을 빌려 현재 한국의 분단 상황과 그에 대한 전망을 서술한 『별들

---

5) 전영태, 「역사의 격류를 헤쳐 나가기」, 『개화와 척사』 작품 해설, 위의 책, 284면.

너머 이쪽과 저쪽』[6] 등의 작품은 모두 그러한 맥락에서 이해할 수 있다.

그런데 이호철이 발표한 이러한 역사소설에는 한 가지 중요한 특성이 발견된다. 그것은 기존의 역사소설이 모두 현실 변화가 극심한 전환기에 창작된다는 점이다. 일례로『까레이 우라』는 군부 정권에 대한 국민적 저항과 불만이 들끓어 올랐던 국면에,『개화와 척사』와『별들 너머 이쪽과 저쪽』은 세계정세와 국내 정치가 각각 크게 변모하는 시점에 발표됨을 확인할 수 있다. 특히「1기 졸업생」연작이 발표된 1960년대에는 박정희 정권의 한일회담에 대한 학생들의 한일협정 반대운동과 함께 식민지 역사 청산 문제로 우리 사회가 격랑에 휩싸이던 시기였다.「1기 졸업생」연작은 이러한 한일협정에 대한 직접적인 반응으로 씌어진 역사소설이라는 점에서 주목할 필요가 있다.[7] 왜 그런가?

주지하듯 이 작품이 발표된 1960년대에는 군사정권의 언론과 표현의 자유에 대한 검열이 강화되면서 반공주의가 최종 심급으로 작동하던 시기였다.[8] 이 과정에서 반공이데올로기는 대다수 작가들의 자발적인 검열

---

[6] "2000년의 오늘에 이승 나이로 135살이 되었을 이 나라의 초대 대통령이었던 이승만 이라는 사람이 지금 저승 어딘가에 앉아서 현 우리의 남북 관계를 내려다본다면 그이로서 대강 무슨 소리를 하고 싶을까? 이 소설의 시작은 바로 이런 상정(想定)으로부터 시작되었다. 그러니까 1960년의 그 4 · 19 혁명 뒤에 미국 하와이에 망명해서 5년 뒤에 현지에서 91살에 세상 떠났던 그이 입장에서 우리나라 근 · 현대의 정치사(史)와 남북 분단 63년이라는 이 민족의 통한(痛恨)의 아픔을 한번 되돌아보자는 것이다." 이호철,「작가, 이 글을 펴내며」,『별들 너머 이쪽과 저쪽』, 중앙북스, 2009, 393면.

[7]「1기 졸업생」연작의 성격에 대해서는 류동규,「이호철의 역사소설과 식민지 역사의 재현」,『국어교육연구』55집, 국어교육학회, 2014, 375-398면 참조.

[8] 1960년대 중반은 군사정권의 언론출판에 대한 검열방침(1961.5.18.)이 공표된 이후 반공주의를 기반으로 한 반공법(1961.7)과 국가보안법의 강화 개정(1962.9.12.) 등이 재정비되고, 군사정권 주도 하의 경제개발 프로젝트가 본격화되면서 일체의 문학적 제재와 표현이 규제 · 제약을 받던 시기이었다. 1964년 말 선우휘가 언론 파동으로

수단이 되었고, 작가들의 창작과 상상력 또한 상당한 제약과 위축을 당할 수밖에 없었음은 새삼스러울 것이 없다. 그것은 한일협정 문제가 이 시기 문학작품에서 직접적인 제재로 활용된 예가 거의 없다는 사실에서 잘 알 수 있다.[9] 이런 점에서 보자면 이호철이 한일협정 전후의 혼란한 세태와 시대상황에 대한 비판적 인식을 효과적으로 드러내기 위한 전략으로서 역사소설의 알레고리를 적극 활용했다는 점은 의미심장한 대목이다.

이 같은 측면에서 이호철에게 역사소설은 단순한 과거 재현을 넘어 분단 역사와 분단 체제 극복을 위한 문학적 대응의 가치를 지니며, 따라서 그에게 역사소설의 의미는 특별하다고 하겠다. 또한 역사적으로 전환기적 상황마다 발표된 이들 작품은 당대 현실에 대한 비판적 인식을 내포하고 있다는 점에서 작가의식의 공시적 특징과 변모양상을 통시적으로 볼 수 있는 의미 있는 작품이라고 할 것이다.

본고에서 다루고자 하는 『상해임시정부』 역시 이러한 이호철 문학의 특성을 반영한 작품이라 할 수 있다. 『상해임시정부』는 앞서 발표했던 「1기 졸업생」 연작과 이후 발표한 『까레이 우라』와 『개화와 척사』, 『별들 너머 이쪽과 저쪽』 등을 연계하며 같은 계열의 문제의식을 구현하고 있다는 점에서 작가의 초기와 후기 역사소설을 매개하는 작품이라고 할 수 있다. 그러나 「1기 졸업생」 연작과 『개화와 척사』와 『별들 너머 이쪽과 저쪽』 등이 이승과 저승, 과거와 현재를 이원적 시공간으로 설정하고 있다면, 『상

구속된 사건이나 1965년 남정현의 『분지』 필화사건은 이런 당대의 분위기와 무관하지 않다.

[9] 「1기 졸업생」 연작 이외에 한일국교 회담에 대한 반응으로 씌어진 작품으로는 최인훈의 『총독의 소리』 연작이 있다. 최인훈은 한일국교 파동 이후 문학의 형식을 파괴하면서라도 온몸으로 부딪혀야 할 위기의식을 느꼈다고 술회하고 있다. 최인훈, 「원시인이 되기 위한 문명한 의식」, 『길에 대한 명상』, 솔과학, 2005, 25면.

해임시정부』는 이승과 저승이라는 이원적 시공간이 제시되어 있지 않다는 점에서 대비된다.[10]

또한 『상해임시정부』는 한국독립운동사에 있어 상해시대(1919-1932)에 활동했던 많은 명망가들의 경력과 활동 및 분열상을 역사적으로 조명하고 있다는 점에서 역사 기록을 넘어서는 상상력에 대한 욕망을 드러낸 작가의 다른 역사소설들과 상이함을 보인다. 『상해임시정부』의 경우, 실제 기록에 바탕하여 이를 재구성하는 방법론을 따르면서도 새로운 인물 창조가 더하여지면서 다른 작품들과는 크게 구별되는 성격을 지니게 되었다고 할 수 있다. 이러한 작품의 서사는 크게 두 갈래로 나뉘어져 있다. 하나는 텍스트 내에서 초점화자이자 초점화 대상으로 설정된 차철준이 식민지 역사에 투신하여 벌이는 이야기이고, 다른 하나는 김구와 안창호를 초점으로 임정 각 세력의 갈등과 헤게모니 투쟁을 담은 이야기이다.

15장의 소목차로 구성된 작품에서 1-2, 4, 8장은 구한말 의병항쟁에 가담한 차철준이 상해로 건너와서 김구를 만나고 독립 운동에 가담하는 과정을 그리고 있다. 반면 나머지 장들은 임정의 운영과 통치구조 변개 문제를 둘러싸고 벌어진 기호파와 관서파의 대립, 국민대표회의와 개조파의 정국쇄신운동, 대통령 탄핵, 민족유일당 운동, 의사들의 거사, 상해임시정부 해체 등 역사적 사건을 연대기적으로 서술하면서 그 역사적 현장에 안창호와 김구가 참여하는 과정을 그리고 있다.

이 소설을 쓰기에 앞서 작가가 어떠한 사서를 참고했는지는 분명하지 않다. 그러나 임시정부에 관한 각종 문서를 비롯하여 개항기 문인들의 다양한 회고록이나 전기류 등 방대한 자료를 독파 내지 참고했음은 분

---

10) 이 유형에는 이호철 역사소설의 원형이라 할 수 있는 「타인의 땅」과 역사상황소설이라는 이름이 붙여진 『까레이 우라』 등이 포함된다.

명해 보인다.[11] 특히 대한민국 임시정부사에 대한 연구가 사실상 1970년 대에 본격적으로 이루어진 것을 감안하면,[12] 이호철의 개인적 노력은 높이 평가할 만하다.

장편『상해임시정부』는 이와 같이 지난 세기 우리의 독립 운동사를 다시 더듬는 과정을 통해서 과거부터 현재에 이르는 분단 역사와 통일의 의미를 탐구하게 해준다는 점에서 이호철 역사소설의 한 특징과 존재방식을 이해할 수 있는 중요한 텍스트라 할 수 있다. 다음 장에서는 이와 같은 작품의 서사가 어떻게 작가의식으로 구현되는 지를 구체적인 작품 분석을 통해서 살펴볼 것이다.

Ⅳ. 『상해임시정부』에 드러난 작가의식

1. 민족독립운동의 역사적 재현

---

11) 이 같은 측면에서『개화와 척사』에 실린 '작가의 말'(5면)을 주목할 수 있다. 작가가 이 작품을 쓰는데 있어 참고 내지 의거했다고 언급한 사료적 전거는 다음과 같다. 서대숙,『김일성』; 김영작,『한국 내셔널리즘 연구』; 강재언,『조선의 양이와 개화』; 이완재,『초기 개화사상 연구』; 최동희,『서학에 대한 한국 실학의 반응』; 조광,『조선 후기 천주교사 연구』; 심산사상연구회,『김창숙 문존』; 송건호,『한국현대인문사론』; 강만길,『조소앙』; 김세일,『홍범도』; 한국일보사 편,『독립운동가 열전』; 정원옥,『양세봉』; 이연복,『조성환』.

12) 임시정부사에 대한 연구는 대체로 1960년대 중반 이후에 3편의 논문이 나오면서 시작이 되었고, 1969년 동아일보사의「3·1운동 50주년기념논집」에 논문 5편이 발표되면서 본격적인 연구의 장이 마련된 것으로 평가되고 있다. 이에 대해서는 김희곤,「대한민국임시정부연구」, 지식산업사, 2004, 17-18면과 윤대원,「상해시기 대한민국임시정부 연구」, 서울대학교출판부, 2006, 3면 참조.

지금까지 역사적 인물로서의 한국 독립운동가나 개별 독립운동단체를 소설화한 작품들은 적지 않다. 그러나 『상해임시정부』처럼 임시정부 참여자 전반을 소설화한 작품은 거의 없었다고 해도 과언이 아니다. 『상해임시정부』는 작가의 다른 역사소설과 마찬가지로 구한말로 거슬러 올라가 동시대를 인식하면서 분단의 원인을 탐색하고 있는 시각의 역사적인 확장을 보여준다. 그러나 이 작품은 민족독립 운동사를 재현하는 데 있어 이야기의 사실성을 강조하며 역사를 재구하고 있다는 점에서 기존의 그것과는 다른 서술 전략을 보여주고 있다. 이때 동원된 방식으로는 역사적 사료, 공기록, 신문기사, 회고록 등이 있다. 이러한 역사 재현 방식은 특히 공적 역사를 서술하는 대목에서 잘 드러나는데, 몇 사례만 간추려 제시하면 다음과 같다.

그 선두에 선 것은 대한매일신보(大韓每日申報)였다. 이 신문은 『인민의향(人民意向)』이라는 제목 밑에 다음과 같이 명확한 논지를 폈다.(5회)

이상 공기록(公記錄)에 나타나 있는 그대로지만, 일본에 대한 정면항쟁은 지방 의병운동뿐이었던 것이다.(10회)

공기록(公記錄)에 의하건대 노령 의병의 국내침투작전은 9월에도 계속되었다. 9월 3일 함북 명천(明川)을 2백 명의 의병이 기습하였고 10월에도 5백 50명이 기습하였다.(17회)
이에 대하여 3월 5일에는 조완구(趙玩九), 윤기섭(尹琦燮) 등 4, 5명의 연서(連署)로써 선언서를 발표하고 있다.(93회)

이 무렵의 사정을 김홍일 씨는 다음과 같이 적고 있다.(137회)

한편 8월에 들어서는 강석훈(姜錫勳), 이한호(李漢浩), 박태열(朴泰烈), 김성득(金成得), 방달성(方達成), 박진(朴眞), 정유린(鄭有鱗), 박관해(朴寬海), 최찬학(崔燦學), 장덕진(張德鎭) 등 열 명의 서명으로 다음과 같은 선언을 내었다.(140회)

즉 25년 3월 11일에는 『임시대통령 이승만 심판서』라는 것을 내놓고 이승만을 면직시킴 사실과 그 이유를 다음과 같이 밝히고 있다.(157회)

6월 30일자로 휴간되었던 임시정부 공보(公報) 55호는 새 조직을 다음과 같이 공표하고 있었다.(218회)

이상의 예처럼 작품 속에는 국내 의병운동과 국외 독립운동의 전개 과정 속에서 일어난 역사의 변화와 그 변화가 동반하는 여러 사건과 행위들이 구체적으로 포착되고 있는데, 이는 작가가 실제 기록에 충실하여 역사를 재구한 결과라고 할 수 있다. 실제 작가는 구한말 의병항쟁을 비롯하여 노령의병의 국내진공작전, 범미주 항일단체의 통합과 분열, 안창호의 민족계발운동, 이승만과 이동휘의 대립, 안창호와 이승만의 갈등, 이백만 루블 유용사건, 자유시 사변, 상해파와 이르쿠츠파의 대립, 국민대표회의와 임정의 대립, 고려공산당의 내분, 이승만의 외교노선 실패와 탄핵, 유일당 성립, 김구의 테러 비밀단체 조직, 이봉창·윤봉길의 거사, 안창호의 구속, 내외정세의 급변과 상해 시대 종료 등등 당시의 굵직한 역사적 사건을 공적 담론에 의거하여 되살리는 서술방식을 보여준다. 이는 이호철이 역사적 사실에 얼마나 충실하고자 하였는지를 단적으로 보여주는 예라 할 수 있다.

이러한 역사적 현실의 재현은 일차적으로 대중의 관심을 도모하고 그들의 호기심에 부합하기 위한 노력이라고 볼 수 있다. 더불어 당대 독자들의 민족독립 운동사에 대한 인식 폭을 넓혀 줌으로써 과거에서 현재에 이르는 역사의 지향점을 탐구하게 하는 데에 기여할 것이다. 특히 작품 곳곳에 배치되어 있는 일종의 주석 같은 이 공적 담론들은 소설 속 사건의 토대를 이루는 역사적 부분을 정당화시켜 주는데 기여한다. 따라서 이러한 서술 방식은 작가가 작품 내에서 사실을 말하고 있다는 신뢰를 부여하는 동시에 역사적 사건과 인물에 대한 작가의 비판적 담론을 독자들이 자연스레 수용케 하는 서사전략으로 작동한다.

이처럼 『상해임시정부』는 다양한 방식을 동원하여 실제 역사적 사건을 서술하고, 이에 대한 비판적 담론을 펼치는 방식으로 구성되어 있다. 그리고 이것은 서사 진행 속에서 화자의 언술로 때로는 등장인물의 대화로 구체화된다. 『상해임시정부』가 재현하는 비판적 담론의 핵심 내용은 두 가지이다. 하나는 대한민국 임시정부가 지도자들의 고질적인 종파싸움과 파벌싸움에 의해 분열될 운명에 처해 있었다는 것이고, 다른 하나는 분열의 동인이 소위 지도자들의 사욕에 기인한 자리다툼에서 말미암았다는 것이다.

① (정부와 여는 절대적으로 협력할 필요가 있다.)
얼마나 고압적인 소리인가. 정부 전체와 자기 자신을 처음부터 일 대 일로 생각하고 있는 것이다.(65회)

② "저는 그런 점은 무식합니다마는 이 점만은 분명히 해 두십시다. 국가나 민족이라는 것이 그렇게 허술하다면야 어째서 우리는 독립운동을 하고 있는지요. 전제(前提)만은 분명히 해 둡시다. 우리의 독립운동은 우리 대한민국의 독립운동이올시다. 어느 제삼자의 지도나 명령에 의존하

는 것은 우선 우리 임시정부 헌장에 위배되는 것이외다. 도대체 총리를 맡은 분께서 이런 소리를 하는 것은 천부당만부당이올시다."(90회)

　③ "잘못 생각하는 것이면 그 생각을 고쳐 주기만 하면 되어요. 문제는 주의 주장이 틀렸다는 점에 있는 것이 아니지 않습니까. 조금 전에 이 선생님도 말씀 하셨지만, 더 근본문제올시다. 험하게 얘기해, 그 사람은, 독립운동이라는 것을, 자기 개인 욕심의 이용물로 삼고 있습니다. 그 사람은 대통령 행세하는 것을 좋아하는 사람이올시다. 이 선생님이나 저나, 우리 입에서 어째서 이런 소리가 나와야 하는 겁니까."(98회)

　①은 이승만의 독선과 고압적인 태도에 대한 서술자의 논평이 드러난 부분이다. 역사적으로 이승만은 이동휘, 안창호와 함께 '삼각내각(三脚內閣)'으로 불린 초기 통합임정을 대표하는 중심인물이었지만, 임시정부 초기의 분열과 혼란의 중심에 선 인물이기도 했다. 그는 임정 출범 이후 독립운동방식을 둘러싸고 임정지도자들과 이견을 드러냈고, 임정지도자간의 노선갈등 해소에 실패하며 임시정부의 분열을 초래하는 결과를 가져왔다. 결국 1921년 말 국무총리 이동휘의 사임에 이어 1925년에는 이승만이 대통령직에서 탄핵되고 유동열, 김규식, 안창호 등이 연이어 사임하게 되면서 통합임시정부는 붕괴하게 되었던 것이다.[13] 이처럼 통합 임시정부와 이승만 사이의 갈등과 대립은 임시정부의 위상에 큰 흠집을 내었을 뿐만 아니라 내부의 극심한 분열을 초래하였는데, 소설 속 서술자는 이승만의 이러한 고압적인 행태에 대한 비판 담론을 적극적으로 보여준다. 또한 그러한 태도가 "이승만이라는 사람의 전횡적(專橫的)

---

13) 반병률, 「일제초기 독립운동노선전쟁-급진론과 완진론」, 『동양정치사상사』 제5권 제5호, 동양정치사상사학회, 2005, 101-128면 참조.

인품"(44회)에서 비롯하고 있음을 지적하며 비판의 날을 세우고 있다.

②는 공산주의 혁명을 독립운동의 방향으로 삼자는 국무총리 이동휘의 말에 김구가 우리의 독립운동은 자주적이면서도 주체적인 민족독립운동이 되어야 한다고 주장하는 부분으로, 임시정부의 문제점에 대한 작가의 의식이 잘 드러나 있다. 즉 지역의 기반과 독립노선의 차이에서 오는 종파싸움과 파벌싸움은 내부 분열만을 가중시킨다는 사실과 그것을 방지하기 위해서는 각자가 옳다는 고집불통의 태도를 버리고 모두가 순수한 태도로 대동단결해야 한다는 작가의식이 반영되어 있다. 작가의 이 같은 의식은 "원칙, 중심을 따질 것 없어 우리 모두는 울혈(鬱血)로써 모여 들어야 해요. 이것이 중요합니다. 나라 잃은 울혈이 서걱이는 것 없이 순수하게 모여야 한다는 말이외다."(72회)라는 김구의 말을 통해서 다시 확인할 수 있다.

③은 안창호가 이승만을 만나고 돌아온 후 자신의 심경을 이동녕에게 도모히는 부분이다. ③에서 임시정부 대통령 이승만에 대한 안창호의 심정은 실망과 환멸을 넘어 분노의 감정을 여실히 드러내고 있는데, 그 분노의 중심에는 독립운동을 명예욕과 출세욕의 수단으로 활용하는 이승만을 더 이상 용납할 수 없다는 부정 의식이 담겨 있다. 그리고 이러한 의식 속에는 "지나치게 자기본위이고 자기를 과신하고 자기중심으로만 모든 것을 생각"(95회)하는 "인간관계에 있어서 초보적으로 성실하지 못한 사람이 계속 대통령 자리에 앉아 있다는 것은 가장 치명적인 일"(97회)이 될 것이라는 비관적 전망이 자리하고 있다. 이것은 외부적인 요인보다 내부적인 요인에 의해 임시정부가 쇠락해 간 정치현실을 꼬집는 일면이자 임정을 대표하는 지도자들의 오만과 독선이 독립운동의 순수성이나 당대 민중들의 삶과 얼마나 유리되어 있는지를 입증하는 구체적 사

례라 할 것이다.

한편 작가는 임정의 대표적인 지도자였던 김구의 역사의식을 통해 진정한 독립운동가의 면모에 대해 언술하는데, 이것은 당시 임정 지도자들에 대한 비판적 잣대로 작용한다.

> "난 솔직하게 말해서 이름 없이 이곳저곳의 산하(山河)에서 조국을 그리고 조국을 되찾으려 뿔뿔이 안간힘을 쓰는 필부(匹夫)들이 진짜로 독립을 위해서 싸우는 사람들이라는 것을 절실하게 생각해요. 그런 사람들과 멀리 떨어져서는 정부 형식이건 당 형식이건 사정은 마찬가지일 것이오. 그런 이름 없는 필부들의 산발적인 싸움이야말로 참으로 왜놈들이 무서워하기도 하고, 또 내심으로 인정하기도 하는 싸움일 것이오. 그들과의 연줄을 가져야해요. 그들이 참으로 우리 운동의 주인 노릇을 해야 한다는 말입니다. 사장 피 흘리고, 가장 가까운 거리에서 적과 맞서서 싸우는 사람들이 참으로 독립운동의 주인이 되어야 할 것이라 이런 말이오.(…중략…)내 이 말은 현재의 우리 정부를 부정하는 말이 아니라, 우리 정부가 진실로 해야 할 일이 어떤 일일 것이냐 하는 것입니다."(74회)

이처럼 이호철은 우리의 독립운동사를 역사적 인물의 분투만이 아닌 일반 민중의 투쟁사의 관점에서도 파악하고자 했다. 이 점에서 일반 민중이 독립운동가가 되어가는 배경과 과정까지를 되살려 역사서술의 폭을 확대시킨다. 『상해임시정부』가 지니는 문제성은 임정 지도자들의 갈등과 분열상 속에서 드러나는 도의나 신념, 인간적인 고민의 흔적을 서술하는데 그치지 않고 식민지 현실이란 구체적인 공간을 살아가는 다양한 민중들의 삶의 역사를 조망하고자 한 데에 있다.

2. 민중의 역사 재현

주지하듯이, 130여 년 전 동학운동과 구한말 의병운동의 실패는 민중의식의 쇠퇴와 함께 이 땅에 외세에 의한 식민지화가 본격화되는 동인이 되었다. 그리고 이 식민지 현실은 그것과는 전혀 무관한 것으로 보이는 시골의 무지한 농민에게도 지울 수 없는 낙인을 남겨 놓았다. 『상해임시정부』는 이러한 민중적 현실에 작용하는 식민지의 상처를 더듬고 그 비극적 일면을 재현하면서, 조선의 민중으로 표상된 사람들의 비극을 사실적으로 조망하고자 한다는 점에서 주목을 요한다.

실제로 이 작품은 영웅 중심의 역사에서 봉인된 수많은 민중들의 역사를 다시 호명해내어 그들의 일상적 삶을 드러내는 작업을 시도하고 있다. 가령, 군대 해산 후 의병으로 떠돌다 일본 헌병에 잡혀 죽음을 당하는 늙은 장정부터 임정의 애국자금으로 잇속을 챙기려다 최후를 맞는 김여훈, 상해에서 금품을 노린 김여훈의 칼에 죽임을 당하는 서삼봉, 한국인이면서 중국인 행세를 하는 정체불명의 송철구, 일본 영사관의 밀정으로 활동하는 황학선, 황학선에 매수된 깡패두목 장대지, 이들의 동태를 감시하는 임정 요원 설국화 등의 이야기가 겹쳐져 서술되고 있다. 물론 작품 속에는 이들 외에도 다양한 부류의 민중들이 다수 등장한다.

이러한 인간 군상들의 인물 형상화는 이질적이고 균열적인 식민지하 역사적 상황의 단면을 보다 다채롭게 읽어낼 수 있는 서사적 장치로 작용한다. 실제로 이 소설 속에서 역사적인 내용들은 굵직한 독립운동이나 역사적 인물만이 아니라 평범한 민중의 일상 속에서도 나타난다. 물론 재현된 현실에 대한 해석의 지향점은 식민지 인간 삶의 구체적인 문제들로 풍자와 비판이다.

식이 열리기 전에 사람들은 삼삼오오 떼를 지어 소곤대는 소리로 잡담을 나누는데 대개가 욕설에 험담뿐이었다.
"얼마 전에 내무부 참사 정제형(鄭濟亨) 씨와 정부 특파원 이동우(李東愚) 씨가 다시 상해로 돌아왔는데, 본국 사정은 말이 아닌 모양이더군."
"그럴 테지. 애국금을 모집하려 들어갔던 자들 태반이 돈을 잘라 먹었다고 하지 않던가. 아예 그럴 바엔 왜놈들에 붙어서 본국에 주저앉을 것이지, 뭐 찾아 먹겠다고 여기까지 되돌아오는 심보는 뭘까."
"알 수 없지. 어쨌든 다 썩었어, 다 썩어. 입 끝으로만 애국, 나라를 운운하지, 제 뱃속부터 채우더드니, 말이 될 것이 뭐요. 얼마 전에는 공동조계(共同租界) 지역의 밥이나 근근히 먹는 장사치들이 적지 않은 돈을 모아 들였는데, 그 돈의 행방이 확실하지 않다지 않는가."(70회)

이처럼 작가는 눈에 띄지 않는 민중의 언술을 곳곳에 서술함으로써 공적인 역사에서는 다루어지지 않은 채 방치된 것들을 보여주려 한다. 이는 작가가 역사를 얼마나 민중적 시각에서 이해하고자 노력하였는지를 단적으로 보여주는 예이다.

『상해임시정부』에 등장하는 이들 민중 가운데 중심인물은 차철준이다. 이 점에서 『상해임시정부』는 구한말부터 1920년대 말에 이르는 시기를 배경으로 중핵인물 차철준의 모험과 투쟁을 다룬 역사소설이라고 할 수 있다. 안창호와 김구를 중심으로 한 임시정부의 서사가 실제 기록에 근거하여 역사를 재구하는 방법을 따르고 있다면 차철준 서사의 경우는 실제 기록을 넘어서는 역사적 상상력을 내보이고 있다는 점에서 역사 서술 과정에 일정한 차이가 보인다. 소설에서 차철준은 1895년 강원도 출신으로 1910년 경술국치 직후 가출하여 2-3년간 의병으로 활약하다 1919년 4월에 중국 상해로 망명하는 인물로 서술된다. 그리고 상해에 오기까지 그가 보여주는 행로는 당대 의병운동의 역사적 전개를 충실하게 따라간다. 이는 그의 행로가 '가출 후 의병 해산을 명한 지역 양반 척살 → 의병장 강기동과 채용언 휘하의 의병으로 활동 → 채용언의 유지를 받들어 노령지역으로 월경 → 『대동공보』 발행인 최봉준의 기선에 잠시 몸을 의탁 → 간도를 거쳐 안동으로 이동'으로 전개되어 가는 상황을 통해 잘 알수 있다. 이처럼 차철준의 인생행로에 대한 서사적 재현은 그의 삶이 역사적 시공간에 제약된다는 점과 함께 항일 의병운동세력이 국내에서 국외로 이동하는 과정을 여실히 반영한 것이라 할 수 있다.

한편 차철준은 안동의 한 여관에서 우연히 김구와 만나는데, 이 만남은 차철준의 이후 행로에 있어 의미심장한 전환점이 된다.

> "선생님, 저는 무거운 짐을 졌습니다. 언제 우리나라를 도로 찾을 날이 있을는지요? 노령 땅에서 겪어 보아서는 하부지세월 같이 생각되는데."
> "어째 그런 생각을 먹었나?"
> "최봉준이라는 사람도 겪어보니 바깥으로는 꽤 애국자 행세를 하였지만 제 돈벌이 밖에는 생각 않더군요. 그 밖에 이름 있는 지사(志士)들도 대대 그런 식으로 뜨뜨미지근해지는 것 같습디다."
> "………."
> 김구는 잠시 말없이 있다가 다시 물었다.
> "그래 어쩌겠나? 날 따라 서겠나?"
> "일단은 그랬으면 좋겠습니다."(28회)

위 인용문에서 드러나듯, 차철준을 상해로 이끄는 인물이 김구라는 설정은 흥미로운 대목이다. 이처럼 두 사람이 동일한 역사적 시공간에 진입하는 방식으로 차철준의 서사와 김구의 서사는 이 지점에서 결합된다.

김구와의 만남 이후 차철준의 서사는 민족 독립 운동에 투신하여 벌이는 분투를 제시하고 있다. 이 과정에서 차철준은 속물적 욕망과 돈에 대한 탐욕으로 동포를 죽이고 급기야 임정의 애국자금까지 챙기려는 김여훈을 처단하는 한편, 밀정이 된 황학수로부터 밀정 제의를 받고 참석한 모임 장소에 폭탄을 투척하여 그 잔당을 일망타진하는 모습을 보여준다. 이런 삽화적 구성에 드러나는 차철준에 대한 묘사는 우리의 독립운동에 그와 같은 일반 민중의 투쟁과 희생이 있었음을 강조한 것이라 할 수 있다.

이처럼 작가는 이 작품을 통하여 구한말부터 1920년대까지 민족독립운동에 투신한 한 민중의 삶을 온전히 복원해 내고자 한다. 하지만 작가가 재현해 낸 차철준이라는 인물은 강철 같은 신념과 정신으로 무장된 영웅이나 열사와는 거리가 멀다. 소설에 형상화된 차철준은 오히려 언제든지 흔들리고 변화하는 단계의 주체상에 가깝다. 이를 테면 상해에서 서삼봉을 죽인 김여훈에게 먼저 몸을 의탁하는 과정이나 독립운동 참여 과정 속에서 드러난 고민의 흔적 등을 고려한다면 작가가 형상화화고 싶은 인물을 쉽게 알 수 있다.

> 독립운동, 독립운동, 누구나가 쉽게 지껄이는 이 독립운동이라는 것이 대체 어떤 것일까. 몇 만 리를 바다로 격해있는 미국 땅에서 벌이고 있는 독립운동이라는 것이 대체 구체적으로는 어떤 것일까. 차철준으로서는 짐작도 할 수 없었다.(29회)

그것은 위대하고 강하고 신념이 가득한 영웅의 모습이 아니라 흔들리는 주체성을 가진, 식민지 조선이란 구체적인 시공간을 살아가는 민중의 모습이라 할 것이다. 물론 이런 인물형상화 방식은 작가의 철저한 기획

하에 드러난 것임에 틀림없다. 그런 점에서 볼 때『상해임시정부』는 변화하는 현실에 흔들리는 주체성을 가진 한 인물의 행로를 재현의 대상으로 삼아 식민지 기층 민중의 세태와 운명을 구체적으로 형상화했다는 점에서 민중사와도 같은 중요한 의의를 갖는다고 할 것이다.

V. 나가는 글

본고는 이호철의 작가의식을 제대로 규명하기 위해서는 우선 소실된 작품의 발굴과 이를 통한 재구가 우선되어야 한다는 목적에서 출발하였다. 필자가 발굴한『상해임시정부』는 1967년부터 1968년까지『대한신문』에 연재 발표된 장편으로, 상해 시대 임시 정부 요인의 활동과 분열상을 다루고 있다. 1960년대에는 초기 박정희 정권의 한일회담 문제로 학생들의 한일협정 반대운동과 함께 식민지 역사 청산 문제와 분단 문제가 화두로 떠오르게 되는데, 이호철의『상해임시정부』은 이러한 정치·사회적 요인을 반영하고 있었다. 그러한 시점에 창작된 이 작품은 작가의 당시 역사관을 확인할 수 있는 텍스트로서의 의미를 지니고 있다.

분석 결과『상해임시정부』의 서사는 크게 두 갈래로 나뉘고 있다. 하나는 김구와 안창호를 초점으로 한 역사적 인물의 독립 운동사였고, 다른 하나는 차철준으로 대표되는 기층 민중의 독립 운동사를 엿볼 수 있었다. 서술과정에 틈입된 작가의식을 통해 민족독립운동사의 역사적 재현과 민중의 역사 재현에 나타난 작가의식을 읽을 수 있었다. 이러한 고찰을 통해 우리는 이 소설이 공적 역사를 서술하는 부분에선 다양한 형식의 자료들을 동원해 이야기의 사실성을 강조하며 총체적인 조망으로서 비판적인 담론을 펼치는 반면에 역사 기록을 넘어서는 상상력에 대한 욕망을 드러내는 부분에선 공적인 역사에 갇혀 있던 일반 민중들의 삶을 구체적으로 형상화하고 있음을 확인하였다.

그런 점에서 『상해임시정부』는 이호철 역사소설의 계보를 견지하면서도 의병 집단의 성격을 체현하고 있는 인물의 내면과 행로의 구체적인 형상화를 통해서 영웅 이데올로기의 한계를 극복하고 한 단계 벗어나는 성과를 획득하였다는 점에서도 중요한 의미를 갖는다. 이 소설을 관념적 역사소설의 범주에 넣기 어려운 이유가 여기에 있다. 물론 아쉬운 점도 없지 않다. 무엇보다 중심인물인 차철준의 여로가 작품 중반부에서 소멸한다는 점 외에 느슨하고 산만한 서술, 평면적인 서사 등은 큰 아쉬움으로 남는다.

이 글은 이호철의 작품 연보에서 누락되었던 『상해임시정부』를 발굴하여 그 문학적 의미를 분석했다는 점에서 그 의의를 찾을 수 있다. 하지만 이 글에서 다룬 『상해임시정부』 외에 이호철의 다른 역사소설에 대한 탐색은 후속 연구를 통해 계속되어야 할 것으로 판단된다. 이들 역사소설에 대한 연구는 1960년대에서 2010년대로 이어지는 작가의 역사관을 이해할 수 있는 중요한 역사적 고리일 뿐만 아니라 이러한 연구가 선결되어야만 이호철 역사소설의 위상 또한 정확히 자리매김 할 수 있을 것이기 때문이다.

원전목록

다음은 이 책에 수록된 개별 논문들의 원전 목록이다. 이 책의 글은 아래 원전을 부분적으로 수정·보완한 것이다. 수정·보완 작업은 오·탈자의 교정과 양식의 통합 수준에서 수행하였음을 밝혀 둔다.

제1부 근현대 전북지역 문예연구

- 군산학의 동향과 과제
  : 원광대학교 인문학연구소, 『열린정신 인문학연구』 제18집 1호, 2017.04.
- 일제하 군산 지역의 문학적 형상화 양상 – 문학작품의 창작배경을 중심으로
  : 현대문학이론학회, 『현대문학이론연구』 제70집, 2017.09.
- 해방기 군산 지역 영화사 : 우리문학회, 『우리문학연구』 제48집, 2015.10.
- 한국전쟁기와 1950년대 군산 지역 문학사회의 형성과 양상 –〈토요동인회〉를 중심으로 : 원광대학교 인문학연구소, 『열린정신 인문학연구』 제19집 2호, 2018.08.
- 1950년대 전반기 전주 지역 동인지 양상 –『남풍』, 『연비동인시집』, 『풍토』, 『풍토예술』을 중심으로 : 국어문학회, 『국어문학』 제67집, 2018.03.

제2부 근현대 작가론·작품론

- 이해조 산정 판소리계 소설의 당대적 가치: 중앙어문학회, 『어문론집』 제52집, 2012.12.
- 채만식의 고전 읽기와 그 의미 : 국어문학회, 『국어문학』 제38집, 2003.12.
- 김유정 소설에 나타난 '돈' : 우리문학회, 『우리문학연구』 제38집, 2013.02.
- 반공의 규율과 소설의 개작 : 국제어문학회, 『국제어문』 제51집, 2011.05.
- 발굴소설, 이호철의 「비틀비틀 族」에 대하여 : 국어문학회, 『국어문학』 제58집, 2015.02.
- 발굴소설, 이호철의 『상해임시정부』에 대하여 : 한민족어문학회, 『한민족어문학』 제73집, 2016.08.

참고문헌

제1부 근현대 전북지역 문예연구

● 군산학의 동향과 과제

1. 자료

   학술연구정보서비스(www.riss.kr) / 국회도서관(www.nanet.go.kr)

2. 논문

   김대래, 「지역학 연구의 동향과 부산학의 과제」, 『2001분과별 활동보고서 부산학분과』, 부산광역시, 2001.

   김민영, 「항구도시의 지역학 발전과 '군산학'의 활성화 방향」, 『한국도서연구』, 28집, 한국도서학회, 2016.

   김종수, 「군산학 연구의 필요성과 정립방안」, 『인문도시 구축 및 성과 확산을 위한 대토론회 자료집』, 군산대 인문도시센터·군산시, 2016.

   문원식, 「안양학의 동향과 과제」, 『강원학의 개념과 정립방향 세미나 자료집』, 강원개발연구원, 1999.

   안두순 편, 『서울학연구 서설』, 서울학연구소, 1994.

   오영교, 「원주학 연구의 현황과 과제」, 『강릉학보』, 강릉학회, 2004.

   장정룡, 「강원 문화 연구의 과제와 전망」, 『강원학의 개념과 정립방향 세미나 자료집』, 강원개발연구원, 1999.

   조성윤, 「제주학 연구의 성과와 과제」, 『강원학의 개념과 정립방향 세미나 자료집』, 강원개발연구원, 1999.

● 일제하 군산 지역의 문학적 형상화 양상

1. 자료

    민준호, 『강샹긔우』, 동양서원, 1912.
    조중환, 『쌍옥루 하편』, 보급서관, 1913.
    무명생, 「혈루록」, 『신동아』, 1933.11-1934. 7.
    박태원, 「길은 어둡고」, 『개벽』 4호, 1935. 3.
    채만식, 「채만식 전집」, 창작과 비평사, 1987.
    채만식, 「황금원」, 『현대문학』, 현대문학사, 1956. 4.
    『매일신보』, 『동아일보』, 『별건곤』

2. 논문 및 단행본

    강만길, 『일제시대 빈민생활사 연구』, 창작사, 1987.
    고태우, 「1930년대 조선총독부의 궁민구제토목사업과 지역개발」, 『역사와 현실』 제86호, 한국역사연구회, 2012.
    군산부, 『군산부사』, 1935.
    군산시사편찬위원회 편, 『군산시사』, 군산시, 1991.
    김만수, 「탁류 속의 인간 기념물 - 채만식의 〈탁류〉를 찾아」, 『민족문학사연구』 12권 0호, 민족문학사학회·민족문학사연구소, 1998.
    김영정·소순열·이정덕·이성호, 『근대 항구도시 군산의 형성과 변화』, 한울아카데미, 2006.
    김중규, 『군산역사이야기』, 나인, 2001.
    김태웅, 「일제하 군산부에서 주민의 이동사정과 계층분화의 양상」, 『한국민족문화』 35권, 부산대학교 한국민족문화연구소, 2009.
    김태웅, 『군산근현대기사색인집 I (1898-1945)』, 군산대 인문과학연구소, 2004.
    류보선, 『근대의 멜랑콜리와 남근주의적 근대』, 『문예운동』 130호, 문예운동사, 2016.
    방민호, 「채만식 소설과 일제하 검열 문제 - 처녀작-과도기」 원본을 중심으로」, 『어문학 논총』 23, 국민대 어문학연구소, 2004. 2.

변화영, 「소설 〈탁류〉에 나타난 군산의 식민지 근대성」, 『지방사와 지방문화』 7권 1호, 역사문화학회, 2004.

손정목, 『일제강점기 도시화과정 연구』, 일지사, 1996.

송현강, 「한말, 일제강점기 군산 영명학교, 멜볼딘여학교의 설립과 발전」, 『역사학연구』 58권 0호, 호남사학회, 2015.

송현강, 「미국 남장로교의 전북지역 의료선교(1896-1940)」, 『한국기독교와 역사』 제35호, 한국기독교역사연구소, 2011.

윤정숙, 「개항장과 근대도시 형성에 관한 역사지리적 연구 - 군산항을 중심으로」, 『지리학』 20권 2호, 대한지리학회, 1985.

위경혜, 「식민지 개항도시 극장의 장소성 - 군산지역을 중심으로」, 『대동문화연구』 72권, 성균관대학교 대동문화연구원, 2010.

이경훈, 『한국근대문학풍속사전』, 태학사, 2006.

이대규, 「채만식 소설 〈탁류〉에 나타난 식민지 근대성」, 『한국사상과 문화』 21권, 한국사상문화학회, 2003.

이은숙, 「문학작품 속에서의 도시경관 - 채만식의 탁류를 중심으로」, 『사회과학연구』 5호, 상명대학교 사회과학연구소, 1993.

이정욱, 「제국 일본의 식민지 도시 건설과 전통 사회의 변화 - 유곽형성과 군산의 유곽문화 정착」, 『일본연구』 24권 0호, 고려대학교 글로벌일본연구원, 2010.

이종범, 「1930년대 초의 '궁민구제토목사업'의 성격」, 『역사학연구』 2권 0호, 호남사학회, 1988.

이준식, 「일제강점기 군산에서의 유력자집단의 추이와 활동」, 『동방학지』 제131호, 연세대학교 국학연구원, 2005.

인천대학교 인천학연구원 편, 『인천항사』, 인천·인천항만공사, 2008.

정근식, 「사회적 타자의 자전문학과 몸 : 심승의 '나문학'을 중심으로」, 『현대문학이론연구』 23, 현대문학이론학회, 2004.

小林拓矢, 「일제하 도로 사업과 노동력 동원」, 『한국사론』 56권 0호, 서울대학교 국사학과, 2010.

● 해방기 군산 지역 영화사

1. 자료

『동아일보』, 『조선일보』, 『중앙일보』, 『중외일보』, 『경향신문』, 『군산신문』, 『영남일보』, 『전북일보』, 『朝鮮經濟年報』(1948, Ⅰ), 『朝鮮經濟統計要覽』(1949), 『經濟年鑑』(1949, Ⅳ)

2. 논문 및 단행본

국제영화사 편, 『영화연예연감』, 국제영화사, 1969.
군산시사편찬위원회, 『군산시사』, 군산시, 1975.
김건·김용, 「1950-60년대 전북영화사: 한국영화, 그 고향을 찾아서」, 『전북사학』 43호, 전북사학회, 2013.
김건·문신·신귀백, 『전북의 재발견 : 영화』, 전라북도, 2011.
김화, 『새로 쓴 한국영화전사』, 다인미디어, 2003.
염보화, 『대한민국인사록』, 내외홍보사, 1950년 2월.
영화진흥공사 편, 『한국영화자료편람: 초창기-1976년』, 영화진흥공사, 1977.
위경혜, 『호남의 극장문화』, 다할미디어, 2012.
위경혜, 「식민지 개항도시 극장의 장소성-군산 지역을 중심으로」, 『대동문화연구』 72호, 성균관대학교 대동문화연구원, 2010.
이영일, 「재평가와 새로운 비전」, 『월간 영화』 8월호, 영화진흥공사, 1975.
이영일, 『한국영화전사』, 한국영화인협회, 1969.
정봉석, 「부산영화사」, 『항도부산』 14호, 부산광역시 시사편찬위원회, 1997.
정종화, 「대구 지역 영화사」, 『영상예술연구』 1호, 영상예술학회, 2001.
조시돈, 김건, 이미경, 김광희, 『전북영화사』, 신아출판사, 2006.
탁 광, 『전북영화이면사』, 한국영화인협회전북지부, 1995.
한국영상자료원 편, 『1910 식민지시대의 영화검열 1934』, 한국영상자료원, 2009.
한국영상자료원 편, 『한국영화를 말한다: 1950년대 한국영화』, 이채, 2004.
한국영화진흥조합 편, 『한국영화총서』, 한국영화진흥조합, 1972.

3. 기타

한국영상자료원 데이터베이스(KMDb)

● 한국전쟁기와 1950년대 군산 지역 문학사회의 형성과 양상

1. 자료

『창립 삼주년 기념 시화전 시집』, 군산토요동인회, 1956.
『군산신문』, 『동아일보』, 『군산뉴스』

2. 논문 및 단행본

고 은, 『나, 고은』2, 민음사, 1993.
고 은, 『나의 파도소리』, 나남출판, 1987.
군산문화원 편, 『문학-군산문화예술지 Ⅰ』, 군산문화원, 1991.
군산시사편찬위원회 편, 『군산시사 하』, 군산시, 2000.
김동윤, 「한국전쟁기 제주문학」, 『지역문학연구』6집, 경남지역문학회, 2000.
김영만, 「아쉬웠던 〈現代〉의 자진폐간」, 『잡지뉴스』, 한국잡지협회, 1996. 4.
김중규, 『군산역사이야기』, 나인, 2001.
김현정, 「1950년대 전반 대전문학 연구」, 『비평문학』54집, 비평문학회, 2014.
남기택, 「한국전쟁기와 강원문학 : 지역문학장의 양상을 중심으로」, 『한국문학논총』55집, 한국문학회, 2010.
박태일, 「1950년대 전쟁기문학과 제주의 지역성」, 『한국언어문학』71집, 한국언어문학회, 2009.
안도 · 한국문인협회 전북지회 편, 『전북문단 70년사』, 신아출판사, 2016.
오수연, 「고은 시의 낭만성 연구 - 초기기와 중기시를 중심으로」, 『비교한국학』17권 2호, 국제비교한국학회, 2009.
이동순, 「한국전쟁기의 순문예지 〈신문학〉 연구 - 시를 중심으로」, 『현대문학

이론연구』 43집, 현대문학이론학회, 2010.
이병기, 『가람일기 2』, 신구출판사, 1976.
이순욱, 「한국전쟁기 부산 지역 시문학 연구」, 『현대문학이론연구』 27집, 현대문학이론학회, 2006.
전주시사편찬위원회 편, 『전주시사』, 전주시, 1986.
최덕교 편, 『한국잡지백년 3』, 현암사, 2005.
최명표, 「전북 지역 근대문예단체 연구」, 『국어문학』 63호, 국어문학회. 2016.
최명표, 「전북 지역 근대 잡지의 사적 고찰」, 『영주어문』 30호, 영주어문학회, 2015.
최명표, 「한국전쟁기 전북 지역 매체와 문학 -〈전북일보〉를 중심으로」, 『영주어문』 19집, 영주어문학회, 2010.
최 영, 『군산문학의 원류를 찾아서』, 솔출판사, 2009.
한정호, 「한국전쟁기 마산의 문학매체와 〈낙타〉」, 『인문논총』 29집, 경남대학교 인문과학연구소, 2012.
황태묵 · 하채현, 「1950년대 전반기 전주 지역 동인지 연구」, 『국어문학』 67집, 국어문학회, 2018.
황태묵, 「해방기 군산지역 영화사 연구」, 『우리어문연구』 제48집, 우리문학회, 2015.

3. 기타자료
국가통계포털

● 1950년대 전반기 전주 지역 동인지 양상

1. 자료
남풍동인회 편, 『남풍』, 기산당, 1951.

연비동인회 편, 『연비』, 화세프린트사, 1952.
풍토동인회 편, 『풍토』 1집, 1953.
풍토동인회 편, 『풍토』 2집, 전북교육주보사, 1954.
풍토예술동인회 편, 『풍토예술』, 1954.

2. 논문 및 단행본

군산시사편찬위원회, 『군산시사 하』, 군산시, 2000.
김영만, 「아쉬웠던 〈現代〉의 자진폐간」, 『잡지뉴스』, 한국잡지협회, 1996. 4.
백양촌, 「전북문단의 개관」, 『백양촌수필전집』, 대광문화사, 1989.
송기섭, 「해방기 대전충남 지역문학의 형성 양상」, 『한국민족문화』 54, 부산대학교 한국민족문화연구소, 2015.
오영식 편, 『해방기 간행도서 총목록 1945-1950』, 소명출판, 2009.
오하근, 『전북현대문학 상』, 신아출판사, 2010.
윤덕영, 「해방 직후 신문자료 현황」, 『역사와 현실』 16권, 한국역사연구회, 1995. 6.
이동순, 「광주, 전남 지역 근현대 시문단 형성사 연구 1」, 『현대문학이론연구』 52집, 현대문학이론학회, 2013.
이순욱, 「정전 체제의 형성과 부산 지역 문학사회의 동향」, 『지역과 역사』 32호, 부경역사연구소, 2014.
전주시사편찬위원회, 『전주시사』, 전주시, 1986.
최명표 편, 『김해강시전집』, 국학자료원, 2006.
최명표, 「한국전쟁기 전북 지역 매체와 문학-〈전북일보〉를 중심으로」, 『영주어문』 19집, 영주어문학회, 2010.
한정호, 「한국전쟁기 마산의 문학매체와 『낙타』」, 『인문논총』 29, 경남대학교 인문과학연구소, 2012.

제2부 근현대 작가론 · 작품론

● 이해조 산정 판소리계 소설의 당대적 가치

1. 자료

　이해조, 「옥중화」, 『매일신보』, 1912.1.1.-3.16.
　이해조, 「강상련」, 『매일신보』, 1912.3.17.-4.26.
　이해조, 「연의각」, 『매일신보』, 1912.4.29.-6.7.
　이해조, 「토의간」, 『매일신보』, 1912.6.9.-7.11.
　이해조, 「화의 혈」, 보급서관, 1912.
　전광용 편, 『한국신소설전집』2권, 을유문화사, 1968.

2. 논문 및 단행본

　권순긍, 「'딱지본' 고소설의 수용과 1920년대 小說大衆化」, 『도남학보』10, 도남학회, 1987.
　김종철, 「〈옥중화〉연구-이해조 개작에 대한 재론」, 『관악어문연구』20, 서울대학교 국어국문학과, 1995.
　서유석, 「20세기 초반 활자본 춘향전의 변모양상과 그 의미」, 『판소리연구』24, 판소리학회, 2007.
　설성경, 『춘향전의 통시적 연구』, 서광학술자료사, 1994.
　신은주, 『판소리 중고제 심정순家의 소리』, 민속원, 2010.
　엄태웅, 「이해조 刪正 판소리의 〈매일신보〉 연재 양상과 의미」, 『국어문학』54, 국어문학회, 2008.
　오윤선, 「〈옥중화〉를 통해 본 '이해조 개작 판소리'의 양상과 그 의미」, 『판소리연구』21, 판소리학회, 2006.
　유치진, 「춘향전 각색에 대하여」, 『극예술』5호, 1936.

윤설희, 「20세기 초 가집 〈정선조선가집〉 연구」, 성균관대 석사논문, 2008.
윤용식, 「신재효 '토벌가'와 이해조의 '별주부전'과의 비교연구」, 『관악어문연구』, 서울대학교 국어국문학과, 1981.
윤용식, 「신재효 판소리 사설과 이해조 판소리 작품과의 비교 연구」, 서울대 석사논문, 1982.
이기영, 「이상과 노력」, 『나의 인간수업, 작가수업』, 인동, 1990.
이명자, 「새로 밝혀낸 이해조의 얼굴과 생애」, 『문학사상』92호, 문학사상사, 1980.
이상현, 「〈춘향전〉 소설어의 재편과정과 번역」, 『고소설연구』30, 한국고소설학회, 2010.
이주형, 『舊活字本 古典小說 硏究』, 월인, 1998.
임규찬·한진일 편, 『임화 신문학사』, 한길사, 1993.
정노식, 『조선창극사』, 동문선, 1994.
정충권, 「〈燕의脚〉의 系統과 性格」, 『개신어문연구』24, 개신어문학회, 2007.
조윤제, 『春香傳 異本考(二)』, 『진단학보』12호, 진단학회, 1940.
채만식, 「작가 단편 자서전」, 『채만식 전집』9, 창작과비평사, 1989.
천정환, 『근대의 책 읽기』, 푸른 역사, 2003.
최성윤, 「이해조의 「자유종」에 나타나는 교육구국론의 의미와 한계」, 『한국문학이론과 비평』, 한국문학이론과 비평학회, 2001.
최운식, 『심청전연구』, 집문당, 1982.
최원식, 『한국근대소설사론』, 창작과 비평사, 1986.
최호석, 「신문관 간행 〈육전소설〉에 대한 연구」, 『한민족어문학』57집, 한민족어문학회, 2010.

● 채만식의 고전 읽기와 그 의미

1. 자료

   신재효 본『심청가』, 강한영,『신재효 판소리 사설 여섯마당 정리집』, 형설출판사, 1982.

   채만식,『채만식 전집』6, 9, 10권, 창작과비평사, 1989.

2. 논문 및 단행본

   김유미,「판소리〈심청가〉의 현대적 계승에 관한 고찰」, 고려대 석사논문, 1991.

   김윤식,『한국근대문학양식논고』, 아세아문화사, 1987.

   김윤식,『한국현대문학사』, 일지사, 1976.

   김재석,「채만식 희곡 연구」, 경북대 석사논문, 1985.

   김흥규,「판소리의 서사적 구조」, 김흥규, 조동일 편,『판소리의 이해』, 창작과비평사, 1978.

   박영호,「극문학 건설의 길-리얼리즘적 연극성의 탐구」,『동아일보』, 1936.

   방민호,「채만식과 조선적 근대문학의 구상」, 소명출판, 2001.

   배봉기,「김우진과 채만식의 희곡연구』, 태학사, 1997.

   배봉기,「채만식문학 인물의 특성과 형상화에 대한 연구」, 연세대 박사논문, 1993.

   유영대,『심청전연구』, 문학아카데미, 1989.

   윤영옥,「〈심봉사〉에 나타난 패로디 양상 연구」,『국어문학』30집, 국어문학회, 1995.

   정출헌,「'심청전'의 민중정서와 그 형상화 방식」, 최동현, 유영대 편,『심청전연구』, 태학사, 1999.

   정홍섭,『채만식 문학의 풍자 양식 연구』, 서울대 박사논문, 2003.

   조동일,『한국문학통사』5, 지식산업사, 1988.

조동일, 「영웅의 일생, 그 문학사적 전개」, 『동아문화』, 1971.
차범석, 『동시대의 연극인식』, 범우사, 1987.
최동현, 『판소리란 무엇인가』, 에디터, 1994.
최원식, 「채만식의 고전소설 패러디에 대하여」, 『민족문학의 논리』, 창작과비평사, 1982.
한국극예술학회 편, 『채만식』, 태학사, 1996.
한형구, 「채만식의 세계관과 창작방법연구」, 서울대 석사논문, 1987.
키시이 노리코, 「채만식 소설의 연애모티프에 나타난 작가의식」, 사에구사 도시카쓰 외, 『한국근대문학과 일본』, 소명, 2003.
린다 허천, 김상구, 윤영복 옮김, 『패러디의 이론』, 문예출판사, 1992.
노드롭 프라이, 임철규 역, 『비평의 해부』, 한길사, 1993.
볼프강 카이저, 김윤섭 역, 『언어예술작품론』, 시인사, 1994.

● 김유정 소설에 나타난 '돈'

1. 자료
전신재 편, 『원본김유정전집』(개정판), 강, 2008.
안회남, 『겸허』, 『한국 근대 단편소설 대계』 12권, 태학사, 1988.

2. 논문 및 단행본
김영수, 「김유정의 생애」, 『김유정전집』, 현대문학사, 1968.
김준현, 「김유정 단편의 반(半)소유 모티프와 1930년대 식민지수탈구조의 형상화」, 『현대소설연구』 28, 한국현대소설학회, 2005.
김 철, 「꿈, 황금, 현실」, 『문학과 비평』 통권 4호, 1987 겨울.
김한식, 「절망적인 형실과 화해로운 삶의 꿈」, 상허학회, 『근대문학과 구인회』, 깊은샘, 1996.

김화경, 「김유정 문학의 근대 자본주의 경험과 재현양상」, 김유정학회 편, 『김유정의 귀환』, 소명출판, 2012.
우찬제, 「한국 현대소설의 경제적 상상력 연구」, 『현대소설과 경제』, 한국현대소설학회, 2000.
유인순, 「김유정을 찾아가는 길」, 솔과학, 2003.
이재선, 「한국문학의 금전관」, 『한국문학 주제론』, 서강대 출판부, 1991.
조동걸, 「일제하 한국 농민 운동사」, 한길사, 1979.
채만식, 「밥이 사람을 먹다」, 『채만식전집』 10, 창작과비평사, 1987.
최성윤, 「김유정의 여성인물과 정조의식」, 김유정학회 편, 『김유정의 귀환』, 소명출판, 2012.
한용환, 『소설학 사전』, 고려원, 1992.
나카자와 신이치, 김옥희 역, 『사랑과 경제의 로고스』, 동아시아, 2003.
게오르그 짐멜, 안준섭 외 역, 『돈의 철학』, 한길사, 1983.
에드워드 포스터, 이성호 역, 『소설의 이해』, 문예출판사, 1983.
지그문트 프로이드, 임홍빈 외 역, 『정신분석강의』, 열린책들, 2003.
칼 마르크스, 김태경 역, 『경제학 철학 수고』, 이론과실천, 1987.

● **반공의 규율과 소설의 개작**

1. 자료
    이호철, 『너구리와 朴主事』, 『지방행정』, 대한지방행정협회, 1966.3~12.
    이호철, 『공복사회』, 홍익출판사, 1968.
    이호철, 『소시민/심천도』, 『이호철 전집』 6, 청계연구소 출판국, 1991.

2. 논문 및 단행본
    강진호, 「반공사회의 규율과 문학의 증언」, 『현대소설연구』 28호, 한국현대소설학회, 2005.
김우종, 「월평-〈공복사회〉에 나타난 체념주의」, 『현대문학』162호, 현대문학사, 1968. 6.
김준현, 「반공주의의 내면화와 1960년대 풍자소설의 한 경향」, 『상허학보』21, 상허학회, 2007.10.
남정현·강진호 대담, 「험로를 가로지른 문학의 도정」, 『작가연구』12호, 2001.
노륭희, 「地方行政誌 筆陣 및 內容分析-創刊號부터 400號까지-」, 『지방행정』, 대한지방행정학회, 1977.
민병모 엮음, 『선유리-이호철 소설 독회록』, 미뉴엣, 2010.
정용욱 외, 『1960년대 한국의 근대화와 지식인』, 선인, 2004.
이봉범, 「반공주의와 검열 그리고 문학」, 『상허학보』15, 상허학회, 2005.
이호철, 『이호철의 소설 창작 강의』, 정우사, 1997.
이호철, 『마침내 통일절은 온다』, 서문당, 1988.
최원식, 「1960년대의 세태소설」, 『이호철 전집 제6권』, 청계연구소, 1991.
한만수, 「식민지 시기 문학검열과 원본 확정」, 『대동문화연구』51, 성균관대 대동문화연구원, 2005.
M.호르크하이머·Th.W.아도르노, 김유동·주경식·이상훈 옮김, 『계몽의 변증법』, 문예출판사, 1995.

3. 기타 자료

선우휘, 연보, 『선우휘 전집』1권, 조선일보사, 1987.
이호철, 「작가의 말」, 『빈 골짜기-이호철 전집』2권, 청계연구소 출판국, 1988.
이호철, 「어둠의 시대 내가 겪은 남산」, 『중앙일보』, 2003.9.5.
정비석, 「작가의 말」, 『자유부인』, 고려원, 1985.
홍성원, 「보완과 개작에 대한 짧은 해명」, 『남과 북』1권, 문학과 지성사, 2000.

● 발굴소설, 이호철의 「비틀비틀 族」에 대하여

1. 자료
이호철, 「비틀비틀 족」, 『국세』 38-46호, 1970. 4-12.

2. 논문 및 단행본
강현두, 원형진, 전규찬, 「한국 대중문화의 형성」, 서울대학교 출판부, 1998.
곽승숙, 「1970년대 신문연재소설의 여성 인물과 '연애' 양상 연구」, 『여성학논집』 23집 2호, 이화여대 한국여성연구원, 2006.
김승옥, 「작가의 말-나와 소설쓰기」, 『무진기행』, 문학동네, 2004.
김영애, 「《자유부인》에 나타난 인물 형상화에 관한 연구」, 『현대소설연구』 28호, 한국현대소설학회, 2005.
김지혜, 「1970년대 대중소설의 죄의식 연구」, 『현대소설연구』 52집, 한국현대소설학회, 2013.
김현주, 「1970년대 대중소설 연구」, 연세대 박사논문, 2003.
류경동, 「세태의 재현과 불온한 유령들의 소환」, 『겨레어문학』 41집, 겨레어문학회, 2008.
이보영, 「소시민적 일상과 증언의 문학」, 『현대문학』, 1980. 8.
이호철, 「이호철의 소설창작 강의」, 정우사, 1997.
주창윤, 「1970년대 청년문화의 세대담론의 정치학」, 『언론과 사회』, 2006. 가을호.
한수영, 「탈향, 그 신산한 역사적 삶의 도정-이 계절의 작가 이호철」, 『실천문학』 45호, 실천문학사, 1997.
황태묵, 「이호철 소설에 나타난 분단인식 변모과정 연구」, 고려대 박사논문, 2011.

3. 기사

김성환, 「〈1970 박정희부터 선데이서울까지〉(4) 선데이서울과 유신시대의 대중」, 『경향신문』, 2013. 8. 23.

박진도, 「현대사 다시 쓴다 : 농촌인구의 이농과 도시화」, 『한국일보』, 1999. 8. 3.

4. 인터넷 자료

한국어 위키백과
http://ko.wikipedia.org/wiki/%EC%A0%95%EC%9D%B8%EC%88%99_(1945%EB%85%84)

● 발굴소설, 이호철의 『상해임시정부』에 대하여

1. 자료

이호철, 「상해임시정부」 219회, 『대한일보』, 1967. 12. 1.-1968. 8. 14.

2. 논문 및 단행본

김희곤, 『대한민국임시정부연구』, 지식산업사, 2004.

류동규, 「이호철의 역사소설과 식민지 역사의 재현」, 『국어교육연구』 제55집, 국어교육학회, 2014. 6.

반병률, 「일제초기 독립운동노선전쟁-급진론과 완진론」, 『동양정치사상사』 제5권 제5호, 동양정치사상사학회, 2005.

윤대원, 『상해시기 대한민국임시정부 연구』, 서울대학교 출반부, 2006.

이호철, 『까레이 우라』, 한겨레, 1986.

이호철, 『개화와 척사』, 민족과 문학사, 1991.

이호철, 『별들 너머 이쪽과 저쪽』, 중앙북스, 2009.
전영태, 「역사의 격류를 헤쳐 나가기」, 『개화와 척사』, 민족과 문학사, 1991.
최인훈, 「원시인이 되기 위한 문명한 의식」, 『길에 대한 명상』, 솔과학, 2005.

황태묵
전북지역 문예연구와 소설

인 쇄 2023년 5월 16일
발 행 2023년 5월 19일

지은이 황태묵
발행인 서정환
펴낸곳 문예연구
주 소 서울시 종로구 삼일대로 32길 36(익선동 30-6 운현신화타워 빌딩) 305호
전 화 (02) 3675-3885, (063) 275-4000 · 0484
팩 스 (063) 274-3131
이메일 sina321@hanmail.net munye321@hanmail.net
출판등록 제2023-000024호
인쇄 · 제본 신아문예사

저작권자 ⓒ 2023, 황태묵
이 책의 저작권은 저자에게 있습니다. 서면에 의한 저자의 허락없이 내용의 일부를 인용하거나 발췌하는 것을 금합니다.

ISBN 979-11-983239-1-0 03810
값 20,000원

Printed in KOREA